장안과 북경

- 중국의 정치 · 문화와 문학 · 사상의 앞뒷면 -

장안과 북경

- 중국의 정치 · 문화와 문학 · 사상의 앞뒷면 -

지 은 이 김학주
펴 낸 곳 연세대학교 출판부
주 소 서울특별시 서대문구 성산로 262
전 화 (02) 2123-3380~2
팩 스 (02) 2123-8673
E-mail ysup@yonsei.ac.kr
홈페이지 http://www.yonsei.ac.kr/press
본 문 신유경
표 지 신유경
인 쇄 (주)네오프린텍

2009년 9월 1일 1판 1쇄
ISBN 978-89-7141-893-2 (93910)

값 25,000원

장안과 북경

- 중국의 정치 · 문화와 문학 · 사상의 앞뒷면 -

김 학 주 지음

연세대학교 출판부

머리말

장안과 북경은 중국이라는 큰 나라의 역사상 대표적인 도읍이다. 그러나 18세기 무렵에 와서 중국의 영토로 확정된 시장·신짱·칭하이·깐수·닝샤·네이멍구·랴오닝·찌린·헤이룽짱 등 여러 성을 빼버리고 중국역사의 무대였던 만리장성 안쪽의 이른바 중원 땅만을 놓고 보면 이 두 도시는 변두리에 자리하고 있다. 장안은 중원 땅의 서북쪽에 있고 북경은 동북쪽에 있는데, 북경에는 바로 만리장성이 걸쳐져 있고 장안도 만리장성이 그다지 먼 곳에 있지 않은 변두리이다.

필자는 정년퇴직을 한 뒤 연세대학교에서 '중국 문화와 사상'이라는 교양강좌 강의를 맡아왔다. 이제껏 서울대학에서는 전공인 중국 고전문학을 주로 강의하다가 폭을 넓혀 '문화와 사상'을 강의하게 된 것이다. 중국의 문화와 사상은 오랜 세월을 두고 다양한 조건 아래 발전하여 온 것이기 때문에 한 학기 한 강좌로는 그 대체적인 실정을 개략적으로 설명하기조차도 쉽지 않다. 이에 필자는 강의의 기본 방법을 중국의 '문화와 사상'에 있어서 중요하다고 여겨지는 문제들을 찾아내어 학생들에게 제시하면서 그 문제의 해결은 강의를 듣는 학생들 스스로가 공부하여 해결하도록 하는 방법을 썼다. 학생들이 중국에 관한 공부를 스스로 하도록 유도하려는 욕심에서였다. 결과적으로 먼저 나 자신이 전공에만 매달려 지내던 때보다도 중국에 대하여 많은 여러 가지 새로운 문제를 발견하게 되었고, 본인의 전공인 고전문학에 대한 이해도 여러 면에서 새로워졌다. 전공에 대한 이해가 심화되었다고까지도 말할 수 있을 것이다. 이 책 『장안과 북경』은 강의 중에 제시한 문제들을 상징적으로 크게 요약한 표현이다. 아래에 우선 『장안과 북경』이 제시하는 문제가 어떤 것들인가를 개략적으로 들어 보이려 한다.

장안에는 서기 기원전 1027년으로부터 기원후 907년에 이르는 기간에 서주(西周) · 진(秦) · 서한(西漢) · 수(隋) · 당(唐) 등의 나라가 도읍을 삼고 나라의 위세를 온 세계에 떨쳤고, 북경에는 서기 1206년으로부터 1911년 사이에 원(元) · 명(明) · 청(淸)이 도읍을 삼은 뒤 다시 현대 중국으로 이어지고 있다. 그러나 현대의 문제는 뒤에 따로 논하게 될 것이다.

장안과 북경은 모두 이민족이 중원으로 쳐들어와 힘으로 온 중국을 지배하기 위하여 정한 도읍이다. 중국의 지배자들은 나라의 변두리에 자리 잡고 앉아서 나라 안 백성들의 삶 같은 따위는 거들떠보지도 않고 자신의 욕망을 추구하기 위하여 무자비하게 백성들을 억누르고 멋대로 부리면서 착취하였다. 그런데 특기할 만한 사실은 장안을 도읍으로 삼았던 왕조와 북경을 도읍으로 삼았던 왕조는 나라를 다스리는 지배자들의 성격이며 그들이 보여주는 문화와 사상이 거울의 앞뒷면처럼 판이하게 서로 다르다는 점이다.

우선 장안시대 왕조의 지배자들은 중원 밖으로부터 무력으로 쳐들어온 이민족이지만 중원을 지배하면서 스스로가 중원의 주인인 한족(漢族)이 되고 한족의 전통문화를 이룩한 뒤 그것을 계속 발전시킨다. 주나라와 한나라의 경우에 볼 수 있듯이 그들은 스스로 새로운 거대한 한족을 이루었기 때문에 나라에 문제가 생기면 중원 내륙의 중심도시인 낙양(洛陽)으로 도읍을 옮겼다. 지배자들이 중원 내륙으로 들어와서는 직접 백성들의 생활을 접하게 되므로 변두리에 있을 때처럼 힘으로 가혹하게 백성들을 부리지 못하여 나라의 위세는 약해진다. 동주(東周)며 동한(東漢)이 모두 그러하였다. 그러나 부드러운 정치는 지식인들에게 활력을 주어 그들의 문화와 학술은 장안에 있을 적보다도 더욱 크게 발전한다. 그것은 낙양뿐만 아니라 이들 왕조 중간에 일어나 내륙 도시인 남경(南京)이나 임안(臨安, 지금의 杭州)·변경(汴京, 지금의 開封) 같은 도시에 도읍을 하였던 나라들이 모두 그러하였다.

북경시대의 주인공은 몽고족의 원나라와 만주족의 청나라이다. 이 무렵에는 중국 주변의 이민족들에게 민족의식이 생겨 이들 지배민족은 자기들의 생활방식을 그대로 유지하고 오히려 한족에게도 자기들의 것을 강요하면서 중원 땅을 힘으로 지배하였다. 몽고족과 만주족은 사막과 초원에서 이리저리 떠다니며 유목을 일삼던 야만민족이다. 이 문화 수준이 낮은 지배자들이 오랜 역사를 통하여 찬란한 문화를 발전시켜온 한족들에게 자기네 문화를 강요한 것이다. 이에 북경시대의 문학이나 음악·미술·연예 등의 성격이 모두 갑자기 바뀌고 중국문화가 이전과는 다른 이질적인 방향으로 발전하게 된다. 원나라와 청나라의 중간에 한족의 왕조인 명나라가 있어서 많은 지식인들이 몽고족에 의하여 변질된 자기네 전통문화를 되찾아보려고 노력하였지만 일단 전통을 잃은 처지에서는 아무런 성과도 올릴 수가 없었다. 다시 그 뒤를 청나라가 이으면서 그 문화의 이질화는 더욱 심해졌다.

사상 면에 있어서 장안시대는 공자의 유학이 이루어져 발전하면서 여러 왕조의 봉건전제 정치를 뒷받침해주고 그 사회윤리를 지배해온 시대이다. 공자의 학문은 어떻게 하면 사람들이 사는 사회의 질서를 유지하여 태평세계를 이룩하고 사람들을 올바르고 착하게 살도록 이끌 수 있느냐고 하는 현실적인 문제만을 학문의 명제로 삼아왔다. 중국의 전통문화는 주로 이러한 공자의 사상을 바탕으로 하여 발전하였다.

그러나 북경시대에 와서는 유학이 불교와 도교의 영향 아래 놓여 현실적인 문제보다도 무엇이 현실을 존재케 하고 무엇이 어떻게 현실을 움직이고 있느냐와 같은 형이상학적인 문제를 학문의 명제로 삼게 되었다. 이에 진리를 추구하는 방법으로 이기론(理氣論)을 내세우면서 예를 천리(天理)라 규정하고 학문의 목표를 성인(聖人)이 되는 데에 두었다. 그리고 학문 전승에 있어서는 도통론(道統論)을 내세워 공자로부터 증자(曾子)・자사(子思)로 이어지던 유학은 맹자에 이르러 전승이 끊어져 있다가 송 대에 이르러 다시 자기들이 계승하게 되었다고 주장하였다. 이에 사람으로서는 아무리 애써도 될 수 없는 성인을 추구하는 일에 평생을 두고 전념하다보니 남이나 외부에 대한 관심은 지닐 여유도 없게 되었고, 도통에 속하는 학문만을 참된 학문으로 인정하다 보니 선배들의 업적이나 전통도 모두 무시하게 되었으며, 새롭거나 자기와 다른 학문은 모두 배척하게 되어 더 이상 학문이 발전할 수가 없게 되었다. 그리고 예를 천리로 아는 학문을 앞세워 이족의 지배자들은 천하를 보다 쉽사리 다스릴 수가 있었다. 지식인들은 이른바 거경궁리(居敬窮理)나 하고 있어서 이민족의 군대가 쳐들어 온대도 거기엔 관심을 지닐 여유가 없었다.

이러한 중국문화의 실상을 실감케 하기 위하여 중간에 중국의 전통연극인 경극(京劇)을 학생들에게 보여주고 그것을 통하여 중국문화의 특징을 실감케 하였다. 경극은 그들의 전통적인 문학과 음악・미술・무용・무술・잡기 등이 모두 동원되어 이루어지고 연출되므로 무엇보다도 종합적으로 중국문화를 잘 대표하고 있다고 믿기 때문이다. 그리고 더 중요한 것은 중국의 전통문화가 중간에 전혀 이질적인 방향으로 발전하게 되었다는 것이다.

곧 북경시대의 문화와 사상은 장안시대의 문화와 사상과는 전혀 다른 성격의 것으로 만들고 있는데, 그 이질화의 시기와 성격을 가장 극명하게 보여주고 있는 것이 그들의 전통연극이기 때문이다.

중국연극사에 있어서 중국문화의 이질화는 북송 말 남송 초(1127)를 전후하여 그때 중원지역을 차지하고 있던 만주족의 금나라와 몽고족의 원나라의 압력으로 갑자기 나타난다. 곧 이전의 중국 전통연극은 탈놀이를 중심으로 하는 가무희와 같은 규모가 작은 이른바 소희(小戲)였는데, 1127년 무렵에 갑자기 규모가 큰 대희(大戲)가 나타나는 것이다. 중국 최초의 대희는 남쪽 쩌짱성 원조우(溫州)지방에서 연출되었던 남희(南戲, 또는 戲文)이다[1]. 아마도 이미 북쪽에서 만주족 또는 몽고족의 영향을 받아 습성이 바뀌어버린 사람들이 남쪽으로 피란가서 연출한 새로운 연극이었을 것이다.

그 뒤 금나라가 원나라에게 멸망당한 1234년 무렵에는 잡극(雜劇)이 생겨나 대희가 본격적으로 성행하기 시작한다. 잡극은 한 작품이 대체로 4절(折, 막과 비슷함)로 이루어진다. 명대에는 다시 한 작품이 4, 50척(齣)으로 이루어진 전기(傳奇)가 유행한다. 청대에는 각 지방마다 기본 형식은 전기를 따르면서도 제각기 자기 지역의 음악 가락을 사용하는 지방희(地方戲)가 성행한다. 경희는 청나라 후기에 수도인 북경에서 이루어져 전국 각지에 가장 널리 공연되는 대표적인 중국의 전통 연극이다.

1) 明代 祝允明『猥談』및 徐渭『南詞敍錄』의거.

그런데 가장 중요한 문제는 중국의 전통 연극은 소희나 대희를 막론하고 모두 춤과 노래로 여러 가지 얘기를 연출하는 것인데, 소희로부터 대희로 변하면서 연극에 쓰이는 음악과 악기며 배우들의 화장이나 입는 옷과 연출 방식이 모두 바뀌었다는 것이다. 곧 그 각본이 보여주는 문학이며 연출을 통해서 보여주는 음악과 악기 및 춤과 배우들의 모습이나 무대를 통하여 드러나는 미술 등에 관한 의식이 모두 달라졌다는 것이다. 연극의 이러한 사항이 갑자기 달라졌다는 것은 곧 그들의 문화가 갑자기 달라진 것을 뜻한다고 보아도 좋을 것이다.

이러한 갑작스런 문화의 이질화는 남송 때 황하 유역의 중원지방을 차지하고 송나라를 거의 멸망시켰던 만주족과 몽고족의 압력으로 말미암은 것이다. 이때에 와서는 이전과는 달리 그들의 민족의식이 뚜렷해져 한족과 그들의 문화를 극복하려는 노력이 강해졌기 때문이다. 이러한 변화를 단적으로 소희로부터 대희로 갑자기 변질된 연극이 보여주고 있는 것이다. 곧 연극의 대희로의 발전은 음악·미술 등 예술성 전반에 걸친 오랑캐화 또는 저질화를 뜻하기도 하는 것이다. 그 때문에 우리는 중국과 같은 한문화권 안에 살아왔으면서도 경극의 음악이나 거기에 응용되고 있는 미술에 공감을 못하고 있는 것이다. 따라서 경극에 대해서는 관심도 없고 좋아하지도 않는다. 이것은 중국문화가 이질화한 이후 우리는 중국을 문화 면에 있어서 오랑캐나라로 보기 시작하였고 우리와 중국과의 관계가 소원해졌음을 뜻하기도 하는 것이다.

이런 바탕 위에 필자는 『중국문학사』[2])를 쓰면서 남송 이전을 '고대', 그 이후를 '근대'로 크게 구분하고, 고대는 시를 중심으로 하는 중국의 전통문학이 이루어져 꾸준한 발전을 이루어온 시대, 근대는 전통문학은 더 이상 발전을 이루지 못하고 창작의 중심이 이전에는 천시하던 소설과 희곡으로 옮겨온 시대라는 관점을 유지하였다. 근대에는 퍽 우수한 소설이나 희곡이 나오기는 하였으나 전통을 잃은 시대라서 그것을 이어받아 더욱 발전시키지는 못하고 모든 창작이 일과성을 보여주고 있다. 이러한 입장 때문에 여기에서 문학의 문제를 따로 한 편(제3편) 다루고 있는 것이다. 그 중 특히 '사(詞)와 곡(曲)'을 따로 한 장(제3편 5. 사와 곡) 논술하고 있는 것은, 중국문화 이질화 시기의 문화 성격의 미묘한 변화를 중국 전통문학의 중심을 이루어 온 시가가 '사와 곡'이라는 또 다른 시가를 이룩하여 유행시키면서 잘 대변해 주고 있다고 믿기 때문이다.

여기에서 가장 큰 문제가 된다고 여긴 것은 중국학자들이 이러한 자기 문화의 이질화에 대한 이해가 부족하다는 것이었다. 그들은 되도록 문화의 이질화로부터 머리를 돌리고 모른 체 하면서 근세에 와서 서양문화와 학술에 밀려 자기네 전통문화와 학술이 맥을 못추게 되었다고 믿으려 한다. 곧 그들은 남송 이후의 자기들 문화의 저질화를 외면하고 있기 때문에 자기들의 진정한 훌륭한 전통문

2) 서울 新雅社 발행, 2007년 개정본.

화가 어떤 것인지조차 잘 알지 못하고 있다. 이 때문에 자기들의 전통문화를 현대에 되살려보려고 애쓰기도 하지만 모두 성공을 거두지는 못하고 있음이다.

그러나 필자는 '문화와 사상'에 대한 강의를 해오면서 이에 대한 견해도 크게 달라졌다. 경극을 놓고 볼 적에 확실히 그 음악이나 미술의식 같은 것은 저질화한 것은 사실이지만, 이 저질화의 다른 한 면으로는 대중화가 크게 진행되었음을 인정해야 한다. 경극은 여러 지방의 지방희(地方戲)도 이끌면서 지금 13억 중국 인구의 최고 지도자들로부터 맨 아래층의 노동자들에 이르기까지, 그리고 한족뿐만 아니라 50여 소수민족들까지도 모두가 좋아하는 연극으로 발전하고 있는 것이다. 이 면에서 본다면 경극은 세계에 달리 유례가 없는 가장 위대한 대중예술이라고 할 만하다. 이들에게는 13억 인구가 함께 즐길 수 있는 연예가 있어 감정이 하나로 통하고 민족이 한데 어우러지고 있는 것이다.

실상 남송 이전의 중국전통문화는 세계에서 가장 우수한 것이었는지 모르지만 그것은 일부 지배계층인 사대부들만이 누리던 문화였다. 대부분의 백성들은 글도 모르는 문맹이었고, 세련된 음악이나 미술과는 관계가 멀었다. 따라서 한 집단의 일부만이 향유한 그 문화나 예술은 실상 그다지 값진 것이 되지 못한다. 그러나 그들의 문화가 이질적인 방향으로 가기 시작하면서, 전통을 잃고 저질화하기는 하였지만 이전에 비하여 더욱 대중화하는 경향을 보여주었다. 그 시대의 문학 창작을 주도한 소설과 희곡에는 처음부터 지배계급을 넘어선 시정적(市井的)인 성격이 보태어지기 시작하였고, 크게 대중화하는 경향을 보여준다. 보기를 들면 『삼국지』나 『수호전』 같은 소설 얘기는 중국 사람이라면 모르는 이가 없을 정도로 크게 보급된 것이다. 중국의 전통문학의 중심을 이루는 시는 어느 지역의 예술 못지 않게 아름답고 세련된 발전을 이루었지만 그것은 일부 지배계급의 전유물이었다. 오히려 저질화한 문화나 문학이 보다 폭넓은 많은 사람들의 생활을 바탕으로 한 것이어서 그보다는 훨씬 값진 것이다.

이제껏 이전의 중국 전통문화 곧 한문화는 엄청난 발전을 이루어오다가 이질화하여 형편없는 수준의 것으로 전락하였다고 믿어 왔다. 그러나 중화인민공화국에 이르러서는 그들 문화의 이질화를 새로운 방향으로 이끌어 문화를 지배계급인 사대부들의 독점으로부터 벗어나게 하려고 노력하고 있다. 곧 이전에는 중국의 전통문화와 아무런 관계도 없었던 10여 억의 인민과 50여 소수민족까지도 모두 그들의 전통문화 속으로 끌어들여 함께 새로운 중화문화를 발전시키려는 것이다. 지금 와서는 오히려 문화의 이질화가 중국을 지난 날 열강들로부터 당한 치욕을 극복하고 13억 민족의 위아래 계층을 하나로 모아들여 진실한 대국으로 굴기(崛起)하게 만들고 있다.

특히 이 중국문화의 이질화 문제는 학기마다 학

생들에게 리포트를 써서 제출하도록 한 중요한 부분이다. 곧 학생들과 리포트를 통하여 진지한 토론을 전개해온 문제인 것이다. 필자가 이 문제를 정리하는 데 있어서 학생들의 의견이 많은 참고가 되어주었다. 필자가 제시한 이 문제에 대하여 진지하게 검토하고 토론해준 학생들이 무척 고맙다.

아직도 중국의 문화와 사상에 걸친 여러 가지 문제를 보는 시각이 어설프다. 그러나 이 책이 중국의 문화와 사상에 대한 우리 젊은이들의 관심을 자극하고 현대 중국을 올바로 보고 중국과 중국 사람들에게 보다 가까이 갈 수 있는 계기를 마련하게 되기를 간절히 바란다.

2009년 7월 9일 김학주 씀

차례

제2편: 장안시대 · 북경시대의 중국문화

제3편: 장안시대 · 북경시대의 문학

제4편: 장안시대 · 북경시대의 유학

제5편: 새로운 북경시대의 전개

제1편

●

장안과 북경에 도읍한 왕조들은 어떻게 중국을 지배하였는가?

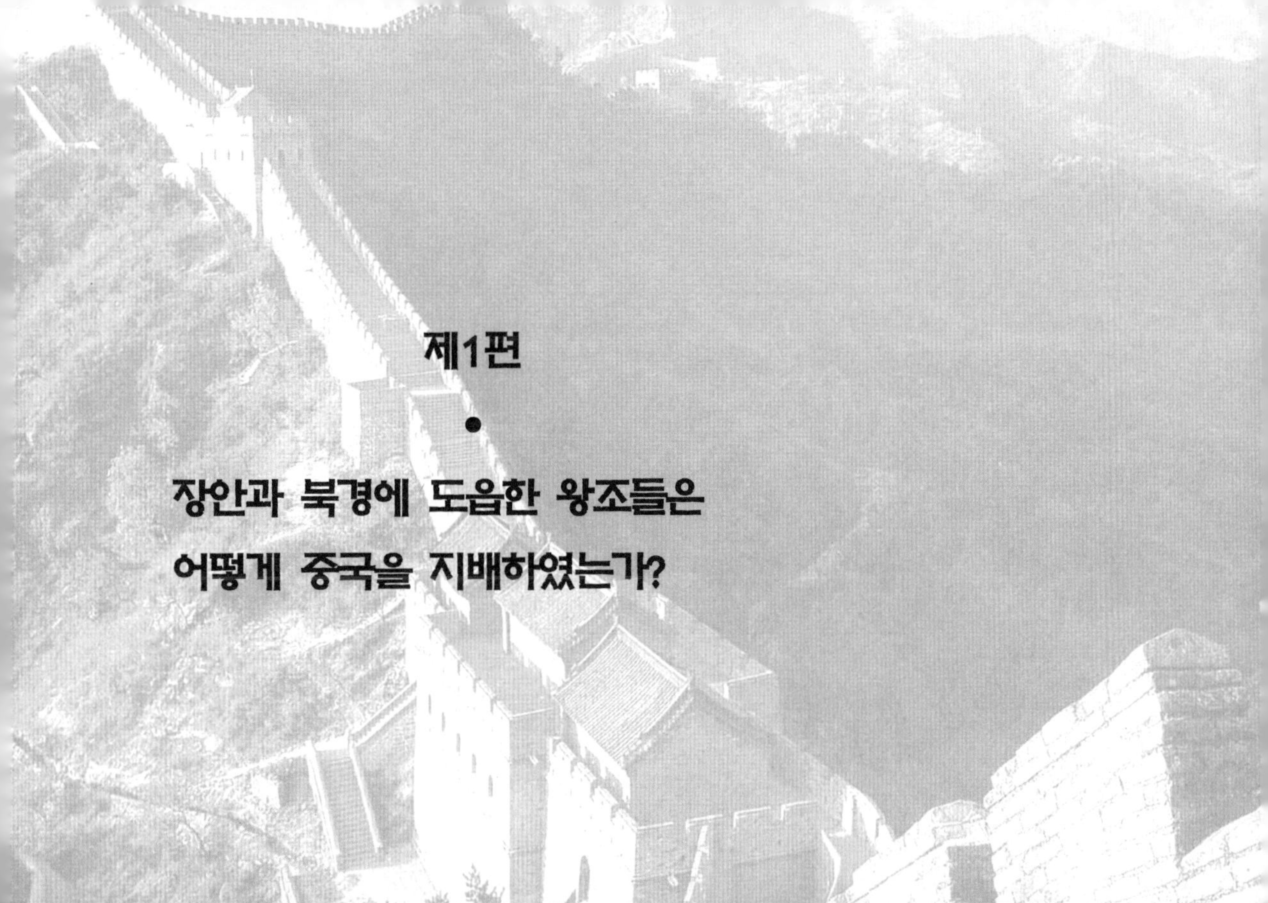

1장

장안과 북경은 어찌하여 중국의 수도가 되었는가?

1) 장안과 북경과 천하

장안과 북경은 중국의 오랜 역사를 통하여 가장 대표적인 그 나라의 수도로 알려지고 있다. 그러나 지도를 펴 놓고 보면 지금의 시안(西安) 근처인 장안이나 북경은 중국의 중심지역이라 할 위치가 아니다. 적어도 한 나라의 수도라면 정치·경제·교통·문화 등 여러 면에서 중심이 될 수 있는 곳이어야 할 터인데 장안과 북경은 그런 곳이 못 되었다. 18세기에 와서야 시장(西藏)·신장(新疆)·칭하이(青海)·깐수(甘肅)·닝샤(寧夏)·윈난(雲南)·네이멍꾸(內蒙古)·헤이룽짱(黑龍江)·찌린(吉林)·랴오닝(遼寧)·타이완(臺灣) 등의 지역이 중국 영토로 확정 편입되어 지금은 지도상 상당히 중국 영토의 안쪽에 자리잡고 있기는 하다.

▲ 중화인민공화국 지도

앞에 든 변경지역을 제외하고 중국 역사의 무대가 되어 왔던 중원(中原) 땅만을 엄밀히 놓고 본다면 장안이나 북경은 완전히 변두리 지역에 있었던 것이다. 장안이나 북경 가까이 자기네 국토를 방위하기 위하여 쌓았던 만리장성이 둘러쳐져 있다는 것은 바로 그곳이 나라의 변경이었음을 증명해준다. 시안에서 서쪽 북쪽으로 조금만 나가면 사람들이 살기 힘든 거친 땅으로 변한다. 시안에서 200여

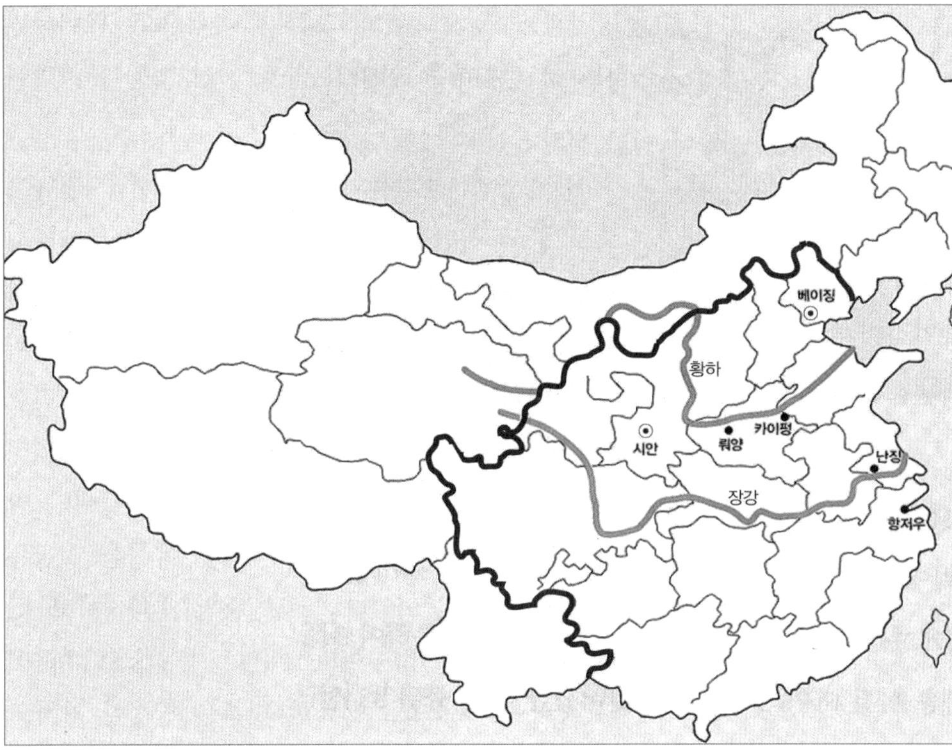

▲ 중국 역대 도성 분포도

킬로미터 되는 곳에 마오쩌둥(毛澤東)의 중공군이 국민당에게 쫓기어 만리장정*을 마친 뒤에 1937년부터 1947년까지 머무르며 중국혁명의 기지로 삼았던 옌안(延安)이 있고 좀 더 북쪽으로 가면 만리장성의 유지가 있으며 그 너머가 네이멍꾸이다. 북경은 지금의 시 경계 안에 만리장성이 지나가고 있고 시의 경계로부터 100킬로미터도 되지 않는 거리에 네이멍꾸가 있다. 진시황(秦始皇)이 시안 바로 옆 함양(咸陽)에 도읍하고 있을 적에 만리장성을 쌓기 시작했기 때문에 장안으로부터 만리장성의 거리가 좀 떨어져 있는 것이다. 어떻든간에 지금도

* '만리장정'은 마오쩌둥이 1934년 10월, 장시성 루이진(瑞金)에서 장쩨스 군대의 포위망을 뚫고 전투를 계속하면서 후난·구이조우·윈난·쓰촨의 험난한 곳을 이용하여 마침내 1936년에는 섣시성 북쪽에 도착하여 옌안에 새로운 혁명 근거지를 건설했던 일을 말한다. '2만 5천 리 장정'이라고도 한다.

장안과 북경으로부터 조금만 북쪽으로 벗어나면 사람이 살기에는 알맞지 않은 거친 초원과 사막이 나온다.

이 장안과 북경을 수도로 처음 정한 사람들은 모두 중국 사람들 자신이 아니라 흔히 오랑캐라고 부르던 중원 지역 밖의 다른 민족들이었다. 장안과 북경은 소위 오랑캐 민족들이 무력으로 쳐들어와 중원 땅의 왕조를 멸망시키고 새로운 왕국을 건설하면서 중국을 지배하기 위하여 마련한 수도였던 것이다. 옛날부터 틈만 나면 중국으로 쳐들어와 약탈을 일삼은 민족은 모두 서북쪽의 유목을 일삼는 미개한 오랑캐들이었다. 본시 중원을 차지하고 있던 민족은 한족(漢族)이라 부른다. 중원으로 쳐들어와 중국을 무력으로 정복한 민족은 일정한 거처도

▲ 서북쪽 지방의 만리장성

▲ 북경 근처의 만리장성

▲ 서북쪽의 흙으로 쌓은 만리장성 유지

▲ 만리장성

없는 유목민족이어서 문화면에 있어서는 중원의 한족에 비하여 형편없는 수준의 사람들이었다. 따라서 그들은 오직 무력으로 중원을 정복하여 무력으로 중국이란 넓은 땅을 다스리지 않으면 안 되었다. 물론 그들은 자기들에게 순종하는 일부 한족들을 이용하기도 하고 한족들의 정치 방법과 사회제도를 본뜨기도 하였기에 광대한 땅 중국을 지배하는 데 성공할 수 있었다.

▲ 은나라 때의 청동기: 코끼리 모양의 술그릇

▲ 은나라 때의 짐승 얼굴이 조각된 상아로 만든 술잔

처음 한족과 중원을 이룩해 놓은 민족도 실은 중국의 서북쪽에서 들어온 문화수준이 낮은 주(周)민족이었다. 그들은 무력으로 황하 중하류를 중심으로 상당히 높은 수준의 문화를 발전시키고 있던 은나라를 정복하여 황하를 중심으로 하는 동서지역을 합병하여 중원을 이룩하고 새로운 한족을 형성시켰다. 이전의 중국 땅은 무수한 작은 부락국가들로 이루어져 있었다. 주나라가 은나라를 칠 때 참여한 나라 수도 수십 개이고 그때 함께 친 나라들이 수십 개이며, 2년 뒤 다시 주공*이 동쪽을 정벌하여 멸망시킨 나라 수도 수십 개에 이른다. 주나라는 동주 시대에 가서는 남쪽의 장강유역까지도 끌어들여 새로운 중국·중하(中夏)·중화(中華) 또는 천하의 개념을 이루게 한다. 강남의 영토는 진시황의 천하통일을 이어 남쪽의 초(楚)나라와 한(漢)나라가 천하를 다툰 끝에 한나라가 천하를 차지하게 되자 중원 땅으로 확정된다. 그리고 뒤에 몽고족과 만주족이 중원을 침략하여 천하를 지배하게 되지만, 역설적으로 이 중국이라는 나라는 이민

* 주공: 주나라 무왕의 형제. 이름은 단(旦). 무왕이 죽고 어린 성왕이 임금자리에 오르자, 임금 대신 나랏일을 맡아 주나라 발전의 터전을 이룩하였다.

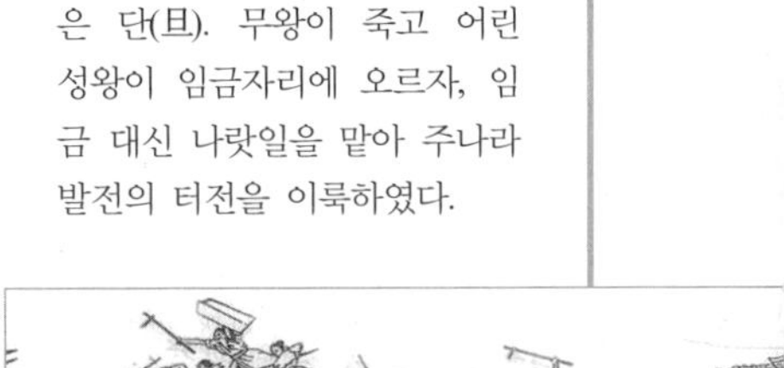

▲ 주나라와 상나라의 전투 모습

▲ 주나라와 은나라의 영토 및 도읍 표시

족에게 지배를 당할 수록 영토가 더욱 커지고 주변 세계에 위세를 떨치게 되었다.

기본적으로 힘으로 억누르고 지배해야만 하는 정복자들의 처지는 불안하지 않을 수가 없었다. 이에 그들은 자기 민족의 근거지에 가까운 곳에 자기들 중국 통치의 근거지인 수도를 마련해 놓고 무력의 위세를 과시하면서 중국 땅에 군림하였던 것이다. 그리고 이 변두리에 수도를 정한 것은 무력으로 치고 싸우면서 넓은 지역의 수많은 사람들을 대적하고 굴복시키다가 간혹 힘이 더 필요하면 자기네 근거지로부터 확실한 자기들을 도와줄 구원군을 쉽게 조달할 수가 있고, 또 어쩌다가 힘에 부쳐 밀리게 되더라도 자기 민족 본래의 근거지로 쉽사리 도망칠 수도 있기 때문이다. 한편 백성들로부터 멀리 떨어져 있어야만 백성들의 어렵게 사는 꼴을 보지 않고 힘으로 잔인하게 그들을 억누르며 다스릴 수가 있다는 이유도 작용하였을 것이다.

한편 중원을 차지하고 있는 한족 왕조는 틈만 나면 침입하여 약탈을 일삼는 북쪽 오랑캐들을 만리장성을 넘어가 정벌하기도 하였으나, 그곳은 대부분이 사막과 초원으로 이루어진 불모의 땅이라 오랑캐를 정벌한다 해도 그곳을 중국영토에 합병시키려 들지 않고 그들을 혼내주기만 하고 바로 만리장성 안 중원 땅으로 되돌아왔다. 만리장성 저쪽은 이 세상 변두리의 오랑캐들이나 사는 형편없는 고장이라 치부하였던 것이다.

중국 사람들은 옛날부터 자기들이 사는 곳이 중국이고 바로 '천하'이며 천하를 벗어난 사방 변두리 땅은 사람들이 살기에 적절치 못한 곳이어서 그곳에는 미개한 야만민족이 살고 있다고 생각하였다. '중국'이란 말은 본래 천하의 중간에 사람이 살기에 가장 적합한 지역을 뜻하는 말이다. 또는 천하의 중심지역이란 뜻으로 보아도 무방할 것이다. 북쪽은 고비사막과 몽고고원 및 알타이산맥·대흥안령(大興安嶺)산맥 등이 있는 불모에 가까운 땅이고 그곳에 사는 오랑캐를 적(狄)이라 하였다. 서쪽은 청장(靑藏)고원·운귀(雲貴)고원과 수많은 높은 산맥으로 가려진 사람이 살기 어려운 곳이며 그곳의 오랑캐는 융(戎)이라 하였다. 남쪽은 덥고 습하여 사람이 살아가기 힘든 곳이고 그곳의 오랑캐는 만(蠻)이라 하였다. 동쪽은 바다여서 사람이 살 곳은 얼마 되지 않으며 그곳의 오랑캐는 이(夷)라 하였다. '적'은 개라는 뜻의 견(犭)자와 불이라는 뜻의 화(火)자가 합쳐져 이루어진 글자인데 '깎아낸다'는 뜻도 지니고 있다. '융'은 창이라는 뜻의 과(戈)자와 갑옷을 나타내는 십(十)자가 합쳐진 글자여서 본시 전쟁에 관한 일과 무기를 뜻하는 글자였다. '만'자는 본시 남쪽에 많은 뱀을 뜻하는 글자이며 '멋대로 천박한 행동을 한다'는 뜻으로도 쓰인다. '이'는 크다는 뜻의 대(大)자와 활이란 뜻의 궁(弓)자가 합쳐져 이루어진 글자여서, 그나마 이 중 가장 뜻이 괜찮은 글자인 듯하지만 '죽인다' '손상시킨다'는 등의 뜻으로도 쓰인다. 어떻든 좋지 않은 말로 사방의 오랑캐들을 지칭하고 있는 것이다. 오랑캐라는 뜻으로 흔히 쓰는 호(胡)자도 본시는 소의 목 아래 늘어진 혹을 뜻하는 글자이다.

▲ 주나라 문왕 초상

주나라(西周, B.C.1027-B.C.771)가 처음으로 장안을 나라의 수도로 정했다고 하지만 주나라 문왕(文王)이 정한 도읍은 지금의 시안 근처인 풍(豐)이었고, 그의 아들 무왕(武王)은 은나라를 쳐부수고 도읍을 지금의 장안현(長安縣) 서남쪽 호(鎬)에 정하여 주나라 도읍을 풍호(豐鎬) 또는 호경(鎬京)이라고도 부른다. 진나라(B.C.221-B.C.206) 시황은 천하를 통일한 다음 도읍을 지금의 시안 서북쪽의 함양(咸陽)으로 하였고, 한나라(西漢, B.C.206-A.D.8)에 이르러 고조 유방(劉邦)이 도읍을 장안에 정하였다. 장형(張衡, 78~139)이 서한의 도읍 모습을 읊은 「서경부(西京賦)」에서는 한나라 때 그곳에 미앙궁(未央宮)을 짓고 처음으로 그곳을 장안이라 불렀다 말하고 있다. 뒤의 수(隋, 581-618)나라와 당(唐, 618-907)나라도 도읍을 장안에 두었지만 모두 한나라의 장안과 완전히 같은 위치가 아니다. 그렇게 된 까닭은 왕조가 바뀔 때마다 새로운 정복 왕조는 이전 왕조의 도읍으로 쳐들어와서는 그곳의 재

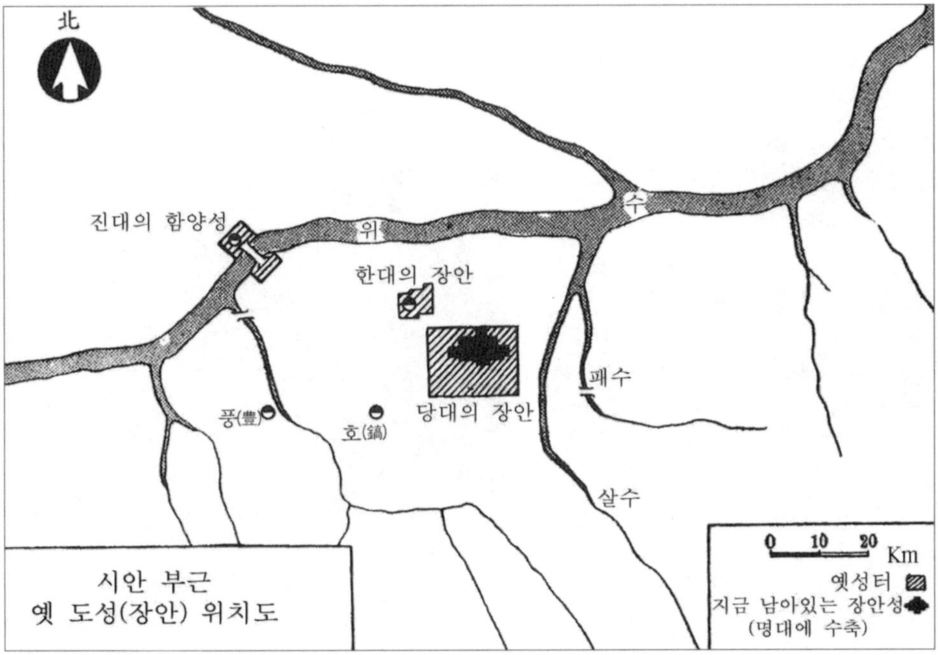

물을 모두 약탈하고 사람들을 닥치는대로 죽이고 겁탈한 다음 도성을 완전히 부숴버리어 거의 흔적도 남기지 않기 때문이다. 그리고는 그 근처에 정복한 백성들을 노예처럼 동원하여 앞선 왕조의 도성보다도 되도록 더 크고 호화로운 도성을 건설한 것이다. 이들은 모두 비슷한 장소이기 때문에 가장 잘 알려진 장안이란 이름으로 통칭하고 있으나 이전 왕조의 궁전을 비롯한 유적은 거의 남아있지 않다. 지금의 시안 근처가 장안이라고 하지만 옛날 장안의 흔적은 전혀 발견할 수가 없다. 중국 사람들은 흔히 시안에 가서 "눈을 들어 바라보면 해만 보이고 장안은 보이지 않는다."[1]라는 개탄을 한다.

1) "擧目見日, 不見長安."

▲ 시안: 명 대에 쌓은 성과 성루

▲ 시안: 명 대에 판 성 둘레의 해자

지금 시안 시내에 있는 옛날 성벽과 망루는 명나라 때 서북지방을 방위하기 위하여 새로 만든 것이지 한나라나 당나라의 장안 유적이 아니다. 북경의 파괴가 장안처럼 심하지 않은 것은 원나라를 뒤이은 명나라가 한족의 나라이고 태조인 주원장은 북경이 아니라 난징(南京)을 처음엔 수도로 삼았었으며, 다시 명나라가 망해 갈 적에 북경을 점령한 것은 농민들을 이끌고 일어났던 이자성(李自成)이었고, 명나라 장군 오삼계(吳三桂)가 청나라 군대를 안내하여 샨하이관(山海關)을 넘어온 다음 다시 북경을 빼앗았기 때문이다.

▲ 이자성 초상

북경은 훨씬 뒤의 몽고족인 원(元)나라(1206-1368)가 중원을 지배하기 위하여 정한 수도이다. 중간에 한족인 명나라(1368-1662)도 그곳을 도읍으로 삼기도 하였지만 뒤에 만주족인 청나라(1616-1911)가 이어 그곳을 도읍으로 삼은 뒤 중화민국을 거쳐 지금은 중화인민공화국(1949 이후)이 수립된 뒤 새로운 수도로 탈바꿈하고 있다.

▲ 청나라 때의 북경 성루

중국이라는 천하에는 따로 주인이 없었다. 누구든 하늘의 뜻을 핑계 삼아 무력으로 천하를 통일하기만 하면 천하의 주인인 천자가 되는 것이다. 중국 땅 안에는 한 민족만이 살고 있는 것이 아니다. 지금도 중국에는 한족을 중심으로 하여 모두 56종의 소수민족이 함께 살고 있다. 따라서 어떤 민족이든 힘으로 천하를 통일하기만 하면 천하를 지배하는 민족이 되는 것이다. 심지어 중원 변두리의 오랑캐들이라 하더라도 무력으로 쳐들어가 천하를 차지하기만 하면 천자가 되어 천하를 지배하게 된다. 그리고 천하를 다스리는 정치기구는 백성들을 평안히 잘 살게 하기 위하여 만든 것이 아니라 천하의 백성들을 지배하기 위하여 만든 것이다. 그것은 도읍의 경우도 마찬가지이다. 백성들이 잘 살도록 나라를 평화롭게 다스리기 위하여 정해진 도읍이 아니라 힘으로 온 천하와 사람들을 지배하는 근거지로 삼기 위하여 정해진 곳이다.

▲ 요임금 초상

임금인 천자는 백성들 처지는 거들떠보지도 않고 호사를 누리며 살기 위하여 변두리 지역에 도읍을 정하였다. 그런 임금들이 백성을 생각하면서 나라를 다스릴 리가 없다. 그래서 청나라 초기의 대학자인 황종희(黃宗羲, 1610-1695)는 그의 명저인 『명이대방록(明夷待訪錄)』의 제1 원군(原君)에서 먼저 태곳적 요(堯)·순(舜)·우(禹)·탕(湯)같은 성군의 정치를 이야기한 다음에 이렇게 후세의 중국 황제들을 평하고 있다.

"그들(후세의 임금들)은 '천하를 이롭게 하거나 해롭게 하는 권한은 모두 나에게서 나오는 것이다. 나는 천하의 모든 이익을 모두 나에게로 돌리고 천하의 해로운 것은 모두 남들에게 돌린다 해도 잘못이 아니다. 천하의 사람들은 감히 자기 멋대로 행동하거나 감히 자기 이익을 추구하게 두어서는 안 된다. 나의 위대한 자기 멋대로의 행동은 매우 공정한 것이다'라고 여긴다.

▲ 황종희 초상

처음에는 부끄러워하기도 하지만 오래 되면 편안히 여기게 된다. 천하를 막대한 산업이라 보고 그것을 자손들에게 전하여 가면서 영원히 즐거움을 누리겠다는 것이다. 한나라 고조(高祖)가 '내가 이룩하여 놓은 사업이 중형님이 이룬 것에 비하여 얼마나 많은가?'라고 한 말은 임금이 이익을 추구하려는 마음을 은연 중 말을 통하여 흘려버린 것이다.

이건 다름이 아니다. 옛날에는 천하가 주(主)이고 임금은 객(客)이어서, 임금이 평생 동안 애써 일하는 것은 모두가 천하를 위한 것이었다. 지금은 임금이 주이고 천하가 객이 되어버려서 온 천하에 편안히 지내는 곳이라고는 없게 된 것은 임금만을 위하게 되었기 때문인 것이다.

그러므로 임금이 천하를 차지하지 못하였을 적에는, 천하 사람들의 간과 머리 골을 쪼개고 해치며 천하의 아들딸이 가족과 함께 살지 못하게 하면서도 나 한 사람만의 사업을 추구하게 된다. 그러면서 조금도 언짢은 빛도 없이 '나는 본시 내 자손을 위하여 창업을 하려는 것이다.'라고 말한다.

임금이 천하를 얻고 나서는 천하 사람들의 골수를 쳐부수고 빼내며 천하의 아들딸들을 가족과 함께 살지 못하게 하면서 나 한 사람만의 음란한 즐김을 유지한다. 그렇게 하는 것이 당연한 일이라 보면서 '이것은 내 사업을 통해서 얻어지는 이익이다.'라고 말한다.

그러니 천하의 막대한 폐해가 되는 것은 바로 임금이다."[2)]

샤쑹이우(夏曾佑)의 『중국고대사』를 보면(P.252) "중국 역사에는 한 가지 공식이 있었다."라고 하면서 그 공식을 다음과 같이 설명하고 있다.

"태평스러운 세상은 반드시 혁명으로 전쟁이 치러진 뒤의 사오십 년간이다. 이 뒤로부터 융성한 세상이 대략 100년 동안 이어진다. 100년 뒤에는 다시 어지러운 현상이 일어나고, 다시 수십 년 동안 더욱 익어 마침내는 대란이 오게 되어 다시 혁명이 일어나는 형국이 된다. 한·당·송·명의 나라들이 다 그러하였다. ……

대란이 일어난 뒤에는 백성들 수가 줄어들어 자연 생산되는 물건들이 그들을 먹이고도 남음이 있게 되고, 호걸이나 혼란을 일삼는 무리들도 모두 이미 죽어버려 살아남은 사람들은 혼란을 싫어하며 구차하게 살면서도 과분한 소망 같은 것이 없다. 이것이 바로 태평 세상이 오는 원리이다."

곧 왕조가 바뀔 때마다 정복자들은 많은 사람들을 학살하여 인구가 현저히 줄어들어 자연생산품에 먹고 남는 여유가 생기고 호걸이나 난동을 일삼던 자들도 다 죽어버려 태평스런 세상이 온다는 것이다. 결국 중국이란 천하의 태평은 정치를 잘 해서가 아니라 세

2) 전해종 역, 『明夷待訪錄』, 삼성문화재단 발행, 삼성문화문고 2.

상의 혼란이 극에 달할 적에 천하를 정복하는 자가 사람들을 많이 죽여버려 나라에 여유가 생기기 때문이라는 것이다. 역대의 모든 왕조를 세운 임금들은 모두가 강하고도 매우 잔인한 인물들이었다.

실제로 장안 지역에 수도를 제일 먼저 정한 서주(西周, B.C.1027-B.C.771)는 서북쪽의 문화수준이 매우 낮은 민족이었고, 탕임금이 세운 상(商)나라는 그들이 남겨놓은 청동기만 보더라도 문화가 상당히 발전한 나라였다. 상나라는 뒤에 도읍을 은으로 옮겨 은나라라고도 부르게 되었다. 그들이 무력으로 은(殷)나라를 쳐부수기 위하여 엄청나게 많은 사람들을 죽였을 것이다. 주나라 무왕이 은나라 주(紂)왕의 군대를 공격할 적에 『서경』 무성(武成) 편의 기록을 보면, 적의 군대는 창끝을 뒤로 돌려 거꾸로 자기편을 공격하여 싸우지도 않고 승리한 것처럼 말하면서도 죽은 적군의 "피가 흘러 절굿공이가 떠다녔다."고 했으니 얼마나 많은 사람들을 죽였는가 알 수 있다. 무왕은 은나라를 쳐부순 뒤 2년 만에 죽고 다시 주공(周公)이 3년에 걸쳐 은나라의 근거지역인 동쪽을 정벌하는데 이때에는 더 많은 사람들을 죽였을 것이다. 그 덕분에 주나라는 성인의 정치라고 칭송되는 초기의 태평시대를 누리고 대략 250년의 명맥을 유지한다. 그러나 인구가 많아진 동주(東周)시대(B.C.770-B.C.256)로 가서는 250년의 대혼란의 시대인 춘추(春秋)시대*를 거쳐 이른바 전국칠웅(戰國七雄)**이 서로 죽이며 처절하게 싸우는 전국시대가 250년 정도 이어진다.

▲ 상나라를 세운 탕임금 초상

* 춘추의 기원: 춘추는 기원전 768년에서 기원전 476년의 시기로, 공자가 지은 그 시대의 역사서 『춘추』에 이 시기의 역사가 기재되어 있어, 책 제목을 따라 '춘추'라고 그 시대를 일컫게 되었다.

** 전국칠웅: 전국 시기(B.C.481-B.C.221)에 이르러 일곱 개의 강한 제후국인 제齊 · 초楚 · 연燕 · 한韓 · 조趙 · 위魏 · 진秦 등이 남게 되는데, 이들 일곱 나라를 일컬어 전국칠웅이라 불렀다.

이 뒤를 진나라(B.C.221-B.C.206) 시황이 천하를 통일하여 결판이 나는데, 진나라는 전국시대부터 가장 잔인한 전쟁을 계속하여 엄청나게 많은 사람들을 죽인다. 천하를 통일한 뒤에도 토목공사 등에 수많은 사람들을 동원하고 희생시켜 인심을 잃어 나라가 오래 가지 못하고 망해버린다. 진시황이 만들어놓은 천하지배의 매우 좋은 조건을 서한(西漢, B.C.206-A.D.8)이 이어받는다. 서한은 200여 년의 발전을 누린 뒤 인구가 많아지자 다시 어지러운 동한(東漢, 25-220)시대를 거치며 200년 동안 명맥을 유지한다.

뒤이어 위(魏)·진(晉)의 시대 약 200년과 남북조(南北朝)시대 약 150년이 이어지는데(220-589), 이 기간에는 전쟁을 통하여 많은 사람들이 죽기도 하지만 여러 이민족들이 중원 땅으로 들어와 나라를 세우는 바람에 혼란시대가 오래 갔던 것 같다. 이 혼란시대를 수(隋, 581-618)나라가 매듭짓고 천하 지배를 시작한다. 그러나 수나라 문제(文帝)와 양제(煬帝)는 전쟁과 토목공사에 백성들을 지나치게 동원하여 희생시키는 바람에 천하를 오래 지탱하지 못하고 그 터전을 당(唐, 618-907)에 넘겨준다. 이를 물려받은 당나라 태종은 잔인한 성격임에도 불구하고 중국 역사상 가장 이상적인 정치를 한 임금이라는 칭송을 받게 된다. 그러나 당제국도 인구가 늘고 살기가 어려워지자 중간에 '안록산의 난'(755-763)*이 일어나 혼란의 시대로 바뀌고 약 150년 버티다가 망한다. 그리고 이는 중국의 장안시대의 끝을 뜻

* 안록산의 난: 당나라 현종(玄宗) 때(755), 이민족 출신의 장수 안록산이 반란을 일으켜 단숨에 낙양과 장안을 점령하여 평화로웠던 당나라를 전란으로 휩쓸었다. 현종은 천자 자리를 아들(肅宗)에게 물려주고 자신은 쓰촨으로 피란하였다. 외국의 구원군 힘까지 빌려 763년에야 겨우 반란을 평정할 수 있었다.

하기도 한다.

뒤에 오대(五代, 907-979)의 혼란을 이어 북송(北宋, 960-1127)이 천하를 차지하지만 이들은 주변의 강한 이민족의 나라인 요(遼, 907-1125)·서하(西夏, 1032-1227)·금(金, 1115-1234) 나라들과 전쟁을 하지 않고 은과 비단 같은 귀중한 물건을 바치며 화의(和議)로 명맥을 부지하다가, 금나라의 침략으로 망하고 일부가 남쪽으로 도망가 남송(南宋, 1127-1279)으로 명맥을 부지한다. 그러다가 몽고족의 원(元, 1206-1368)나라가 일어나 오랜 혼란으로 이루어진 평화통치가 가능해진 요건 아래 대제국을 세운다. 그러나 150여 년이 지나자 다시 인구가 늘어나 어지러운 세상으로 변한다. 이 뒤를 한족의 명(明, 1368-1662)나라가 잇는데 한족의 군대는 아무래도 동족을 많이 죽이지 못하여 나라의 초기에도 대단한 태평성세를 누리지는 못한다.

그래도 근 300년 동안 나라를 지탱한 것은 강해진 북쪽 이민족에 대한 한족들의 경각심 때문일 것이다. 그러나 결국 만주족의 청(淸, 1616-1811)나라가 일어나 천하를 지배하게 된다. 명나라 만력(萬曆) 연간(1513-1619) 때에는 전국의 인구가 대략 1억 5천만 명에 다다랐는데[3], 청나라 군대가 쳐들어오면서 수많은 사람들을 죽인 나머지 청나라 초기에는 인구가 1천만 명대로 줄었고, 강희 50년(1711)에는 2,460여만 명으로, 건륭 29년(1764)에는 2억

3) Ping-ti Ho, *Studies on the population of China*, 1368-1953, Harvard University Press.

550여만 명으로, 가경 24년(1819)에는 3억이 넘는 인구로 불어난다.[4] 강희 50년 이후의 숫자는 비교적 정확한 통계이다. 100년 동안에 인구수가 10여 배로 늘어나고 있는 것이다. 이 때문에 청나라도 가경 연간으로 와서는 나라도 어지러워지고 국력도 약해져서 결국 멸망하게 된다.

하(夏) B.C.21세기-B.C.16세기
상(商, 殷) B.C.16세기-B.C.1027
주(周) 서주(西周) B.C.1027-B.C.771
동주(東周) B.C.770-B.C.256
춘추(春秋) B.C.768-B.C.476
전국(戰國) B.C.481-B.C.221
진(秦) B.C.221-B.C.206 戰國時秦 B.C.476-B.C.221
한(漢) 서한(西漢) B.C.206-A.D.8 *삼국시대(B.C.37-B.C.664)
王莽 新 A.D.9-23
동한(東漢) A.D.25-220
삼국(三國, 蜀·魏·吳)·진(晉)·동진(東晉) 220-420
오호십륙국(五胡十六國) 302-421
남북조(南北朝) 420-589
수(隋) 581-618
당(唐) 618-907 *통일신라(676-936)
오대(五代) 907-979
송(宋) 북송(北宋) 960-1127 *고려(936-1392)
남송(南宋) 1127-1279
요(遼) 907-1125
금(金) 1115-1234
서하(西夏) 1032-1227
원(元) 1206-1368
명(明) 1368-1661 *조선(1392-1910)
청(淸) 1616-1911
중화민국(中華民國) 1912 *일제(1911-1945)
중화인민공화국(中華人民共和國) 1949

▲ 중국의 역대 왕조 년표

4) 王氏『東華錄』 의거.

중국의 정식 역사기록을 보면 대체로 한 왕조를 처음 일으켜 세운 임금은 성군이고 나라가 망해갈 적의 임금은 폭군인 것이 공식적인 성격인데, 그것은 중국의 정사(正史)가 바로 그 왕조를 멸망시킨 뒤의 왕조의 관리들에 의하여 작성되었기 때문이다. 실제로 각 왕조의 건설자들은 어떤 사람보다도 잔인하고 억세고 사람 죽이는 일을 조금도 주저하지 않는 인물들이었다.

그리고 중국이란 천하에는 주인이 따로 있을 수가 없었다. 천하는 언제나 밖으로부터 쳐들어와 천하를 정복하는 사람이 주인이었다. 대체적으로 문화적으로는 하급의 오랑캐 민족들이 무력을 앞세워 중원으로 쳐들어와 문화 수준이 자기들보다 높은 민족들이 사는 천하를 침략하고 지배하는 것이기 때문에 그 수법은 잔인하지 않을 수가 없었다. 그런데 이러한 외부의 민족들이 무력으로 중국 땅을 정복하고 힘으로 천하를 지배하기 위하여 마련한 수도가 장안과 북경이다. 그리고 중국이란 나라는 외부의 민족이 침략하여 중원을 지배할 적마다 나라는 더욱 커지고 있다. 장안과 북경은 대표적인 중국의 수도임에도 불구하고 모두 천하를 지배하는 오랑캐 민족의 근거지에 가까운 변경지역에 위치하고 있는 것이다. 백성들과는 멀리 떨어진 곳에서 백성들 생활은 안중에 두지 않고 그들을 다스리기 위하여 정한 수도인 것이다.

2) 장안을 맨 처음 수도로 정한 나라 – 주(周)

▲ 은나라 시대 청동기

* 갑골문자: '갑골'은 거북껍질과 짐승뼈를 뜻한다. 은나라에서는 주로 말려놓은 큰 거북껍질을 이용하여 나라의 중요한 일을 점을 쳐서 결정하였다. 점을 치는 목적이나 결과를 거북껍질에 새겨놓은 것이 지금까지 남아 전하는데, 그것을 갑골문자라 한다.

장안을 맨 처음 도읍으로 정한 왕조는 서북쪽에서 밀고 들어와 동쪽의 문화가 상당히 발달하였던 은(殷, B.C.16세기-B.C.1027)[5]나라를 쳐부수고 새로운 나라를 세운 주(周, B.C.1027-B.C.256)나라이다. 그들은 장안 근처를 도읍으로 하던 서주(B.C.1027-B.C.771)시대에 처음으로 중국 북부 황하 유역의 동서지역을 통합하고 지배하기 시작하면서 중원을 이룩하고 한족을 이룩하였다.

주나라가 쳐부순 중원 땅의 은나라는 본시 탕(湯)임금이 세운 상(商)이라 부르던 황하의 중하류 지역인 지금의 산둥(山東)성 동쪽 지방에서 허난(河南)성 서쪽 지방 일대에 걸친 지역을 차지하고 있었다. 대체로 상나라는 서기 기원전 16세기로부터 기원전 1027년 무렵에 이르는 시기에 존속한 나라이다. 상나라 이전의 하(夏)나라 영토나 요(堯)·순(舜)이 다스리던 지방도 이 황하 중하류를 크게 벗어나지 못하는 지역이었을 것이다. 상나라는 중간에 도읍을 은(殷)이란 곳으로 옮기어(B.C. 1300) 나라를 은이라고도 부르게 되었다. 은나라는 이미 한자도 써서 우리에게 유명한 그들의 갑골문자(甲骨文字)*가 전해지고 있으며, 지금까지 전하는 청동기를 통하여 보더라도 이미 상당히 문화가 발전했던 나라이다. 정치·사회 제도도 어느 정도 갖추어져 있었고 농업도 상당히 발달한 위에 화폐까지 만들어 썼음이 갑골(甲骨)의 기록에 보이고 있다. 중국의 전통문화는

5) 여기의 왕조 연대는 陳夢家『殷墟卜辭綜述』에 의거한 것임.

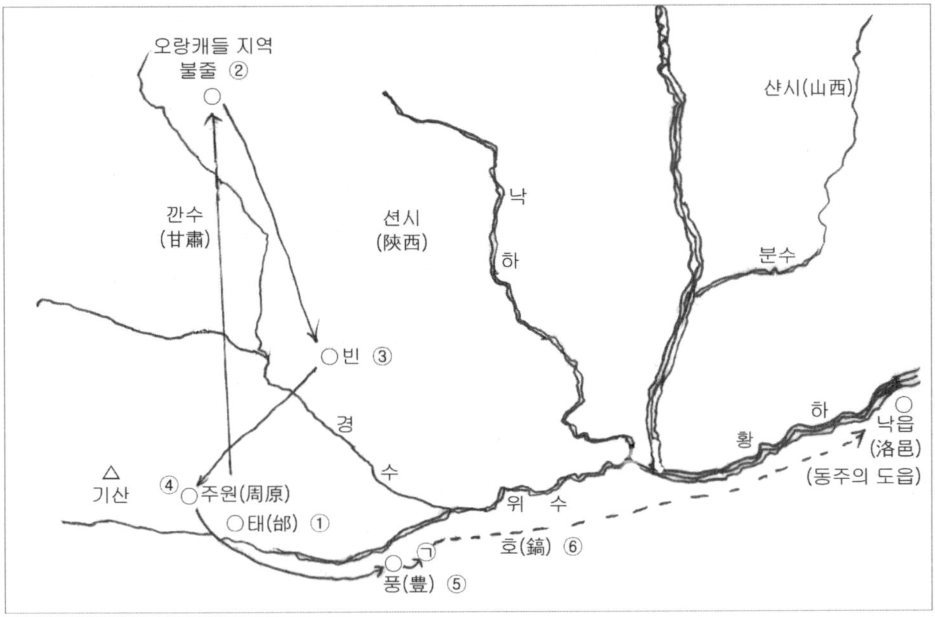

▲ 주나라 조상들의 이동 경로

한자문화라고도 할 수 있기 때문에 석기시대의 유적이 중국 여러 곳에서 발굴되고 있지만 중국의 전통문화는 황하의 중하류 지역에서 발생했다고 말하게 되는 것이다.

이에 비하여 주나라 민족은 지금의 시안 서북쪽으로부터 옮겨온 야만민족이다. 사마천(司馬遷, B.C. 145-B.C.86?)의 『사기』 주본기(周本紀)에 의하면 주나라 선조인 기(棄)는 태(邰, 지금의 陝西省 武功縣 근처) 지방에 살았고, 순(舜)임금 때에 농사를 돌보는 후직(后稷)이란 벼슬을 지냈다. 그러나 아들 불줄(不窋)은 자기 직책을 제대로 수행하지 못하여 오랑캐인 융적(戎狄)들이 사는 서북쪽으로 도망가서 살게 된다. 다시 불줄의 손자 공류(公劉)가 후직의 직책을 잘 수행하여 주나라의 터전을 이룩하였고,

그의 아들은 빈(豳, 지금의 岐山 북쪽)으로 옮겨와 나라를 세웠다. 그 뒤로 8대째의 고공단보(古公亶父)가 지금의 시안 서쪽에 있는 주원(周原, 岐山 남쪽 기슭)이란 곳으로 옮겨와 오랑캐인 융적의 습속을 버리고 주나라를 발전시키기 시작하였다. 주나라의 건국을 칭송한 『시경』 대아(大雅)의 「면(緜)」시 첫 장에서는 이렇게 노래하고 있다.

> 고공단보께서는
> 굴을 파고 기거하시어
> 집이란 것이 없었네.
>
> 古公亶父, 陶復陶穴, 未有家室.

주나라 민족은 본시 땅굴을 파고 그 속에 살던 야만민족이었다. 「면」 시 제 2장에서는 고공단보가 오랑캐 지역에서 야만적인 생활을 하다가 기산 아래로 나라를 옮겨온 것을 노래하고, 제 3·4·5장에서는 나라를 안정시킨 다음 집을 짓고 궁전을 세우는 모습을 노래하고 있다. 주나라 민족은 서북쪽으로부터 기산 아래 주원 땅으로 옮겨온 뒤에야 야만적인 생활로부터 벗어났던 것이다.

고공단보는 태왕(太王)이라고도 부르며 주나라는 실제로 여기서부터 출발하고 있다. 그리고 다시 그의 손자인 문왕은 훌륭한 정치를 베풀며 주변 여러 나라들을 쳐서 종속시키어 주나라의 세력을 크게 떨치게 되었고 도읍을 지금의 시안 근처인 풍(豐)으로 옮겼다. 다시 그의 아들 발(發)인 무왕이 은나라를 쳐부수어 중국 황하 유역을 중심으로 하는 서북쪽 지방을 한 나라로 합쳐 지금의 중국의 지리적 문화적 터전을 마련하게 된다. 그리고 뒤에 지금의 창안(長安)현 서남쪽에 호(鎬, 또는 鎬京)라는 도읍을 다시 마련하였다. 뒤에는 풍과 호를 합쳐 풍호(豐鎬)라고도 부르고 종주(宗周)라고도 불렀다. 성왕(成王) 때에는 은나라 백성들을 강제 동원하여 허난성에 낙읍(洛邑, 지금의 洛陽)을 건설하고 성주(成周)라 불렀다. 성주는 중원 지배의 전진기지였다.

그런데 근년에 고공단보로부터 문왕에 이르기까지 3대나 도읍으로 삼고 있던 기산 기슭의 두 곳에서 주나라 시대의 대형건축 유지가 발견되었다. 하나는 펑추추안(鳳雛川) 옆에서 발굴된 남북 45미터, 동서 32미터의 건축지로 지상 건축물의 규모도 추측케 하는 곳인데 당시의 종묘라 생각하는 이가 많다. 다른 하나는 그곳으로부터 동남쪽으로 2.5킬로미터 가량 떨어진 푸펑(扶風)현 샤오츤춘(召陳村)의 건축 군 유적으로 600평방미터가 넘는 너비의 땅 안에서 15개의 큰 건물 유지가 발견되었다. 대체로 궁전 유지라고 생각되고 있다. 그리고 여기에서 출토된 도기를 비롯한 유물의 시대를 보면 두 곳 모두 서주 초기로부터 말기에 걸친 시대의 것이다. 문화대혁명 때 희생된 역사학자 츤멍자(陳夢家)가 서주의 삼도설(三都說)을 주장하며 기주(岐周)의 역할을 중시했는데 매우 이유 있는 의견이다. 뒤에 청나라 만주족이 만일에 대비하여 자기들

본거지에 가까운 곳에 열하별궁(熱河別宮)을 건설했던 것이나 같은 의도이다. 기산 기슭의 주원은 평상시에는 서북쪽 오랑캐들에 대비하기 위한 전진기지였지만 유사시에는 후퇴하여 힘을 재정비할 기지도 될 수가 있는 곳이었다.

주나라 민족은 조상이 후직(后稷)인 기(棄)라고 하지만 분명히 중국 서북쪽의 미개한 민족이었다. 설사 주나라가 정말로 시안으로부터 멀지 않은 태(邰) 사람이었다 하더라도 기원전 11세기의 그 지방은 여전히 오랑캐 지방이었다. 그리고 기의 아들 불줄이 융적이 사는 오랑캐 지방으로 옮겨가 살았다고 하였다. 그리고 고공단보가 나라를 기산 아래로 옮기면서 융적의 습속을 버렸다고 하였다. 이것은 모두 주나라 민족이 본시는 융적의 지방에 살던 오랑캐의 습속을 지닌 야만민족이었음을 뜻한다.

이처럼 야만민족이 세운 주나라가 군사력으로 높은 수준의 문화를 발전시키고 있던 은나라를 쳐부수고 넓은 중국 땅을 힘으로 지배하게 되었다. 후세에 지은 중국역사 책에는 은나라 주왕이 포악하고 무도하여 백성들의 뜻을 따라 덕정을 베풀던 주나라가 은나라를 쳐부수게 된다고 하지만 그것은 후세에 주나라 편에 선 역사가들이 침략전쟁을 합리화하기 위하여 꾸며낸 이야기일 것이다. 이미 『논어』 자장(子張)편에서도 자공(子貢)이 다음과 같은 말을 하고 있다.

"주왕의 좋지 못한 짓은 그처럼 심한 것은 아니었다. 그래서 군자는 하류에 처신하기를 싫어하는 것이니, 천하의 악이 모두 그리로 돌아가게 되기 때문이다."[6)]

꾸쩨깡(顧頡剛, 1839-1980)은 「주왕의 악한 짓 70종류가 생겨난 차례(紂惡七十事的發生次第)」[7)]라는 논문에서 우선 『서경』의 기록을 보면 주왕이 한 나쁜 짓으로 "술을 많이 마시고" "소인을 등용하고" "부녀자의 말만 듣고" "제사를 제대로 지내지 않는다"는 것들뿐인데, 후세로 오면서 "충신 비간(比干)의 심장을 꺼내 보고" "임신한 여자의 배를 갈라보고" "산 사람을 태워 죽이고" 하는 등의 수많은 포악한 행위가 보태어져 갔다는 사실을 논하고 있다. 그리고 최근에 와서는 주왕이 폭군이라는 설을 뒤집는 주런루이(朱人瑞)의 「주왕을 대신하여 사건을 뒤엎는다(替紂王翻案)」[8)]는 등의 논문도 나왔다.

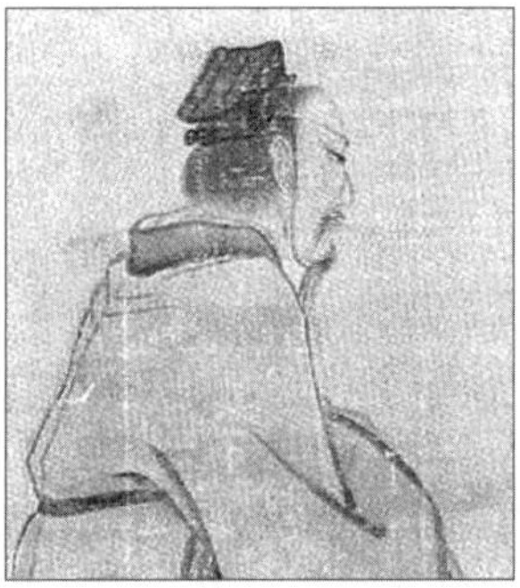

▲ 주나라 무왕 초상

그리고 중국 역사책에서는 주나라 무왕이 은나라 주왕의 군대를 공격할 때 병력은 은나라 쪽이 훨씬 더 많았으나 은나라 군사들이 돌아서서 자기 편을 공격하여 전쟁을 쉽게 이겼다고 나온다[9)]. 그러나 그것은 은나라에서 천대를 받아온 일부 노예 출신 병사들의 반란이었을 것이다. 그리고 별로 싸

6) 紂之不善, 不如是之甚也. 是以君子惡居下流, 天下之惡, 皆歸焉.

7) 『古史辨』 第2冊 上編.

8) 「人民日報」, 1957. 5. 28.

9) 『史記』 周本紀 및 『書經』 武成 편.

우지도 않고 이길 수 있을 정도로 주나라의 중원 정복이 간단할 수는 없는 것이다. 『서경』 무성(武成)편에는 무왕이 은나라를 칠 때에

> "사람들이 흘린 피가 흘러가는 위에 절구공이가 떠다녔다."

고 쓰여 있다. 무왕은 싸우지 않고 이긴 것이 아니다. 엄청나게 많은 은나라 사람들을 죽여 죽은 사람들이 흘린 피가 강물처럼 흘러갔던 처참한 전쟁이었다. 『일주서(逸周書)』 세부(世俘)편에는 다음과 같은 기록이 보인다.

> "무왕이 마침내 사방의 나라들을 정벌하여 쳐부순 나라가 99나라이고, 목을 자른 수가 1억 10만 7,779명이고, 포로가 3억 1만 230명이고, 굴복시킨 나라들이 652나라였다."

▲ 백이의 초상

이 기록이 뒤에 전국시대 사람에 의하여 이루어진 것이라 하더라도 전혀 근거 없는 말이라 볼 수는 없다. 『사기』 백이열전(伯夷列傳)을 보면 무왕이 은나라를 치자 두 임금을 섬기지 않겠다고 하며 수양산으로 들어가 굶어죽었다는 백이와 숙제(叔齊)는, 그 전에 무왕을 찾아 뵙고 무왕이 은나라를 치는 것은 "폭력으로 포악함에 대신하는 것(以暴易暴)"이라 말하며 전쟁을 만류하고 있다. 이는 주나라 무왕이나 은나라 주왕이나 다 같이 포악한 임금이란 말로 이해할 수 있다. 주나라 군대는 은나

라 수도로 쳐들어가 수많은 사람을 죽인 위에 많은 포로와 함께 엄청나게 많은 재물을 약탈하여 가지고 돌아와서 주나라의 문화는 갑자기 발전하기 시작한다.

주 무왕은 은나라를 쳐부순 다음 은나라 주임금의 아들 무경(武庚)에게 송(宋)나라를 내주어 자기 조상들 제사를 받들게 하고, 은나라 옛 땅을 셋으로 나누어 자기 형제인 관숙(管叔)·채숙(蔡叔)·곽숙(霍叔)에게 맡기어 은나라 백성들을 감시하게 하였는데 이들을 삼감(三監)이라 부른다. 무왕은 천하를 통일하고 2년 뒤에 병으로 죽어 어린 아들 성왕(成王)이 임금 자리를 계승하자 무왕의 아우인 주공(周公) 단(旦)이 임금 대신 나라 일을 맡아 처리하게 된다. 『순자(荀子)』에서는 주공이 한때 직접 성왕을 물리치고 임금 자리에 올랐었다고 말하고 있다.[10] 어떻든 아직 주나라 정치의 터전이 잡히지 않은 때라 무경은 이 기회를 이용하여 주공의 본심을 의심하는 형제들인 삼감을 부추기고 또 은나라 계열의 동쪽 동이족의 작은 나라들과 연합하여 반란을 일으킨다. 이를 보통 '삼감의 난'이라 부른다.

▲ 주공

이에 주공은 직접 군대를 이끌고 동쪽 정벌에 나서서 3년 동안 싸워 무경을 잡아 죽이고 반란을 평정한 이외에도 동이족의 50여 나라를 쳐부쉈다. 그리고 난 뒤 은나라 옛 땅인 위(衛)에는 문왕의 작은 아들 강숙(康叔)을 봉하고, 동이족의 큰 나라

10) 권 4 儒效 편.

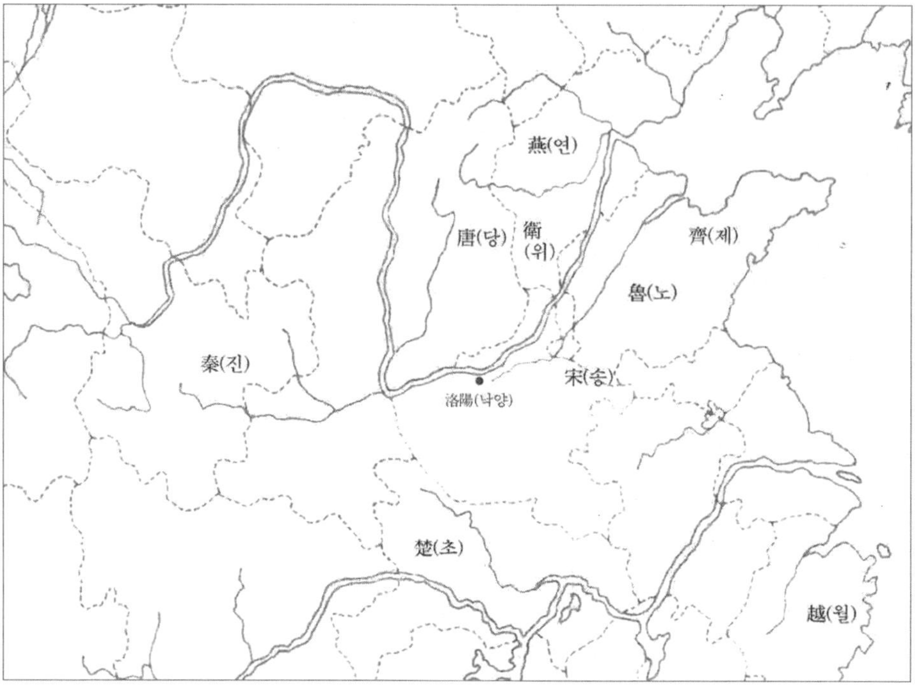

▲ 서주시대의 제후들의 나라

였던 엄국(奄國, 곧 魯나라, 山東 남부)에는 주공 자신의 아들 백금(伯禽)을 봉하여 다스리게 하고, 포고(蒲姑, 곧 齊나라, 山東 북부)는 강태공(姜太公)의 아들 여급(呂伋)을 봉하여 다스리게 하고, 또 공신인 소공(召公) 석(奭)의 아들은 연(燕, 지금의 北京 지방)에 봉하여 다스리게 하는 등, 새로이 봉건제도를 정비하여 시행하였다.

▲ 산둥성 취푸(曲阜)에 있는 주공의 묘당 정문

그뿐 아니라 주공은 은나라가 쓰고 있던 한자를 이용하여 서로 말이 통하지 않는 여러 나라들에게 행정 명령이나 여러 가지 뜻을 시달하여 다스리고, 여러 가지 새로운 정치·사회 제도를 마련하였다. 이때 주공이 마련한 새로운 예악제도(禮樂制度)가 중국 전통문화의 터전이 되는 것이다. 그리고 이 봉건제도 아래 발전한 문화는 한자를 중심으로 하여 이루어지고 발전하기 때문에 한자문화라고도 할 수 있는 성격의 것이다. 한편 주나라에서는 은나라 문화를 중시하고 그 문화에 관련된 사람들을 잘 대접하였던 것 같다. 은나라의 내사(內史)인 상지(向摯)는 스스로 주나라의 문화 자료를 수레에 싣고 자진하여 주나라로 귀의하여 무왕을 즐겁게 하였다[11].

은나라에서는 거북 껍질이나 짐승 뼈를 이용하여 점을 쳐서 갑골문을 남겼지만 주나라는 한자와 수리개념을 활용하여 『역경』을 이용한 역점(易占)을 발전시켰다. 『역경』은 주나라에서 발전시켰기 때문에 흔히 『주역(周易)』이라고도 부른다. 『역경』뿐만 아니라 유가의 중요한 경전인 『시경』·『서경』·『주례(周禮)』·『의례(儀禮)』·『예기(禮記)』 등의 전적의 바탕도 이때 주공에 의하여 이루어졌다.

天官冢宰第一
周禮
鄭氏注

▲ 『주례』 본문의 첫 번째 쪽

『시경』은 특히 첫머리 풍(風)의 주남(周南) 11편을, 『모시(毛詩)』에서는 주공 단의 채읍(采邑)인 기산(岐山) 아래 옛 주나라 땅에서 모은 노래의 가사라 하였다. 그리고 빈풍(豳風) 7편은 모두 주공의 동쪽 정벌과 관계가 있는 노래로 알려지고 있다. 『서경』은 요·순과 하나라·은나라·주나라의 옛날 사관(史官)들의 기록을 가지고 공자가 편찬한 것으로 전해진다. 그러나 가장 뒤의 주서(周書)의 기록은 대부분이 서주시대에 이루어진 것이지만 상서(商書)

11) 『呂氏春秋』 先識覽 先識; "殷內史向摯見紂之愈亂迷惑也, 於是載其圖法, 出亡之周. 武王大說, …….

이전 시대에 속하는 기록이라는 것들은 오히려 서주 이후에 이루어진 것이라 여겨지고 있다. 청 대 학자들의 고증에 의하면 주서의 「대고(大誥)」에서 「고명(顧命)」에 이르는 12편이 서주 때에 이루어진 가장 오래된 글이라고 하는데, 이 12편은 모두 주공과 관계가 밀접한 글들이다. 『역경』의 팔괘(八卦)는 복희씨(伏羲氏)가 만들었으나 그것을 64괘로 발전시킨 것은 주나라 문왕이고 괘사(卦辭)와 효사(爻辭)는 문왕 또는 주공이 썼다고 전해지고 있다. 64괘에 괘사와 효사가 달린 것이 『역경』의 경문이므로 이를 『주역』이라고도 부르게 된 것이다.

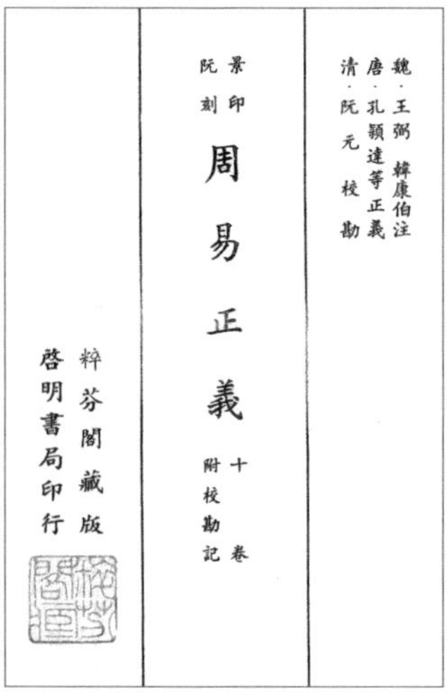
魏 王弼 韓康伯注
唐 孔穎達等正義
清 阮元 校勘

景印 阮刻
周易正義 十卷 附校勘記

粹芬閣藏版
啓明書局印行

▲ 『역경』의 속 표지

따라서 유가의 기본 경전인 삼경은 대체로 서주 시대에 주공에 의하여 그 바탕이 이루어진 것이며, 중국의 전통문화와 학술사상이 모두 주나라 때에 그 기본 틀이 이루어져 발전하기 시작했다고 할 수 있다. 그리고 『예기』·『의례』·『주례』도 후세에 이루어진 책이지마는 거기에 기록된 예의제도 및 정치사회제도는 대체로 주공에 의하여 만들어진 것을 바탕으로 이루어진 것이라 보고 있다. 그러니 공자의 유학도 주공의 사상을 바탕으로 발전한 것이라 할 수 있다.

周易上經乾傳第一 王弼注
乾下乾上 乾元亨利貞 初九潛龍勿用

▲ 『역경』 본문의 첫 번째 쪽

또한 한자를 사용하는 전문가 출신도 은나라 때는 주로 무(巫)·축(祝) 등 제사지내는 일과 관련된 이들이었지만, 주나라에 와서는 정치와 직접 관련이 많은 사(史)·사(士) 출신들로 차차 옮겨가게 된다. 이로 말미암아 중국 전통 학술문화의 터전이 이룩된 것이다.

주나라는 은나라 유민들을 중심으로 하는 온 나라 백성들을 엄하게 다스렸다. 성왕이 강숙(康叔)을 위(衛)나라에 봉하면서 당부한 말을 기록한『서경』주서의 강고(康誥)를 보면 이런 말들이 보인다.

> "사람에게 작은 죄가 있다 하더라도 과실이 아니고 끝내 그러하면 스스로 법을 따르지 않는 것이다. 남들이 본뜰 것이니 그의 죄가 작다 하더라도 죽이지 않아서는 안 된다."[12]

> "재물 때문에 사람을 죽이고 억지를 쓰고 죽음을 두려워 않거든 모두 사형에 처하라."[13]

> "크게 악한 자는 크게 미워하고, …… 그들을 벌하고 용서치 마라."[14]

> "따르지 않는 자들은 크게 법으로 다스려 …… 모두 죽여라."[15]

그리고 같은 주서의 주고(酒誥)에서는 강숙에게 백성들이 술을 너무 마시지 못하도록 하라고 당부하면서 이렇게 말하고 있다.

> "여럿이 술을 마시고 있거든 너는 놓치지 말고 그들을 모두 잡아 주나라로 보내어라. 나는 모두 죽여버릴 것이다."[16]

12) 人有小罪, 非眚乃惟終, 自作不典. 式爾, 有厥罪小, 乃不可不殺.

13) 殺越人于貨, 暋不畏死, 罔不憝.

14) 元惡大憝, …… 刑茲無赦.

15) 不率大戛, …… 率殺.

간단한 일이라 하더라도 자기네 말을 듣지 않으면 모두 죽여버린 것이다. 얼마나 잔인하게 나라를 다스렸는가 짐작이 갈 것이다. 한편 그런 방식으로 다스리지 않으면 그처럼 넓은 지역의 수많은 종족들을 다스리는 수가 없었을 것이다.

이처럼 엄하게 다스려도 옛 은나라 백성들의 저항이 끊이지 않자 주공은 은나라 백성들을 강제로 동원시켜 노예처럼 부리면서 허허벌판에 새로운 도시 낙읍(洛邑)을 건설하였다. 이 일은 주로 소공이 맡아 하였는데, 도읍이 너무 서북쪽에 치우쳐 있어 나라를 다스리기에 좀 더 편리한 곳에 천하를 다스리는 전진기지를 마련하려는 뜻도 있었을 것이다.

오랑캐에 가까운 주나라 민족이 무력으로 동쪽의 상당한 문화를 발전시키고 있던 은나라를 쳐부수고 후세의 장안 근처를 도읍으로 하여 황하유역 동서지방을 합친 넓은 지역의 여러 종족들을 아울러 힘으로 지배하게 된 것이다. 『서경』 다사(多士)에도 "은나라 옛 분들에게는 문서와 책이 있었다."[17]고 말하고 있듯이 은나라는 한자를 사용하여 여러 가지 정치·사회에 관한 제도를 갖추고 있었는데, 특히 주공은 동쪽을 다시 정벌하면서 한자와 여러 가지 문물제도를 수습하여 새로운 주나라의 예악제도를 만들고 봉건제도를 확립한 다음 한자를 이용하여 말과 풍습이 다른 넓은 중국 땅안의 여러 종족들을 다스리기 시작했던 것이다. 여

16) 羣飮, 汝勿佚, 盡執拘, 以歸于周. 予其殺.

17) 惟殷先人, 有冊有典.

기에서 이른바 중국전통문화의 터전이 마련되었고 중원이 이루어지고 비로소 중국민족의 중심을 이루어온 한족이 형성되었던 것이다.

아무리 주공이 천재라 하더라도 은나라 지식인들의 도움 없이 한자를 가져다 사용하고 은나라 문물제도를 바탕으로 새로운 예악제도를 발전시킬 수는 없는 것이다. 가장 뚜렷이 드러나는 주나라 예악제도의 발전을 적극 도운 은나라 유민으로는 유가 계통의 사람들이 있다. 후스(胡適, 1891-1962)의 『설유(說儒)』[18]를 보면 유(儒)는 본시 은나라의 사(士)였던 예를 돌보는 일을 전문으로 하던 사람들이라 추정하고 있다. 예란 실상 그 시대에는 정치·사회제도와 밀접한 관계가 있던 사람들의 행동규범이며, 은나라 문화를 대표할 수 있는 것이었다. 정복자인 주나라 사람들은 은나라 유민들을 잔인하게 죽이고 노예로 만들고 하면서도 은나라의 정치사회제도와 문화는 배울 필요가 있었다. 이에 은나라에서의 지위는 별로 높지 않으면서도 은나라 문화에 대하여 특히 예에 대해서는 어떤 사람들보다도 많이 알고 있는 그 방면의 전문가인 '유'에 속하는 사람들을 달래어 보호해주며 그들을 이용했을 가능성이 많다.

공자(B.C.552-B.C.479)는 은나라 왕실의 후손이다. 그의 집안은 은나라가 망한 뒤에 송나라로 옮겨 가 살다가 다시 노나라로 옮겨 곡부(曲阜)에 살게 되었다. 공자 스스로도 자신은 '은나라 사람'이

18) 『胡適文存』 제4집 소재.

▲ 당나라 오도자가 그린 공자상 탁본

라고 말하고 있다[19]. 지금의 산둥 지역인 제(齊)나라와 노(魯)나라는 은나라 사람들이 은나라 문화를 지키며 살던 고장이다. 주나라 초기에 주공이 동쪽 지방을 정벌하면서 쳐부쉈던 포고(蒲姑)가 제나라이고 엄국(奄國)은 노나라이다. 그리고 주나라의 정치적인 권력 중심지는 장안이 있는 관중(關中) 땅이었지만 주나라가 망해가는 전국시대까지도 그 시대의 문화의 중심지는 여전히 제나라와 노나라 지방이었다. 공자는 이 노나라의 곡부에서 태어났다.

그런데 공자는 나이 늙은 아버지와 젊은 어머니 안씨(顏氏)가 야합(野合)을 하여 낳았다 하였고 집안은 가난하고 천한 신분이었다[20]. 그러기에 공자는 쉽사리 자기 민족과 조국을 등지고 주나라를 좇아 새로운 이상세계의 건설을 추구하여 중국 전통문화의 터전을 마련하는 성인이 될 수 있었을 것이다.

공자는 『논어』에서만 보더라도 자신은 주나라를 위하여 헌신할 것을 다짐하고 있다.

> "주나라는 하와 은 두 나라를 본떴으므로 문물제도가 빛나고 있다. 나는 주나라를 따르겠다."[21]

> "만약 나를 등용하는 사람이 있다면 나는 그 나라를 동쪽의 주나라로 만들겠다."[22]

19) 『禮記』 檀弓.

20) 『史記』 孔子世家.

21) 八佾; 周監於二代, 郁郁乎文哉. 吾從周.

"문왕은 돌아가셨지만 그의 문화는 여기 나에게 전해져 있지 않은가?"[23]

심지어 자기 조국을 쳐부순 것도 모자라 노나라 지방까지 원정하여 은나라 사람들을 잡아 죽이고 은나라 문화를 가져다가 새로운 주나라 문화를 건설한 주공을 자신의 이상적인 인물로 받들기도 하였다. 그러기에 공자는 만년에 뜻을 이루지 못한 자신을 한탄하면서 이런 말을 하고 있다.

"심히도 내가 노쇠하였구나! 오랜 동안 나는 주공을 다시는 꿈에 보지 못하였으니!"[24]

동이(東夷)와 싸운 은나라 군사들에 관한 기록이 새겨져 있는 주나라 초기의 청동기 백무보대개(白懋父敦蓋)[25]의 글을 보면 이런 구절이 보인다.

"…… 동쪽 족속들이 크게 반란을 일으켜 백무보가 은나라 팔사(八師)를 이끌고 동쪽 족속들을 정벌하였다."[26]

그러니 무왕이 은나라 주임금의 군대와 싸울 때 은나라 군사들 중에는 돌아서서 자기 편과 싸운 자들도 많았다고 했지만, 주공이 동쪽을 정벌할 적에도

22) 陽貨; 如有用我者, 吾其爲東周乎.

23) 子罕; 文王旣沒, 文不在玆乎?

24) 述而; 甚矣, 吾衰也! 久矣, 五不復夢見周公!

25) 臺灣 國立中央博物館 藏.

26) …… 東尸大反. 白懋父以殷八師征東尸.

주나라 편을 들어 싸운 은나라 사람들이 상당히 많았음을 알 수 있다. 동쪽 족속들이란 동이이며 은나라 민족과 같은 계열의 사람들이다. 지금과는 국가 개념이나 민족관이 전혀 달랐던 옛날이므로 이들을 조국에 대한 반역자라 말할 수는 없다.

장안이 있는 위하분지(渭河盆地)를 중심으로 하는 셴시성(陝西省) 지역을 흔히 관중(關中)이라 부른다. 그것은 이 지역 사방이 관문으로 둘러싸여 있기 때문이다. 관중은 흔히 동쪽에는 함곡관(函谷關)·남쪽에는 무관(武關)·서쪽에는 산관(散關)·북쪽에는 소관(蕭關)이 있기 때문에 그렇게 부른다고 설명한다. 이 밖에도 장안에서 서역 쪽으로 나가는 길목에 있던 양관(陽關)·옥문관(玉門關) 등이 유명하지만, 지도를 펴놓고 들여다보면 지명에 '관'자가 붙은 곳이 오랑캐 지역 쪽이 아닌 장안의 동쪽과 남쪽에도 무척 많다. 북동쪽의 편관(偏關, 또는 偏頭關, 山西)에서 시작하여 영화관(永和關, 山西)·흑룡관(黑龍關, 陝西)·연수관(延水關, 陝西)·청수관(淸水關, 陝西)·노령관(蘆靈關, 陝西)·형자관(荊紫關, 河南)·죽림관(竹林關, 陝西) 등이 있고, 남쪽으로는 만천관(漫川關, 陝西)·청동관(靑銅關, 陝西)·모패관(毛垻關, 陝西)·검문관(劍門關, 四川)·칠반관(七盤關, 陝西)·양평관(陽平關, 陝西) 등이 있다. '관'은 사람들의 출입을 통제하며 요충지에 외적의 침입을 막기 위해서 설치하는 것이다. 이들은 서북 변두리에 도읍을 마련하고 힘으로 중원땅을 다스리면서 자기가 다스리고 있는 백성들을 늘 적처럼 경계하고 있었기에 이처럼 중원땅으로 통하는 곳에 많은 관문을 만들어놓고 대비하였던 것이다.

주나라는 국세가 약해지자 서쪽 오랑캐들의 압력에 밀리어 도읍을 허난성 낙읍(洛邑)으로 옮겨 서주 뒤를 동주(東周, B.C.770-B.C.256)가 계승한다. 동주시대에는 천자의 권위가 갈수록 형편없게 되어 어지러운 춘추시대(B.C.768-B.C.476)를 거쳐 제후의 나라들이 서로 치고 싸우는 전국시대(B.C. 481-B.C.221)라는 혼란기로 이어진다. 결국 진(秦)나라 시황(始皇, B.C.246-B.C.210 재위)이 나와 중국 남부지방까지 중국 영토에 포함시키는 이른바 천하통일을 이룩하고 다시 도읍을 장안 근처의 함양(咸陽)으로 정하고 가혹한 법으로 나라를 다스리게 된다.

어떻든 장안이란 이름은 없었지만 그곳은 주나라에 의하여 그들의 수도로 정해져 이후 중국역사를 통하여 대표적인 중국의 도읍으로 군림하게 된다.

3) 북경을 맨 처음 수도로 정한 나라 - 원(元)

처음으로 북경을 수도로 정한 것은 여진(女眞)족의 금(金)나라이다. 그들에 앞서 여진족에게 박해를 가하던 거란(契丹)족의 요(遼)나라는 중국을 통제하기 위하여 발해의 오경(五京)을 본떠 다섯 고장의 행정중심도시를 두었는데, 상경(上京)·중경(中京)·동경(東京)은 모두 만리장성 밖에 있었으나 중원지배의 거점으로 서경(西京, 지금의 山西省 大同) 대

▲ 여진족 무사

동부(大同府)와 남경(南京, 지금의 북경) 석진부(析津府)를 두었다. 그 중 유주성(幽州城)을 확장하고 많은 건설을 더한 남경이 가장 중시된 것도 같으나 정식 수도의 역할을 하지는 못하였다.

▲ 청 대의 북경 성문

요나라의 압박을 받아오던 여진족은 금나라 태조(1115-1122 재위) 아꾸다(阿骨打)가 나라를 세우고(1115) 요나라와 싸우기 시작하면서 1120년에는 상경·중경·서경을 차례로 함락시키고 남경도 차지하게 되었다. 그러나 다시 연경(燕京, 곧 南京)을 북송에게 내어주었다가 1125년에 다시 싸워서 빼앗고, 1153년에 제4대 제량(帝亮)이 남송을 정복하려는 목적으로 이전의 수도인 상경 회녕부(會寧府, 지금의 黑龍江省 阿城縣 근처)를 버리고 연경을 수도로 정하고 중도(中都) 대흥부(大興府)라 불렀다. 이에 북경이 정식으로 중국의 한 나라의 수도로 등장하게 된 것이다. 그러나 금나라는 뒤에 도읍을 변경(汴京)으로 옮겼던 일도 있고 또 얼마 못가서(1234) 나라가 망하게 되어 북경을 번영시킬 겨를이 없었다.

▲ 징기스칸 초상

본격적으로 북경을 중국의 수도로 삼은 것은 이곳을 대도(大都)라 부르며 도읍으로 정하고 무력으로 천하를 정복한 뒤 온 세계에 큰 위세를 떨쳤던 대제국인 몽고족의 원(元)나라(1206-1367)이다. 몽고의 태조 징기스칸(成吉思汗, 1206-1227 재위)은 몽고를 통일하고 1215년에는 지금의 북경인 금나라의 연경을 공략하였다. 그러나 동방을 거의 제압한 징기스칸은 눈을 중국 영토 밖으로도 돌려 1219년에는 대군을 이끌고 서역 정벌 길에 올랐다. 몽고군은 파죽지세로 중앙아시아 나라들을 무찌르고 1225년에는 남쪽으로 인더스강 유역, 서쪽으로는 카스피해를 넘어 남러시아에 이르는 중앙아시아의 거의 전역을 그들 지배 아래 두었다. 원정에서 돌아온 징기스칸은 1227년 서하를 멸하고 금나라를 치려다가 중도에 죽는다.

그 뒤를 이은 오고타이(窩闊台) 태종은 1234년 금나라를 멸하고, 다시 원정군을 내어 러시아로부터 동유럽에 이르는 지역을 석권하였다. 다시 뒤의 몽커(蒙哥)가 헌종(憲宗)이 된 뒤에는 서아시아의 압바스왕조를 무너뜨려 그들의 영역은 동쪽은 동해로부터 서쪽은 남러시아에까지 닿았다. 다시 그 뒤를 이은 세조(世祖) 쿠비라이(忽必烈)는 몽고제국을 계승하여 국위를 더욱 떨치고 서기 1260년 개평(開平)[27]에서 스스로 따칸(大汗)이라 칭하며 황제가 되어 세조가 된 뒤, 카이핑은 상도(上都)라 부르고 연경은 중도(中都)라 하였다. 그 뒤 중도를 더욱 개축하고 지원(至元) 8년(1271)에 국호를 대원(大元)이라 고친 뒤 도읍을 중도로 옮기고 중도를 대도(大都)라 부르게 된다. 대도의 건설에는 아라비아 및 네팔 쪽의 기술자들도 참여하여 새로운 문화도시로 발전하게 되었다.

▲ 쿠비라이 초상

▲ 마르코폴로

일찍이 이태리 사람 마르코 폴로(Marco Polo)는 중국을 여행하고 쓴 『동방견문록』에서 대도인 칸바리크(Khanbalic)의 웅장함과 쿠비라이의 눈부신 활

27) 지금의 內蒙古 多倫 북쪽 지역.

약에 대하여 기술하고 있다. 칸바리크는 한 편의 길이가 8마일이나 되는 성과 해자로 둘러싸여 있고, 사방에는 교외로 통하는 11개의 대문이 있다. 그 안팎으로는 엄청나게 많은 인구가 모여 살고 있으며, 장사꾼이나 잡일을 하는 자들은 모두 교외에서 활동하고 있다. 교외에도 화려한 주택과 건물들이 늘어서 있고 세계 각지에서 몰려든 외국인들이 북적이고 진귀하고 값비싼 물건들도 넘쳐흐를 정도로 많다. 보석·진주·약재·향료 등 없는 것이 없고, 매일 비단을 실은 1천 이상의 마차와 말이 들어온다. 교외에는 창부만도 2만 5천 명이나 우글대고 있다[28].

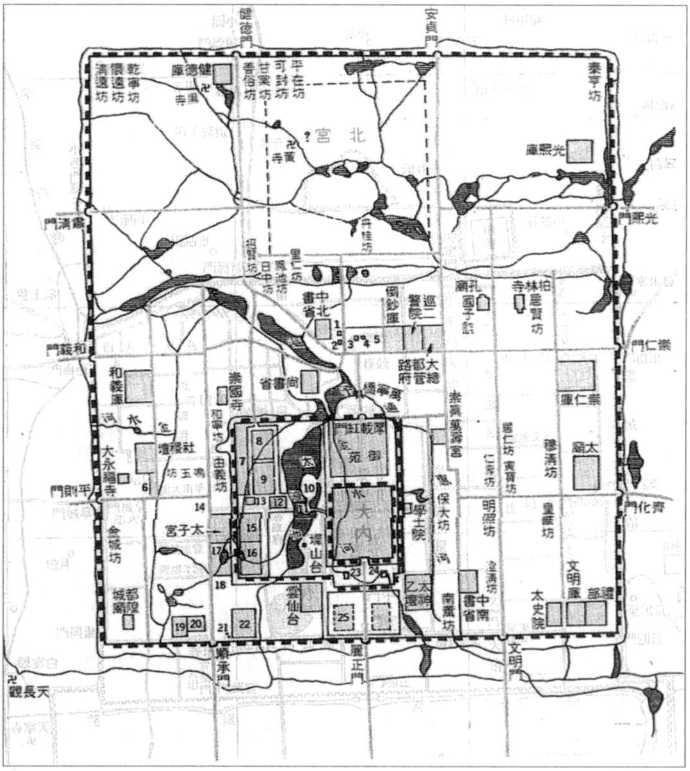

▲ 원나라 때 대도(大都)의 평면도

이 북경은 북송 때도 거란족의 요나라 땅이었고 그 이전의 한·당 제국 때도 그들 영토의 변두리였다. 몽고족은 중국을 지배하면서 유사시에는 자기네 종족들의 후원을 받기에 편리하고 또 본거지로 도망치기에도 편한 자기네

28) 『동방견문록』 제2편 11장·23장.

근거지와 가까운 변두리 땅에 도읍을 건설했다. 이들은 북경인 대도를 중국 지배의 근거지로 삼고, 만리장성 북쪽 내몽고의 상도는 황제의 별궁으로 유지하면서 실질적인 근거지로 유지하였다. 상도는 재물과 국력을 비축하는 근거지도 되고 만약 뒤에 한족에게 밀리는 경우가 생길 적에는 후퇴하여 제2의 기지로 삼으려는 뜻을 갖고 있었다.

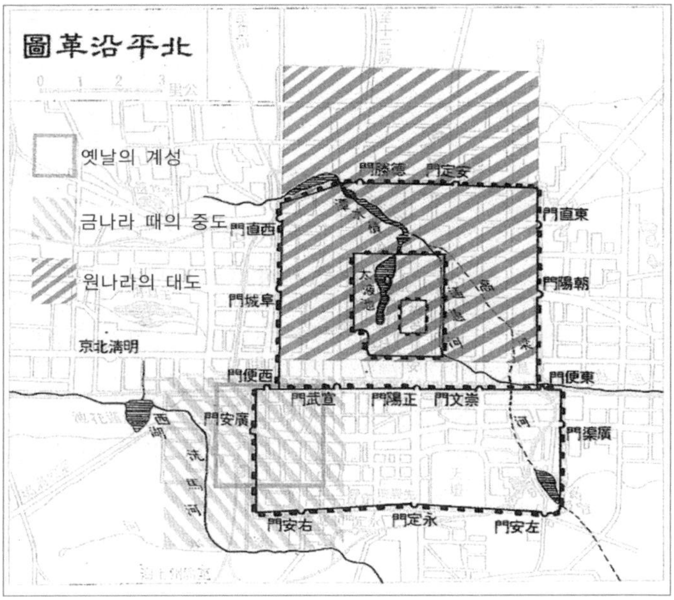

▲ 옛날 북경성과 금나라의 중도 및 원나라 대도의 비교도

몽고족은 온 세계를 닥치는대로 쳐서 정복하며 중국 땅을 근거로 하여 그들의 권력을 중앙으로 집중시킨 뒤 무자비하게 힘으로 오랜 전통을 지닌 중국을 다스렸다. 마르코폴로의 기록에 의하면 황제나 고관들은 사람을 죽이고 살리는 일에서부터 시작하여 세상에서 못할 일이 없을 정도로 멋대로 행동하였다.

몽고족은 징기스칸(1206-1227) 이전에는 북경을 먼저 중도로 정했던 금나라의 지배 아래 있었는데, 금나라 세종(世宗, 1161-1189)의 경우를 보면 골칫거리가 될 몽고족을 결속되기 이전에 없애버리려고 잔혹한 '감정(減丁)정책'을 시행하였다. 그것은 명을 내려 3년마다 한 번씩 군대를 북쪽 몽고족들이 사는 지역으로 보내어 몽고족을 닥치는대로 어른아이와 여자남자를 가리지 않고 깨끗이 죽여버리는 것이다. 일손이 필요할 적에는 젊은이들을 죽이지 않고 끌고 와 노예로 삼아 노동을 시켰다[29]. 징기스칸의 증조부의 형제인 암빠가이(俺巴孩)도 금나라에 잡혀가 이유 없이 극형에 처해져 죽었다. 그러므로 몽고 사람들은 금나라에 대하여 원한을 품고 있었다. 몽고족은 1211년부터 금나라를 치기 시작하여 1234년 금나라를 멸망시킬 때까지 공격을 계속하였는데 이들 사이의 전쟁은 매우 처절하였다. 몽고족은 원수를 갚듯 금나라 여진족들을 잡아 죽였고 금나라는 목숨을 걸고 몽고족에 대항하여 싸웠다.

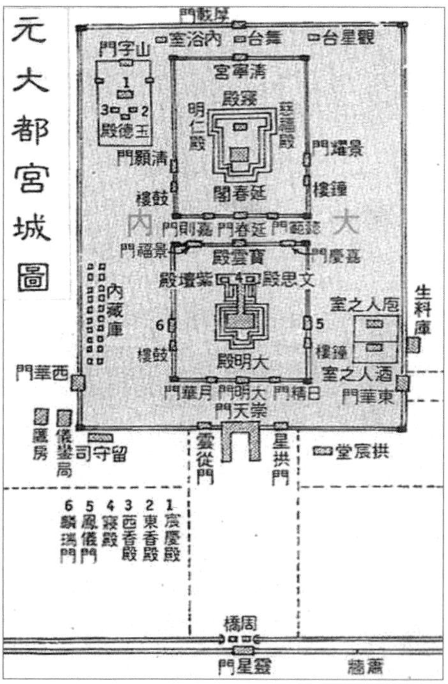

▲ 원나라 대도의 궁성 평면도

징기스칸이 허베이(河北)·샨시(山西)·샨둥(山東)의 여러 고을들을 공격할 때의 기록 한 토막을 인용한다.

"정우(貞祐) 원년(1213) 겨울 11월부터 다음 해 봄 정월에 이르는 기간에 모두 90여 군(郡)을 쳐부쉈는데, 재도 남지 않을 정도로 쳐부숴 허베이·샨시·샨둥 지역 수천 리에 걸쳐 사람들을 거의 남김없이 죽여버리고, 금과 비단, 남자와 여자 및 소, 양, 말 등 가축은 모두 싹 쓸어 가고 집과 건물은 불태우고 무너뜨렸으며 성곽은 언덕처럼 되어버렸다."[30]

29) 趙珙『蒙韃備錄』.

30) 李心傳『建炎以來朝野雜記』乙集 권19 韃靼款塞.

몽고족은 금나라뿐만 아니라 온 중국을 통치하면서 잔인한 수법을 썼다. 우선 중국의 민족을 크게 4등급으로 구분하여 사회적인 지위를 부여하였다. 최고 등급의 대우는 몽고인이고, 제 2등급은 색목인(서북쪽의 서하 사람·위구르인 및 아라비아인 등), 제 3등급은 한인(고려·여진·거란 및 금나라 통치구역에 살던 한인들), 맨 아래 제 4등급은 남인(남송의 통치구역에 속하는 지역에 살던 한인)이었다. 명나라의 고계(高啓, 1336-1374)는 이런 말을 하고 있다.

> "그때의 제도로는 '몽고인과 색목인이 한인과 남인들을 때려도 보복하면 안 되었다.' 그래서 서쪽의 떠돌아다니는 자들 수백 명이 이것을 믿고 포악한 짓을 하였다. 그들은 지나가는 곳의 재물과 가축을 약탈하고 부녀자들을 욕보여도 백성들은 손을 묶인 듯 대항을 못하여 모두가 강도를 만나는 것처럼 놀랐다."[31)]

『원전장(元典章)』에도 "몽고사람이 한인을 때려도 보복하면 안 된다."[32)]고 분명히 규정되어 있다. 한인과 남인이 도적질을 하면 벌로 팔에 문신을 하지만 몽고인과 색목인들에게는 하지 않았다. 한인과 남인은 살인을 하면 무조건 사형이지만 몽고 사람이 다투거나 술을 마시다가 사람을 죽이면 벌로 군대에 끌려가거나 벌금을 내면 되었다. 한인과 남인이 갖고 있는 무기는 모두 압수하고 몽고인과 색목

31) 『高太史鳧藻集』 元胡松墓志銘.

32) 권 44 刑部.

인의 무기는 압수하지 않았다[33]. 이 밖에도 한인은 사냥을 해서도 안 되고, 무술을 닦아도 안 되고, 모여서 신에게 제사를 드리거나 축제를 벌여도 안 되고, 밤에 등불을 켜지도 못했다.

몽고 사람들은 중원으로 쳐들어와 한 성을 함락하면 그곳의 재물과 자녀들을 모두 약탈하였다. 몽고에서는 평상시에는 상이라는 것이 없으나 전쟁을 하여 승리하기만 하면 말이나 금과 은 또는 비단을 상으로 주었다. 성을 함락시키면 그 곳의 자녀들과 주옥이나 비단을 마음껏 약탈하게 두었다. 노략질을 할 적에는 그들의 공로에 따라 등급을 매기고 등급이 앞선 자가 먼저 문에 화살을 꽂으면 등급이 뒤진 자는 감히 그 안에 들어가지 못하였다.[34]

그들은 약탈한 물건을 자기 개인이 모두 갖는 것이 아니라 임금과 몽고 땅에 있는 고관들에게도 일정한 양을 바쳤다. 『몽달비록(蒙韃備錄)』 군정(軍政) 대목에는 다음과 같은 기록이 있다.

> "지키고 있는 성을 함락시켜서 생기는 소득은 곧 정해진 분수대로 고르게 나누었다. 위로부터 아래에 이르기까지 비록 많고 적은 차이가 있었지만 언제나 일부분은 남겨 징기스칸에게 바쳤다. 나머지 물건은 모두 정해진 차등에 따라 나누었다. 북쪽 사막에 있어 전쟁에 나서지도 않는 재상 등에게도 역시 그들에게 돌아가는 수량이 정해져 있었다."

---

33) 이상 모두 『元典章』 의거.

34) 『黑韃事略』.

그러니 약탈한 재물은 많은 부분이 몽고 쪽으로 옮겨 갔음을 알 수 있다.

그들은 성에 있던 사람들로 쓸 만한 사람들은 죽이지 않고 모두 잡아다가 노비로 부렸다. 『원사(元史)』 조적전(趙迪傳)에는 다음과 같은 이야기가 실려 있다.

> "진정(眞定)이 함락되자 조적은 급히 성 안으로 들어가 성 안에 있는 고성(藁城) 사람[35] 남녀 1천 명을 모이게 하였다. 여러 장수들이 들어와 그들을 잡아가려 하자 조적은 '이건 모두 내가 잡아놓은 것이니 모두 내 것이오!'하고 말하니 다른 장수들은 어찌하는 수가 없었다. 조적은 뒤에 그 사람들을 모아놓고 말하였다. '나는 당신들이 다른 장수들에게 잡혀 가 모두 노예가 될까 두려웠던 것이오. 그래서 당신들을 모아 내 것인 체 하였소. 이제 내가 당신들을 놓아줄 것이니 가서 각각 하던 일에 힘쓰면서 양민이 되십시오!' 여러 사람들은 감격하여 울면서 떠나갔다."

이처럼 몽고인들은 중원의 성을 하나 함락시키면 그 안의 재물과 사람들을 모두 차지했으니, 이들이 백성들을 얼마나 멋대로 포악하게 다스렸을까 하는 일은 미루어 짐작할 수가 있는 일이다. 항주대학(杭州大學)의 린쨔리(林家驪)교수는 연세대에 와서 강연을 하면서 남송의 수도 임안(臨安)으로 번성을 극했던 항조우를 자세히 조사해 보았으나 남송 때

35) 藁城은 眞定(지금의 河北省)의 고을로, 趙迪은 眞定 藁城 사람이다.

의 유적은 하나도 발견할 수가 없었다고 한다. 원나라 군대가 쳐들어와 잔인하게 철저히 약탈하고 파괴하였기 때문이라는 것이다.[36]

원나라 때에는 사회계급이 10등급으로 나누어져 있었는데, 첫째 고관(官)·둘째 관리들(吏)·셋째 라마 승(僧)·넷째 도사(道)·다섯째 의사(醫)·여섯째 공인(工)·일곱째 사냥꾼(獵)·여덟째 서민들(民)·아홉째 선비(儒)·열째 거지(丐)[37], 또는 일곱째 공장(匠)·여덟째 창녀(娼)·아홉째 선비(儒)·열째 거지(丐)[38]이다. 사방득(謝枋得, 1226-1289)이 개탄하고 있듯이 옛날 사회의 지도층이며 지배계급이었던 '선비'가 열 개로 나누어진 사회계층에서 9위를 차지하고 창녀보다도 못한 대우를 받았다는 것은 오랑캐 족들의 힘에 의한 탄압정치를 뜻한다고 볼 수 있을 것이다.

원나라 말기부터 명나라 초기에 이르는 시기에 산 도종의(陶宗儀, 1360 전후)의 『철경록(輟耕錄)』에는 그 시대 도읍으로부터 강남에 이르는 전국 민간에 유행하였다는 노래로 소령(小令)*인 취태평(醉太平) 한 수를 인용하고 있다.

* 소령: 곡(曲)의 짧은 한 편의 작품을 이르는 말. 뒤의 '취태평'은 곡조명이다.

> 당당한 대 원나라는
> 간악한 자들이 정권을 잡고서
> 운하를 파고 돈을 마구 찍어내어 화근을 만드니,

36) 연세대학교 인문학특성화사업단 해외학자초청강연. 2008. 12. 1. 林家驪 강의 제목「중국전통 인문정신에서 바라본 浙江文化」.

37) 鄭所南『心史』.

38) 謝枋得『疊山集』送黃六有歸三山序.

수만 수천의 홍건적이 일어났네.
관에서는 법을 멋대로 적용하고
형벌은 무겁기만 하니
백성들 원망에 찼네.
사람이 사람들 잡아먹고
돈으로 돈을 사는 일
본 일이 있는가?
강도가 관리가 되고
관리가 강도짓 하여
어리석은 자 현명한 자 뒤섞여 있으니
슬프고도 가련한지고!

堂堂大元, 姦佞專權, 開河變鈔禍根源,
惹紅巾萬千.
官法濫, 刑法重, 黎民怨.
人喫人, 鈔買鈔, 何曾見?
賊做官, 官做賊, 混愚賢, 哀哉可憐!

북경은 원나라 세조가 전국의 재물과 인력을 멋대로 동원하여 건설한 도읍이라 그 규모가 대단하였다. 성의 크기는 60평방 리에 사방 11개의 성문이 있었다[39]. 마르코폴로가 『동방견문록』에서 이 엄청 큰 도시와 그 안에 있는 장엄하고도 화려한 황제의 궁전을 자세히 묘사하고 있음은 앞에서 이미 이야기하였다. 이처럼 도성이 잘 건설되어 있었기 때문에 한족의 명나라도 뒤에 결국 이곳을 다시 수도로 정하게 되었을 것이다.

---

39) 『元史』 地理志.

▲ 중화민국시대 북경의 뒷골목

▲ 북경: 북해(北海) 공원

2장

장안에 도읍한 왕조들의 천하 지배

주나라 말엽에는 제후의 나라들이 서로 치고 싸우는 전국시대라는 혼란기가 이어진다. 결국 진나라 시황(B.C.246-B.C.210)이 나와 중국 남부지방까지 중국 영토에 포함시키는 이른바 천하통일을 이룩하고 다시 도읍을 장안 근처의 함양으로 정하고 천하를 다스리게 된다.

이 진나라는 오래 가지 못하고 몇 년 뒤 이를 한(B.C.206-220)제국이 이어받아 장안을 근거로 하여 서한(西漢, B.C.206-A.D.8)이라 부르는 동안 중국 땅을 다스리며 제국의 위세를 온 세계에 떨치고, 중국의 전통문화와 학술을 발전시킨다. 서한도 국세가 약해지자 왕망(王莽)이 나와 정권을 빼앗고 신(新, 8-23)나라를 세운다. 그러나 광무제(光武帝)가 나와 한나라를 다시 세우고 도읍을 낙양에 정하여 동한(東漢, 25-220)으로 이어진다. 그 뒤를 위

▲ 진시황 초상

(魏)나라와 진(晉)나라에 이어 남북조(南北朝)가 계승하면서(220-589) 이민족이 대거 중원으로 들어와 나라를 세우고 서로 싸우며 중원을 다스리지만 이들은 모두 천하를 차지하지는 못하고 장안이 아닌 낙양과 남경을 비롯한 중원의 요지를 도읍으로 삼는다.

오랜 동안 혼란을 거듭하던 천하를 다시 통일하고 장안을 근거로 하여 중국 땅을 강력히 장악하는 왕조로 수(581-618)나라가 등장한다. 그러나 이 나라도 진나라처럼 오래 가지 못하고 천하를 당나라(618-907)가 이어받아 온 세상에 위세를 떨치며 중국 전통문화를 매우 높은 경지에 올려놓는다. 장안을 도읍으로 하여 중국 땅을 다스리며 위세를 떨치던 제국은 이 당나라에서 끝이 맺어진다.

1) 진(秦)

주나라도 서주 말엽에는 정치가 어지러워지자 서쪽 오랑캐들의 침입을 견디어내지 못하고 서기 기원전 770년에 도읍을 낙읍(洛邑)으로 옮기어 동주로 이어지고, 다시 기원전 221년에는 전국시대의 처절한 전쟁을 통하여 다른 나라들을 모두 멸하고 어지러워진 천하를 진시황이 통일한다. 진나라의 도읍은 장안 바로 옆 함양이어서 중국의 장안시대가 다시 이어지는 셈이다.

진나라의 조상은 서주 효왕(孝王) 때 목축을 하는 자들의 우두머리인 비자(非子)라는 사람에게 진 땅(지금의 甘肅省 清水縣)을 떼어주어 생겨난 것으

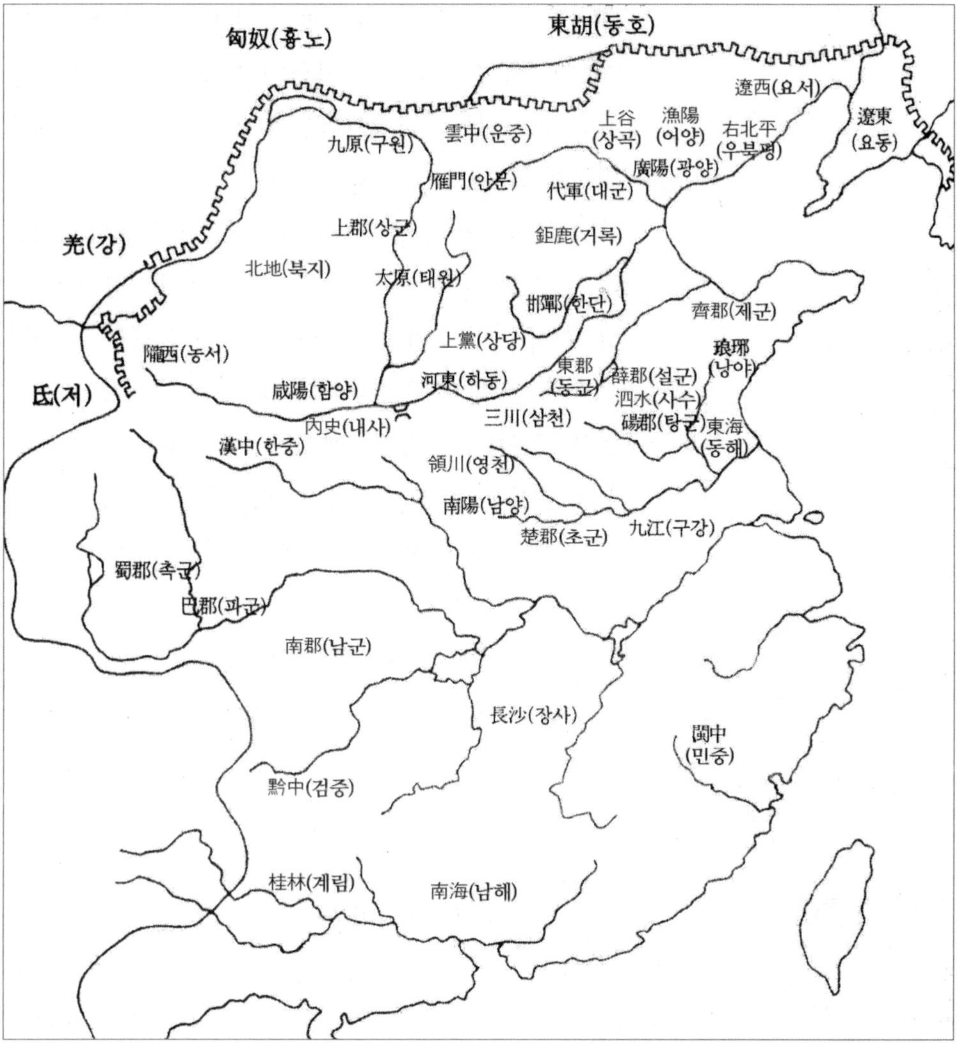

▲ 천하를 통일한 진나라

로 알려져 있다. 이 비자의 자손들은 주나라에 많은 공을 세웠는데 특히 동주의 평왕(平王)이 도읍을 낙읍으로 옮길 적에 진나라의 양왕(襄王)이 호위를 잘하여 평왕은 기산(岐山) 서쪽의 땅에 양왕을 진공(秦公)으로 봉하여(B.C.771) 비로소 진나라는 주나라의 제후의 나라가 되었다. 이후로도 진나라는 나라의 세력을 다져가다가 효공(孝公, B.C.361-338)이 상앙(商鞅)이란 명재상을 등용하여 나라를 부하게 하고 강한 군사력을 지니는 정책을 써서 나라 땅을 넓히며 국세를 크게 떨치고 도읍을 함양으로 옮겼다.

전국시대의 일곱 나라 중에서도 진나라는 지금의 깐수성 동부 지역을 중심으로 하는 중국의 가장 서북쪽 변두리에 자리한 나라여서 중원 지역과는 인종이며 생활문화 전반에 걸쳐 큰 차이가 있었을 것이다. 그들의 선조인 비자(非子)가 목축을 하는 사람이었다고 하니 본시는 주나라의 조상이나 같은 방목을 위주로 하는 문화 수준이 매우 낮은

▲ 분서갱유 모습의 그림

종족이었음이 분명하다. 진시황이 천하를 통일한 뒤 천하의 책을 모두 모아 불태우고 선비들을 잡아다가 산 채로 땅에 묻어버린 유명한 분서갱유(焚書坑儒)라는 포악한 짓을 행한 것도 단순히 자기 정책을 비판하는 선비들을 없애버리려는 목적만이 아니라 글을 좀 안다고 거드럭거리는 선비들을 잡아 죽임으로써 중원의 문화민족들을 혼내주어 꼼작 못하게 하려는 의도도 있었을 것이다. 주나라시대의 정치권력의 중심지는 장안 또는 낙읍이었지만 문화나 학술의 중심지는 여전히 은 민족의 고향인 제나라와 노나라 지방(지금의 샨둥성)이었음에 유의해야만 할 것이다.

진시황의 잔인한 성격을 알려주는 다음과 같은 이야기가 전한다. 진시황은 기원전 219년에 지금의

후난(湖南)성을 여행하다가 상수(湘水)를 건너려 하는데 큰 바람이 불고 장마가 져서 강물을 건너기가 어려웠다. 진시황은 이곳 상수의 신은 순 임금의 부인 아황(娥皇)과 여영(女英)*으로 죽어서 옆의 상산(湘山)에 묻혀 있다는 말을 듣고 화가 나서 바로 죄수들 3천 명을 동원하여 상산의 나무를 깨끗이 깎아 민둥산으로 만들어버렸다고 한다[40]. 신이 자기 뜻대로 해주지 않는다고 그런 행패를 부리는 임금인데 사람들에게야 어떠했겠는가? 글 좀 알고 책 좀 읽었다고 거드럭거리는 선비들을 중심으로 하는 문화민족들을 곱게 그대로 놓아둘 리가 없는 것이다.

* 아황과 여영: 요임금의 딸이며 순임금의 부인. 순임금이 부인들을 데리고 남쪽지방을 순찰하였다가 창오지야(蒼梧之野)에서 죽었다. 상수(湘水)가에서 남편을 기다리던 두 부인은 남편이 죽었다는 소식을 들은 뒤 죽어서 상수의 여신이 되었다 한다.

따라서 내전이라 하더라도 전국시대의 싸움은 잔인하고 처절하였다. 특히 『사기』의 진본기(秦本紀)에만은 진나라가 다른 제후의 나라들과 싸워 적군의 목을 자른 수를 각별히 따로 기록하고 있다. 『사기』의 저자인 사마천도 진나라는 특히 잔인한 나라라고 생각하였기 때문일 것이다. 진나라 헌공(獻公) 21년(B.C.364) 이후 진시황 13년(B.C.234)에 이르는 동안 진나라가 적군의 목을 자른 수를 기록한 곳이 16개 대목이다. 한꺼번에 24만 명의 목을 자른 경우도 있어서, 진나라 군대가 적의 목을 자른 수를 모두 합치면 113만 8천 명에 달한다. 보기를 들면 헌공 21년에는 진(晉)나라 군사와 싸워 6만 명의 목을 잘랐다. 혜문군(惠文君) 7년에는 위(魏)나라와 싸워 8만의 적의 목을 잘랐다. 다시 혜문군의 경원(更元) 7년에는 한(韓)·조(趙) 등

40) 『史記』 秦始皇本紀.

의 연합군과 싸워 이겨 8만 2천 명의 적의 목을 잘랐다. 그리고 소양왕 14년에는 한(韓)나라와 위(魏)나라를 공격하여 적의 목 24만을 자르는 따위이다. 이 목을 잘랐다고 확실한 수가 기록된 숫자는 전쟁 통에 싸우다가 죽은 자들 수의 10분의 1도 안 되는 숫자일 것이다. 소양왕 47년(B.C.260)에는 진나라의 장군 백기(白起)가 조(趙)나라를 쳐서 크게 승리를 거두고 포로 40여만 명을 잡았는데 이들을 모두 장평(長平)이란 곳에서 산채로 땅에 묻어버린 경우도 있다.

어떻든 주나라가 지금의 시안인 장안 근처 호경에 도읍을 정하고 중원 땅을 힘으로 다스리기 시작한 이후로 진나라와 서한 및 수나라와 당나라가 여기에 도읍을 정하고 대제국의 위력을 떨쳐 오랜 동안 세계에서 가장 크고 번성한 도시로 이름을 날렸다. 그러나 이들 중국의 왕조 교체는 정권의 계승이 아니라 언제나 다른 민족의 무력에 의한 정복이었기 때문에 장안도 그곳에 도읍하던 왕조의 멸망과 함께 거의 완전히 파괴되어 약간의 흔적만을 남기고 살아지고 다시 새 왕조에 의하여 바로 근처에 새로이 도읍이 건설되었다. 항우(項羽)*는 관중(關中)으로 쳐 들어가서는 항복한 진나라 군사 20여만 명을 산채로 땅에 묻어 죽였고, 얼마 뒤에 진나라의 수도 함양으로 쳐 들어가서는 진시황의 무덤을 파헤치고 마음껏 약탈을 다한 다음 함양의 궁전에 불을 질러 3개월이나 불이 꺼지지 않고 탔다고 한다[41]. 이 장안을 차지하는 왕조들이 이전

* 항우: 한나라 유방과 천하를 다툴 적에 서기 기원전 206년 무렵에는 항우의 세력이 유방보다 강하였다. 그러나 곧 형세가 반전되어 유방이 천하를 차지하게 된다.

왕조로부터 이어받는 것은 백성들의 삶은 거들떠보지도 않고 힘으로 잔인하게 천하를 다스리며 외진 곳에 화려한 도성을 다시 세우고 멋대로 자기만 영화를 누리며 자신의 욕망만을 추구하는 짓뿐이었다.

주나라에 이어 다시 천하를 통일한 진나라가 사람의 목숨을 벌레 목숨 정도로도 생각 않는 잔인한 권력만을 의지하던 나라임은 '분서갱유'가 아니더라도 이미 앞의 중국 내전의 잔혹상을 설명하는 중에 알게 되었으리라 믿는다. 전쟁은 말할 것도 없고 진시황은 나라에 큰 토목공사를 일으켜 엄청나게 많은 백성들을 희생시켰다. 이때 북쪽의 유목민족인 몽고족 흉노(匈奴)는 말을 잘 타는 이점을 이용하여 늘 중원 땅 깊숙이 침입하여 약탈을 일삼아 내륙 백성들의 삶을 위협하고 있었다. 전국시대 말엽에는 서북쪽의 진나라와 조나라가 싸우는 사이에 흉노의 세력이 무척 커져 네이멍꾸에서 닝샤(寧夏)에 걸쳐 황하가 굽이쳐 흐르는 넓은 지역과 그 이남 지역까지 그들 세력권에 들어가 있었다. 진시황은 천하를 통일한 뒤 기원전 215년에 장군 몽념(蒙恬)에게 30만의 대군을 거느리고 가서 그들을 멀리 쫓아내도록 한 다음 기원전 214년에는 동쪽은 랴오닝(遼寧) 동쪽으로부터 허베이(河北) 북부를 경유하여 서북쪽은 네이멍꾸 바오토우(包頭)를 거쳐 서쪽은 깐수(甘肅) 민현(泯縣)에 이르는 만리장성을 쌓았다. 수천 수백만의 인원이 동원되고 엄청난 인민들이 희생된 큰 공사였다. 아방궁(阿房宮)은 위수(渭水) 남쪽 가

▲ **몽고족이 양을 치는 그림**
네이멍구 한 대 흉노 묘지에 그려진 벽화

41) 『史記』 項羽本紀.

▲ 북쪽의 만리장성

▲ 서북쪽의 흙으로 쌓은 만리장성 유지

▲ 함양의 제1호 궁전 유지를 복원한 모양의 그림

▲ 시안 아방궁 유지

창안(長安)현 북서쪽에 지금도 유지가 있는데, 동서의 너비가 500보(步, 800m)이고 남북의 폭은 50장(丈, 150m)이나 되며, 궁전에서 회랑을 통하여 남산으로 올라갈 수가 있고, 남산 위에 문이 있었다 한다. 그리고 아방궁으로부터 위수를 건너 쉽사리 함양으로 갈 수가 있었으며, 그 안에는 1만 명이나 들어가 있을 수가 있었다. 여기에는 70만 명의 인원이 동원되었는데, 시황제 때에 완성하지 못하여 2세 때에도 공사가 계속되었고, 아방궁이 완성되기도 전에 진나라가 망해버렸다 한다. 병마용(兵馬俑)이 묻힌 진시황의 능도 봉분의 높이가 55미터, 너비는 남북이 515미터, 동서가 485미터이고 25만 평방미터의 땅을 차지하고 있다. 그리고 땅 속의 규모는 더욱 크고 복잡하여 2세 때에도 공사가 계속되었으며 죄수 72만여 명이 동원되었다 한다. 이 밖에도 많은 토목공사가 이루어졌고 거기에는 얼마나 많은 무고한 백성들이 끌려가 목숨을 잃었는지 모를 일이다.

▲ 도량형 통일에 대해 기록된 죽간

진나라는 천하통일 이전에도 남쪽 경영에 힘을 기울였고 지금의 광둥(廣東)·광시(廣西) 지역을 중심으로 하는 남월(南越) 지역에는 진시황이 50만의 대군을 파견하여 이들을 굴복시키려 하였으나 저항이 만만치 않아 8, 9년의 고전 끝에 기원전 214년에야 증원군을 보내어 겨우 그들을 평정하였다. 중국 땅 동서지역을 합쳐놓은 주나라에 뒤이어 진시황은 다시 장강 이남 지역까지도 중국 판도로 합쳐놓아 지금의 중국 영역 곧 천하 개념의 확고한 기반을 마련하였다.

진시황은 기원전 221년 천하를 통일하자 우선 자기에 관한 호칭부터 천하의 지배자에 어울리게 고쳤다. 그는 이전의 왕(王)이란 호칭에 만족을 못하고 삼황오제(三皇五帝)에서 '황제'란 말을 골라 자기를 부를 때 쓰도록 하였다. 따라서 자기는 '시황제'이고 뒤의 세대는 2세·3세·4세……로 이어나가 만세무궁토록 하려 하였다. 그리고 시황제 스스로는 짐(朕)이라 부르기로 하였다.

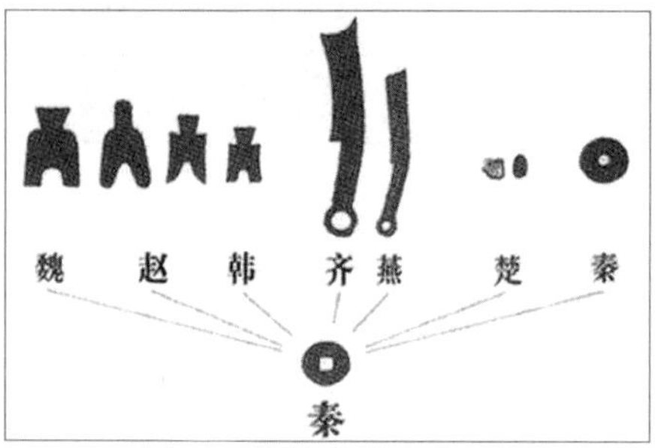

▲ 진나라는 통일 후 여섯 나라의 화폐를 통일하였다. 후대의 왕조들은 모두 진나라의 화폐 모양을 본뜨게 된다.

다시 정치권력을 자기에게로 통일하기 위하여 이전의 봉건제도를 버리고 군현제(郡縣制)를 실시하였다. 군현제란 전국을 36개의 '군'으로 나누고 그 밑에 다시 현·향(鄕)·정(亭)·리(里)의 행정구역을 마련하여 전국의 행정을 자신이 직접 결정하겠다는 것이다. 무엇보다도 강한 전제주의적 중앙집권적 제도의 출현이다. 그 밖에도 전국의 법률을

▲ 진나라 호랑이 형상 병부
진나라 부절 제도 연구의 중요한 유물이다.

▲ 진시황릉

▲ 진시황릉에서 발견된 동마차

▲ 병마용

통일하고 화폐와 도량형 및 문자도 통일하였다. 전국시대에는 나라마다 서로 다른 자체의 한자를 썼는데, 승상 이사(李斯)가 소전(小篆)체를 만들어 문자의 통일을 이룩하였다. 곧 뒤에 정막(程邈)이 더 간편한 예서(隷書)체를 만들어 이 글자체가 뒤의 한나라 시대에 널리 쓰였다.

그뿐 아니라 진시황은 수도인 함양을 기점으로 하여 전국 각지로 통하는 국도인 '치도(馳道)'를 건설하였다. 이 '치도'는 동쪽으로는 바다 근처까지, 북쪽으로는 나라의 변두리 지역까지, 남쪽으로는 장강 유역까지 뻗쳤다. '치도'의 건설이야말로 보통 임금은 생각지도 못할 웅대한 공사였다. 진시황은 이 길을 이용하여 다섯 번이나 넓은 영토를 순행하며 자신의 위세를 천하에 과시하였다. 그리고 전국의 수레바퀴 폭도 통일하여 전국의 교통과 물류 유통에 크게 이바지하였다.

그리고 사상의 통일을 위하여 실제로 소용이 있는 책을 제외한 『시경』·『서경』을 비롯한 여러 가지 책을 모아 불태우고 진시황 35년(B.C.211)에는 옛날 일을 근거로 지금의 일을 논하는 유생들과 쓸데없는 이론을 펴는 자들 460여 명을 잡아다가 산 채로 땅에 묻어버렸다. 이것이 진시황의 폭정을 대표하는 유명한 '분서갱유'이다.

이러한 정치적 통일과 함께 이룩한 문화상의 통일업적도 겹쳐서 진시황은 지금 중국의 역사가들로부터 폭군이 아니라 위대한 천하의 틀을 이룩해 놓은 황제로 다시 새로운 평가를 받고 있다. 중국 영화의 거장 장이모(張藝謨) 감독이 2002년 찍은 영화 『영웅』은 지금에 와서 달라진 진시황에 대한 새로운 평가를 잘 반영한 작품이다. 이 영화를 보면 조(趙)나라의 칼잡이가 자기 조국의 진나라에 대한 한을 풀기 위하여 진시황을 암살하려고 십 보(步) 안의 사람은 반드시 죽일 수 있는 검술을 닦는다. 그리고 많은 사람들의 희생을 바탕으로 진시황에게 접근할 기회를 잡지만 결국은 검술을 닦으면서 터득한 위대한 '천하'라는 개념 때문에 진시황을 죽이지 않고 천하통일의 대업을 이룩하도록 놓아준다. 조국 조나라보다도 더 위대하고 소중한 것은 '천하'인 것이다.

그러나 천하를 힘으로 통일하기는 하였지만 그처럼 넓은 영역을 힘으로만 다스리기엔 벅찬 것이어서 진시황 뒤로 진나라는 이세(二世)·삼세(三世)로 이어지지만 천하를 통일한 지 3대 15년 만에 나라가 망하고, 장안은 한 고조(B.C.206-B.C.195 재위) 유방(劉邦)에게로 인계된다.

▲ 한나라 고조 초상

▲ 한신이 건달들 강요에 따라 건달이 벌린 가랑이 밑을 기어서 지나가는 모양

2) 서한(西漢)

한 고조도 출신부터 부드러운 정치는 하기 힘든 사람이다. 그는 중원의 남쪽 패(沛) 땅(지금의 安徽 동북, 江蘇 북부 지역)의 사수정장(泗水亭長)을 지내다가 잘못하여 반란에 가담하게 된 사람이다. 정장은 마을의 이장 정도 지위의 아주 낮은 지위의 관리이다. 뒤에 그의 밑에 모여들어 천하를 얻는 데 공을 세운 장수들을 보아도 형편없는 출신의 사람들이다. 주발(周勃)은 고조와 동향으로 누에 채반인 잠박(蠶箔)을 만들어 팔고 통소를 불며 상가에 가서 잡일이나 거들던 사람이다. 경포(黥布)는 죄를 지어 묵형(墨刑)을 받았고 떼 강도짓을 하던 자이다. 한신(韓信)은 거리를 떠돌던 건달로 밥도 남에게 얻어먹고 지내던 자이다. 번쾌(樊噲)는 고조와 같은 고향의 개 잡는 백정이었다. 팽월(彭越)도 떼 강도짓을 하던 자이다. 하후영(夏侯嬰)은 고조와 같은 고장에서 마구간을 돌보며 수레몰이를 하던 자이다. 관영(灌嬰)은 비단 장사를 하던 자이다. 조금 나은 소하(蕭何)와 조참(曹參)은 고조와 같은 패

땅의 낮은 관리 출신이다. 장량(張良)은 자기의 한(韓)나라를 망친 진시황을 암살하려다 실패하여 숨어살던 자이다. 이런 사람들의 집단이라면 백성이나 사람들을 제대로 위하는 심성을 지니기는 어려울 것이다.

▲ 유방을 보좌하여 한나라를 일으킨 세 공신. 우로부터 한신 · 소하 · 장량

고조 유방의 부인 여후(呂后)의 일 한 가지만 들어 보면 이 집단의 심리적 성향이 짐작될 것이다. 고조는 만년에 척희(戚姬)를 만나 무척 총애를 하게 되고 그 사이에서 아들 여의(如意)가 태어났는데, 고조는 그를 조왕(趙王)으로 봉하고 기회 있을 때마다 태자를 그로 바꾸려 하였다. 그러나 뜻대로 하지 못하고 고조가 죽자 17세의 여후의 아들 혜제(惠帝, B.C.194-B.C.188 재위)가 임금 자리를 계승한다. 여후는 황태후로 윗자리에 올라앉아 나라의 권세를 휘두르게 된다. 고조가 죽자 여후는 고조가 총애하던 척희를 잡아 붉은 옷을 입히고 목에 쇠사슬을 감아 후궁에 가두어 놓는다. 그리고는 척희의 아들 조왕을 궁 안으로 불러들여 독약을 먹여 죽여버린다. 그런 뒤 다시 척희의 손과 발을 자르고 눈알을 도려내고 귀를 불로 지져 무너뜨리고 약을 먹여 벙어리가 되게 한 다음 뒷간에 잡아 처넣어 놓고 '사람 돼지' 곧 인체(人彘)라 부르게 하였다는 것이다. 얼마 뒤 황제인 혜제가 척희의 그러한 처참한 모습을 보고 충격을 받아 대성통곡을 한 뒤 병이 나 그로부터 1년도 못 넘기고 죽게 된다[42].

▲ 여후의 초상

여후는 혜제가 죽자 어린 소제(少帝)를 형식적으로 제왕 자리를 잇게 하고 실제로는 자신이 이후 8년 동안 정권을 쥐고 멋대로 나라를 주무른다. 이처럼 잔인한 지배계층이 백성들의 생활실정 따위에 관심을 지녔을 리 만무하다.

▲ 시안의 한나라 때 장안 성벽 유지

한 제국이 크게 발전을 이룬 것은 무제(武帝, B.C.140-B.C.87 재위) 때이다. 그는 사방의 나라들을 정벌하여 영토를 넓히고 치안을 다졌다. 그러나 무제는 사방의 오랑캐들을 정벌하느라 백성들에게서 많은 부세를 거둬들였다. 백성들은 자식을 낳아 세 살이 되면 곧 구전(口錢)을 내어야 했기에 가세가 더 기울고 곤궁해지는 일이어서 자식을 낳으면 바로 죽여버리는 자들도 있었다 한다.[43]

정양태수(定襄太守)였던 의종(義縱)은 부임하여 하루에 법을 어긴 자 400여 명을 죽여 "고을 사람들을 춥지 않은데도 떨게 만들었다" 하였고, 왕온서(王溫舒)란 자는 하내태수(河內太守)가 되자 그 고을의 권력을 업고 법을 어기면서 잘 사는 자들을 모두 잡아들였는데, 거기에 연루된 집안이 1천여 집안에 이르렀고 자기 개인 판단에 의하여 그 중 죄가 큰 놈은 멸족을 시키고 죄가 작은 자는 그 자만을 죽여 "사람의 피가 10여 리나 흐르는 지경이었다."고 하였다.[44] 이런 관리들에게 백성들의 목숨은 파리의 목숨보다도 더 가볍게 여겨졌을 것이다.

42) 『史記』 呂后本紀.

43) 『漢書』 禹貢傳.

44) 『漢書』 酷吏傳.

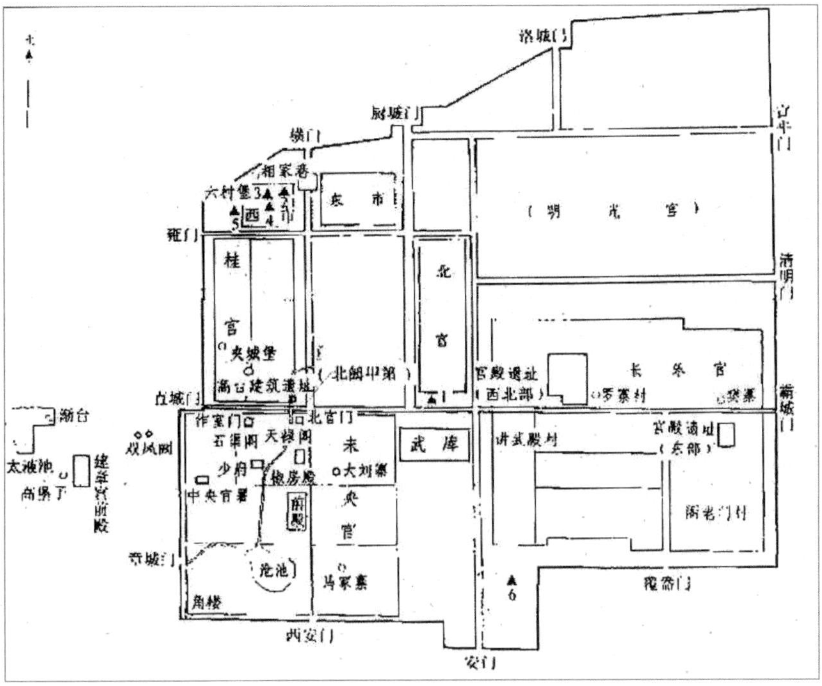

▲ 한나라 때 장안 평면도

그런데 무제를 위하여 가혹한 정치를 한 앞에 보기를 든 관리들은 말할 것도 없고, 중요한 정치 업적을 쌓아 무제의 신임을 받았던 주보언(主父偃)·장탕(張湯)·주매신(朱買臣)이나 한때 대단한 총애를 받았던 이연년(李延年)·제소옹(齊少翁)·난대(欒大) 등이 결국은 모두 무제에게 처형당한다. 무제 때(B.C.140-B.C,87) 승상을 지낸 이들이 두영(竇嬰)으로부터 전천추(田千秋)에 이르기까지 모두 12명에 이르는데 그 중 제 목숨대로 살다가 죽은 사람은 너덧 명에 불과하다. 무제는 아무리 나라에 큰 공을 세우고 자신과 절친한 사이라 하더라도 한 번 자기 뜻에 어긋나면 바로 법을 끌어대어 처치해버렸다.

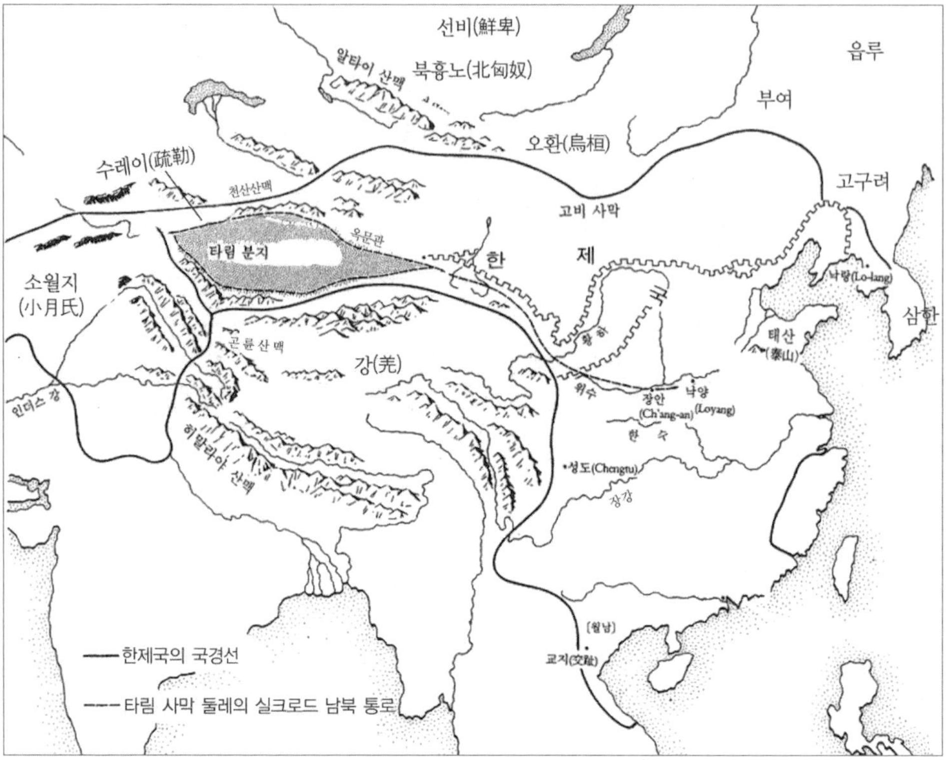

▲ 서한의 영토

한제국은 크게 발전하고 있었지만 백성들의 참혹한 삶은 우리의 상상을 초월한다. 반고(班固, 32-92)의 『한서』에 보이는 몇 조목을 인용한다.

> 원제(元帝) 2년(B.C.47); "제(齊) 땅에 기근이 들어 …… 백성 중에 굶어 죽는 이가 많았고 낭야군(琅邪郡)에서는 사람들이 서로를 잡아먹었다."45)
>
> 원제가 즉위했을 초기; "…… 백성들은 크게 굶주려 죽게 되고 죽어도 묻어주지 못하여 개 돼지들이 뜯어먹고, 사람들은 서로 잡아먹기에 이르렀다."46)

45) 권24 상 食貨志 上.

영시(永始) 2년(B.C.15); "백성들이 굶주리며 길 위에 흩어져 다니고 병으로 죽는 자들이 수만 명이고 사람들이 서로 잡아먹는 지경이 되고 도적이 사방에 생겨났다."[47]

건평(建平) 2년(B.C.5); "흉년이 들어 천하가 텅 비고 백성들은 굶주려 아버지와 아들이 흩어져서 길 위에 떠도는 자들이 10만을 헤아릴 정도이다."[48]

백성들의 삶은 이러한데도 황제들은 먼 한 구석 장안에 앉아 호사스러운 생활을 하며 자기 욕망을 추구하였다. 한 무제의 경우에는 엄청난 희생은 아랑곳 하지 않고 장군들을 보내어 계속 사방 정벌을 하였고, 거대한 궁전을 수도 없이 건축했으며, 거의 해마다 밖으로 나가 전국을 돌아다니면서 자기의 위세를 과시했고, 또 죽지 않고 오래 살려고 열심히 신선을 추구하기도 하였다.

광무제(光武帝) 이후 동한(25-220)은 도읍을 중원 땅 낙양으로 옮겨 국세를 서한만큼 떨치지 못하였다. 아무래도 내륙으로 들어와 보니 어려운 백성들의 실상을 많이 접하게 되어 잔인한 통치를 할 수가 없었기 때문인지도 모른다.

한나라가 망한 뒤 서기 304년부터 439년에 이르는 사이에 흉노(匈奴)·갈(羯)·선비(鮮卑)·저(氐)·강(羌) 등 여러 이민족이 중원으로 쳐들어와 나라를 세웠다가 망했다 하는 오호십륙국(五胡十六國)

46) 권72 貢禹傳.

47) 권83 薛宣傳.

48) 권81 孔光傳.

▲ 시안의 한나라 궁전터

▲ 시안의 한나라 미앙궁 터

시대가 전개되는데, 티베트족인 저(氐)족은 장안에 전진(前秦)을 세웠었고, 선비족인 전연(前燕)은 북경

지방을 근거로 했었으나, 이들은 나라를 불과 몇 해 밖에는 지탱치 못하여 논외로 하는 수밖에 없다.

3) 수(隋)

다시 장안을 도읍으로 하여 국세를 크게 떨친 당제국은 한나라가 진의 통일을 계승했던 것처럼 위(魏)·진(晉)·남북조(南北朝)의 혼란을 통일한 수나라를 계승한 왕조이다. 오랜 동안 이민족에 의하여 짓밟혀오던 중원을 통일(589)한 주인공은 북조(北朝)의 주(周)나라 공신인 양충(楊忠)의 아들로 북주를 멸망시키고 수나라를 세운 문제(文帝, 589-604 재위)이다. 수나라 왕실은 선비족의 피가 섞인 혈통이다. 이미 남북조시대에 많은 이민족이 중원으로 침입해 와서 나라를 세웠기 때문에 순수한 한인은 찾아보기 어려운 처지가 되어 있었다.

남북조 시대의 선비족이 세운 북조의 북위(北魏)는 서위(西魏)와 동위(東魏)로 갈라졌다가 서위는 다시 북주(北周, 557-580)로 이어지는데, 북주에 와서는 선비족도 이미 상당히 한족화하고 있었다. 북주에는 독고신(獨孤信, 503-557)이라는 북주 건국에 큰 공을 세워 상서령(尙書令)·대사마(大司馬) 벼슬을 하고 다섯 명의 아들까지도 모두 후왕에 봉해졌던 인물이 있었다. 그 스스로가 미남이어서 딸들도 모두 미녀였으므로, 장녀는 북주 명제(明帝)의 주명경후(周明敬后)가 되고, 4녀는 북주의 안주총관(安州總管)이며 주국장군(柱國將軍)이었던 이병(李昞)에게 출가하였는데 당 고조 이연(李淵, 618-

626 재위)을 낳아 이병이 뒤에 원황제(元皇帝)로 추존되는 바람에 원정황후(元貞皇后)가 되었고, 7녀는 수 문제가 된 양견(楊堅, 581-604 재위)에게 시집 가 문헌후(文獻后)가 되고 양제(煬帝)를 낳았다[49]. 그러니 수나라와 당나라 왕실에는 분명히 선비족의 피가 섞여 있는 것이다. 수나라 양제와 당나라 고조는 다 같이 독고신의 딸을 어머니로 모신 이종사촌 형제였다.

수나라의 양씨와 당나라의 이씨 모두 선비족이 활동하던 북주의 근거지인 무천진(武川鎭, 지금의 內蒙古 武川縣 서남)에서 활약하던 사람들인데 그곳은 거의 이민족의 지역이라고도 할 수 있는 곳이다. 당나라 왕실은 농서(隴西, 지금의 甘肅省) 사람이고 노자(老子)의 후손이라 하였고, 당 고조의 7대조 이고(李暠)는 서기 399년에 깐수성에서도 서쪽 벽지인 돈황(敦煌)에서 스스로 양(涼) 무소왕(武昭王)이 되었다[50]. 이런 일들을 종합하여 생각해보면 수나라와 당나라 왕실은 이미 그 이전에 틀림없이 혼혈이 되어 있었을 것이다. 그 지방은 옛날부터 쉴 새 없이 이민족들이 쳐들어와 전쟁이 끊일 날이 없었고 한족과 이민족이 늘 섞여 지내던 곳이기 때문이다. 뒤에 다시 수·당 제국이 이전의 진·한 제국처럼 거대하고 강력한 왕국을 세우고 전제 통치를 할 수가 있었던 것은 그들 모두가 중원과는 인연이 먼 서북쪽 민족 출신이었기

49) 『北史』 권61 獨孤信列傳 의거.

50) 『北史』 권100 序傳.

때문일 것이다.

수나라 문제의 뒤를 이은 양제(煬帝, 605-617 재위)는 큰형인 태자 용(勇)을 죽이고 자신이 태자가 된 다음 아버지 문제가 병석에 누워있을 적에 아버지도 죽이고 자신이 왕위에 오른 임금이다. 그는 황제가 되자 백성들이야 어떻게 살든 아랑곳 하지 않고 인력과 재물을 긁어모아 자신의 욕망을 추구하였다.

▲ 수나라 양제 초상

양제는 황제 자리에 오른 대업(大業) 원년(605)에 엄청나게 많은 궁전과 정원을 갖춘 동도 낙양을 새롭게 건설하였다. 낙양 서쪽의 서원(西苑)만 보더라도 그 전체 둘레가 200리이고, 그 안에는 많은 궁궐과 누각이 있었다. 그 안에 둘레가 10여 리 되는 호수가 있는데 바다라 부르던 그 호수 안에는 수면 위로 100여 척이나 솟은 삼신산(三神山)이 있고 그 위에는 화려하고 사치스러운 누각이 세워져 있었다. 이 동도의 건설을 위하여 한 달에 200만 명의 백성들이 동원되었는데 그 중 반 수 가까운 사람들이 죽었다 한다.

같은 해에 수 양제는 거의 20만 명이나 되는 인원을 거느리고 배를 타고 강도(江都, 江蘇省)로 유람을 나갔는데, 그가 탄 용주(龍舟)는 높이가 45척(尺), 길이 200장(丈)의 4층 배이며 중간 두 층에만도 120개의 방이 있는데 모두 진귀한 보석으로 찬란하게 장식되어 있었다 한다. 그리고 수행하는 황후와 관리들이 탄 배도 수천 척이어서 이들 배가 꼬리에 꼬리를 물고 200여 리나 늘어서 있었다 한다. 이 뒤로도 그는 쉴 새 없이 각지를 유람하고 있다.[51]

다시 같은 해(605)에 100여만 명의 인원을 동원하여 황하로부터 장강에 걸쳐진 통제거(通濟渠)라 부르는 대운하를 건설한다. 약간 길이가 짧은 장강에서 산음(山陰)에 이르는 한구(邗溝)도 만들었다. 그 옆에는 산양(山陽)에서 장강에 이르는 산양구(山陽溝)도 만들었다. 608년에는 다시 100여만 명의 인원을 동원하여 북쪽 탁군(涿郡, 지금의 베이징)에서 낙양에 이르는 영제거(永濟渠)라는 대운하를 건설한다. 이 두 운하는 합친 길이가 3천여 리나 된다. 610년에는 다시 길이가 800여 리, 너비 10여 장(丈)의 항조우(杭州)에서 장강에 이르는 강남하(江南河)를 건설한다. 장안으로부터 퉁관(潼關)에 이르는 사이에는 광통거(廣通渠)라는 운하도 건설되었다. 이런 공사 중 동원된 사람들은 10명 중 너덧 명이 죽어 나갔다 한다.

백성들은 한없는 강제 동원으로 "천하의 거의 모든 사람들이 일하다 죽고 집안은 재물을 빼앗겨 망하였다" 한다.[52] 그리고 이러한 요역을 피하기 위하여 백성들 중에는 자신의 손과 발을 스스로 잘라내면서 이를 '복수(福手)'·'복족(福足)'이라 불렀다고도 한다.[53] 백성들은 목숨을 부지하기조차도 어려웠던 것이다.

이러한 운하 개통은 남북의 물자수송과 교통을 위한 것이기도 하지만 한편 고구려 원정에도 목적

51) 『隋書』 帝紀 煬帝 上.

52) 『隋書』 食貨志.

53) 『資治通鑑』 貞觀 16年.

이 있었다. 대업 7년(611) 전쟁 준비를 위하여 동래(東萊) 바닷가에 장인들을 모아 300척의 큰 배를 만들게 하였는데 밤낮을 쉬지 않고 일을 시켜 장인들 태반이 죽었다 한다. 하남(河南)·회남(淮南)과 강남의 백성들에게는 전차 5만 대를 만들어 북쪽으로 보내도록 하였고, 회남과 강남 백성들에게는 남쪽 창고의 양식을 자기들 배로 탁군(涿郡)으로 나르게 하였다. 산동의 농민들을 동원하여 소 마차를 끌고 양식을 나르게 하였는데 마차가 부족하여 사람들이 직접 끄는 수레까지도 동원하였다. 이러한 강제 동원으로 길에는 다니다가 병들어 죽은 백성과 군인들의 시체가 허다하여 시체 썩는 냄새가 진동하는[54] 처참한 모습이었다 한다.

▲ 수나라 때 만든 운하

결국 양제는 서기 612년(대업 8년) 130만 대군을 동원하여 고구려를 공격하였으나 을지문덕 장군

54) 『自治通鑒』 권181 大業7년 7월 기사.

에게 크게 패하고 만다. 다시 613년과 614년 고구려 원정에 나서지만 역시 모두 실패하고 돌아온다.

이런 나라가 오래 갈 수는 없다. 곧 전국 사방에서 농민들의 반란이 일어나 결국은 당나라 고조 이연(李淵, 618-626 재위)에 의하여 수나라는 멸망당하고 대신 새로운 나라가 들어선다. 진나라를 뒤이었던 한제국처럼 수나라가 전쟁과 포악한 정치로 인구를 줄여놓고 민심을 망쳐놓아 당나라도 쉽사리 민심을 수습하고 대제국을 이룩할 수가 있었다.

▲ 당태종 초상

4) 당(唐)

당나라 왕실도 앞에서 말한 것처럼 순수한 한족이 아니고 북조(北朝)의 주나라 장군 집안으로 선비족의 피가 섞여 있다. 당나라는 이연이 세웠으나 태종 이세민(李世民)이 정치를 잘 하여 나라의 터전을 다진 것으로 알려져 있다. 중국의 역사가들은 흔히 태종의 통치기간인 정관(貞觀) 연간(627-649)을 '정관지치(貞觀之治)'라 하면서 중국 역사상 이상적인 정치가 행해진 시대로 내세우고 있다. 그러나 이세민은 '현무문(玄武門)의 변'이라 부르는 쿠데타를 일으켜 자기 형인 태자 이건성(李建成)과 동생 이원길(李元吉)을 죽이고 그들의 아들 각각 5명도 모두 죽인 다음 자신이 태자가 되고 다시 억지로 임금자리를 고조로부터 물려받은 것이다. 수나라 양제나 심성이 다를 바가 없는 인물이다. 청 대의 학자 조익(趙翼, 1727-1814)은 태종이 이원길의 처를 비(妃)로 삼았던 일을 당나라 여화(女禍)의 보기로 들며 비판하고 있다[55].

정관 11년(637)에는 귀족계급의 지위를 확보하고 백성들의 반항을 억누르기 위한 12편 500조의 유명한 당률(唐律)을 제정 반포하였다. 거기에는 엄벌에 처하는 사회의 십악(十惡)으로 나라에 대한 반역이나 황제에 대한 반항과 불효 등이 규정되어 있고[56] 그 아래 호혼률(戶婚律) 등이 엄격히 규정되어 있으며 백성들이 호적과 부세(賦稅)·병역·요역(徭役) 등에서 빠지려 하다가는 엄한 형벌을 받도록 되어 있다. 그밖에 신분에 따른 법 적용의 차별도 규정되어 있다. '율(律)' 아래에는 다시 여러 가지 규정과 법에 대한 보충 수정 및 시행규칙을 담은 영(令)·격(格)·식(式)이 있다. 태종은 너그러운 체 하면서도 엄한 법망으로 백성들을 꽁꽁 묶어놓고 있었던 것이다.

정관 11년(637) 시어사(侍御史)이던 마주(馬周)가 태종에게 올린 상소문에 이런 말이 있다.

> "관의 요역을 치르느라 길 위엔 사람들이 늘어섰고 형이 가고 아우는 돌아오고 하며 줄이 끊일 날이 없습니다. 멀리는 5, 6천 리를 왕래하며 잠시도 쉴 겨를이 없습니다."

수나라 때보다는 훨씬 공정해졌다는 것뿐이지 백성들을 힘으로 눌러 다스림에는 변함이 없었던 것이다.

당 태종은 주변 나라들을 정벌하여 나라의 위세

55)『二十二史劄記』 권19.

56)『唐律疏議』 권1 名例.

▲ 귀조우(貴州) 안순(安順)지방의 탈놀이에 쓰이는 연개소문 탈

▲ 당나라가 고구려를 공격할 때 설인귀(薛仁貴)라는 장군이 크게 활약하여 『정동전』(征東傳)이란 소설이 널리 읽혔다. 다만 이 소설 삽화에도 중간에 당나라 대군이 극복하지 못한 연개소문이 보인다.

를 크게 떨쳤으나 오직 고구려 원정에는 실패하여 큰 타격을 입었다. 태종의 정관 18년(644)에는 대군을 거느리고 고구려를 직접 정벌하였으나 크게 패하고 특히 안시성(安市城) 싸움에서 이기지 못하고 돌아왔다. 정관 21년(647)에도 대군을 수륙 두 갈래로 파견하여 고구려를 쳤으나 연개소문(淵蓋蘇文)에게 막혀 실패하고 다음 해까지 고구려와 싸우다가 정관 23년(649)에 태종은 한을 품고 죽었을 것이다.

당나라 초기에도 사방의 농민 소요는 끊일 날이 없었다. 618년 당나라가 세워진 뒤에도 621년에는 허베이(河北)지방에 유흑달(劉黑闥)이 반란을 일으키고 한동왕(漢東王)이라 자칭하고 나라를 세워 당나라 군사들을 쳐부수고 세력을 크게 떨치다가 623년에야 진압되었다[57]. 648년에는 당 태종이 고구려를 공격하기 위하여 쓰촨(四川) 사람들에게 군함을 만들어 바치도록 강요하였는데, 노역으로 고통을 받던 소수 민족을 중심으로 반란이 일어나, 당나라에서는 군대를 파견하여 그들을 진압하는 한편 배를 만드는 비용을 대주어 겨우 반란을 진압하였다[58]. 653년에는 쩌짱(浙江) 지방에 진석진(陳碩眞)이라는 여자가 반란을 일으켜 문가황제(文佳皇帝)라 자칭하며 세력을 넓혀 한동안 크게 위세를 떨쳤다[59]. 이 밖에도 당나라 통치에 항거하는 항쟁은 무칙천(武則天)에서 현종(玄宗)에 이르는 당제국

57) 『資治通鑑』 권 190 武德 7年 3月.

58) 상동 ; 권199 貞觀 22年.

59) 상동 ; 권199 永徽 4년 10月.

의 전성기에도 끊일 날이 없었다. 그것은 조정에서 백성들을 매우 학대했기 때문에 견디기 어려운 백성들이 연이어 일어난 때문이라 할 수 있다.

무칙천(武則天)은 태종 때 재인(才人)으로 14세 나이에 궁중으로 들어가 고종(高宗) 때에 여관인 소의(昭儀)로 다시 들어가 열심히 왕황후(王皇后)를 모신 여자이다. 그는 황후를 모시면서 한편으로는 황후를 모함하여 결국 황후를 내쫓고 655년에는 대신 자기가 황후가 된다. 그리고 정치에 관여하기 시작하여 655년 이후로는 당나라 정권이 완전히 무칙천 손아귀로 들어간다. 고종이 죽자(683) 자기의 셋째 아들 중종(中宗)이 즉위하지만(683) 무칙천은 두 달 뒤(684) 그를 내쫓고 넷째 아들을 예종(睿宗)으로 즉위시키고 낙양을 신도(神都)라 부르는 등 여러 가지 제도를 바꾼다. 그리고는 마침내 스스로 황제 자리에 올라 권력을 휘두르며 당나라를 멋대로 다스린다.

▲ 무칙천(武則天)의 초상

그는 황제 자리에 오르고 권력을 휘두르면서 가까운 사람들만도 엄청나게 죽였다. 린위탕(林語堂)은 영어로 쓴 무칙천의 전기 『무칙천 – 진짜 이야기 *Lady Wu – a true story*』에 5페이지에 걸쳐 무칙천이 죽인 사람들의 명단을 표로 만들어 싣고 있다. '1. 직계가족'을 보면 자기의 맏아들 이홍(李弘)·둘째 아들 이현(李賢)·친손자 이중윤(李重潤)·고종의 셋째 아들 택왕(澤王) 상금(上金)·고종의 넷째 아들 허왕(許王) 소절(素節) 및 며느리 등 23명의 이름이 올라 있는데, 이들이 죽을 때

▲ 당나라 무칙천이 행차하는 모습

이들과 관련이 있는 얼마나 많은 사람들이 함께 죽었는지 모를 일이다. 친아들, 친손자도 자기 뜻에 어긋나면 죽여버리는데 다른 사람들이야 용서받을 수가 있겠는가? ‘2. 왕실의 후왕(侯王)들’을 보면 고조의 아들 한왕(韓王) 원가(元嘉)·노왕(魯王) 영기(靈夔), 태종의 아들 월왕(越王) 정(貞) 및 그들의 아들들을 비롯하여 50명의 명단이 2페이지에 걸쳐 적혀 있다. ‘3. 고관과 장군들’에는 당나라의 공신인 상서우복야(尙書右僕射) 저수량(褚遂良)·시중(侍中) 한원(韓瑗)·중서령(中書令) 배염(裵炎)·양주자사(洋州刺史) 흑치상지(黑齒常之) 등 36명의 명단이 2페이지에 걸쳐 실려 있다. 얼마나 잔인하고 무서운 여자였는가 짐작이 갈 것이다. 이런 통치자에게 백성들의 생활이 문제될 수는 없는 것이다. 사람들이 벌레 정도로 보였을 것이다.

그러나 중국역사상 당 제국의 위치는 매우 높게 평가받고 있다. 그것은 한족의 왕조로 나라의 영토가 가장 넓은 지역으로 발전하였고 또 당나라에 이르러 크게 발전한 중국의 전통문화는 당 제국 주변의 여러 나라들에게까지 스며들었기 때문이다. 『신당서』 지리지(地理志)를 보면 전성기의 당나라 판도는 한나라나 수나라 시대보다도 훨씬 넓어져서

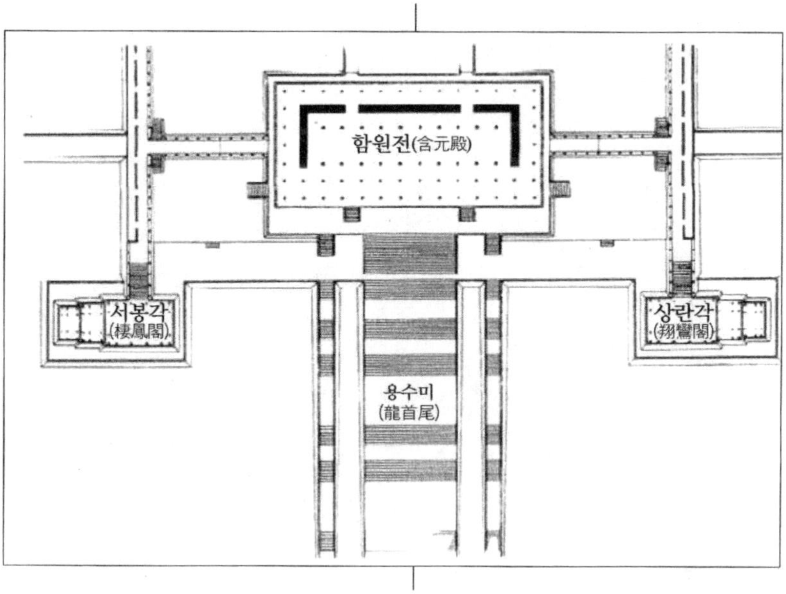

◀ 당나라 때 대명궁(大明宮)의 평면도

영토의 동서 너비가 9,511리, 남북은 16,918리에 이른다고 하였다. 그리고 지리지 권7에는 유명한 기미주(羈縻州)에 대한 기록이 있다. 당 제국은 천하를 10도(道)로 나누고 다시 '도'를 주(州)와 현(縣)으로 나누어 통치하면서 그 둘레 이민족 땅에도 역시 부(府)·주(州)의 행정구역을 마련하여 통틀어 '기미주'라 부르는 제도를 마련하고 도독부(都督府)를 두어 이들을 다스리게 하였다. 관내도(關內道) 둘레에는 돌궐(突厥)·회흘(回紇)·당항(党項)·토욕혼(吐谷渾) 등이 소속되어 있는데 도합 부 29·주 90을 두고 다스렸다. 하북도(河北道) 둘레에는 돌궐의 다른 부족·해(奚)·거란(契丹)·말갈(靺鞨)·항호(降胡)·고려(高麗) 등이 소속되어 있고 부 14·주 46을 두고 다스렸다. 농우도(隴右道) 둘레에는 돌궐·회흘·당항·토욕혼의 다른 부

▲ 당나라 지도

족・구자(龜玆)・우전(于闐)・언기(焉耆)・소륵(疏勒)・하서(河西)의 여러 오랑캐들・서역의 16나라 등이 소속되어 있고 부 51・주 198을 두고 다스렸다. 검남도(劍南道)에는 강(羌)・만(蠻)족이 소속되어 있는데 주 261을 두고 다스렸다. 강남도(江南道)에는 만족이 소속되어 있는데 주 51을 두고 다스렸다. 영남도(嶺南道)에도 만족이 소속되어 있는데 주 92를 두고 다스렸다. 그 밖에 어디 소속이었던지 분명치 않은 당항족에 대한 주 24가 있었다. 기미주라 하여 당 제국의 둘레에는 다시 도합 부・주 856개가 있었으니 대단한 장관이라 할 만하다. 다만 당제국의 지배가 이들 기미주에 얼마 동안 어떻게 미쳤는가 하는 문제는 별개의 일이다.

현종의 말년(755)에 일어났던 '안록산의 난'은 평화로웠던 당 제국의 형세를 하루아침에 전반적으

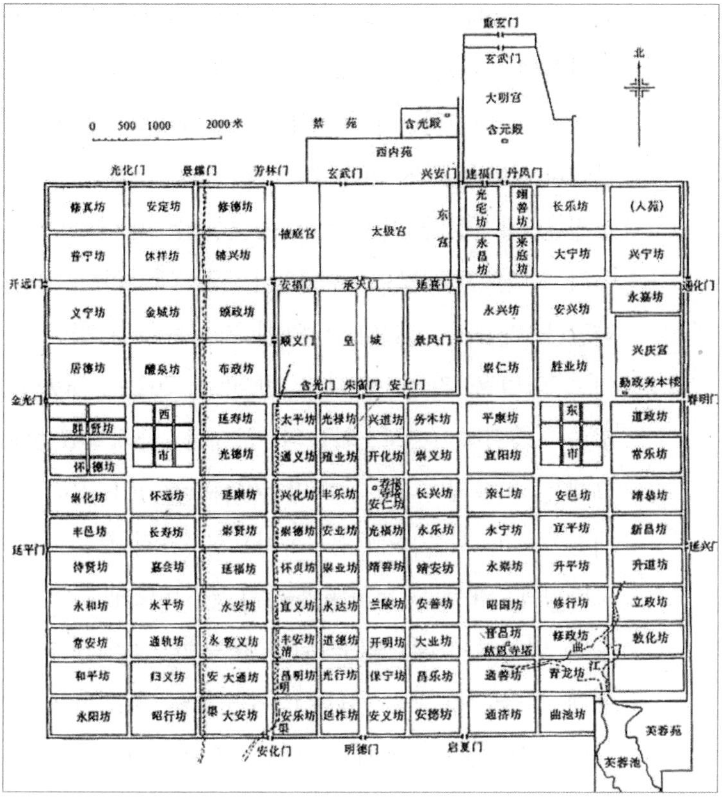

▲ 당 대의 장안 평면도

로 바꾸어 놓았다. 안록산 자신이 오랑캐 출신이고 반란군의 주력부대도 이민족 출신 군인들로 구성되어 있어 그들은 중원 땅으로 쳐들어오면서 멋대로 사람들을 죽이고 재물을 약탈하여 그들이 지나간 자리는 사람들도 거의 남지 않고 짐승이나 떠돌아다니고 귀신이 우는 소리나 들리는 처참한 형편이 되었다[60]. 그런데 현종의 뒤를 이은 숙종(肅宗)은 관군으로는 반란이 제대로 토벌되지 않자 반란을 토벌하기 위하여 서북쪽 외국에 원군을 요청하게

60) 『舊唐書』 劉晏傳; "五百里中, …… 居無尺椽, 人無烟爨, 蕭條悽慘, 獸游鬼哭."

되었다. 그때 특히 회흘의 기병이 용감하고 잘 싸운다하여 이들을 불러들이기 위하여 "성을 탈환하면 그곳 토지와 사서(士庶)는 당나라로 돌려주되 금이나 비단과 자녀(子女)들은 회흘이 갖는다."는 조건을 내걸었다. 따라서 회흘 군대는 당나라로 들어와 장안을 되뺏어 주고 낙양을 되찾아 주면서 약탈을 마음껏 하였다. 낙양에 가서는 3일 동안 멋대로 약탈을 자행하였다고 한다[61]. 762년 대종(代宗)이 즉위하여서도 회흘의 군대를 불러들였는데, 그때는 회흘의 임금 등리가한(登利可汗)이 직접 군대를 몰고 재물 약탈을 목적으로 달려왔다. 그는 당나라에 와서는 천하병마원수(天下兵馬元帥)인 대종의 맏아들 이괄(李适, 뒤에 德宗이 됨)에게 자기에게 절을 하도록 강요하고 부당함을 역설하는 당나라 신하들은 100대의 매를 쳤다 한다. 그러니 이들은 반란군보다도 더 당당하게 백성들의 재물을 약탈하고 여자들을 겁탈했을 것이다.

장안을 수도로 하고 중국을 다스린 왕조들이 중원의 백성들을 거의 사람으로 취급하지 않았음이 분명하다. 그러나 처음 장안을 도읍으로 한 주왕조는 중국 전통문화의 기틀을 마련하였고, 이어 그곳을 도읍으로 하여 나라를 다스린 한나라와 당나라의 두 제국은 국위를 온 세계에 떨치며 중국의 전통문화를 크게 발전시켰다.

장안이 한나라와 당나라라는 세계에 위세를 떨친 나라들의 수도였음에도 불구하고 지금 시안에는

61)『新唐書』回鶻傳.

그 유적이 별로 남아 있지 않은 것은 중국에서의 왕조가 바뀔 적의 전쟁이 잔인하고 참혹하였기 때문임은 이미 앞에서도 설명한 바가 있다. 서기 기원전 206년 항우는 진나라 함양(咸陽)으로 쳐들어가 진나라 황제의 집안 사람들을 닥치는 대로 잡아죽이고 금옥과 재물을 멋대로 약탈하고 심지어 진시황능을 파헤쳐 땅 속의 물건까지도 약탈한 뒤 궁전에 불을 놓아 3개월 동안 탔다고 한다. 당나라 말기로부터 오대(五代)에 이르는 어지러운 시대에 이들은 쉴 새 없이 서로 죽이는 싸움을 되풀이 하면서, 나라의 수도를 함락할 적에는 '정시(靖市)'라 하여 일정 기간 동안 공공연히

▲ 시안: 당 대에 지은 대자은사의 대안탑

▲ 시안: 당 대에 지은 천복사의 소안탑

약탈이 허용되었다. 아마도 '안록산의 난' 때 당나라 숙종이 외국 군대를 끌어들여 반란을 평정하면서 그들에게 함락시킨 반란군의 성을 멋대로 약탈하도록 공인한 데서 생겨난 풍습이었을 것이다. 어떻든 중국에서 한 나라가 망한다는 것은 말로 표현할 수 없을 정도의 처참한 현상이었다.

3장

북경에 도읍한 왕조들의 천하 지배

원나라 뒤를 한족의 명(1368-1662)나라가 잇는데, 명 태조 주원장(朱元璋, 1368-1398 재위)은 남경을 도읍으로 하였으나 3대째 성조(成祖)가 영락(永樂) 원년(1403)에 다시 도읍을 북경으로 옮겼다. 다시 그 뒤는 만주족의 청(1616-1911)나라가 뒤이어 북경을 수도로 하여 나라를 크게 확장시킨다.

1) 명(明)

한족인 명나라 태조 주원장은 질서가 어지러워진 원나라를 쳐부수고 명나라를 세웠다. 태조는 전쟁을 할 때도 장수들에게 이런 훈계를 하고 있다.

▲ 명 태조 주원장 초상

"성을 함락시키는 것은 무(武)로서 하지마는 어지러움을 다스리는 것은 어짐(仁)으로 하는 것이다. 내가 집경(集慶, 지금의 난찡)으로 들어갈 적에도 조금도 사람들을 해치지 않았기 때문에 단번에 안정시킬 수가 있었다. 여러 장수들이 한 성을 함락시키고도 함부로 사람들을 죽이지 않았다는 말을 들을 때마다 기뻐서 어쩔 줄을 모를 정도이다. 군사 행동은 불과 같은 것이어서 단속하지 않으면 불길이 되어 모든 것을 태울 것이다. 장수가 되어서도 사람을 죽이지 않는 것으로 무(武)를 삼을 수 있다면, 국가의 이익이 될 뿐만 아니라 자손들도 실로 그 복을 누리게 될 것이다."62)

이민족 군대와 같은 민족 군대의 차이이다. 원나라 군대와는 이처럼 백성들을 대하는 태도가 달랐기 때문에 민심이 주원장에게로 몰려 천하를 차지하게 된 것이다. 그리고 태조는 응천부(應天府)에 도읍을 정하고 그곳을 남경(南京)이라 부르기로 하였다. 개봉(開封, 河南)을 북경(北京)이라 한 데 따른 칭호였다.

그러나 일단 황제가 되자 홍무(洪武) 13년(1380) 황제의 권세를 강화하기 위하여 원나라 때부터 나라 일을 통할하던 중서성(中書省)을 없애고 나라 일을 전체적으로 관장하는 승상 호유용(胡惟庸)을 모반죄로 얽어 많은 사람들과 함께 죽여버리고 승상의 제도도 폐지해버렸다. 그리고도 황제의 자리가 불안하여 1390년에 이르기까지 10년 동안에 나

62) 『明史』 太祖本紀 19年.

라의 공신들을 포함하여 3만여 명의 신하들을 죽였다. 1393년에는 대장군 남옥(藍玉)이 모반했다 하여 그와 함께 모두 1만 5천여 명의 신하들을 잡아 죽였다. 이때 "유명한 공신들과 장수들이 모두 없어져 버렸다."63)

그리고 백성들을 엄격히 다스리기 위하여 홍무 6년(1373)에는 당률(唐律)을 바탕으로 하여 30권 460조(條)에 달하는 대명률(大明律)을 제정 반포하고, 이를 실행하기 위하여 홍무 18년(1385)에는 대고(大誥)를, 다음 해에는 대고속편(大誥續編)과 대고삼편(大誥三編)을 제정 반포하였다. 백성들을 법으로 꼼작 못하게 얽어매어 놓자는 것이다. 한족의 왕조이기는 하지만 정치방법의 잔혹성은 이족 왕조에 못지 않았다.

대고 중에는 여러 가지 엄한 형법 규정이 있었는데, 죄인의 생식기를 제거하고 하인으로 삼는 것도 그 중의 하나였다. 홍무 9년(1376)에는 남경에 근신전(勤身殿)을 건축하였는데, 그때 일을 맡은 관리가 보통 기술을 지닌 목수들을 데려와 상급의 목수라고 잘못 아뢰고 일을 시켰다. 이를 안 주원장은 크게 노하여 2천여 명에 달하는 목수들을 잡아다 벌로 모두 불알을 까라고 명하였다. 이때 한 관리가 그들의 죄를 용서하라고 간절히 간하여 다행히도 화를 면할 수 있었다고 한다. 명 태조의 심성을 알아보기에 충분한 일화이다.

세 번째 임금 성조(成祖)에 이르러는 영락(永樂)

---

63) 『明史』 권132 藍玉傳.

▲ 남경 진회하 가의 일부

▲ 남경 음악당

원년(1403)에 북평(北平)을 북경이라 부르기로 하고, 영락 19년(1421)에는 수도를 북경으로 옮겼다. 수도를 북쪽 변두리의 북경으로 옮긴 것은 도시가 잘 건설되어 있다는 이유도 있었지만 세조로서는 가장 골치 아픈 서북쪽의 이민족들을 적극적으로 응징하려는 뜻이 있었던 것 같다. 그러나 국력이 약해졌을 때의 경우는 문제가 다르다.

명나라가 북경에 도읍을 정한 잘못을 본격적으로 지적한 학자가 있다. 명나라가 망하고(1661) 청나라가 일어났던 시대(1616)를 산 황종희(黃宗羲, 1610-1695)는 명저 『명이대방록(明夷待訪錄)』의 여덟 번째 건도(建都) 대목에서 이렇게 쓰고 있다.

> "어떤 이가 '북쪽 도읍(북경)에서 명나라가 갑자기 망하였는데 그 까닭이 무엇일까요?'하고 묻는다면 나는 이렇게 대답할 것이다. 망한 까닭은 한 가지가 아니지만 도읍을 세우는 계책이 잘못

되어 나라가 망하는 것을 구하지 못한 것이다. 나라의 기틀이 위태로운 경우야 어떤 시대인들 없었겠는가? 당 대의 '안록산의 난' 때에 황제 현종은 사천성으로 피난했었고(755), 토번(吐蕃)이 침입했을 적에 대종(代宗)은 섬주(陝州)로 피난했었으며(763), 절도사 주자(朱泚)의 반란 때 덕종(德宗)은 봉천(奉天, 陝西省)으로 피난하였다(783).[64] 변경(汴京, 지금의 허난성 開封, 북송의 수도) 같은 곳은 중원의 사방팔방으로 통하는 곳이나 만약 위급한 일이 생기면 나라를 방위할 곳이 없는 형세의 곳이다. 명 말에 이자성(李自成)이 북경을 포위했을 때[65] 의종(毅宗)도 역시 남쪽으로 가려 하였으나 북쪽에 고립되어 연락도 끊기고, 당장 빠져나올 수가 없었을 뿐만 아니라 빠져나왔다 해도 더 갈 수가 없었을 것이니 하는 수 없이 나라와 함께 몸을 바쳤던 것이다. 북경에 도읍을 정하지 않았더라면 어찌 앞에 이야기한 당나라 세 임금처럼 피난을 하지 못하였겠는가?"[66]

그리고는 명나라 역대 임금들이 이민족의 침입으로 위험에 처하였던 실례를 들고 있다. 성조의 아들은 임금 자리에 1년밖에 있지 못하였고 손자 선종(宣宗)에 이어 증손자인 영종(英宗) 때부터는 북쪽 몽고족과 만주족의 위협을 받기 시작한다. 영종 14년(1449)에는 몽고족 와랄야선(瓦剌也先)이 침입하여 북경을 향해 진격해오자 영종이 직접 나가 싸우다

64) 모두 수도 장안으로 쳐들어와 위협하였다.

65) 李自成은 명 말 양양(襄陽, 湖北省)에서 起義하여 新順王이 된 뒤(1643) 북경을 함락시키고 명나라 毅宗을 자살하게 하였다(1644). 그러나 1661년 吳三桂가 청나라 군대를 인도하여 들어와 북경을 빼앗았다.

66) 전해종 역 『明夷待訪錄』(삼성문화재단, 1971) 삼성문화문고 2.

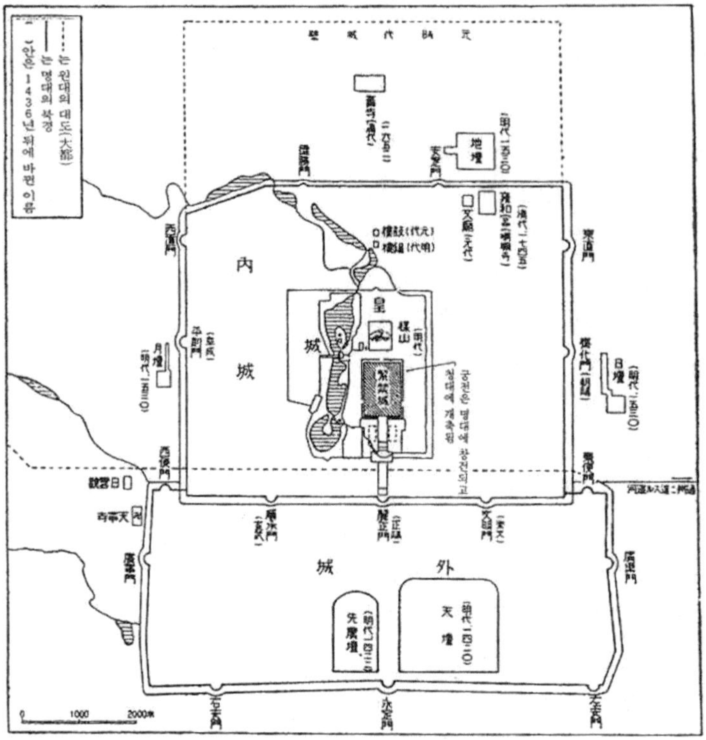

▲ **명 대와 원 대의 북경**
윗부분과 중심부 점선 안이 원 대의 수도, 대도(大都)가 있던 곳. 중심부의 왼쪽에 호수, 주축에 자금성이 자리 잡고 있다.

가 북경의 서북쪽 토목보(土木堡)에서 포위를 당하여 함께 출정했던 장군과 고관들이 모두 죽고 수십만 명이 전사하였을 뿐만 아니라 임금이 포로가 되어 잡혀갔다. 명나라가 위기에 처하였다.

영종의 뒤를 이복동생 경제(景帝)가 이었는데, 첫 해인 경태(景泰) 원년(1450)부터 와랄(瓦剌)*이 수없이 북쪽 땅을 침범하여 왔다. 와랄야선에게 다시 북경이 포위당하다시피 된 적도 있으나 결국은 그들이 영종을 돌려보내면서 화의를 청해왔다. 그러나 경태 8년(1457) 2월에 경제가 죽자 경태 8년을 천순(天順) 원년으로 고치고 다시 영종이 임금 자리에 오른다. 와랄은 약간 우호적이었으나 이번에는 다른 종족의 발래(孛來)가 쳐들어와 약탈을 해갔다. 그 뒤로 헌종(憲宗, 1465-1487 재위) 때는 역사마인(亦思馬因), 효종(孝宗, 1488-1505 재위)·무종(武宗, 1506-1521 재위) 때에는 이북(迤北) 소왕자(小

* 와랄: 발래·이북·엄답과 함께 모두 몽고족의 한 부족 이름. 그리고 야선·역마사인·소왕자는 그 부족의 우두머리 이름임.

王子)가 쉴 새 없이 북쪽 도시들에 침입하여 약탈을 일삼았는데, 정덕(正德) 12년(1517)에는 소왕자가 침입해 왔을 적에 친히 군사들을 지휘하여 북경 북쪽으로 나가 싸우다가 천자가 고난을 당하기도 하였다. 이어 세종(世宗, 1522-1566 재위) 때에도 이들의 침입이 그칠 날이 없었는데, 특히 가정(嘉靖) 28년(1549)에는 엄답(俺答)이 침입하여 북경을 포위했었고 다음 해에도 그들이 대거 침입하여 북경 근처까지 들어와 약탈을 일삼아 북경지방에 계엄령이 내려졌다. 그 뒤로도 이들의 침입은 끊이지 않고 이어진다. 세종이 죽은 가정 45년(1566)에도 엄답이 침입하여 명나라 군대를 연이어 무찌르며 약탈을 일삼아 북경을 위기에 빠뜨렸다. 그 뒤로도 이들의 침략은 계속되는데, 신종(神宗)의 만력(萬曆) 년간(1573-1620)으로 들어오면서 만주족의 위협이 점점 커진다.

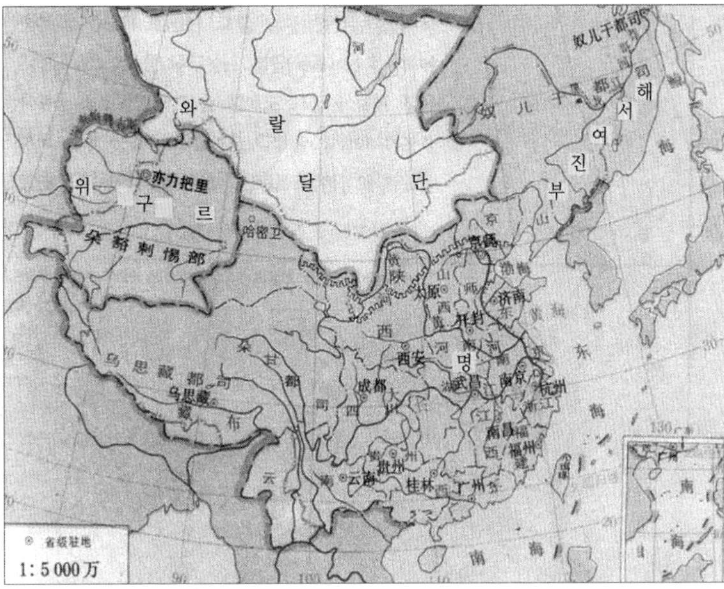

▲ 명나라 지도

그리고 명 대에는 산둥에서 짱수 · 안후이 · 쩌

짱·푸젠을 중심으로 광둥에 이르기까지 수시로 왜구가 침략하여 노략질을 일삼았다. 왜구의 참상을 읊은 명 대의 문호 귀유광(歸有光, 1506-1571)의 시 「갑인년 십월의 사건(甲寅十月紀事)」을 소개한다. '갑인년'은 가정(嘉靖) 33년(1554), 이 해 정월부터 8월에 이르기까지 왜구가 여러 차례 중국의 곡창 지대인 짱수·쩌장 지역에 침입하여 약탈을 자행하였다.[67] 작자 귀유광은 짱수성 쿤산(昆山) 사람이다. 자기 고향 일대가 왜구에게 쑥밭이 되는 참상을 보고 읊은 시이다.

> 전란의 재해 겪고 나니
> 강변 마을 어디나 초토화 되었네.
> 길 어디에나 승냥이와 이리 발자국,
> 어느 집인들 닭이나 개가 남아있겠는가?
> 대낮에도 차가운 바람 불고
> 저녁 무렵 되면 도깨비불 어지럽네.
> 무엇 때문에 세금거두는 관리들은
> 여전히 다시 문 앞으로 오는가?

> 經過兵燹後, 焦土遍江村.
> 滿道豺狼迹, 誰家鷄犬存?
> 寒風吹白日, 鬼火亂黃昏.
> 何事征科吏, 猶然復到門?

그에게는 또 왜구의 침입과 관군의 무능력을 고발한 「바닷가 사건 기록(海上紀事)」이란 시 여섯 수

67) 『明史』 世宗紀.

도 있다. 그 제6수는 이러하다.

> 바다 물결은 새로이 피에 물들어 흐르며
> 노을 지고,
> 대낮에도 찍찍 많은 귀신들 탄식하네.
> 관청에서는 그래도 임금의 노여움이 두려워서
> 피해는 40가구라는 조사보고 올리네.
>
> 海潮新染血流霞, 白日啾啾萬鬼嗟.
> 官司却恐君王怒, 勘報瘡痍四十家.

만약 명나라가 수도를 그대로 남경에 두고 있었더라면 몽고족과 만주족의 침입으로 그처럼 멸망의 위협을 받지 않았을 것이고 남쪽 해안지방에서 왜구들이 이처럼 날뛰지는 못했을 것이다. 북경에 도읍을 정한 것은 명나라가 쉽게 망해버린 원인의 하나가 되었음이 분명하다.

한편 명나라는 말엽으로 오면서 봉건통치가 썩어 빠지고 황제들은 사치스럽고 음란한 생활에 젖은 데다가, 정권은 환관 위충현(魏忠賢) 같은 자의 손아귀에 놀아나 관리들은 타락하고 당쟁을 일삼게 되었다. 이에 백성들 중에는 굶주리는 자들이 허다하게 되고 살 길이 막막해지자 사방에서 농민들의 반란이 일어났다. 그 중에서도 이자성(李自成, 1606-1645)은 1643년(崇禎16年) 세력을 확장하여 후베이(湖北)와 허난(河南) 두 성의 대부분을 차지한 다음 양양(襄陽)에 새로운 정권을 수립하고 스스로 신순왕(新順王)이 되었다. 그리고 1644년에는 북경으로 진공하여 명나라 숭정(崇禎)황제를 만세산(萬

▲ 북경: 명나라 13임금의 능 입구

歲山, 지금의 景山公園)으로 도망하여 스스로 목매어 죽게 함으로써 명나라가 망하였다.

2) 청(淸)

이런 중에 만주족에서 태조 누루하치(努爾哈赤, 1559-1626)가 나와 명나라가 주는 벼슬을 하면서 요녕(遼寧)을 근거로 세력을 늘려나가다가 만력(萬曆) 11년(1583)부터는 무력에 의한 세력 확장으로 들어간다. 1588년에는 건주오부(建州五部)를 통일하고 더욱 세력을 사방으로 확장하고 1614년에는 팔기제도(八旗制度)를 마련한다. 팔기제도란 만주족의 행정 군사상의 제도인데 청나라 터전이 잡힘에 따라 그 조직은 더욱 발전한다. 군대를 여덟 부대로 나누고 그들의 깃발을 노란색·흰색·붉은색·푸른색의 네 색깔과 다시 그것을 테두리가 있는 양(鑲)과 테두리가 없는 정(正)의 두 종류로 나누어 그들의 군대를 도합 여덟 부류로 분류하여 조직한 것이다. 태종(1627-1643) 때에 이르러 팔기제도는 더욱 발전하여 만주팔기(滿洲八旗) 이외에 1635년(天聰 9년) 따로 몽고팔기(蒙古八旗)를 조직하고 1642년(崇德 7년)에는 또 한군팔기(漢軍八旗)도 만들어, 하인이나 노예가 된

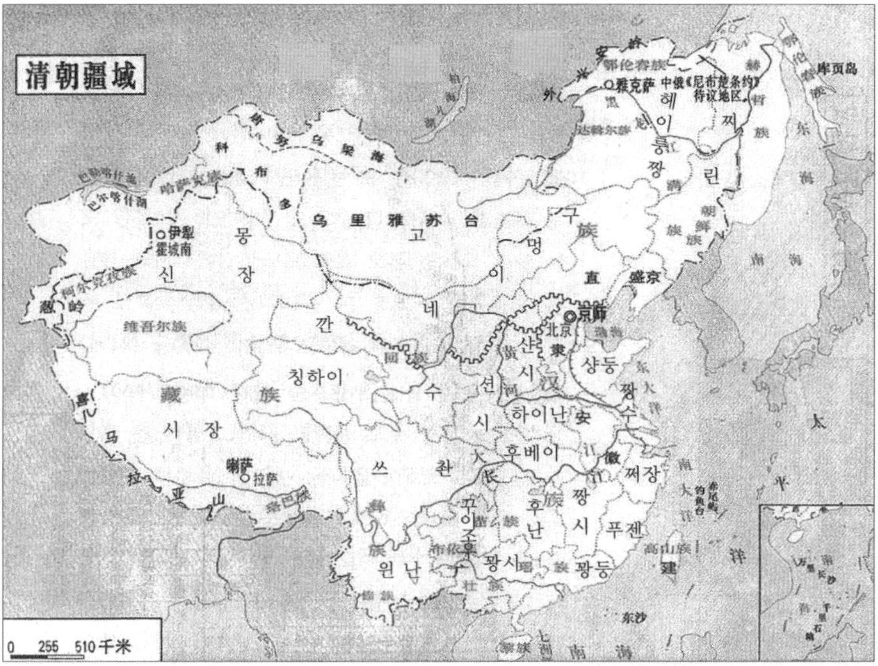

▲ 청나라 지도

중국인 포로를 포함한 모든 나라 안 사람들을 모두 각자의 깃발 아래 등록시켰다. 청나라는 이 조직을 이용하여 온 나라의 군대와 정치와 사회를 다스리게 된다.

1644년(順治 1년) 순치황제는 도읍을 북경으로 삼은 뒤 이들 24기의 병력을 모두 중원 땅으로 끌어들여 도성을 지키는 금려팔기(禁旅八旗)와 여러 지방에 주둔하는 주방팔기(駐防八旗)로 나누었다. 팔기병은 모두 22만 명에 달했는데 태반 수의 금려팔기는 북경과 그 주변에 주둔시키고 주방팔기는 선양(沈陽)·찌린(吉林)·헤이룽찌앙(黑龍江)·시안(西安)·이리(伊犁)·짱닝(江寧)·항조우(杭州)·푸조우(福州)・광조우(廣州)・찡조우(荊州)・청두(成都) 등 요지에 배치하여 수비와 감시의 임무를 수행토록 하였다.

만주족이 부유한 생활로 군기가 해이해지자 한인들을 모집하여 녹영병(綠營兵)을 조직하여 이용하였는데 그 인원이 1812년에는 66만 명에 달했다. 이들의 대우는 팔기병보다는 낮을 수밖에 없었다.

누루하치는 1616년에는 만주 땅의 대부분을 차지하고 정식으로 후금(後金) 나라를 세워 스스로 뒤에 청 태조가 되었다. 누루하치는 후금을 세운 뒤 1618년에는 정식으로 명나라와 전쟁을 시작하여 무순(撫順)을 공격 함락시키고 다음 해에도 명나라와 싸워 큰 전과를 올린다. 다시 희종(熹宗)의 천계(天啓) 원년(1621)에는 후금이 션양(沈陽)・랴오양(遼陽)을 점령하며 세력을 크게 확장시키고 1625년에는 도읍을 션양으로 옮기고 성경(盛京)이라 부른다. 다음 해 태조는 죽고 천계 7년 태종(1627-1643 재위) 황타이찌(皇太極)가 후금나라 임금 자리를 잇는다. 의종(毅宗)의 숭정(崇禎) 9년(1636)에는 나라 이름 후금을 청으로 바꾸고 '여진'을 '만주'라 부르기로 한다. 여진은 유목을 하던 미개하고 약탈을 일삼던 민족을 생각하게 하는 호칭이기 때문에 만주라고 바꾼 것이다. 그리고는 적극적으로 명나라에 대한 공격을 가하기 시작한다. 그는 장성을 넘어와 북경을 포위한 일도 있었지만 명나라를 멸망시키지는 못하고 죽는다.

▲ 만주족 여인

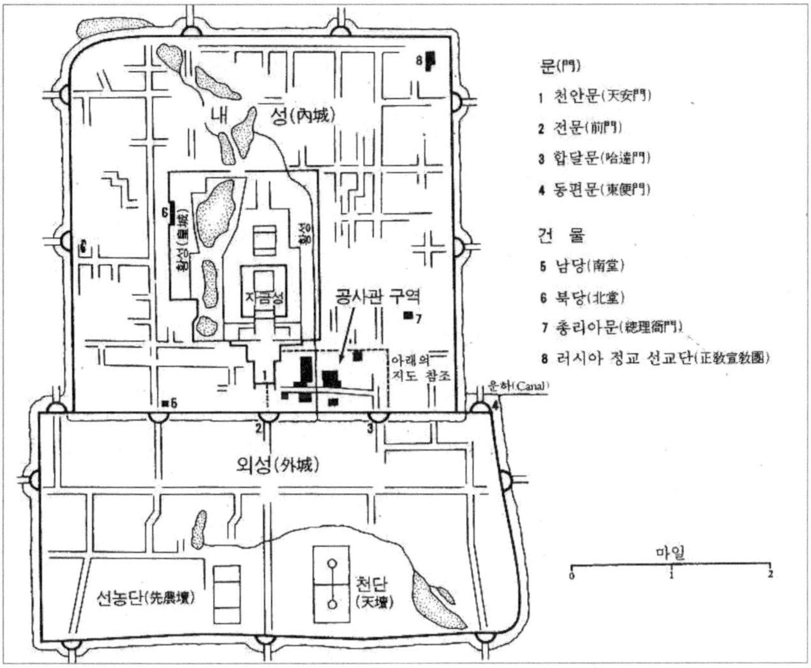

▲ 지금의 북경 중심지역 평면도

▲ 오삼계 초상

그러나 1629년 청나라 군대가 북경을 포위했을 적에 병사였던 이자성은 탈출하여 반란군에 가담한 뒤 곧 반란군의 지휘자 중의 한 사람이 되어 허난(河南) 지방을 근거로 세력을 떨치기 시작하여 후베이(湖北)·후난(湖南)으로 세력을 확장한 뒤 1643년에는 스스로 신순왕(新順王)이 되었고, 다음 해에는 나라 이름을 대순(大順)이라 바꾸고 북경으로 쳐들어가 의종(毅宗)을 죽게 하여 명나라는 실질적으로 망하게 되었다. 그러나 세조가 뒤를 이은 순치 원년(1644) 샨하이관(山海關)에서 청나라 군대와 대치하고 있던 명나라 장군 오삼계(吳三桂)가 청나라 군대를 끌어들여 함께 북경으로 진격하여 이자성이 차지하고 있던 북경을 함락시켰다. 이자성은 북경을 차지한 지 1개월 만에 도망하여 여러 곳을 전전하며 싸우다가 1645년에 죽었다. 명나라는 그 뒤로 남경 등지를 중심으로 복왕(福王)·당왕(唐王)·계왕(桂王)으로 이어지면서 강남에서 도망다니며 명맥을 유지하다가 결국은 청나라 성조(聖祖) 강희황제가 즉위한 해(1661)에는 청의 공격 앞에 완전히 명줄도 끊기고 만다.

청나라는 북경을 도읍으로 정한 뒤 도읍을 내성(內城)과 외성(外城)으로 구분하여 내성에는 만주족들만이 살고 외성에는 피지배자인 한족이 살도록 하였다. 이것은 명 대의 도성 규모를 그대로 계승한 것이었다. 그러나 도시가 더욱 발전함에 따라 북경 성 안은 경사(京師)라 하여 특별취급을 하고 그 주변 지역은 순천부(順天府)라 부르게 된다.[68]

1644년 청나라 군대가 산하이관을 넘어와 북경을 차지하고 그곳을 도읍으로 정한 뒤에도 자기 고향 땅 만주는 특별 관리를 한다. 언제든 중원 지배가 마음대로 되지 않아 힘으로 밀릴 적에는 후퇴할 근거를 마련하고 또 강력한 민족적 지지기반을 다지기 위해서였다. 지금의 선양을 성경(盛京)이라 부르며 내대신(內大臣)을 성경에 두고 만주지방 전체를 관할케 하였다. 그리고 곧 성경장군(盛京將軍)·영고탑장군(寧古塔將軍)·애혼장군(璦琿將軍)을 두어 만주를 요녕(遼寧)·길림(吉林)·흑룡강(黑龍江)의 세 지역으로 나누어 관할케 하였다.

특히 요하(遼河) 유역과 길림을 중심으로 하는

68) 『清一統志』 의거.

지역은 만주족 통치자들의 조상이 일어난 근거지였다. 청나라 초기에는 국내외 형세가 여러 가지로 복잡하여 통치자들이 마음을 놓을 수가 없어서 이 지역은 특별 관리하여 그들의 근거지로 확정지어 놓을 필요가 있었다. 그들은 이 지역 안으로는 다른 민족 특히 한족은 들어오지 못하도록 엄금하면서 들어와 농사를 짓거나 목축업을 하는 일은 절대로 허락하지 않았다. 청나라에서는 이곳을 보호하기 위하여 넓은 그 둘레에 대대적으로 유조변(柳條邊) 또는 유조변장(柳條邊牆)이라 부르는 울타리를 만들었다. 먼저 순치 18년(1661)에 완성한 노변(老邊)이라 부르는 것은 남쪽 봉황성(鳳凰城, 지금의 遼寧 鳳城, 丹東 바로 북쪽)으로부터 북쪽은 개원(開元) 북쪽의 위원보(威遠堡)에 이르기까지, 그리고 다시 그곳으로부터 서남쪽으로 뻗어 샨하이관 장성에 맞닿고 있다. 전체 길이가 1,950여 리에 이른다 한다. 다시 강희 9년에서 20년에 이르는 사이(1670-1681)에는 신변(新邊)을 만들었는데, 이는 위원보에서 동북 방향으로 뻗어 길림 북쪽 법특합(法特哈, 지금의 法特)에 이르는 것이다. '유변'은 양편의 땅을 파서 높이 3자, 너비 3자의 둑을 쌓고 그 위에 5자 사이를 두고 3개의 버드나무를 심은 뒤 다시 밧줄로 버들가지를 옆으로 연결한 것이라 한다. 그리고 이 '유변'을 따라 모두 21개 소의 관잡(關卡, 곧 관문)을 두고 사람들의 출입을 관리했다고 한다[69]. 이것은 자기네 근거지인 만주

69)『淸一統志』와『盛京通志』참고.

땅의 치안과 경제를 특별히 별도로 잘 보전하기 위한 시책이었다.

청나라 황제의 별궁으로 유명한 열하(熱河)의 피서산장(避暑山莊)이 있다. '열하'란 지금의 허베이성 북부 승덕전구(承德專區)의 직할시이다. 본시 난하(灤河)의 상류 무열하(武烈河) 가의 산간 도시이지만, 남쪽으로는 꾸베이커우(古北口)를 거쳐 북경으로 통하고, 북쪽으로는 만주 랴오닝의 치펑(赤峰), 서쪽으로는 네이멍꾸의 둬룬(多倫)으로 통하는 교통 요지이다.

▲ 청 강희황제 초상

강희황제가 열하의 온천에 놀러갔다가 착안하여 강희 42년(1703)부터 여기에 여름철 별궁으로 피서산장을 짓기 시작하였다. 주위가 8킬로미터가 넘는 부지 위에 호화로운 궁전과 정원을 만들고 많은 라마교 사원(寺院)도 건설하였다. 뒤에 강희황제의 손자인 건륭황제는 이곳에서 거의 생장하였고 더욱 규모를 확장하였는데, 특히 티베트 라사(拉薩)의 궁전과 사원들을 그대로 본떠서 호화로운 건물들을 지었다. 영국 최초의 중국사절인 마카트니 경(Earl George Macartney)은 여기에 와서 건륭황제를 만나고 서양에 이곳을 Jehol이라 소개하였다. 이 뒤로 역대 황제들은 5월부터 9월에 이르는 기간은 여러 신하들을 이끌고 이곳에서 나라 일을 처리하였고, 외국 사신들도 이곳에서 접견하였다. 이곳에열하직례청(熱河直隸廳)을 두어 행정적으로 특별관리 하였고, 가을이면 그 북쪽에 목란위장(木蘭圍場)을 마련해놓고 군사훈련을 겸하여 대대적인 가을 사냥인 추선(秋獮)을 거행하였다.

▲ 청 건륭황제 초상

이 피서산장의 경영은 중국 주변의 민족들, 그 중에서도 특히 몽고족과 티베트족을 달래어 이들이 청나라에 반기를 들지 못하도록 하려는 데에도 목적이 있었다. 특히 라마교 사원을 많이 지어 몽고족과 티베트족에게 불교를 장려한 것은 살생을 금하고 싸움을 피하는 불교의 교리를 이용하여 그들의 저항력을 감소시키려는 것이었다. 그리고 티베트와 몽고의 라마교 승려들과 지도자들을 이곳으로 초청하여 늘 호화판 잔치를 베풀어 주었다. 그리고 몽고족이 사는 지역과 티베트 지역은 특별 관리를 하였다. 그러나 열하 피서산장의 더 중요한 목적은 앞으로 청나라가 중원에서 힘으로 밀리게 될 적에

▲ 티베트(토번)인

션양으로 후퇴하기 전에 일차적으로 그곳으로 물러나 자기 편을 정비도 하고 자기네 근거지로부터 지원도 받아 반격을 꾀한다는 것이다.

함풍 10년(1860) 영불연합군이 북경으로 쳐들어왔을 적에 함풍황제는 북경의 별궁인 원명원(圓明園)에 있다가 창졸간에 후비와 내시들을 이끌고 열하로 도망친다. 황제는 콩국, 보리죽 등으로 끼니를 때우며 겨우 이궁에 도착하여 목숨을 살렸다. 그는 다음 해 열하의 이궁에서 죽지만 어떻든 이 피서산장은 청나라 황제들의 일차 피신처로 마련되었음은 의심의 여지가 없다.

앞에서도 잠깐 이야기한 청 태조가 시작한 팔기 제도는 본시 만주족을 중심으로 하는 정치 목적도 겸한 군사조직이었으나 태종 시대에는 다시 몽고팔기와 귀순한 한족 군인으로 이루어진 한군팔기도 생겨나 모두 24기가 되었다. 청나라는 무력을 나라를 세우는 기초로 받들었기 때문에 북경을 수도로 삼으면서 순치황제는 팔기를 대동하고 들어와 전국 통치의 기초로 삼았다. 앞에서도 설명했듯이 금려(禁旅)팔기와 주방(駐防)팔기로 구분하여, 금려팔기는 경사에 주둔하면서 궁성을 중심으로 하는 북경 안팎의 호위를 비롯한 여러 가지 일을 맡았고, 주방팔기는 중원과 각 지방에 나가 주둔하면서 치안과 질서를 잡는 업무를 맡았다. 그리고 같은 팔기

▲ 원명원 유허를 공중에서 내려다 본 사진

▲ 원명원 유적

라 하더라도 민족에 따라 직무며 대우와 권한에 차등이 있었다.

이들 팔기들은 거의 전국 도시로 나누어져 파견되어 그 지방을 방위하고 주민들을 감시하는 역할을 맡았다. 국민당 정부에서 교육부장을 지내고 북경대학 총장도 역임한 장멍린(蔣夢麟, 1886-1964)의 자서전 『서조(西潮)』 제6장에 실린 그가 항조우(杭州)에서 중학교 과정 공부를 할 적의 기록에는 그가 직접 듣고 본 지방에 주둔한 팔기에 대한 사정이 소상하다. 그 중 한 대목을 인용한다.

> "절강고등학당(浙江高等學堂) 자체에는 도처에 혁명을 선전하는 팜플릿과 잡지와 책들이 있었는데, 거기에는 청나라 군대가 국경을 넘어오면서 저지른 포악한 행동, 청나라 조정의 부패한 실정, 청나라 조정의 만주 사람과 한인에 대한 평등하지 못한 대우 등이 쓰여져 있었다. 학생들은 기갈이 든 듯이 이들 기록을 읽었고 거의 어떤 세력도 그들의 이런 경향을 막을 수는 없었다.
>
> 실제로 청나라 조정의 부패하고 무능한 실례는 학교 밖을 나가기만 하면 바로 볼 수가 있었다. 항조우의 성 안에는 만주 사람들이 살던 작은 성이 하나 있는데, 그 안에는 한인들을 감시하는 '팔기 병사'들이 주둔하고 있었다. 200여 년 전에 정부에서는 특별히 이 성 안의 성을 따로 지정하여 항조우에 주둔하는 '팔기 병사'들의 군영으로 쓰게 하였다. 이들 '팔기 병사'들은 자자손손 계속 여기에 살아왔는데, 명분상으로는 여전히 군인이었다. 만주 사람과 한인 사이에는 결혼이 금지되어 있었으나, 만주 사람이 한인 여자를 처로 얻고 싶을 적에는 허락이 되어 실제

로 그러한 결혼이 상당히 많이 이루어졌다. 그리고 '태평천국의 난' 때(1952) 난군이 항조우를 포위하고 항조우의 '팔기 병사'들을 모두 죽여 버렸다. 내전이 끝난 뒤에 본시 후베이(湖北)의 징조우(荊州)에 주둔하던 '팔기 병사'들 중 일부가 항조우로 옮겨와 주둔하면서 빈 곳을 메웠다. 이들 징조우로부터 온 '팔기 병사'들은 그 당시 아직도 건재하였고 그들은 후베이 말을 쓰고 있었다. 비록 그때의 그들 대부분은 이미 죽었지만 그들 자녀들은 아직도 그곳에 살고 있고 또 그들 부모처럼 후베이 사투리를 쓰고 있다. …… 그러나 3대째 와서는 모두 항조우 말을 쓰게 되었다.

당시의 절강고등학당에도 10명의 기인(旗人) 자제들이 있었다. …… 이들 이른바 '팔기 병사'들이란 실제로는 전혀 군인이 아니었다. 그들은 전혀 일반 백성들과 다를 바가 없었다. 그들은 이른바 '병영' 안에서 결혼하고 자식들을 키웠을 뿐 전쟁에 관한 일은 조금도 아는 게 없었다. 유일한 차이는 그들에게는 정부로부터 봉급이 주어지는데 하는 일이란 전혀 없고 그들은 일종의 기생적인 생활을 하고 있다는 것이다. 그 때문에 그들의 신체며 지력이며 도덕이 날로 쇠퇴하고 있다. 그들은 늘 서호 주변의 찻집이나 드나들고 있고, 어떤 자들은 당시의 습속을 따라 새장이나 들고 다니며 놀고 있어서 일반 백성들 모두 경이원지(敬而遠之)하였다. 만약 어쩌다가 그들 비위를 건드리기만 하면 바로 위험한 처지에 놓이기 십상팔구이기 때문이다. 이러한 타락하고 부패하고 교만한 생활방식은 청년학생들에게는 널리 미움과 천시의 감정을 불러일으켰다. 그들이 불러일으키는 반감은 혁명선전의 효과에 비하여 결코 못하지 않았다."

이러한 팔기병의 주둔과 횡포 및 민족 차별은 항조우만의 일이 아니라 전국적인 현상이었을 것이다. 팔기의 주둔병은 중국 각지에 주둔하지 않은 곳이 없었다.

박지원(朴趾源, 1737-1805)의 『열하일기(熱河日記)』를 보면 그가 열하에 가서 만난 만주 사람 기려천(奇麗川)과 한족인 윤형산(尹亨山)의 이야기가 보이는데(권17), 만주 사람인 기려천은 나이가 20여 세나 어리면서도 윤씨에 대하여 "오만하고 그를 멸시하는 태도"로 대하는데 윤씨는 이를 "모르는 체하면서 부드러운 댓구를 하며 겸손한 몸가짐을 하였다"고 쓰고 있다. 만주 사람과 한족의 사회적인 종족적 차별 현상을 잘 알려주는 기록이다.

청나라 군대는 중원 땅을 정복하면서 무자비하게 사람들을 죽이고 약탈을 자행하였다. 정확한 통계라고 할 수는 없지만 명나라 만력(萬曆) 연간(1600년 전후)만 하더라도 전국 인구가 1억 5천만 명이었는데[70], 청나라 군대가 쳐들어오면서 수많은 사람들을 죽인 나머지 강희 12년(1673)에는 인구가 1,939만 명이었다고 한다. 이후로 급속히 증가하여 강희 50년(1711)에는 2,462만여 명, 옹정 11년1733)에는 2,634만 명, 건륭 28년(1763)에는 2억 420만 명, 건륭 말(1795)에 가서는 3억 명대를 넘어갔다[71].

순치 2년(1645)에 청나라 군대가 쳐들어와 짱수

70) Ping-ti Ho, *Syudies on the population of China, 1368-1953*, Harvard University Press. 참조.

71) 王氏『東華錄』의거.

성 양조우(揚州)를 점령할 적의 그들의 만행을 노래한 오가기(吳嘉紀, 1618-1684)의 시 「이씨 댁 며느리(李家娘)」 10해(解) 중의 앞머리 1, 2해를 소개한다. 이씨 댁 며느리는 청나라 군사들에게 잡혀가서도 그들에게 몸을 허락하지 않고 스스로 자기 목숨을 끊은 여자이다.

> 성 안의 산은 죽은 사람의 뼈로 하얗게 덮였고,
> 성 밖 개울물은 죽은 사람의 피로 빨갛네.
> 사람을 140만 명이나 죽였으니
> 새 성이고 옛 성이고 그 안에 몇 사람이나 살아 있겠는가? (1해)
>
> 처는 거울을 보고 있는 사이
> 남편은 목이 이미 떨어졌고,
> 살인자는 피비린내 나는 칼을 칼집에 넣고는
> 아름다운 여인들을 끌고 갔네.
> 서쪽 집 여인도
> 동쪽 집 며느리도
> 꽃 같은 이씨 댁 며느리도
> 모두 난폭한 자들 손 안에 떨어졌네. (2해)
>
> 城中山白死人骨, 城外水赤死人血.
> 殺人一百四十萬, 新城舊城內有幾人活? (一解)
> 妻方對鏡, 夫已墮首. 腥刀入鞘, 紅顏隨走.
> 西家女, 東家婦, 如花李家娘, 亦落强梁手. (二解)

▲ 이발사가 치발을 다듬어주는 모습

만주족이 중원으로 들어오면서 한족들에게 가한 압박은 그들의 풍습을 강요한 치발령(薙髮令) 하나만

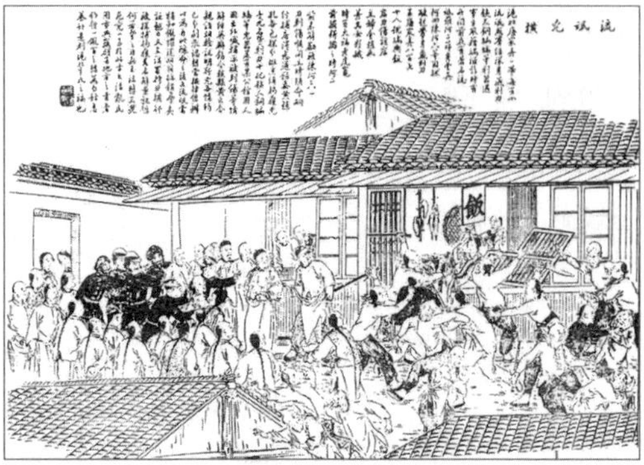

▲ 치발을 한 청나라 사람들이 패싸움을 벌이는 모습
소설 삽화

으로도 알 수 있다. '치발'은 변발(辮髮)이라고도 하는 만주의 머리 풍습이었다. 머리 앞쪽은 빡빡 밀어버리고 뒤의 일부만을 남기고 땋아 꼬리를 만드는 것이다. 서양 사람들은 흔히 돼지꼬리(Pigtail)라고 불렀다. 이미 청나라 태종(太宗)은 천총(天聰) 3년(1629)에 항복한 한인들에게 만주족의 옷을 입고 치발을 함으로써 순종의 뜻을 표하라고 명하였다. 청나라 군대가 중원으로 넘어들어 온 직후(순치 1年, 1644)에는 "우리를 따르려는 모든 벼슬아치 · 관리 · 군인 · 백성은 모두 치발을 하고 의관은 우리의 것을 따르라."는 포고를 내렸다. 한인들의 저항이 거세지자 일시 늦췄다가 다음 해(1645. 9.) 장강 유역을 다 점령하여 중국지배의 기초가 든든해지자 다시 북경 및 그 주변 지역은 10일, 다른 지방은 이 포고가 도착한 날 이후로 10일 이내에 모두 치발을 하라고 엄명을 내렸다. 그들은

> "목을 남기려면 머리를 남기지 말고, 머리를 남기려면 목을 남기지 못한다."[72)]

라고 쓰인 제찰(制札)을 전국 각지에 세웠다 한다. 짱수성 짱인(江陰)같은 곳에서는 그곳 사람들이 염

72) 留頭不留髮, 留髮不留頭.

응원(閻應元) 등을 우두머리로 추대하고 "목이 날아갈지언정 머리를 깎을 수는 없다."는 맹세 아래 투쟁을 전개하였으나 24만의 청나라 대군이 몰려와 공격하는 바람에 그래도 81일이나 버티다가 전멸하였다. 이에 현령은 치장(薙匠)을 거리로 내보내어 머리를 밀 도구를 짊어지고 다니면서 치발을 않고 머리를 기른 자를 발견하면 곧 그를 잡아 치발을 시키도록 하였다. 그래도 치발을 하지 않는 자가 있으면 잡아 죽이고 그의 머리를 잘라 장대 위에 매달아 놓고 사람들에게 구경을 시켰다 한다.[73] 이에 심지어 산둥 취푸(曲阜)의 공자묘에서 제사를 지낼 적에도 유관(儒冠)·유복(儒服)을 입지 않고 모두 만주 옷과 만주의 관을 쓰게 되었다. 이로부터 치발은 중국 사람들의 대표적인 머리 모양이 되었다. 이 때문에 높은 수준의 문화를 자랑하던 중국 사람들이 여러 면에서 문화 수준이 형편없던 만주족의 습속을 따르게 된 것이다.

▲ 치발을 한 중국사람들 모습

청나라가 중국 지배에 성공한 것은 한족에 대하여 겉으로는 너그러운 듯이 보이면서도 실은 전국의 권력을 중앙에 집중하여 만주족들 손으로 엄격히 나라를 다스렸기 때문이다. 최초의 중앙기구는 만주의 귀족들로 이루어진 의정왕대신회의(議政王大臣會議)였는데, 옹정 7년(1729)에는 군사를 신속하고 은밀히 처리하기 위하여 군기방(軍機房)을 설

73) 徐珂『清稗類鈔』帝德類.

치하였고 옹정 10년에는 이를 판리군기처(辦理軍機處)로 발전시켰다. 친왕(親王) 또는 중신을 군기대신(軍機大臣)에 임명하고 이 군기처를 통하여 군무뿐만 아니라 중요한 정무도 직접 황제가 챙기게 되었다. 이 군기처의 권한은 날로 커져서 중국역사상 가장 황제가 강력히 정치를 장악한 보기가 되었다. 그들은 지방의 순무(巡撫)도 거의 모두 만주귀족들에게 맡기고 전국의 팔기를 활용하여 전국을 중앙에서 통제하고 다스렸다. 중앙 집권에 의한 통제와 전제정치가 철저히 시행되었던 것이다.

청의 역대 황제들은 중국의 학술문화를 존중하여 스스로 그에 대한 공부를 게을리하지 않는 한편 수많은 한족 학자들을 동원하여 중국 학술자료들을 정리 편찬하는 사업을 대대적으로 전개하였다. 강희 연간에 편찬된 『강희자전(康熙字典)』·『연감류함(淵鑑類函)』·『패문운부(佩文韻府)』·『전당시(全唐詩)』·『고금도서집성(古今圖書集成)』, 건륭 연간에 편찬된 『황조문헌통고(皇朝文獻通考)』·『사고전서(四庫全書)』 등 모두 열거할 수 없을 정도로 엄청나다. 한족 지식인들은 이러한 황제의 은전에 감격하여 자기네 학술을 연구하고 정리하며 만주족의 지배에 반항할 생각을 잊었다. 그리고 학자들은 연구 방향을 모두 사상탄압을 받을 일이 없는 훈고학(訓詁學)·고증학(考證學)·문자성음학(文字聲音學) 등 고전연구로 돌렸다.

청 왕조는 이러한 편찬 작업을 이용하여 중국 서적에 대한 검사작업도 함께 진행하였다. 보기를 들면 『사고전서』는 천하의 책을 다 모아 도합 3,458종의 책 7만 9,582권으로 이루어진 방대한 것인데, 모아진 책들을 심사하여 청나라 비위에 거슬리는 책은 모두 빼어내어 태워버리고 그 목판까지도 다 찾아내어 부숴버렸다. 이때 읽지 못하도록 금한 책은 2천 수백 종이나 되었는데, 명나라의 정치를 찬양하거나 만주족을 오랑캐로 다루고 있는 내용의 책들이다. 그리고 『사고전서』에 들어간 책 중에도 그 중 일부분이 삭제된 책이 상당히 많다. 이를 통해서도 청나라 왕조에서는 특히 사상통제에 철저하였음을 알 수 있을 것이다.

▲ 사고전서

이 때문에 청 대에는 이른바 필화사건인 문자옥이 연달아 일어났다. 한나라 때로부터 명 대에 이르기까지 문자옥은 어느 시대에나 있었으나 청 대만큼 철저하고 심했던 예는 없다. 그 중 유명한 것 몇 가지만 보기로 들어본다.

강희 2년(1663) 장정롱(莊廷鑨)이란 사람이 명나라 사람이 편찬한 『명사』의 초고를 바탕으로 『명사집략(明史輯略)』을 편찬했는데, 책 속에 청나라에 불리한 기록이 있다고 고발당하여 장정롱은 이미 죽은 뒤라 관을 꺼내어 목을 잘랐고, 책의 편찬 간행에 관계한 그의 아우를 비롯한 72명이 사형을 당하였고 부녀자를 포함하여 수백 명이 군대로 보내졌다[74].

강희 50년(1711) 대명세(戴名世)라는 사람은 『남

74) 『痛史』 莊氏史案.

산집(南山集)』을 저술하였는데, 그 속에 명나라 세 임금들의 연호를 썼고 또 불순한 방효표(方孝標)의 책 『전검기문(滇黔紀聞)』이 인용되고 있다고 고발당하여 그의 온 가족이 사형을 당하고, 방효표는 시체가 파내어져 버려지고 그의 온 혈족이 유배형을 당하였다.

옹정 5년(1726) 사사정(査嗣庭)은 강서(江西)의 향시(鄕試)에 시험문제를 출제하면서 시사를 풍자하는 문제를 내었고, 또 시험 문제의 "유민소지(維民所止)" 넉 자의 앞뒤 두 글자는 '옹정(雍正)' 두 글자의 머리를 쳐낸 것이라 하여 하옥되었다. 그는 하옥되자 병이 들어 죽었는데, 그의 시체는 거리에 내걸려졌고 그의 자식들은 모두 사형당하고, 나머지 가족들은 모두 옥에 갇혔다.

옹정 10년(1733)에는 여류량(呂留良)이란 사람의 저서를 금서로 정하고 그의 시체를 파내어 토막내었다. 여류량은 본시 주자학을 공부한 학자로 책을 써서 한족과 오랑캐의 구분을 분명히 하며 만주인들을 내치려 하였다. 그는 만주 귀족들의 미움을 사면서 강희 연간에 죽었다. 뒤에 증정(曾靜)이란 사람이 여류량의 책을 읽고 감동하여 청나라에 항거하는 활동을 하다가 고발을 당하였다. 이에 옹정황제는 여류량의 무덤을 파헤쳐 그의 시체를 조각내었고 그의 제자와 가족들 수많은 사람들까지도 잡아죽였다. 그리고 23집안의 사람들을 멀리 귀양을 보내어 모두 노비가 되게 하였다. 이 밖에도 문자옥을 당한 사람들이 여러 명 더 있다. 옹정황제는 이 일을 계기로 친히 『대의각미록(大義覺迷錄)』을 써서 한족들이 그릇되게 청나라를 반대하는 사상을 바로잡고 자신이 황제가 된 것은 합리적인 일임을 논증하려 하였다[75].

건륭 연간에는 22년(1757)에 팽가병(彭家屛)과 단창서(段昌緖)가 명 말의 역사책을 지니고 있었다 하여 사형을 당하였고, 32년(1767)에는 제주화(齊周華)라는 사람이 여류량(呂留良)의 책을 간행하였다가 잡혀서 죽었고, 43년(1778)에는 서술기(徐述夔)의 『일주루시(一柱樓詩)』에 청나라를 비꼬는 말이 들어있다 하여 그를 잡아 죽이고 시체를 거리에 내걸고 그의 자손들까지도 사형에 처하였다. 44년(1779)에는 지천표(智天豹)가 『대청천정운수(大淸天定運數)』라는 책을 썼는데 불경스런 내용이 있다 하여 사형에 처하였다. 이 밖에도 호중조(胡中藻)·심덕잠(沈德潛)·전조망(全祖望) 등 여러 명이 문자옥으로 죽었다. 가경 연간(1796-1820) 이후로는 독재전제의 체질이 바뀌고 학자들은 더욱 고증학으로 빠져들어 필화사건이 보이지 않게 되었다. 그러나 만주족이 얼마나 가혹한 방법으로 중국을 다스렸는가 짐작이 갈 것이다.

청나라 시대의 만주족과 한족의 차별은 거지들의 모습에서도 잘 드러난다. 중국에는 각 지방마다 그곳의 거지들을 거느리는 거지 우두머리인 개두(丐頭)가 있었다. 어느 지역이건 '개두' 정도 되면 무척 호화로운 생활을 하였다 한다. 북경의 '개두'에는 남간자(藍桿子)와 황간자(黃桿子)라 부르는 두 종류가 있

75) 『大義覺迷錄』 卷首 上諭.

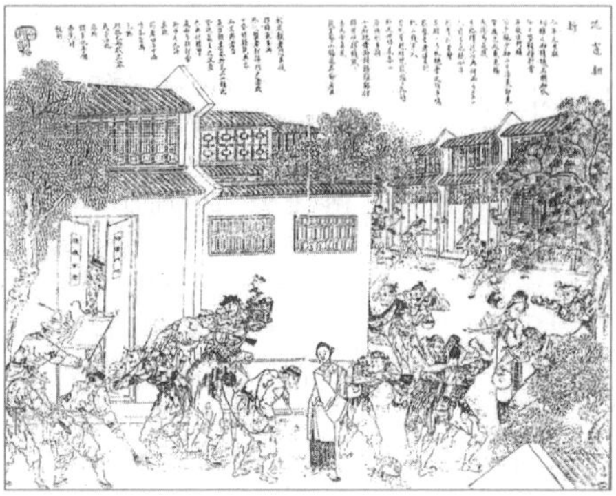

▲ 청나라 때 거지들이 떼지어 다니면서 강제로 구걸하는 모습

었다. '남간자'는 보통 거지들의 우두머리이지만 '황간자'는 팔기에 속하는 만주 사람들의 거지 우두머리이다. '황간자'는 권세가 대단한 만주족 거지들의 우두머리였으므로 그 자격이나 권세가 큰 집안의 어른이나 같았다.

'황간자'에 속하는 만주 거지들은 보통 때는 구걸을 하지 않다가 단오·추석·섣달 그믐날만 나가서 구걸을 하였다. 그들은 2명 또는 4명씩 짝을 지어 나가서 한 집이나 상점 앞에 가면 그 중 한 명이 장타령을 부르고 다른 한 명은 고판(鼓板)을 두드리며 장단을 맞추는데, 장타령을 부르는 사람은 손등을 위로 하고 손을 쳐들고 고판을 치는 자는 고판을 평평한 모양으로 들면 이것이 돈을 내라는 신호가 된다. 주인들은 형편에 따라 최소한 대전(大錢) 5매(枚) 이상을 들고 나와 높이 들어 올렸다가 그것을 고판 위에 올려놓아야 한다. 그런 다음에야 거지들은 그곳을 떠난다. 또 장타령을 5 구절을 부르기 전에 돈을 갖고 나와야 한다는 규칙도 있었다. 만약 규칙에 어긋나거나 돈을 제대로 내지 않으면 다음 날은 두 배의 거지가, 다시 그 다음날은 다시 그 두 배의 거지들이 몰려온다. 그래도 해결이 안 되면 그 집과 모든 그 집 사람들과 관계있는 곳을 거지들이 완전히 포위하여 아무 일도 못하게 한다. 한참 뒤에 주인이 거지들과 문제를 해결하려면 앞뒤 사정에 따라 몇 천 몇 만의 돈이 든다. 권력자를 통하여 '황간자'를 직접 불러내는

▲ 자금성의 태화전

▲ 공중에서 바라본 자금성 일부

경우에도 그들의 원칙을 따라 많은 돈을 내고 해결을 해야만 하였다.[76] 거지가 이 정도이니 일반 사람들 사이의 민족 차별이야 얼마나 더 심했겠는가?

76) 徐珂 『淸稗類鈔』 乞丐類.

4장

중원 내륙 도시에 도읍한 나라들

중국 역사상 장안과 북경이라는 중국 변두리의 대표적인 수도 이외에도 중원 내륙지역에 도읍을 정하였던 나라들도 여럿 있다. 나라의 수도로 유명한 중원 땅의 도시로는 지금의 러양(洛陽)과 카이펑(開封)·항조우(杭州)·난찡(南京)이 있다. 이들 도시들은 중국의 중심지라고 할 수 있는 산업과 교통의 요지여서 이상적인 수도가 될 만한 곳이다. 그러나 이곳에 도읍을 정했던 나라들은 모두 국세를 크게 떨치지 못하였다. 그러나 자기네 전통문화는 크게 발전시키는 문화국가적인 통치 경향을 보여주고 있다.

중원 땅의 도읍지로 가장 유명한 곳은 허난성 러양이다. 기원전 11세기 주나라 성왕(成王) 때 은

나라 백성들을 강제 동원하여 처음으로 건설한 도시로[77] 성주(成周)라고도 불렀으며 본시는 동방 경영의 전진기지로 쓰기 위한 것이었다. 그러나 주나라가 기원전 720년 오랑캐 견융(犬戎)에게 밀려 평왕이 도읍을 지금의 시안 근처의 호경으로부터 이곳으로 옮겨온다. 이에 주나라는 그 이전의 시대를 서주(B.C.1027-B.C.771), 그 이후의 시대를 동주(B.C.772-B.C.250)라 부르게 된다.

다시 한나라도 장안에 도읍을 정하고 있다가 서한(B.C.206-A.D.8) 말 왕망의 신(新, 8-23)나라에 나라가 멸망당하였다가 다시 광무제에 의하여 동한(25-220)이 이루어지고 도읍이 러양으로 옮겨진다. 삼국시대의 위(魏, 220-265)나라와 그 뒤의 진(晉, 265-316)나라가 여기에 도읍을 하였고 남북조시대의 북위(北魏)도 493년에 이곳을 수리하고 다음 해 도읍을 그곳으로 옮겼다.

▲ 러양: 모란 선녀상, 러양은 모란꽃의 도시로 유명하다.

러양은 본시 낙읍(雒邑)이라 하였고 뒤에는 동도(東都)라고도 흔히 불렀다. 은나라 유민들을 노예로 부리면서 건설한 중원의 이상 도시였으나, 주나라고 한나라고 러양으로 도읍을 옮긴 뒤로는 동주와 동한 모두 나라의 힘은 별로 떨치지 못하였다. 아무래도 중원에 자리 잡고 있다 보니 천자들이 중원의 문화에 보다 물이 들어 잔혹한 통치를 못하게 되고, 또 백성들의 어려움에 대해서도 보다 많이 직접 보고 듣게 되므로 가혹한 정책으로 백성들을 괴롭히거나 전쟁이나 토목공사에 함부로 백성

▲ 러양: 용문석굴

77) 『書經』 洛誥.

들을 동원하지 못하게 된 때문인 듯하다.

국력은 약하였지만 학술 문화는 러양을 도읍으로 삼으면서 크게 발전한다. 동주시대는 다시 춘추시대(B.C.768-B.C.476)와 전국시대(B.C.481-B.C.221)라는 어지러운 두 시기로 나누어진다. 천자의 권위는 땅에 떨어지고 제후들이 멋대로 날뛰던 시대였다. 그러나 춘추시대에 공자와 노자라는 위대한 사상가가 나왔고 유가의 기본 경전인 『시경』·『서경』·『역경』·『예』(『주례』·『의례』·『예기』)·『춘추』의 오경과 노자 『도덕경』의 기본 형태가 이루어졌다. 중국의 전통적인 학술과 사상의 터전이 이룩된 것이다. 전국시대로 들어오면 유가와 도가를 비롯하여 묵가·법가·병가·명가 등의 제자백가라는 여러 갈래의 사상가들이 나와 중국의 학술 사상을 크게 발전시킨다. 심지어 제(齊)나라 같은 데에서는 위왕(威王)·선왕(宣王)을 거치면서 전국에서 학자들을 초빙하여 도성인 임치(臨淄)에 직하관(稷下館)을 두어 이들이 자유롭게 지내면서 학문 연구를 하게 하여 이들을 직하학사(稷下學士)라 부르기도 하였다. 수많은 제자백가들의 저서가 이루어져 중국사상이 공전의 발전을 이루고 『좌씨춘추(左氏春秋)』·『국어(國語)』·『세본(世本)』 등의 저작을 통하여 역사학도 발전한다. 중국의 전통적인 학술문화는 이 시기 여러 학자들의 업적을 바탕으로 발전하게 된다.

한 대에 와서는 한자의 자체가 예서(隸書)로 통일되고 이전의 모든 전적들이 다시 정리되었다. 그리고 한 무제가 오경박사(五經博士)를 두고 유학으로 나라의 통치이념을 삼은 뒤로 본격적인 학술 연구와 저술 및 문학이 출발한다. 그러나 이러한 학술상 문학상의 업적이 본격적으로 이루어져 학술 연구와 문학창작이 더욱 성행하게 된 것은 러양에 도읍을 옮긴 뒤의 동한 때이다.

우선 광무제는 러양에 태학(太學)을 세우고 수많은 학자를 양성하며 유학을 장려하였다. 동한 말엽에는 태학생 수가 3만여 명이나 되도록 발전하였다[78]. 그리고 장제(章帝) 때(A.D,70) 여러 학자들을 백호관(白虎觀)에 모아 오경에 대하여 강의와 토론을 하게 하여 반고(班固)의 『백호통의(白虎通義)』가 나왔고, 영제(靈帝) 때(175)에는 오경의 경문을 고정하여 태학의 대문 앞의 바위에 새겨 세워놓게 한 희평석경(熹平石經) 등이 이 시대의 분위기를 설명해 준다. 마융(馬融)·정현(鄭玄) 같은 대학자들이 나와 수많은 옛 경전과 전적에 대하여 해석을 가한 주석서가 이루어졌고, 장흥(張興)이란 학자에게는 제자 1만여 명, 모장(牟長)에게도 1만여 명, 채현(蔡玄)에게는 1만 6천여 명, 루망(樓望)에게는 9천여 명 등등으로 정식으로 등록된 제자들이 몰려 공부를 하였다 하니[79] 유학이 얼마나 크게 성행을 하였는가 알 수 있을 것이다. 이 밖에 반고(班固)·왕충(王充)·최식(崔寔)·중장통(仲長統) 등 자기의 학문을 바탕으로 저술을 한 학자들도 많이 나왔고, 동한 말엽에는 불교가 들어오고 그 영향을 받아 도교의 조

▲ 광무제

▲ 경서를 강의하는 모습을 조각한 것으로 보이는 화상석(畫像石)
쓰촨성 청두(成都)의 한나라 때 무덤에서 나온 것이다.

78) 『後漢書』 儒林傳.

79) 『後漢書』 儒林傳 각 학자들의 전기.

직과 사상도 발전하여 중국의 사상계가 일변하였다.

▲ 조조 초상

이 때문에 동한 말 헌제(獻帝)의 건안(建安) 연간(196-129)에는 조조의 위나라를 중심으로 지금 우리가 쓰는 한자체인 해서(楷書)도 이루어져 통용되기 시작하고 시인들이 자기 이름을 내걸고 작품을 쓰기 시작하여 중국문학이 본격적인 발전을 이루게 된다.

이처럼 주나라나 한나라나 도읍을 동도인 중원의 러양으로 옮긴 뒤에는 국세는 별로 떨치지 못하나 학술문화는 눈부신 발전을 이룩하고 있다. 도읍을 중원에 잡은 황제들은 백성들의 실정을 가까이에서 직접 보고 듣게 되기 때문에 백성들에게 포악한 정치를 펴지 못하게 되어 자연히 문화를 숭상하는 문화적인 황제로 바뀌었기 때문일 것이다.

삼국시대의 위나라와 서진(西晉) 및 남북조시대의 북위도 한때 이곳을 도읍으로 하였지만 모두 별로 국세를 크게 떨치지 못하였다. 특히 삼국시대 위나라의 경우 조조와 그의 아들들은 어떤 정치집단보다도 문화의식이 높아 스스로도 모두 시를 잘 지었고 밑에는 많은 문인들을 거느렸다. 지금 우리가 쓰는 한자의 자체인 해서의 통용도 그들에 의하여 주도되었다. 정식으로 자기의 이름을 내걸고 시인으로서의 의식을 가지고 시를 쓰기 시작한 것도 그들이다. 이들의 중국문학과 문화 발전에 대한 공헌은 결코 작게 평가해서는 안 된다. 다만 오나라와 촉나라를 쳐부수고 천하를 통일하였으나 나라가 오래 가지 못하여 그들의 공헌이 제대로 평가를 받지 못하는 듯하다.

넓은 천하의 여러 종족들을 다스리자면 백성들의 사정은 아랑곳없이 잔인하고 가혹하게 힘으로 다스려야 하는데, 도읍이 중원 땅 러양이라 백성들을 돌보며 문화적인 정치를 하다 보니 천하 지배에 문제가 생기지 않을 수 없었던 것이다. 서진과 북위도 외국 문물을 받아들여 중국의 전통문화가 가일층 발전할 수 있는 계기를 마련하였고, 특히 도교와 불교의 발전은 중국의 사상사에 있어서 특기할 만한 일이다.

처음부터 변경(汴京, 지금의 河南省 開封)을 도읍으로 정했던 송나라는 그러한 사실을 더욱 실증적으로 보여준다. 송 태조 조광윤(趙匡胤)은 당나라 때의 지방 절도사(節度使) 제도를 없애고 군대 지휘권과 나라의 통치권을 무두 중앙으로 모아들이고 문관을 중하게 기용하였다. 그러나 주변 이민족의 나라들을 무력으로 억누르지 못하고 계속 비굴한 유화정책을 썼다. 먼저 송나라는 북쪽의 요(遼)나라와 여러 번 무력충돌이 있던 끝에 1004년 그들이 대거 남침을 하자 단연지맹(澶淵之盟)을 맺고 매년은 10만 냥(兩)과 비단 20만 필을 바치기로 하고 화평을 유지한다. 1038년에는 서북쪽의 서하(西夏)나라가 북송에 공격을 가하기 시작하자 1044년에는 서하 황제 이원호(李元昊)의 협박에 굴복하여 매년은 7만 2천 냥과 비단 15만 3천 필 및 차 3만 근을

▲ 조광윤

그들에게 바치기로 하고 화의를 맺는다. 1115년 여진족의 아골타(阿骨打)가 세운 금(金)나라가 강성해지자, 1118년과 1120년 두 차례에 걸쳐 금나라에 사신을 보내어 금나라와 동맹을 맺고 요나라를 협공한 뒤 송나라는 해마다 요나라에 바치던 물건들을 금나라에게 바치기로 한다. 금나라는 어떤 도시를 점령하든 철저히 약탈을 하여 빈 성을 만들어 놓는데, 송나라는 금나라가 점령한 연경(燕京)을 되돌려 받는데도 100만 관(貫)의 돈을 바쳤다. 그러니 송나라는 언제건 망할 수밖에 없는 처지였다. 결국 1126년 금나라 군대가 남쪽으로 쳐들어와 송나라 수도 변경을 점령하고 이미 황제 자리를 내놓고 있던 상황인 휘종(徽宗)과 황제 흠종(欽宗) 이하 종실의 남녀 3천여 명을 잡아 북쪽으로 끌고 갔다. 이에 송나라는 일단 멸망했지만 흠종의 아우가 남쪽 임안(臨安, 지금의 杭州)으로 도망가 고종(高宗)이 되어 남송이라는 송나라의 명맥을 유지하였다.

▲ 카이펑 포공(包公)의 사당

▲ 카이펑의 철탑

북송은 중국의 전통문화의 발전을 정점으로 이끌었던 시기이다. 미국 하버드 대학의 페어뱅크(John K. Fairbank) 등이 저술한 『동양문화사』(East Asia, Tradition & Transformation)에서는 제6장에서 당 대의 후기에서 송 대로 이어지는 시기를 중국문화의 황금기(Golden Age)라 구분하고 있다. 그러나 이 중

▲ 청명상하도
북송의 화가 장택단의 그림. 북송의 수도 카이펑의 모습을 담고 있다.

에서도 당나라 후기와 오대(五代) 및 남송을 제외한 북송(北宋, 960-1126)이 진짜 황금기이다.

시를 중심으로 발전한 중국의 전통문학도 북송의 구양수(歐陽修) · 소식(蘇軾) · 왕안석(王安石) · 황정견(黃庭堅) 등에 의하여 그 발전이 정점에 달하였다. 학술 면에 있어서는 불교와 도교의 영향을 받아 유학이 도학(道學)으로 발전하면서 형이상학적인 명제도 연구대상으로 받아들이면서 한 차원 더 높은 경지로 발전하였다. 그리고 민간의 연예를 바탕으로 한 강창과 소설 · 희곡도 발달하기 시작하였다. 회화도 사실을 넘어서서 화폭 속에 작자의 사상과 정서를 담으려는 수준으로 크게 발전하였고 전통음악의 발전도 정점을 이루었다. 그밖에 도자기의 생산과 직물과 칠기 등의

▲ 구양수

생산 기술이 세계 최고였고 화약을 발명하여 사용하였으며 특히 인쇄술이 발달하여 학술과 문학의 발전을 뒷받침하였다. 북송은 제국으로서의 힘은 없었지만 백성들에게 잔혹한 정치를 하지 않았고, 지배계급인 사대부들과 함께 서민들도 합세하여 중국문화를 최고의 수준으로 발전시켰던 것이다.

송나라에 앞서 오대의 후량(後梁)에서 시작하여 후진(後晉)・후한(後漢)・후주(後周) 등이 먼저 이 개봉부(開封府)를 도읍으로 삼았었지만 모두 오래 가지도 못하고 국세는 형편이 없었다.

항조우는 오대의 오(吳)나라가 잠시 도읍을 삼았던 곳인데, 송나라가 금나라에 쫓겨 남쪽으로 내려와 남송(1127-1279)을 세워 이곳을 임안부(臨安府)라 부르며 도읍을 삼았다. 중국의 역사가들은 양송(兩宋)이라 부르며 북송과 함께 남송을 중국 역사를 이어간 왕조로 다루고 있다. 그러나 실상 남송은 영토가 장강 유역의 일부 지역뿐이었고 중원의 대부분 지방을 금나라와 몽고에서 차지하여 제대로 된 역사의 계승자라 보기는 어렵다. 그러나 남송은 물산이 풍부한 남쪽의 일부 지역을 차지하고 있고 힘으로는 계속 다른 나라에 밀리고 있었지만 문화면에 있어서는 고도로 발전하였던 북송의 문화를 이어받아 군사력으로 압박을 가하고 있는 금나라나 몽고보다는 훨씬 높은 수준의 문화를 누렸다. 그러나 중원 대부분의 지역을 문화 수준에 있어서는 비교도 안 되는 몽고족과 만주족에게 내주어 그들의 풍습과 문화가 중국의 전통문화에 압력을 가하

▲ 남경 성벽

여 변질시켜 가는 경향을 막는 수는 없었다.

난찡(南京)은 삼국시대 오나라 손권(孫權)이 그곳을 건업(建業)이라 부르며 도읍으로 정하였던 곳이다. 그리고 진(晉)나라로 오면서 이곳을 건업(建鄴)·건강(建康)으로 이름을 바꾸어 부르다가 동진(東晋)의 원제(元帝, 318-322)가 이곳으로 옮겨와 도읍으로 하였다. 남북조시대에는 송(宋)·제(齊)·양(梁)·진(陳)의 남조가 연이어 도읍으로 삼아 도시가 크게 발전한다. 오대 때 남당(南唐)이 여기에 도읍을 정하였고, 명 태조 주원장이 원나라 지정(至正) 16년(1356) 이곳을 응천부(應天府)라 부르며 도읍을 삼아 명나라 초기 수도로 유명하다. 그러나 3대째의 황제인 성조(成祖)가 영락(永樂) 19년(1421) 수도를 북경으로 옮기고 이곳은 남경이라 부르게 되었다. 명나라도 수도를 남경으로부터 북경으로 옮겼기 때문에 천하를 지배할 수가 있었을 가능성이 있다.

여기에 도읍을 정하고 있던 여러 나라들도 모두

국위를 크게 떨치는 대제국으로 발전하지 못하고 있다. 모두 백성들을 멋대로 죽이고 약탈하며 마음껏 경제력 군사력을 길러 포학한 정치를 할 수가 없었기 때문일 것이다. 남북조시대의 남조를 이어간 송·제·양·진의 나라들이 모두 평화적으로 천자 자리를 다음 사람에게 물려주는 형식을 빌려 왕조의 교체를 이루었던 것도 그들의 문화적인 성격을 말해준다. 옛날 요 임금이 순 임금에게, 그 뒤 다시 순 임금이 우 임금에게 나라를 물려주었듯이 나라를 유능한 사람에게 물려주어 다스리게 하던 왕조 교체의 이상을 실현하려 하였음을 뜻한다. 이들 남조의 이러한 형식의 왕조 교체가 실제로는 남의 왕권을 빼앗는 구실이었다 하더라도 직접 무기로 상대방을 모두 죽이고 남의 나라와 정권을 무력으로 빼앗는 것보다는 훨씬 문화적인 방법이라고 해야 할 것이다.

중국에서 가장 유명한 내전은 소설 『삼국지연의』로 잘 알려진 삼국시대의 촉·오·위 세 나라의 싸움인데, 동한 말 헌제(獻帝, 190-219) 때부터 위나라가 망하는 서기 264년까지 이어진 전쟁이었

▲ 『삼국지연의』 삽화

다. 그들이 서로 죽이고 상대방의 땅을 빼앗는 전쟁 이야기를 지금도 사람들이 재미있게 읽고 있는 것은 그래도 그들에게서는 인간미가 느껴지기 때문일 것이다. 촉나라는 쓰촨 청두(成都)에, 오나라는 난찡에, 위나라는 러양에, 모두 중원에 도읍이 있었기 때문에 장안이나 북경에 도읍을 정하고 있던 왕조처럼 사람들을 또는 백성들을 잔혹하게 대하지 못하여서 인간미가 느껴지는 것이다. 그리고 모두 문화를 존중할 줄도 알았다. 특히 세 나라 중 위나라는 쉴 새도 없는 전쟁에도 불구하고 중국 전통문화를 한 차원 더 높이 발전시키는 데에 크게 공헌한 나라라고 할 수가 있다. 특히 시를 중심으로 하는 중국의 고전문학은 위나라 조조와 그의 아들 조비(曹丕)·조식(曹植) 삼부자와 그들 밑에서 활약하던 문인집단들에 의하여 본격적인 발전을 시작하게 된다. 그리고 위나라는 일단 천하를 통일하기는 하지만 그 문화적인 성격 때문에 오래 견디지 못하고 망하게 된다.

▲ 조조

▲ 유비

▲ 손권

5장

장안 · 북경시대 중국 주변의 이민족

1) 장안시대의 이민족

장안과 북경이 모두 중원 밖의 이민족이 중국 땅 안으로 들어와 중국을 지배하면서 세운 도읍이라 하였다. 그것은 중국의 역사와 문화의 발전에 한족이 아닌 중국 주변의 이민족의 역할이 매우 크다는 것을 뜻한다. 중원을 차지하려고 싸우는 싸움을 중국 사람들은 '사슴을 쫓는다(逐鹿)'고 표현하였다. 밖의 민족이라도 재빨리 중원으로 들어와 사슴을 잡는 것처럼 천하를 먼저 차지하기만 하면 주인이 되기 때문이다.

장안 근처 호경(鎬京)에 처음으로 도읍을 정한 주나라 이전은 아직도 중국의 주인이 어느 민족인지 알 수가 없던 시대이다. 『일주서(逸周書)』에 의

하면 무왕 이후로 주나라가 멸망시킨 나라가 99개이고, 항복시킨 나라가 652개라 하였다.[80] 맹자는 주공(周公)이 동쪽을 3년 동안 정벌하면서 50나라를 멸하였다고 하였다.[81] 주나라 무왕이 은나라 주(紂)왕을 정벌하려고 나서자 아무런 사전의 말도 없이 무왕을 도우려고 맹진(盟津)에 모인 제후들이 800명이라 하였고, 실제로 주왕을 공격할 적에는 용(庸)·촉(蜀)·강(羌) 등 8개 나라가 군대를 직접 내어 전투에 참가하고 있다. 또 주공이 동쪽의 반란을 정벌하기 직전에는 엄(奄)·포고(蒲姑)·서이(徐夷) 등 17개 나라들이 공동으로 주나라에 반기를 들고 있다[82]. 이를 통해 보면 주나라 이전까지는 넓은 중국 땅이 작은 부락국가의 형태로 수도 없이 나누어져 있었음을 알 수가 있다.

이 작은 나라들 중에 가장 세력을 크게 떨치며 고도의 문화를 발전시켰던 나라가 허난성 동부지방에서 샨둥성 서쪽 지방에 걸친 황하의 중하류 지방을 차지하고 있던 은나라이다. 은나라 이전의 하늘의 명을 물려받은 나라로 알려진 하(夏)나라와 그 전의 나라들은 그 영지를 확실히 아는 수가 없다. 그러나 대체로 요·순·하의 나라는 그 전통을 직접 은나라가 계승하였고 그들의 영토도 은나라의 영지와 크게 다르지 않은 곳이었을 것이다. 어떻든 은나라는 이전의 가장 대표적인 나라들의 전통을

80) 『逸周書』 世俘解.

81) 『孟子』 滕文公 下.

82) 이상 『史記』 周本紀 의거.

이어받아 한자까지 쓰면서 높은 수준의 문화를 유지하였던 나라이다.

이에 비하여 주나라 민족은 순임금의 신하이던 후직(后稷) 기(棄)가 선조인데 그 아들 불줄(不窋)이 벼슬을 잃고 오랑캐 융적(戎狄)의 땅으로 도망갔다고 하는데 이는 뒤에 만들어낸 전설일 것이다. 이미 앞에서 이야기한 바와 같이 다시 12대 손자 고공단보(古公亶父)에 이르러 융적의 침입에 견디다 못하여 칠수(漆水)를 건너서 양산(梁山)을 넘어 기산(岐山) 아래로 옮겨왔다. 본시 주민족은 땅굴 속에서 생활하던 형편없는 미개민족이었는데, 그들은 기산 아래로 옮겨와서야 “융적의 습속을 버리고 성곽을 쌓고 궁전을 지어 고을과 동리를 만들고 나누어져 살게 되었다.”[83] 고공단보 시대에 이르러서야 주나라 민족은 야만에서 벗어나 문명을 추구하기 시작하였다.

미개민족인 주나라가 힘으로 높은 수준의 문화를 발전시키고 있던 은나라를 쳐부수고 황하 유역의 동서지방을 합쳐 중원을 이룩하게 된 것이다. 성왕 때 주공이 3년에 걸쳐 동쪽 지방을 정벌한 것은 반란을 일으킨 은나라 주의 아들 무경과 관숙(管叔)·채숙(蔡叔) 등을 정벌한다는 목적도 있었지만, 자기네보다 발달해 있는 은나라의 여러 가지 제도와 그들이 쓰던 한자를 배워 와 주나라의 정치제도를 마련하는 데에도 목적이 있었다. 『맹자』를 보면 이런 말을 하고 있다.

83) 『史記)』 周本紀.

"주공은 오랑캐들을 정복하고 사나운 짐승들을 몰아내어 백성들을 편안케 하였다."

"주공은 …… 주(紂)를 치고 엄(奄)을 정벌하면서 3년 동안에 …… 멸망시킨 나라가 50이고 호랑이, 표범, 외뿔소, 코끼리를 멀리 쫓아내어 온 세상 사람들이 기뻐하였다."[84)]

주나라 초기만 하더라도 오랑캐나 반란자들뿐만 아니라 사나운 짐승들까지도 백성들의 편안한 삶을 위하여 물리쳐 주어야 하던 시대였다.

어떻든 주나라는 문화국가인 은나라를 쳐서 황하 유역의 동쪽과 서쪽지방을 합쳐 중원 땅을 이룩하고, 은나라의 정치사회 제도를 계승 발전시키고 한자를 활용하여 언어와 습관이 다른 동서의 넓은 지역을 한 나라로 묶으면서 중국 전통문화의 기틀을 마련하였다. 이때 은나라가 주나라로 합쳐지면서 주변의 여러 종족들까지도 합쳐져 이후 중국역사의 주인공이 될 이른바 한족이 비로소 형성되었던 것이다. 그리고 주 민족은 자기 민족의 근원지에 가까운 호경(장안 근처)을 근거로 하여 잔인한 방법으로 중원 땅을 지배하게 되는 것이다.

서기 기원전 770년 주나라가 오랑캐 견융(犬戎)의 세력에 밀려 도읍을 장안에 해당하는 호경으로부터 중원 내부 지역에 위치한 성주(成周)라 부르던 낙읍으로 옮겨, 주나라는 서주로부터 동주로 바뀌게 된다. 도읍이 중원 내부 지역으로 들어오자

84) 이상 滕文公 下.

백성들의 생활을 직접 접하게 되어 더 이상 잔인하게 힘으로 세상을 다스리지 못하게 된다. 이에 천자의 힘이 형편없어져 제후들이 멋대로 서로 싸우는 어지러운 시대로 들어가게 된다.

이 틈에 남만(南蠻)의 지역이던 장강 유역에 새로운 나라들이 독립한다. 특히 장강 중류지역에 세운 초(楚)나라는 영(郢, 湖北省 江陵縣)을 도읍으로 하여 춘추시대만 하더라도 전후로 도합 45나라를 합병하며 국세를 신장시킨다. 초나라 임금과 신하들은 중원의 나라들을 정벌하는 데에 온 힘을 기울여 5년 출정을 하지 않으면 그것은 큰 치욕이며 죽은 뒤에 조상을 뵈올 낯이 없게 된다고 여기는 정도였다.

장강의 동쪽에는 지금의 짱수(江蘇) 수조우(蘇州)를 중심으로 하여 오(吳)나라가 세워져 중원의 나라들과 교류하는 한편 초나라와 싸우면서 국토를 넓혀갔다. 그리고 쩌짱(浙江)성 샤오싱(紹興)을 도읍으로 하여 월(越)나라가 서자 초나라가 월나라를 도와 오나라를 공격케 하였으며, 오 · 월의 두 나라는 서로 원수 사이가 되어 싸우느라 중원의 나라들에게는 큰 위협이 되지 못하였다.

춘추시대만 하더라도 한족들이 '중국'이라 부르던 땅의 주변에는 여전히 '사방(四方)'이라 부르던 수많은 이민족들이 살고 있었다. 남쪽의 장강 유역에는 남만이라 통칭되던 군만(羣蠻) · 백복(百濮) · 노융(盧戎) 등이 있었고, 회수(淮水) 유역에는 회이(淮夷)라 통칭되던 서(舒) · 요(蓼) · 서(徐) 등의 크고 작은 나라들이 여러 개 있었다. 이들은 전국시대에 이르러 거의 모두 초나라에 흡수된다. 동쪽에는 산둥성 경내에 동이(東夷)라 통칭되던 내이(萊夷)·임(任)·주(邾)·기(杞) 등의 여러 나라[85]가 있었지만 크고 강한 나라는 없었고, 전국시대에 가서는 제(齊)나라와 노(魯)나라 및 초나라에 의하여 모두 합병된다. 북쪽에는 허베이성 경내에 북적(北狄)이라 통칭되던 북융(北戎)·선우(鮮虞)·적적(赤狄)·백적(白狄) 등이 있었으나 전국시대에 가서는 거의 연(燕)나라와 진(晉)나라에 합쳐진다. 서쪽에는 이후에도 한족들이 가장 골머리를 앓게 될 융적(戎狄)이라 통칭되는 대융(大戎)·소융(小戎)·견융(犬戎)·강융(姜戎) 등 수많은 종족들이 있었고 특히 서북쪽 산골짜기에는 100여 종에 달하는 종족들이 있었다. 이들은 대부분이 진(晉)나라와 진(秦)나라에 합병되어 사라지게 된다.

진시황은 서기 기원전 221년에 천하를 통일하는데, 중국 역사상 가장 큰 공로 중 하나는 수많은 민족이 살고 있는 중국을 효과적으로 계속 손질하여 거대한 한족의 나라로 이루어 놓았다는 것이다. 특히 장강 유역의 초나라와 오·월나라를 중원에 합쳐, 한족의 영토인 중원 또는 중국을 황하유역으로부터 장강 유역에 이르는 광대한 지역으로 확장하였다. 윈난(雲南)·구이조우(貴州)·쓰촨(四川) 서남부에는 천하를 통일한 뒤에도 여러 종류의 서남이

85) 『後漢書』 東夷傳에 의하면 畎夷·于夷·方夷·黃夷·白夷·赤夷·玄夷·風夷·陽夷의 九夷가 있었다고 한다.

▲ 한 대의 이민족 분포도

(西南夷)들이 살고 있었는데 진시황은 그곳에 행정 기구를 마련하여 그들을 효과적으로 통일 관리하였다. 특히 쩌짱(浙江)·푸젠(福建)·짱시(江西)·광둥(廣東)·광시(廣西) 일대에는 민월(閩越)·남월(南越) 등의 백월(百越)이라 통칭하는 여러 종족들이 살고 있었는데, 진시황은 천하를 통일한 뒤에도 영남지방으로 많은 희생을 무릅쓰며 군대를 보내어 그들을 치고 교통 편을 새로 개척한 뒤에 수십만 명의 중원 사람들을 그곳으로 옮겨 살도록 함으로써 지역과 함께 종족의 통일도 튼튼히 하였다.

서북방 넓은 지역에 살면서 수시로 중국에 침공하여 가장 골칫거리였던 흉노(匈奴)족[86]에 대해서는 천하를 통일한 뒤 서기 215년에 장군 몽념(蒙恬)에게 30만의 군대를 이끌고 가서 그들을 치게 하여 멀리 물리친 뒤 다시 그들이 남침하지 못하게 하려고 전국의 백성들을 강제 동원하여 북쪽에서 서쪽에 걸친 넓은 변경 땅에 유명한 만리장성을 쌓았다.

▲ 흉노의 복장

이에 사방의 이민족들이 모두 합쳐져 광대한 중국 영토와 함께 그 주인인 한족이 크게 확장된 것이다. 진시황은 천하통일로 수많은 이민족들을 한족으로 끌어들이고 다시 통일 이후에도 계속 이민족들을 정복하면서 그들 모두를 한족으로 끌어들인 것이다. 곧 진시황은 중원 땅을 천하로 확장하고 한족을 그 주인으로 올려놓은 것이다.

그러나 흉노는 진나라 말기로부터 한나라 초기에 이르는 사이 중원이 어지러운 틈에 막독선우(冒頓單于)*라는 임금이 나와 세력을 크게 확장한다. 한 고조(高祖) 6년(B.C.201)에는 그들이 샨시 중부까지 침공하여 다음 해 고조 유방(劉邦)은 32만의 대군을 이끌고 직접 그들을 치러 나갔다가 평성(平城, 지금의 山西 大同 동남쪽) 백등산(白登山)에서 그들에게 포위를 당하여 7일 동안 곤경을 겪은 끝에 선우(單于)의 황후인 연지(閼氏)에게 뇌물을 써서 겨우 살아 도망쳐 나왔다고 한다. 이 뒤로 한나

* 선우(單于): 흉노의 임금을 일컫는 말임.

86) 옛날에는 山戎 · 玁狁 · 獯鬻이라 불렀고 戎狄 · 犬戎 · 赤狄 · 白狄 등 여러 종류가 있었다(『史記』 匈奴列傳).

라는 견직물·술·식량 등 많은 물건을 흉노에게 보내주면서 화평을 유지하였다.

▲ 몽고 초원지대의 풍경

무제(B.C.140-B.C.87 재위) 때에는 위청(衛青)·곽거병(霍去病) 같은 장군을 보내어 그들을 쳐서 그들을 어느 정도 위압하기도 하고 막독선우가 죽은 뒤로는 그들의 위세가 약간 꺾이기도 하였으나 그 뒤로도 계속 한나라에 위압을 가하는 이민족으로 존속한다. 특히 원제(元帝, B.C.48-B.C.33 재위) 때에는 화의를 위하여 그때의 흉노 임금 호한야선우(呼韓邪單于)에게 황제가 사랑하는 궁녀 왕소군(王昭君)을 마지못해 시집보낸다. 중국의 문인들은 후세에도 이민족의 침공에 대한 경각심을 불러일으키기 위하여 역대의 많은 시인들이 왕소군에 관한 시를 짓고 또 희곡을 쓰기도 하였다. 원 대의 잡극(雜劇)으로는 마치원(馬致遠, 1251 전후)의 『한궁추(漢宮秋)』가 유명하고, 시에 있어서는 송 대 왕안석(王安石, 1021-1086)의 「명비곡(明妃曲)」 2수가 특히 유명하다. 송 대는 이민족의 세력에 밀리고 있던 시대이고 원 대는 이민족에게 지배당하고 있던 시대이다. 왕안석의 시 중 그 첫 번째 시를 아래에 보기로 든다.

▲ 왕안석

왕소군이 처음 흉노에 가려고 한나라 궁전 나설 때,
눈물은 봄바람에 젖고 머리끝은 축 늘어졌네.
발을 떼어놓지 못하며 그림자 돌아보는 얼굴빛 어두웠으나,
그래도 임금을 어찌할 줄 모르게 할 정도로
아름다웠네.
원제(元帝)는 돌아와 드디어 화공의 솜씨 이상하게 여기고 추궁하였으니,
눈에 드는 여인 평생 동안 그림에선 보지 못하였기 때문이네.
사람의 모습은 본디 그대로 그려낼 수 없는 것이니,
그때 모연수(毛延壽)는 공연히 죽여버린 셈이네.
한번 가면 다시는 돌아오지 못할 것을 마음속에 알고 있었으니,
가련하게도 한나라 궁전 옷은 더 입을 수 없게 된 걸세.
소식 전하여 국경 남쪽 한나라 일 물어보고자 해도,
오직 해마다 기러기만 날아가고 있었네.
아름다운 그대에게 만 리 길 소식 전하나니,
흉노 성안에 잘 지내며 고향 땅 생각 말게나.
그대는 보지 못했는가, 지척에 있는 장문궁에
아교(阿嬌)를 가두어 놓았던 일을?
사람이 세상에 나서 뜻을 잃게 되면 남쪽 땅
북쪽 땅 구별도 없는 법이지.

明妃初出漢宮時, 淚濕春風鬢脚垂.
低回顧影無顏色, 尙得君王不自持.
歸來却怪丹靑手, 入眼平生未曾有.
意態由來畫不成, 當年枉殺毛延壽.

一去心知更不歸, 可憐著盡漢宮衣.
寄聲欲問塞南事, 只有年年鴻鴈飛.
佳人萬里傳消息, 好在氈城莫相憶.
君不見咫尺長門閉阿嬌? 人生失意無南北.

원제는 후궁이 너무 많아 화공에게 후궁들의 초상화를 그려 올리게 하고는 그 그림을 보고 마음에 드는 여자를 골랐다. 시에 나오는 모연수가 그때의 화공이다. 때마침 흉노의 선우가 미녀를 요구하여, 원제는 그림을 보고 왕소군을 주기로 하였다.[87] 그러나 뒤에 우연히 보니 왕소군은 한나라 궁전 제일의 미인이었다. 원제는 왕소군을 사랑하면서도 강한 흉노의 세력 때문에 어쩌지 못하고 그대로 왕소군을 흉노로 보냈다 한다.[88] 그리고 아교(阿嬌)는 한 무제의 진황후(陳皇后). 처음

▲ 왕소군이 흉노로 시집가는 모습

87) 『後漢書』 南匈奴傳을 보면 王昭君 자신이 匈奴에 갈 것을 지원했음.

88) 『西京雜記』 권2.

▲ 한나라 무제가 장건을 서역으로 떠나보내는 장면: 돈황벽화임.

에는 무제의 총애를 받았으나 자식을 낳지 못하여 만년에는 장문궁(長門宮)에 갇혀 지내는 신세가 되었다. 왕소군의 이야기를 비극화하여 노래한 왕안석의 이 「명비곡」은 많은 사람들의 공감을 불러일으켜, 송나라 이후로 수많은 시인들이 이에 화작하는 시를 지었다.

이 밖의 이민족에 대하여도 한나라는 계속 주의를 기울였다. 무제는 건원(建元) 2년(B.C.139) 대월지(大月氏) 나라와의 교역을 트려고 장건(張騫)을 100여 명의 수행원을 붙여 서역으로 파견하였으나 도중 흉노에게 10년 동안이나 잡혀 있다가 대완(大宛)·강거(康居)를 거쳐 대하(大夏)까지 갔다가 뜻을 이루지 못하고 13년 만에 돌아왔다. 뜻을 이루지는 못하였지만 서역의 실정을 한나라에 많이 알리게 되었다.

원수(元狩) 4년(B.C.119)에 다시 장건을 파견하여 대완(大宛)·대월지(大月支)·대하(大夏)·강거(康居) 등의 나라와 교역을 텄다. 그리고 태초(太

初) 원년(B.C.104)에는 이광리(李廣利)를 보내어 대완(大宛)을 정벌하였다. 그리고 교역상 중요한 통로가 되는 지역(輪臺·渠犁 등)에는 둔전(屯田)을 설치하고 둔전병을 그곳에 두었다. 선제(宣帝) 때에는 서역도호부(西域都護府)를 오루성(烏壘城)에 두어 서역을 관리하였다. 그리고 티베트 지역에는 강족(羌族)의 세가 강하였던 일도 특기할 만하다.

동한 때에 가서는 북흉노(北匈奴)의 침공이 잦았고, 남흉노(南匈奴)와 일부 북흉노는 지금의 허베이·네이멍구·샨시·션시의 만리장성 안팎으로 들어와 거주하기도 하였다. 그리고 동북방의 고구려와 함께 오환(烏桓)·선비(鮮卑)의 세력도 상당하였다.

한나라가 망하고 삼국의 위나라를 거쳐, 서진(西晉)에서 동진(東晉)에 이르는 혼란한 시기(304-439)에 흉노(匈奴)·갈(羯)·선비(鮮卑)·저(氐)·강(羌) 등의 이민족이 중원으로 밀고 들어와 나라를 세우는 극도로 어지러운 오호십육국의 시대가 전개된다. 그런데 이들은 중원으로 들어오면서 스스로 한문화에 젖어 모두 한족으로 동화한다. 보기를 들면 샨시 분수(汾水) 유역에 들어와 있던 흉노족의 유연(劉淵)은 성도 유씨로 바꿨을 뿐 아니라 스스로 대선우(大單于)가 된 뒤 나라를 한(漢)이라 정하고(304) 또 한왕(漢王)이라 일컬었다. 그리고 밑에 많은 뛰어난 인물을 거느렸는데, 한족인 왕미(王彌)·유령(劉靈) 등을 받아들여 한나라의 관제를 본뜨고 종실은 군현(郡縣)의 왕, 공신은 그 곳의 공(公)으로 봉하면서 완전히 한족으로 변화하였다.

뒤이은 남북조시대에도 계속 이민족들이 중원에 들어와 나라를 유지하며 중국문화에 영향을 끼쳤다. 특히 북쪽 중국을 장악하였던 선비족의 북위(北魏)는 불교를 정착시키고 불교문화 발전에 크게 공헌하였다. 이들 모두 결국은 스스로 한족에 동화하고 오히려 중국 전통문화를 자극하여 더 큰 발전을 이루는 계기가 되게 하였다. 특히 이민족의 왕실 귀족들은 한족 여인들과 결혼을 하여 생활은 물론 혈통에 있어서도 급속도로 한족으로 변화하였다. 보기로 이민족 국가로서 가장 오랜 동안 강력하게 중원을 지배하였던 선비족의 북위의 경우를 보기로 한다.

① 도무제(道武帝, 386-408) → ② 명원제(明元帝, 409-423) $\frac{1}{2}$ → ③ 태무제(太武帝, 424-451) $\frac{1}{4}$

‖ ‖ ‖

유귀인(劉貴人) 두귀빈(杜貴嬪) 하부인(賀夫人, 이민족)

→ 태자황(太子晃) →④ 문성제(文成帝, 453-465) $\frac{1}{4}$ → ⑤ 헌문제(獻文帝, 466-471) $\frac{1}{8}$

‖ ‖ ‖

여씨(閭氏, 이민족) 이귀인(李貴人) 이부인(李夫人)

→ ⑥ 효문제(孝文帝, 471-499) $\frac{1}{16}$ → ⑦ 선무제(宣武帝, 500-515) $\frac{1}{32}$

‖ ‖

호황후(胡皇后) 고부인(高夫人)

→ ⑧ 효명제(孝明帝, 516-528) $\frac{1}{64}$

(* 분수 숫자는 선비 혈통의 농도임.)

이른바 위진남북조시대는 중국의 전통문화에 불교와 도교가 보태지고 외국문화가 들어와 중국문화를 더욱 풍부하게 하였을 뿐만 아니라 많은 이민족들이 중원으로 들어와 한족에 동화됨으로써 많은 혼혈을 통하여 한족이 크게 불어나게 만든 시대이다. 따라서 이 혼란기를 뒤이어 천하를 통일의 세계로 이끈 수나라와 당나라의 왕실이 모두 혼혈이라는 것도 이상할 것이 없는 것이다.

수나라는 단명의 나라였지만 외국관계에 있어서는 특히 동쪽의 고구려 원정이 특기할 만한 일이다. 수 문제는 서기 598년에 수륙 30만의 대군을 동원하여 고구려를 정벌하려 하였지만 실패하고, 수 양제는 3차에 걸쳐 고구려 정벌을 시도하였는데 모두 실패에 그쳤다. 612년에는 전국의 병력과 군비를 동원하여 전군 113만 3,800명, 다른 인원까지 합하여 200만이란 대군을 동원하여 평양을 향하여 진격시켰다. 이 병력을 보기만 해도 기가 죽어 싸우지도 못하고 항복할 것으로 알았으나 오히려 고구려는 완강히 저항하여 평양 근처에서 싸워서 크게 수나라 군사를 쳐부쉈다. 수 양제는 크게 패배하고 러양으로 돌아와 크게 노하여 613년에는 다시 전국의 병력을 동원하여 요동성을 공격하였으나 소수인 고구려의 완강한 저항을 극복하지 못하고 20여 일 싸우다가 돌아왔다. 614년에도 다시 양제는 대군을 수습하여 대군으로 고구려를 공격하였으나 성공하지 못하였다. 수나라가 오래 가지 못한 가장 큰 원인은 고구려 원정의 실패에 있었다고도 할 수 있다.

당나라는 고조 이연(李淵)이 즉위하여(618) 나라를 세우고 뒤에 후량(後梁)에게 망하기(907)까지 290년 나라를 지탱하면서 밖으로도 국위를 떨쳐 전성기에는 이전의 한 제국보다도 더 큰 제국을 건설하고 정치·경제·문화 모든 면에서 눈부신 발전을 이룩하였다. 당나라는 외국의 문화를 받아들여 자기 문화를 발전시키면서 이민족들에게도 너그러운 정책을 써서 주변의 이민족들도 문화상으로 큰 발전을 이루었다. 많은 주변 나라들이 당나라로 유학생을 보내어 공부시키고 많은 상인들이 당나라로 들어와 교역을 하며 또 많은 이민족 출신 사람들이 당나라를 위하여 일하고 벼슬하여 당나라 수도 장안은 크게 발전하는 한편 많은 외국인들이 함께 섞여 살았다.

▲ **개원통보**
당 대에 가장 오랫동안 유통되었던 화폐로, 당 고조 때 처음 주조되었다.

특히 장안의 서시(西市)에는 외국 장사꾼들로 법석을 이루었다. 이조(李肇, 813 전후)의 『국사보(國史補)』 하(下)에는 이런 글이 보인다.

> "회골(回鶻)은 늘 그들 마니교(摩尼教)의 중과 정사를 의논하였기 때문에 장안에 그들을 위하여 절을 세워주었다. …… '서시'의 오랑캐 보따리 장수들은 그 근원이 회골이 당나라에 공을 세운 데 있었다."

회골 사람들은 특히 '안록산의 난'을 평정하는데 당나라를 위하여 큰 공헌을 하였다. 샹다(向達)의 『당

대 장안과 서역 문명(唐代長安與西域文明)』에는 장안에 서역을 중심으로 하는 외국 문물이 얼마나 넘쳐나고 있었는가를 잘 논술하고 있다. 당 대의 진홍조(陳鴻祖)는 「동성노부전(東城老夫傳)」에서 이런 말을 하고 있다.

> "지금 북쪽 오랑캐들이 서울에 함께 살고 있어서 그들에게 장가도 들고 자식도 낳아서 장안 시중의 젊은이들은 오랑캐 마음을 지니게 되었다."

당나라 때의 장안은 다른 어떤 왕조 때보다도 외국인들이 많이 들어와 활약하였고 크게 번영을 이루었다.

『신당서』 돌궐열전(突厥列傳)에는 이런 글도 보인다.

> "당나라 때에 중국과 맞먹으려고 들던 나라가 넷 있는데, 돌궐 · 토번 · 회골 · 운남이다."

운남은 남조(南詔)였는데 이들의 세력이 가장 컸던 듯하다. 돌궐은 6세기 무렵부터 몽고고원 및 알타이산맥 남쪽 지방을 근거로 활동하던 유목민족인데, 세력이 강성해져 서위(西魏)와 교역을 하였고 551년에는 이리커칸(伊利可汗)이 돌궐한국(突厥汗國)을 세운 뒤로 서북쪽을 제패하던 유연(柔然)을 멸망시키고 북몽고를 중심으로 세력을 확장시켜 수나라 말엽에는 중국에 견줄 정도로 나라가 크고 강대해졌다. 그러나 수나라의 이간정책으로 뒤에는 동서의 두 돌궐로 나뉘어졌다. 당 태종은 630년에 군사를 내어 이들을 쳐 먼저 동돌

▲ 돌궐문자

궐을 멸망시켰다. 서돌궐은 명맥만을 유지하다가 다시 부흥하여 당나라와 싸우기도 했으나 대체로 당나라에 순종하다가 744년에 위구르족에게 망하였다.

그러나 특기할 일은 중국의 주변 이민족 중 돌궐이 최초로 자기네 문자를 만들어 썼다는 것이다. 자기 문자의 창제는 민족의식의 각성을 뜻하기도 하기 때문이다. 그 문자는 지금 732년에 세운 궐특근비(闕特勤碑) 등이 있다. 궐특근은 동돌궐 재흥 시기의 가한(可汗)으로 이 비석은 당나라 현종(玄宗)이 그가 죽은 뒤 그의 공로를 기리고자 사람을 보내어 제사지내고 세워준 것이라 한다. 돌궐의 역사와 궐특근의 업적이 새겨진 비문으로 지금도 몽고인민공화국 어얼훈(鄂爾渾)하 가에 세워져 있다 한다.

▲ 위구르족 여인들

회골은 회흘(回紇)・위이우얼(畏兀兒)・위이우얼(畏吾兒) 등으로도 부르는 터키계 민족으로 서쪽으로부터 옮겨와 전전하다가 지금은 신짱 위구르자치구의 주요 구성원이 되어 있다. 중국 역사상 이들에 대한 확실한 고대 기록은 알기가 어려우며, 남북조 시대에 고거(高車)라 부른 튀르크(Türk)족 중의 원흘(袁紇), 수대의 위흘(韋紇)・오확(烏護) 등이

▲ 위구르인

회골로 전해진 것 같다. 이들은 당나라 초기에는 당에 붙었다 돌궐에 붙었다 하면서 연명하였으나, 744년에는 정식으로 나라를 세워 중국 북서부에 큰 세력을 구축하였다. 그리고 '안록산의 난' 때에는 757년에 군대를 파견하여 반란을 평정하였고, 762년에는 등리가한(登利可汗)이 직접 군대를 거느리고 중국으로 들어와 반란군을 평정하였다.

이들은 자기네 독특한 문화를 발전시키고 이들도 8세기부터 자기네 문자를 썼다. 처음에는 돌궐문자를 빌려 쓰다가 뒤에는 중앙아시아의 한 부족인 속특(粟特)의 자모를 빌려 썼다. 이 문자로 여러 가한의 공적을 새긴 비문이 여러 개 발견되었고, 또 회골문으로 쓴 많은 불경과 서류도 발견되었고, 돈황에서는 이들의 목각활자도 나왔다. 이들은 마니교를 믿어 당대에는 마니교가 중국에 들어왔고 또 이들의 문화는 당나라에도 적지 않은 영향을 끼쳤다[89].

▲ 토번 사자가 임금의 명령을 받들어 장안에 가서 청혼을 하자 당 태종이 보련을 타고 접견하는 장면을 묘사한 그림이다.

토번은 당나라 초기인 7세기부터 9세기에 걸쳐

89) 作特『中國印刷術的發明和它的西傳』吳澤炎 譯本 참조.

티베트에서 세력을 떨쳤던 통일 왕국이다. 특히 안록산의 난 직후 중국으로 쳐들어와 한때 장안도 점령했었으나 곧 내주고 하서(河西)·농우(隴右) 일대 넓은 지역을 오랜 동안 점령하고 있었다. 641년 당 태종이 문성공주(文成公主)를 토번에 시집보내고, 710년에는 중종(中宗)이 다시 금성공주(金城公主)를 시집보내며 이들에게 유화정책을 쓴 것은 특히 유명한 이야기이다. 당나라는 이들과 문화적 경제적 교류를 활발히 진행하였다. 그리고 이들도 우전(于闐)의 문자를 빌어 토번문자를 만들었는데 그것이 뒤의 티베트문자로 발전하였다 한다.

남조(南詔)는 윈난의 백족(白族)과 이족(彝族)의 선조들이 연합하여 당나라 현종 때(738) 이루어진 나라이다. 당 초기에는 이들은 백만(白蠻)과 오만(烏蠻)으로 나누어져 살면서 한족의 영향을 받아 비교적 여유 있는 생활을 하고 있었다. 그러나 이들이 나라를 세운 다음에는 당나라와 싸우면서 토번과 손을 잡기도 하였는데 당나라는 이들을 달래기에 많은 힘을 기울였다. 그러나 10세기에 들어오면서 결국 망하였는데, 남조는 결과적으로 윈난 여러 민족의 융합을 촉진하고 중원과 더욱 밀접한 관계를 갖게 되도록 공헌하였다.

이들 이외에도 신짱 경내를 중심으로 활동한 고창(高昌)·구자(龜玆)·우전(于闐) 등도 모두 자기네 문자를 만들었다. 이들은 모두 자기네 독특한 문화를 발전시키고 있었으므로 당나라 문화 발전에도 적지 않은 자극제가 되었다. 고창은 투루판(吐

魯番) 지역을 근거로 6세기부터 7세기에 걸쳐 번영을 누린 나라이다. 이들은 한족과 밀접한 관계를 유지하여 한자를 사용하면서 중국의 경전과 역사서 및 문집 등을 공부하였다. 투루판에서는 중국에서 가장 오래 된 710년에 쓴 『논어』 초본이 발견되기도 하였는데 그 뒤에는 천자문 앞머리 다섯 구절도 쓰여 있다 한다. 그러나 민간에서는 서양의 자모를 빌려 만든 자기네 문자도 함께 사용하였다[90]. 그리고 이들의 음악과 악기도 당나라로 들어와 십부악(十部樂) 속에 끼여 있다.

구자는 구자(丘兹)·굴자(屈兹) 등으로도 표기하였고, 신짱 타림분지를 중심으로 발전했던 나라이다. 이미 서한 때부터 중원과 관계를 맺어 역사 기록에 보이며 서역 북로(北路)의 요충지여서 당나라는 이 지방으로 진출하여 658년에 이곳에 안서도호부(安西都護府)를 설치하여 이족과의 충돌은 잦았지만 790년에 이르기까지 중앙아시아에 대한 당나라의 패권의 상징처럼 존속하였다. 이들은 자기네 문자를 사용하여 이 지방에서는 구자문자로 쓰인 나무쪽이 발견되고 있고, 또 이들은 불교를 믿어 최초의 중국 불교 전적 중 가장 빠른 번역은 구자어를 통하여 다시 그것을 중국글로 번역하는 방법으로 이루어졌고, 후진(後秦, 384-417) 때 들어와 불경의 중국어 번역에 큰 공을 세운 구마라십(鳩摩羅什)도 구자 사람이다[91]. 특히 이 나라는 음

90) 『通典』 권192 邊防7 高昌.

91) 馮承鈞 역 『吐火羅語考』 및 季羨林 『中印文化關係史論叢』 참조.

악이 발달하여 4세기 말 남북조 시대에 그들의 음악이 중국에 수입되어 음악 발전에 큰 자극이 되었으며, 수나라 때에는 구자의 음악가 소지파(蘇秖婆)가 들어와 수나라의 악조를 바로잡아 주었으며, 그들의 음악은 수나라와 당나라의 구부악과 십부악에 각각 끼어 있다.

우전은 지금의 신짱 허티엔(和田) 지방인 구자의 남쪽 서역 남로(南路)에 자리 잡았던 나라이다. 이들도 서한 때부터 중원과 밀접한 관계를 맺어, 한 무제로부터 당나라에 이르는 기간의 여러 왕조가 보낸 조령(詔令)·서책(書册)·부절(符節) 등을 보존하고 있었다 한다[92]. 이들도 미술과 음악에 뛰어나 적지 않은 화가와 음악가들이 당나라에 들어와 활약하였다. 그리고 이들도 인도 자모를 바탕으로 한 우전문자를 만들어 사용하였다[93]. 이들은 '안록산의 난' 때에는 5천의 군사를 보내어 반란 평정을 도왔으나, 회흘 사람들이 서쪽으로 진출하면서 그들과 융합되고 말았다.

이민족 관계에 있어서 특기할 사항은 동쪽의 고구려와의 관계이다. 수나라가 수 차에 걸친 고구려 원정에 실패한 터라 당나라도 고구려에 대하여 방심할 수가 없어 당 태종은 645년부터 3차에 걸쳐 고구려 원정을 하였으나 결국 큰 피해만 입고 실패하였다. 한반도에는 동서로 백제와 신라가 있어 이들은 고구려와 함께 계속 충돌을 하고 있었다.

92) 『通典』 권192 邊防8 于闐.

93) 위의 『中印文化關係史論叢』 참조.

백제는 고구려와 연합하여 신라를 치기도 하였고 당나라와 충돌하기도 하였다. 당나라는 신라와 손을 잡고 당 고종(高宗)은 660년에 군사를 내어 신라와의 연합군이 결국은 백제를 멸망시켰다. 곧 고구려의 명장 연개소문(淵蓋蘇文)이 죽고 내분이 일어나자 668년에 다시 군사를 내어 신라와 힘을 합쳐 고구려를 쳐부쉈다. 이에 한반도는 신라에 의하여 통일되고, 신라는 당나라와 밀접한 관계를 유지하게 되었다. 신라는 수많은 견당유학생을 보내어 당 문종(文宗) 때인 840년 당나라로부터 학업을 마치고 돌아온 학생이 1차에 105명이나 되었다고 한다[94]. 신라는 이처럼 당의 문화와 제도를 흡수하고 본떠서 정치와 문화를 크게 발전시켰다.

고구려의 유민인 대조영(大祚榮)이 고구려가 있던 자리에 당나라의 공격을 뿌리치고 698년에 세운 발해(渤海)도 당나라에 큰 부담이었다. 그러나 발해는 대체로 당나라와 우호관계를 유지하다 대조영의 뒤를 이은 무왕(武王) 대에 전성을 이룬 다음 926년 거란(契丹)에게 멸망당하였다.

당나라는 대체로 주변 여러 나라들과의 관계에 적극적인 대처를 하여 한 제국보다도 더욱 큰 나라의 발전을 이룩하였다. 옛날부터 전해져 내려오는 중국의 전통적인 학문·문학·예술·제도 등 중국의 전통문화를 한데 모아 발전시킨 왕조이며, 그들의 정치 명령과 영향은 동아시아 전역은 말할 것도 없고 중앙아시아까지 미치지 않는 곳이 없었

94)『唐會要』 권95 新羅.

을 정도였다. 따라서 서쪽 지방의 여러 가지 문물까지 들어와 당 대 문화를 더욱 화려하게 꽃피도록 하였다. 곧 다른 민족의 문화를 적극적으로 받아들여 자기 문화를 살찌웠고, 주변의 이민족들도 당나라와의 교류를 통하여 자기의 문화와 국력을 발전시켜 민족적인 자기 각성을 하게 되었다. 그리고 중국 주변의 여러 이민족들이 모두 인원수의 많고 적은 차이는 있으나 당나라로 들어와 정치·군사·경제·문화·종교 등 각 방면에서 활동하였다. 결국 천하는 한족만의 천하가 아니라 중국 주변의 다른 민족들도 모두가 참여하는 천하였다.

2) 북경시대의 이민족

북경시대란 중간에 한족의 명나라가 있기는 하지만 주로 이민족이 중원 땅을 정복하고 자기네 왕조를 세워 중국을 지배하던 시대이다. 앞에서도 말한 바와 같이 여기에서는 고대 중국에 국한된 논의이므로 1911년 중화민국 수립 이후의 북경의 시대는 당연히 제외된다. 이 북경시대는 앞의 장안시대와는 정치·사회·문화 모든 면에 걸쳐 전혀 다른 성격으로 변화한 시대이다. 곧 중국이라고는 하지만 이전 시대와는 전혀 다른 성격의 나라로 변모하였다는 것이다. 이 시대의 이민족인 몽고족과 만주족은 중국에 일시적으로 넘어 들어와 약탈을 일삼던 침략행위자가 아니라 중국이란 천하의 정복자이며 지배자로 군림하였던 시대이다.

당 제국이 망하면서 장안시대가 끝난 뒤 오대(五

代, 907-959)라는 혼란시대를 거쳐 북송(北宋, 960-1127)이 천하를 통일하지만, 이시기에 이미 북경을 수도로 발전시킬 만주족과 몽고족도 요(遼)·금(金) 등의 나라를 세워 북경시대를 준비하고 있었다. 먼저 요나라가 오대의 후진(後晉) 때에 이전까지 계성(薊城)이라 불러오던 북경 지역을 차지하고는 937년에 남경(南京, 또는 연경)이라 부르며 둘째 수도로 삼았다. 요나라를 멸망시킨 금나라는 제량(帝亮)의 천덕(天德) 4년에 연경의 규모를 확장하고 새로운 궁성을 지은 다음 그곳으로 도읍을 옮기고 중도(中都)라 불렀다. 그러니 북경을 가장 먼저 도읍으로 정한 것은 금나라였다. 그러나 뒤에 몽고족이 쳐들어와 이곳을 차지하고는 대도(大都)라 부르며 도읍을 삼고 온 중국을 지배하였다.

그런데 특기하여야 할 일은 당나라 이후로 중국 주변의 이민족들이 더욱 민족의식을 뚜렷이 갖게 되었다는 것이다. 역시 자기네 문자 창제에 대해 둘러보면 이렇다.

▲ 거란사람

열하(熱河) 일대를 근거지로 하여 일어난 거란족(契丹族)의 요나라는 송나라 진종(眞宗) 때(1004) 대거 남침하여 단주(澶州, 지금의 河北 濮陽)에 이르자 송나라는 겁이 나 단연지맹(澶淵之盟)을 맺고 해마다 은 10만 량과 비단 20만 필을 주기로 하고 화약을 맺은 나라이다. 그들은 이미 태조 5년(920)에 거란문자인 거란대자(契丹大字)를 만들어 사용하기 시작하였고,[95] 회흘의 사신이 왔을 때 태조의 아우 야율질라(耶律迭剌)가 회흘의 말과 글을 참고로 하여 거란소자(契丹小字)를 만들었다고 한다[96]. 근래에 네이멍구와 랴오닝 등지에서 거란문자로 새겨진 비문이 발견되고 있다[97].

▲ 서하문자

칭하이(青海) 일대를 근거로 일어난 탕구트족의 서하(西夏)도 서북쪽에서 송나라에 큰 위협을 가해와 송나라 인종(仁宗) 때(1044) 송나라는 해마다 은 7만 2천 량, 비단 15만 3천 필, 차 3만 근을 바치기로 하고 화의를 맺었다. 탕구트는 티베트계의 민족으로 당나라 문화의 영향을 받아 상당히 민족의식을 갖추고 있었고, 한자의 필획을 본떠서 서하문자를 만들어 사용하였다[98].

이 뒤로 여진족의 금나라와 몽고족의 원나라는 자기네 문자를 만들었을 뿐만 아니라, 자기네 문자를 적극적으로 교육하고 그것으로 과거도 보아 인재를 뽑아 한자를 극복하고 천하에 통용되는 문자로 발전시키려고 노력하였다. 이에 대해서는 다음 장에서 자세히 논하려 한다.

이처럼 당나라 중엽 이후로는 중국 주변의 이민족들이 크게 변하여 단순히 한족에 동화만 되지 않고 한족을 정복하고 지배하여 그들의 생활과 문화를 변질시키게 되는 것이다. 그 중에서도 현재의

95)『遼史』卷2 太祖紀 참조.

96)『遼史』卷64 皇子表 참조.

97) 金毓黻 『遼陵石刻集錄』, 閻萬章 「錦西西孤山出土契丹墓志研究」 등 참조.

98)『北平圖書館館刊』4卷 3期(1932. 1.) 西夏文專號 참조.

▲ 몽고족과 그들의 집인 빠오(包)

중국이 이루어지는 데에도 가장 큰 영향을 끼친 것은 옛날부터 중원 땅을 자주 침입하여 늘 중국에 위협을 가하던 원나라의 몽고족과 청나라의 만주족이다. 그리고 이들 이민족인 원나라와 청나라의 중국지배는 그 정치 명령이 미치는 영토가 이전의 한족의 왕조인 한 제국이나 당 제국보다도 훨씬 더 광대하였다.

(1) 몽고족

몽고족의 근거가 되었던 땅은 동쪽은 헤이룽짱성 서쪽으로부터 네이멍구 동쪽으로 뻗어있는 흥안령(興安嶺)산맥 서쪽 기슭에서 시작하여 서쪽으로는 신짱성 서북쪽에 뻗어있는 천산(天山)산맥 동쪽 기슭에 이르고, 남쪽은 음산(陰山)산맥을 두고 중국 본토와 이어지고 북쪽으로는 시베리아 남쪽지방에 이르는 곧 북위 40도로부터 55도에 이르고 동경 85도로부터 120도에 이르는 중국 북부의 몽고고원을 중심으로 한 지역이다. 본시 이곳 서쪽의 알타이산맥 지역은 터키족으로 분류되는 회흘·돌궐 같은 민족들의 활동무대였고, 동쪽의 흥안령산맥 근처는 퉁구스족 또는 몽고족 계열의 오환(烏丸)·선비(鮮卑)족들의 활동무대이기도 하였다. 몽고족의 활동무대는 무척 넓어서 실상 서쪽은 터키족과 동쪽은 만주족과 분명한 분별이 어려운 실정이다.

이 지역에는 신석기시대부터 목축업에 종사하던 종족들이 살았다. 중국 영토상에서는 이들 종족은 본시 네이멍구를 비롯하여 깐수·선시·샨시 경내를 중심으로 한 중국 북쪽 넓은 지역으로 이동하여 살면서 수시로 중국에 침입하여 한족을 괴롭혀 왔다. 진시황이 유명한 만리장성을 쌓은 것도 주로 이들의 침략에 대비하기 위해서였다. 지금은 황색인종의 대표 종족으로 꼽히며 몽고인민공화국과 네이멍구는 물론 신짱·칭하이·깐수·닝샤·허베이·랴오닝·찌린·헤이룽짱 성 등 중국 북부에 널리 퍼져 살고 있다.

▲ 몽고족 여인

옛날부터 이곳의 이민족들은 시대에 따라 또는 그들이 사는 지역에 따라 여러 가지로 호칭이 달랐다. 이미 상·주 시대에 귀방(鬼方)·혼이(混夷)·훈육(獯鬻) 등의 이름으로 기록에 보이고, 서주 때에는 험윤(玁狁), 동주 때에는 융(戎)·적(狄)·호(胡)·흉노(匈奴) 등으로 불렀다[99]. 그리고 이들은 기원전 3세기 무렵부터 나라를 세우고 세력을 떨쳐 흉노라는 이름으로 한 제국을 괴롭혔다. 이들은 터키족 만주족과도 이미 뒤섞여 혼혈이 되어 있었다.

그러나 동한 건무(建武) 24년(서기 48)에 흉노는 역병과 기근 및 내분으로 남흉노와 북흉노의 둘로 분열되었다. 남흉노는 한나라에 순종을 하며 샨시성 북부까지 들어와 한족과 섞여 살았고 위(魏)나라 때는 다시 5부로 나누어졌고, 오호십륙국(五胡十六國)

99) 王國維「鬼方昆夷玁狁考」(『觀堂集林』 권13) 의거.

때에는 이들이 중원으로 들어와 전조(前趙)・북량(北涼)・하(夏) 같은 나라들을 세웠다. 북흉노는 지금의 몽고와 소련 경내에 걸쳐 살았는데, 동한 화제(和帝) 때에 두헌(竇憲)의 원정으로 멸망하고, 일부가 서쪽으로 옮겨가 훈(Huns)이라 불리며 서양에 적지 않은 영향을 주었다. 그러나 이 뒤로 한동안 몽고고원지대는 정치적으로 주인이 없는 세상이 되었다.

선비족과 오환족도 본시는 터키 계열의 퉁구스족이었는지 모르지만 뒤에는 모두 몽고족으로 합쳐졌다. 이들은 『후한서』 권120 열전에 동호(東胡) 계열의 종족으로 처음 등장한다. 선비족은 기원전 3세기에 몽고 땅을 근거로 동호족의 하나로 활약을 시작하지만 서한 초(B.C. 206 무렵) 몽고족에게 멸망당하여 그들의 잔당이 둘로 갈라져 동북쪽에 선비 동남쪽에 오환이 명맥을 유지하였다. 그리고 이들은 흉노족의 지배를 받으면서 흉노족을 따라 동한을 자주 침략하다가, 흉노족의 세력이 약화되자 2세기 후반부터는 그들 부족의 연합체가 생기면서 세력이 커졌다. 특히 선비족은 그들 부족이 연합하여 전 몽고를 자기네 세력 아래 두고(서기 166), 자주 동한을 침공하였다. 3세기 초에는 선비의 각 부가 세습제 우두머리를 모시게 되고 내몽고 전역을 장악하였다. 바로 뒤 진(晉)나라가 약해지자 화북(華北)지방으로 진출하여 거주하는 자들이 늘어났고, 오호십륙국 시대에는 이들 중 모용씨(慕容氏)가 전연(前燕)・후연(後燕)・남연(南燕)・서연(西燕)을 세웠고, 걸복씨(乞伏氏)는 서진(西秦),

독발씨(禿髮氏)는 남량(南凉)을 세웠다. 그리고 이어지는 남북조시대의 북조인 북위(北魏)·북제(北齊)·북주(北周)는 모두가 선비족의 나라이다.

오환족도 서기 170년 무렵부터 부족들이 연합하여 왕을 세우고 세력을 확장하였다. 따라서 동한 말엽에는 동한에게 위협적인 존재로 발전하였으나 207년 허베이지방을 평정한 위나라의 조조(曹操)가 이들을 공격하여 그들 임금을 잡아 죽이고 20만의 오환족을 포로로 잡았기 때문에 오환의 세력이 무너져버렸다. 살아남은 자들은 거의 모두 선비족에게로 들어가 중국 침입에 참여하였다. 결과적으로 이들 대부분은 한족에 동화되고 나머지는 몽고족에 뒤섞여버리고 말았다.

몽고족이 이 넓은 몽고고원의 완전한 주인이 된 것은 훨씬 뒤의 13세기의 일이다. 서기 기원전후에는 흉노족이, 6세기에서 9세기에 이르는 기간은 돌궐과 회흘족의 활동무대였는데 이들은 모두 터키계 종족들이다. 이들의 조상은 당나라 때에 몽올(蒙兀)이라 부르던 동호(東胡)계 종족으로 헤이룽짱 서쪽 어얼꾸나(額爾古納) 강 유역 일대에 살고 있었다. 이들은 10세기 이후에는 서쪽으로 발전하여 실커(石勒喀)·어눈(鄂嫩)강을 거슬러 올라가 크루룬(克魯倫)·투라(土拉)강 유역 및 이들 강의 근원이 되는 컹터(肯特)산 동쪽 기슭 일대의 몽고 초원을 차지하고 수렵과 유목으로 생활을 하면서 세력을 확장한다. 이때 비로소 맹고(萌古)라는 호칭으로 그들의 기록이 처음으로 나타난다. 그러나 여진족의 요나라와 금나라가 강성하여 12세기까지 이 두 나라의 통제를 받았다.

이 무렵 몽고고원은 타타르(塔塔兒 또는 韃靼·達達)부·멜킷트(蔑兒乞)부·크레이트(克烈)부·왕구트(汪古)부·타이츄트(泰赤烏)부·나이만(乃蠻)부 등의 여러 부족이 각지를 나누어 차지하고 있었다. 이 중 타타르부의 세력이 가장 강하여 몽고를 괴롭히며 몇 대를 두고 싸웠으나 몽고가 강성해지자 이들 모두가 몽고족으로 합쳐진다.

몽고를 압박하던 거란족의 요나라가 망할 무렵(1125), 징기스칸의 증조부 카부르(合不勒)에 의하여 일단 몽고부가 통일되어 통제체제를 갖춘 정식 부족이 된다. 그러나 20년도 못 가 부족이 다시 해체되고 혼란시대가 온다. 이때 징기스칸의 아버지 에스게이(也速該)가 타타르를 공격하여 그들의 수령 테무진(鐵木眞)을 포로로 잡아 개선한 뒤 그의 아들 이름을 테무진이라 명명한다. 테무진이 9세 때이다. 그의 아버지는 곧 타타르의 손에 죽게 되는데, 에스게이가 죽자 타이츄트부·멜킷트부도 타타르와 함께 테무진을 박해하였다. 그러나 어려움 속에서도 테무진은 유능한 인재들을 끌어 모아 세력을 늘리며 여러 부족들을 하나하나 자기 편으로 끌어들였다. 그리하여 1189년 테무진이 28세가 되던 해에는 몽고부족들이 그 아래로 결집하여 몽고부의 왕이란 뜻으로 그를 징기스칸(成吉思汗)이라 부르게 되었다.

▲ 지금의 타타르족 노인

그 뒤로 1202년에는 타타르를 멸하고, 다

음 해엔 왕구트부를 굴복시키고, 1205년에는 나이만부를 멸하여 몽고 여러 부를 모두 통합하였다. 1206년에는 전 몽고 부족들에 의하여 정식으로 몽고 왕국의 대왕으로 추대되었다. 곧 뒤에 원 제국의 태조라 불리게 되는 것이다.

이 뒤로 징기스칸은 1209년에는 고창(高昌)·웨이우얼(畏吾兒, 回鶻), 다음 해에는 토번 등 서역 나라들을 정벌하면서, 오랜 동안 자기네를 핍박해 온 금나라를 공격한다. 1211년에는 금나라 수도 중도(中都, 뒤의 북경)를 포위하여 금나라는 수도를 허난성의 카이펑(開封)으로 옮겨갔다. 그러나 곧 서쪽으로 눈을 돌려 1218년에는 나이만부의 일부가 도망가서 버티고 있던 서료(西遼)를 멸망시키고, 1219년에는 60만의 대군을 동원하여 서쪽의 대원정에 착수하였다.

징기스칸은 네 아들을 거느리고 군을 네 방향으로 나누어 진격시키면서 직접 원정에 참여하였다. 몽고군은 파죽의 세력으로 전진하여 사마르칸트에 도읍을 하고 있던 중앙아시아에서 가장 강성한 호라즘왕국도 쳐부수고, 1223년에는 러시아 연합군도 쳐부수어 그들의 발길은 유럽 동쪽에 이르고 있었다. 1225년에 남쪽으로는 인도 서쪽의 인더스강 유역에, 서쪽으로는 카스피해를 지나 남러시아에 이르는 중앙아시아의 전 지역을 지배하에 넣고 되돌아왔다. 이에 동서 아시아에 걸친 몽고대제국이 이루어지게 된다.

징기스칸은 돌아오자마자 원정에 협력하지 않

▲ 징기스칸 능
현재 네이멍구 이진훠러치에 있는데, 후대 사람들에 의해 중건된 것이다.

은 서하를 쳐서 1227년에 멸망시키지만 그 자신도 10월에 파란 많은 일생을 끝맺는다. 1229년에 셋째 아들 오고타이(窩闊台)가 왕위를 이어 원나라 태종이 되는데, 1234년에는 오랜 동안 몽고를 괴롭혀 온 금나라를 쳐서 멸망시킨다.

오고타이는 금나라를 멸망시킨 뒤 1235년 빠두(拔都, 징기스칸의 맏손자)를 보내어 제2차 서쪽 원정을 한다. 일부는 러시아를 휩쓸고 올라가 1237년에 모스크바를 쳐부수고 다른 한 편은 동부유럽으로 쳐 들어가 다뉴브강에 이르러 헝가리의 부다페스트를 점령하며 지중해 가의 베니스에 육박하자 온 유럽이 놀라서 떨었다. 이 원정은 오고타이의 죽음(1241)으로 중단되었다. 오고타이의 뒤로 왕위를 잇는데 혼란이 일다가 몽꺼칸(蒙哥汗, 元 憲宗)이 왕위에 올라 3차에 걸친 서쪽 원정 끝에 1258년에는 메소포타미아·시리아 등지를 모두 정복하였다.

일찍이 중국의 깐수에서 시작하여 윈난·쓰촨 등지를 평정하는 데 공을 세운 쿠비라이(忽必烈)가 1260년 그 뒤를 이어 왕(元 世祖)이 되자, 이전의 수도 카라코름(開平)은 상도(上都)라 하고 대도(大

都, 지금의 북경)를 수도로 삼고 나라 이름을 원이라 불렀다. 내정을 수습한 다음 쿠비라이는 남송을 공격하기 시작하여 1276년에는 수도 임안(臨安)을 함락시키고 1279년에는 남송을 완전히 멸망시켰다. 이에 유라시아 대륙에 걸친 거대한 영토를 지닌 대원제국이 이루어지는 것이다.

징기스칸의 맏손자 빠두(拔都)가 서쪽 원정을 통하여 발전시킨 친챠칸(欽察汗)의 나라만 보더라도 영지가 동쪽은 아랄해 북쪽의 킬기스초원에서 시작하여 서쪽은 시베리아의 서남부를 거쳐 헝가리 및 러시아와 포랜드를 차지하고 1480년까지 버티었다. 둘째 아들 챠거타이(察合台)가 발전시킨 챠거타이칸의 나라는 중앙아시아와 신짱지역을 차지하여 1370년까지 존속하였다. 몽고족이 세계사에 끼친 영향이 얼마나 큰가 짐작이 갈 것이다. 이민족인 몽고족이 중국 땅으로 들어와 북경을 수도로 삼고 한족의 어떤 제국보다도 엄청나게 크고 강대한 제국을 건설하고 중국을 지배하였던 것이다.

(2) 만주족

'만주'는 지역 명칭으로는 대체로 지금의 동북삼성(東北三省)인 헤이룽짱・찌린・랴오닝 세 성의 지역을 가리킨다. 이 지역에 살아온 종족을 만주족이라 하는데 특히 네이멍구와 가까운 지역은 옛날부터 몽고족과 싸우며 서로 뒤섞여 분명한 구분이 매우 어렵다. 만주라는 호칭은 청나라 초기에 청나라 사람들에 의하여 여진을 대신하는 말로 쓰이기 시작하여 그들의 종족 칭호일 뿐만 아니라 그들 민족이 살던 고장을 가리키는 말이 되었다.

만주라는 말이 처음 보이는 곳은 청나라 초기 후금(後金) 시대(1616-1635) 누루하치 태조(1616-1626 재위) 때 나온 『만문로당(滿文老檔)』이다. 태조 때부터 자기 나라를 만주어로 만주구룬(Manju Gurun, 만주국)이라 하였다. 태조의 별호도 만주(滿住)라 하였다. 그 뒤 태종(1627-1643 재위)은 1636년에 나라 이름을 청이라 바꾸고, 만주라는 칭호를 자기네 만족과 살던 지역을 가리키는 정식 호칭으로 쓰기 시작하였다. 여진이란 칭호가 야만의 오랑캐를 뜻하고 또 침략자, 약탈자의 성격을 나타내므로 그것에서 벗어나려는 의도였을 것이다. 그러나 최근에는 1932년에 일본이 괴뢰정권을 세우고 만주국이라 부른 데서 나라 이름으로도 유명해졌다.

만주족도 몽고족과 함께 옛날부터 쉴 새 없이 중국을 침략하며 괴롭혀왔다. 이곳에서 구석기 유적도 발견되고 있고 또 수많은 신석기 유적도 발굴되고 있으니 태곳적부터 사람들이 살아온 곳이다. 중국의 가장 오래된 기록에 의하면 만주족은 서기 기원전 4-3세기 때에 숙신(肅愼)이란 이름으로 나타난다.[100] 주나라 무왕이 은나라 주(紂)를 칠 때 숙신이 석노(石砮)와 고시(楛矢)라는 돌을 날리는 활과 대를 싸리나무 같은 것으로 만든 좋은 화살을 받쳐왔다고도 한다. 그리고 맥(貊)·예(濊) 같은 종족이 기원전 4세기부터 3세기에 걸쳐

100) 『國語』 魯語.

활약한 만주족의 선조이다[101].

▲ 북방민족이 넓은 초원에서 방목하는 모습

만주의 요동반도는 실상 그 지역의 정치·경제·전술상의 요지여서 전국시대 연(燕)나라 소왕(昭王)은 제(齊)나라를 친 다음 동호(東胡)를 쳐서 멀리 쫓아내고 그곳에 요동부(遼東部)를 두고 다스렸다. 그리고 서쪽 몽고고원의 흉노족들도 기회만 있으면 이곳으로 세력을 펼쳐왔다. 중국의 왕조는 그 뒤로 진·한으로 바뀌어 가지만 이들은 말할 것도 없고 그 뒤의 위·진에 이르기까지 요동반도는 그들이 손아귀에 쥐고서 놓아주지를 않았다.

서기 기원전 2세기 말엽에 만주 북부를 근거로 부여(夫餘)라는 나라가 출현하여, 기원전 1세기 말엽에 만주 동부를 근거로 활약을 시작하는 고구려·요동(遼東)과 함께 만주에서는 삼자가 대립하게 된다. 그러나 부여는 4세기 중엽에 고구려와 내몽고 동부의 선비의 공격으로 쇠멸한다. 고구려 북부 송화강(松花江) 하류로부터 우수리강 방면에 걸쳐 2세기 무렵부터 읍루(挹婁)족이 활약하였고 5세기 후반에 와서는 물길(勿吉)이 일어나 부여를 멸하고 세력을 확장하였다. 6세기 중엽에 이들 나라

101)『後漢書』권115 東夷列傳.

가 망하자 말갈(靺鞨)이 각 부로 나뉘어 뒤를 이었으나 모두 고구려에 굴복하였다. 그 뒤로 고구려는 몽고 동부의 선비족과 요동의 지배권을 놓고 다투었으나 곧 고구려는 요동평야를 모두 차지하여 명실 공히 만주의 주인격인 나라로 발전한다. 고구려는 수·당제국의 여러 번에 걸친 대원정도 모두 물리치고 국세를 발전시켰으나 한반도에서 백제·신라와 싸우다가 당나라의 도움으로 신라가 한반도를 통일하자 668년에는 고구려가 망하였다. 7세기 말엽에는 요동을 근거로 고구려 유민이 건설한 발해가 일어나 세력을 떨쳤으나 10세기 초에 거란의 요(遼)나라의 공격을 받아 망하였다. 이들은 모두 우리 민족과도 핏줄이 닿아 있는 나라들이다.

요나라는 발해를 멸한 뒤 곧바로 요동을 방치하였기 때문에 그 지역은 여진이라 부르는 종족이 사는 고장이 되었다. 그리고 이들은 서남쪽의 숙여진(熟女眞)과 동북쪽의 생여진(生女眞)으로 나누어진다. 생여진의 완안부(完顔部)에서 아골타(阿骨打)라는 영웅이 나와 여진족을 통합하여 세력을 불리고, 1114년부터는 요나라를 공격하기 시작하여 요나라를 크게 쳐 물리치고는 1115년에 국호를 금이라 하고 회녕(會寧, 지금의 吉林省 阿城縣 남쪽)을 수도로 삼아 스스로 황제가 되었다. 그가 금나라 태조(1115-1123 재위)이다. 이 금나라야말로 만주족이 중원 땅으로 진출하여 북송을 멸하고 중국 북쪽지역을 본격적으로 지배하였던 정복왕조이다.

특히 생여진은 혼동강(混同江, 지금의 黑龍江) 동

쪽 압록강의 근원인 장백산(長白山) 일대를 근거지로 하여 살아 왔다. 여진의 본시 호칭은 주리진(朱理眞)이었는데 그들 자신에 의해 바뀐 호칭이며, 고구려 주몽(朱蒙)의 후손이라고도 한다. 그리고 여진의 추장은 본시 신라사람이었는데 완안씨(完顔氏)라 부르게 되었다고도 한다[102]. 『금사(金史)』 권1에서도 "금의 시조 함보(函普)는 고구려에서 왔다."고 쓰여 있다. 그러니 여진 완안부는 특히 우리와 핏줄이 닿아 있을 것 같다.

금나라는 요나라를 공격하여 그들의 5경인 동경(東京)·상경(上京)·중경(中京)·서경(西京)·남경(南京, 지금의 북경)을 차례로 함락시킨 다음 1125년에는 요나라를 멸망시키고, 1127년에는 변경(汴京)을 쳐서 송나라 상황 휘종(徽宗)과 흠종(欽宗) 및 후비와 종실 사람들 및 대신 등 3천여 명을 잡아 북쪽으로 끌고 가 북송은 망하였다. 흠종의 아우 강왕(康王)이 강남으로 피신하여 임안(臨安, 지금의 항조우)에서 제위에 오르니 그가 고종(高宗, 1127-1162 재위)이며 이를 남송이라 한다.

금나라의 제4대 제량(帝亮)은 수도를 중도(中都) 대흥부(大興部, 지금의 북경)로 옮기고 남송 공격에 적극적인 자세를 취한다. 그리고 많은 여진 사람들을 화북지방으로 이주시켰다. 그러나 반란으로 제량이 죽고 그 뒤를 세종(1161- 1189 재위)이 잇는데 송나라와는 화해를 하고 다시 장종(章宗)·위소왕(衛紹王)·선종(宣宗)으로 이어진다. 한편 북쪽에

102) 『三朝北盟會編』 권3 의거.

1206년에 몽고제국이 이루어져 날로 강성해지고 금나라를 공격하여 마침내 애종(哀宗, 1223-1234 재위)에 이르러 금나라는 망하고 만다. 그런 중에도 금나라에서는 행정상 전국을 19로(路)로 나누어 다스리면서 특히 만주 땅은 상경·동경의 2로에 귀속시켜 금나라의 발상지이며 여진족의 본고장이라 하여 매우 중시하였다. 그러나 금나라의 멸망과 함께 만주 땅은 몽고의 직할지가 되어 몽고족의 지배를 받는다.

명나라가 중국을 통일한(1368) 뒤에도 한동안 만주는 원나라의 세력 아래 있었다. 그러나 명 태조는 1387년 만주 북쪽까지도 정벌하여 그로부터 만주는 명나라 지배 아래 들어갔다. 그리고 계속 여진족을 다스려 성조(成祖, 1403-1424 재위) 때에는 명나라 세력이 흑룡강 하류지역까지 미쳤다. 그러나 15세기 중반에 이르러는 명나라의 지배력이 쇠퇴하여 요동평원 정도를 직접 지배할 수 있을 뿐이었다.

명 대의 여진족들은 크게 건주여직(建州女直)·해서여직(海西女直)·야인여직(野人女直)의 셋으로 구별되었다. 그때는 여진을 여직이라 불렀다. 건주여직은 요동 산지에, 해서여직은 만주 북쪽 지역에, 야인여직은 흑룡강 하류 지역에서 활동하였다. 이 중에도 건주와 해서의 여직이 강하여 자주 명나라와 충돌을 하였다.

명나라 말엽 건주여직에 누루하치라는 뛰어난 추장이 나와 여직을 하나하나 통합시키고 세력을 확장한 뒤 만주 땅 대부분을 차지하고 후금(後金)이란 나라를 세우고 스스로 칸(汗) 자리에 올랐다. 이 사람이 청 태조(1616-1626 재위)이다. 1619년 후금의 세력 확장에 놀란 명나라가 대군을 파견하여 공격하였지만 도리어 크게 패하여 후금은 요동평야를 석권하면서 도읍을 심양(瀋陽)으로 옮겼다. 태조가 죽고 태종(1627-1643 재위)이 즉위하여 1936년 국호를 다시 청이라 고치고 황제 자리에 오르면서 여직이란 종족 이름도 만주라 부르기로 하였다.

청 태종이 죽은 뒤 세조(世祖, 1644-1661)가 뒤를 잇는데, 농민을 동원하여 기의한 이자성(李自成)이 1644년 북경을 점령하여 명나라를 멸한다. 이 어지러운 사이 청나라 군사들은 명나라 장군 오삼계(吳三桂)의 도움으로 넘지 못하던 산해관을 뚫고 중원 땅으로 들어와 북경을 공격하여 함락시킨 뒤 자신들의 도읍으로 삼는다.

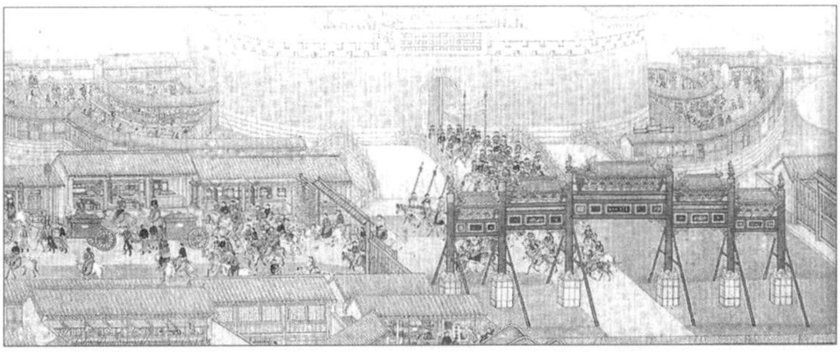

▲ 청나라 때의 번화한 도성의 거리 모습

세조의 뒤를 이어 명군인 성조(聖祖) 강희제(1662- 1722 재위)가 나와 60년간 황제 자리에 있으면서 청제국을 크게 발전시킨다. 뒤를 세종(世宗) 옹정제(1723-1735 재위)가 잇고 다시 고종(高宗) 건륭제(1736-1795 재위)가 이어, 고종도 60년 동안 황제 자리에 있으면서 청제국의 국위와 판도를 크게 번성케 만든다. 이 세 황제가 다스린 130여 년간은 중국 역사상 이민족의 황제이면서도 중국을 가장 크고도 안정된 제국으로 발전시켰던 시기이다. 지금 중국 역사학자들은 강희와 건륭황제에게는 문무를 아울러 갖춘 위대한 황제라는 칭호로 칭송하는 데 주저하지 않는다.

강희제는 우선 1683년에 타이완을 정벌하여 중국판도에 포함시켰다. 16세기 말부터 러시아는 우랄산맥을 넘어 시베리아에서도 더 동쪽으로 진출하여 1638년에는 오호츠크해에 이르렀고 다시 흑룡강 가에 네르친스크·알바진을 거점으로 하여 세력을 더욱 확장시키고 있었다. 강희황제는 이들을 정벌하여 몰아내고 1689년에는 야블로노이산맥과 스타노보이산맥을 국경으로 정하는 넬친스크조약을 맺었다. 1696·7년에는 친히 중국의 북쪽지역을 널리 지배하고 있던 쥰가르(准噶爾)의 걸단칸(噶爾丹汗)을 정벌하여 외몽고·칭하이를 영토로 확보하였다. 1717년에는 티베트를 정벌하였다. 뒤이은 옹정제는 1723년 칭하이에 반란이 일어나자 다시 그곳을 쳐서 칭하이와 티베트의 지배를 굳혔다.

▲ 말을 탄 건륭황제

다시 건륭황제는 두 번 출정하여 1957년 천산(天山) 북방의 쥰가르를 완전히 평정하고 이어 천산 남쪽의 회부(回部)도 쳐서 완전히 굴복시켰다. 그리고 건륭제는 새로 자기에게 굴복한 천산 남북 지역을 '새로 개척한 영역'이란 뜻의 신짱이라 부르기로 하였다. 여기에서 뒤에 지금의 신짱성이 이루어지게 된다. 온 세계에 위세를 떨쳤던 당제국도 가장 서쪽의 영토 경계는 깐수성의 옥문관(玉門關)이었음을 생각할 때 이 '신짱'의 성립은 역사상의 위대한 업적이라 하지 않을 수가 없다. 그리고는 티베트에도 손을 대어 티베트의 지배권을 완전히 확보한 것도 건륭황제이다. 건륭황제는 티베트를 완전히 장악하려고 티베트에 침입해온 네팔 사람들을 내쫓기 위하여 히마라야산맥을 넘어 카두만두 근처까지 쳐들어갔었다. 서남쪽의 세력을 확장하기 위하여 베트남·미얀마의 정벌도 하였으나 이쪽에서는 별로 성공을 거두지 못하였다. 만년에 건륭황제는 스스로 '십전노인(十全老人)'이란 도장을 만들어 쓰면서 자신이 이룩한 대제국을 뽐내었는데, '십전'이란 그가 60년 동안 황제 자리에 있으면서 열 번의 대원정을 행하여 모두 승리를 거두었음을 뜻하는 말이다.

이에 이민족의 정복왕조였던 청나라의 강희·옹정·건륭이란 위대한 세 황제에 의하여 130년 동안에 청나라 영토는 중국 본래의 영토의 2배 반이나 되는 광대한 판도로 확장된다. 그리고 이 시기에 서양 선교사들의 영향으로 나라의 영토 개념이 확립되어 지금의 대중국으로 이어지게 된 것이다.

이에 20세기 초 중국의 지식인들의 타도 대상이었던 만주족의 청 왕조는 중국의 영토를 확보한 훌륭한 왕조로, 강희·건륭 두 황제는 요·순 이후의 위대한 성군으로 역사가들에 의하여 재평가를 받게 된 것이다. 그리고 만주족은 완전히 한문화에 동화되어 중국인이 되어 있음을 의심하는 사람도 없게 되었다.

이상과 같이 중국을 무력으로 정복하고 북경을 근거로 하여 중국을 다스렸던 몽고족의 원제국과 만주족의 청제국은 모두 한민족의 왕조보다도 더 큰 영역을 개척하여 중국이 대국으로 존속하는 데 크게 공헌하였다.

그러나 이들 두 이민족은 이전의 이민족보다도 민족의식이 더 강하여 자기네 문화를 지키려는 의욕이 분명하였고, 중국 전역에 대한 지배력도 더욱 강하였기 때문에, 보통 역사학자들은 이들이 모두 한문화에 동화되었다고 말하지만 그들은 정복과 지배를 통하여 중국 사람들의 성격과 생활 문화도 크게 변질시켜 놓았다.

제2편

●

장안시대 · 북경시대의 중국문화

1장

장안시대의 문화

우리는 보통 3천여 년의 중국역사를 통하여 같은 중국이 이어져 왔고 같은 문화가 전승되어 왔다고 생각하고 있지만, 반드시 그렇지만은 않다. 장안에서는 주나라에서 시작하여 진나라·한나라와 수나라·당나라가 세상에 위세를 크게 떨쳤고, 북경에서는 원나라·명나라와 청나라가 다시 크게 위세를 떨쳤지만 그 나라의 성격이나 문화의 성향은 확연히 두 시대가 서로 다르다.

장안시대는 중국의 전통문화를 이룩하고 그것을 크게 발전시키면서 온 세계에 그들 제국의 위세를 떨쳤던 시대이다. 중국 역사의 중심 무대인 중원을 날로 팽창시키고 발전시키며 중국의 중심 민족인 한족도 역사의 발전을 따라 날로 팽창하고 발전하였던 시대이다. 그러나 수도가 북경으로 바뀐 시대에는 중국의 전통문화가 더 이상 바른 길로 발전하지 못하고 이전과는 다른 성격의 문화로 이질화하는 현상을 보여준다. 심지어 이전의 전통을 잃은 것 같은 경향까지 보여준다. 북경시대에는 형식상 나라는 대제국으로 발전하면서 온 세계에 무서운 힘을 과시하였던 시대이다. 그러나 실질적으로는 지배자들이 국민의 절대 다수인 한족과 화합하지 못하여 결국 중국 사람들은 어떤 침략에도 제대로 대항을 못하는 모래성 같은 상태를 보여주기도 하였다.

그리고 장안시대는 중국의 문화와 함께 중심 민족인 한족이 계속 팽창 발전하던 시대이고, 북경시대는 중국의 전통문화가 이질화 된 위에 중간의 명나라 때를 제외하고는 한족이 자기네 국권과 위세까지 잃고 이민족의 정복 아래 지배를 당했던 시대이다.

1) 중국 전통문화의 형성

중국전통문화는 한자문화라고도 한다. 그것은 중국의 전통문화가 한자를 중심으로 하여 발전한 것이기 때문이다. 그런데 그 한자를 발명하여 발전시킨 것은 장안에 도읍을 정하였던 나라가 아니라 그 이전의 상(商)나라이다. 본시 상나라는 기원전 16세기에 탕(湯)임금이 하(夏)나라의 걸(桀)왕을 쳐부수고 세운 나라이다. 초기에는 허난(河南)성 중부에서 동부에 걸친 황하 유역에 도읍을 정하였다가 특히 황하의 홍수 때문에 도읍을 여러 번 옮겼으나 그 지역을 멀리 벗어나지는 않는 곳이었다. 기원전 13세기에 이르러 반경(盤庚)임금이 도읍을 은(殷, 지금의 허난성 安陽)으로 옮긴 뒤로는 그곳에 정착하고 나라 이름도 '은'이라 부르게 되었다. 그리고 그들은 농업과 목축업을 바탕으로 하면서 상당히 높은 수준의 문화를 발전시켰다.

중국 최초의 한자인 갑골문(甲骨文)은 허난성 안양현(安陽縣) 서북쪽의 시아오둔촌(小屯村)의 은허(殷墟)에서 주로 나온 것이다. 이 마을에서 농민들이 밭을 갈다가 이상한 뼈 조각을 발견했는데 사람들은 이것을 용골(龍骨)이라고 하며 만병통치의 약재로 써서 한때 용골 붐이 일어나기도 하였다.

▲ 갑골

다행히 이를 본 일부 학자가 거기에 글자 같은 것이 새겨져 있음을 발견하고 보통 물건이 아님을 느끼고는 이를 수집하기 시작하였고(1899), 이를 5천 조각이나 수집한 유악(劉鶚, 1857-1909)이 그 중에서 글자가 많이 새겨져 있는 것들을 골라 탁본을 만들어 『철운장귀(鐵雲藏龜)』란 이름으로 출판하여 학계에 소개하였다. '철운'은 유악의 호이다. 이에 바로 다음 해부터 이를 연구한 논문이 나오기 시작하여 이것이 은나라 유물이며 거기에 새겨져 있는 글자는 그 시대의 한자임이 밝혀졌다. 이에 많은 학자들이 본격적으로 이를 수집하고 연구하여 갑골은 은 왕조의 왕계와 여러 가지 역사를 밝히는 사료임이 분명해지고 갑골학(甲骨學)이란 말까지 생겨났다.

▲ 국립중앙연구원에서 은허를 발굴할 때의 모습

1928년부터는 국립중앙연구원에서 본격적으로 은허의 발굴에 착수하여 1937년에 이르기까지 10년 동안에 15회에 걸쳐 발굴이 진행되었다. 여기에서 발굴된 갑골은 2만 4,934개인데, 그 성과는 여러 해의 고난을 겪은 끝에 1948년에 가서야 『소둔·은허문자(小屯·殷墟文字)』 갑편(甲編)·을편(乙編) 상·중·하의 4책으로 간행되었다. 둥쥐빈(董作賓)은 1933년 「갑골문단대연구례(甲骨文斷代硏究例)」라는 유명한 논문을 발표하여 갑골문을 근거로 하여 은나라 임금의 세계, 임금의 호칭 등 많은 새로운 은나라의 역사적인 사실을 밝혀냈다. 시국의 혼란을 이겨내면서 1945년에 출간된 10권의 『은력보(殷曆譜)』도 둥쥐빈이 아니면 해낼 수가 없었던 대업적이다.

은나라 한자는 갑골문뿐만 아니라 청동기에 새겨져 있는 금문(金文) 및 약간의 토기 그리고 돌그릇, 옥그릇에 새겨져 있는 것들도 있다. 그런데 학자들의 연구와 정리 결과에 따르면 은대의 문자는 한자 발전의 제3단계가 되는 이미 성숙한 경지에 도달해 있다는 것이다. 곧 한자의 육서(六書) 중 상형(象形)·회의(會意)·형성(形聲)의 세 가지 글자가 다 갖추어져 있다는 것이다. 특히 형성자는 한자 발전의 고급단계에서 이루어진 산물인데, 갑골문자 중에는 형성자가 상당히 많다. 그리고 주나라 사람들이 "은나라 옛 분들에게는 문서와 책이 있었다."[1] 고 말하고 있으니 은나라는 한

▲ **11개의 글자가 새겨져 있는 토기 조각**
근년에 산둥 웬청향(苑城鄕)에서 출토된 신석기 시대 유물이다.

1) 『書經』 周書 多士.

자의 사용이 상당히 보편화되어 있었음을 알 수 있다.

갑골의 연구에 의하면 은나라는 역법(曆法)도 상당히 발달하여 1년 365일을 12개월로 나누었고, 큰 달(30일)과 작은 달(29일)이 있었고 윤달도 3년마다 있었다. 그리고 동지와 하지 같은 절기에 대하여도 알고 있었다.

▲ 은나라 청동기

특히 은허 등에서 출토된 은대의 청동기는 우리에게 수공업과 공예 발전의 높은 수준을 알려준다. 출토된 청동기는 종류가 무척 많아서, 음식그릇으로 정(鼎)·역(鬲) 등 여러 종류가 있고 술그릇으로 작(爵)·가(斝)·유(卣) 등 여러 가지가 있다. 그 모양이나 조각이 정묘한데, 조각된 대표적인 무늬로 운뢰문(雲雷紋, 곧 回紋)·도철문(饕餮紋)·기룡문(夔龍紋)의 세 가지가 있다. 새나 뱀 등 여러 짐승 모양도 조각되어 있고 특수한 모양의 그릇도 많다. 청동 거울도 발굴되었고, 동령(銅鈴)·동요(銅鐃) 등의 악기도 발견되었다. 그리고 옥과 돌·짐승 뼈로 조각한 정교한 물건들도 있다. 은허에서는 여러 가지 도기도 나왔는데, 회도(灰陶)와 백도(白陶)가 주이며 정교한 모양에 여러 가지 무늬가 조각되어 있다.

그리고 은허의 발굴을 통하여 건축도 상당히 발달하였고 입는 옷과 먹는 음식 및 마시는 술 같은 것도 상당한 수준이었음이 증명되고 있다.

이에 비하여 앞에서 이미 말한 것처럼 서기 기원전 1천여 년 전에 은나라를 정복하여 중원을 이룩한 주나라 민족은 중국의 서북쪽으로부터 온 문화 수준이 극히 낮은 야만민족이었다. 그러나 주나라에는 주공(周公)이라는 뛰어난 인물이 나와 은나라를 정복한 다음 은나라의 여러 가지 문화를 받아들여 새로운 정치·사회제도를 마련하고 천하를 다스림으로써 새로운 주나라의 터전을 튼튼히 한다. 보통 주공이 주나라의 예악제도를 마련하였다고 하는데 이는 옛날의 문화와 정치에 관한 제도를 통틀어 말하는 것이다. 여기에서 중국의 전통문화의 바탕이 이룩되는 것이다.

주나라 무왕은 무력으로 동쪽의 은나라를 멸하고(B,C. 1027) 장안 근처인 호경(鎬京)을 도읍으로 정하고 천하를 다스리기 시작한다. 그러나 주나라는 고도의 문명을 발달시킨 은나라를 힘으로 정복하기는 하였지만 힘만으로 그들을 다스리기는 어려웠다. 무왕은 은나라를 멸한 뒤 2년 만에 병으로 죽고 어린 성왕(成王)이 뒤를 잇자 삼촌인 주공이 나랏일을 대신 맡아 처리해 주게 된다.

그러나 동쪽에 있던 은나라 주왕의 아들 무경(武庚)은 은나라 유민들을 감시하게 한 관숙(管叔)·채숙(蔡叔)을 선동하여 손을 잡은 뒤 동쪽의 17개 부족의 나라들과 연합하여 반란을 일으켰다. 이에 주공은 직접 출정하여 이들을 평정한다. 이것이 유명한 주공동정(周公東征)이며 3년에 걸쳐 진행된 두 번째 은 민족 토벌이었다. 주공은 이 동쪽 원정을 마친 뒤 은나라 유민들을 강제로 지금의 허난성 러양 근처로 옮겨 새로운 큰 도시 낙읍(洛邑)을 건설하고 궁전과 필요한 건물까지 짓게 한다. 그리고 이전의 도읍인 호경은 종주(宗周), 그곳은 성주(成周)라 부르며 제2 수도로서 중원 지배의 전진 기지로 삼는다.

주공은 동쪽 원정을 통하여 반란을 평정하고 은민족을 완전히 제압했을 뿐만 아니라 은나라가 쓰고 있던 한자를 비롯하여 천하를 다스리는 데 필요한 은나라의 여러 가지 문물제도를 모두 들여온다. 그리고 그것을 더 보완하여 주나라의 천하 통치에 필요한 여러 가지 새로운 제도를 마련한다.

주공은 무척 성실한 인물이어서 주나라의 건설을 위하여 성의를 다하였다. 『사기』 권33 노세가(魯世家)를 보면 주공이 노나라에 봉해진 자기 아들 백금(伯禽)을 노나라로 떠나보내면서 다음과 같은 훈계를 하고 있다.

> "나는 문왕의 아들이며 무왕의 아우요 성왕의 숙부이다. 나는 천하에서 천하지 않은 사람이다. 그러나 나는 한 번 머리를 감는 사이 세 번이나 젖은 머리를 잡고 나가고, 한 끼 밥을 먹는 사이 세 번이나 먹던 음식을 토해놓으면서, 일어나 나아가 찾아온 사람들을 대접하면서 천하의 현명한 사람들을 잃지 않으려고 애썼다. 너는 노나라로 가더라도 삼가 나라의 권세만 믿고 사람들에게 교만하지 않아야 한다!"

주공은 은나라 역사에 대해서도 해박한 지식을 지니고 있었다. 『서경』 주서(周書)의 무일(無逸)편에서 주공은 장성한 성왕에게 이렇게 말하고 있다.

"옛날 은나라 임금 중종(中宗)은 엄숙하고 삼가고 공경하고 두려워하며 하늘의 명을 스스로 헤아려, 백성을 다스림에 공경하고 두려워하는 듯이 하며 감히 편히 노는 일에 빠지지 않았습니다. 그래서 중종은 나라를 다스린 기간이 75년이나 되었습니다.

그리고 고종(高宗) 때에는 오랫동안 밖에서 일하며 낮은 백성들과 함께 지냈습니다. 그가 임금 자리에 오를 무렵 친상을 당하여 3년 동안 누구와 말도 하지 않았습니다. 한동안 말하지 않았으나 말하기 시작하니 온화하였고 감히 편히 노는 일에 빠지지 않으니 은나라가 제대로 안정되었습니다. 낮은 사람 높은 사람 할 것 없이 아무도 이 분을 원망하지 않았습니다. 그래서 고종이 나라를 다스린 기간이 59년이나 되었습니다.

다시 조갑(祖甲)에 이르러서는 자기가 임금이 되는 것이 의롭지 않다 하여 오랫동안 낮은 백성으로 지냈습니다. 그러다 임금 자리에 오르게 되자 낮은 백성들의 어려움을 알고 있어서 백성들을 보호하고 사랑하고, 홀아비나 과부들도 감히 업신여기지 않았습니다. 그래서 조갑이 나라를 다스린 기간은 33년이나 되었던 것입니다."

주공은 이렇게 은나라 역사를 이야기하면서 성왕에게 열심히 나라를 잘 다스릴 것을 당부하고 있다.

같은 책 낙고(洛誥)편에서는 주공이 낙읍이란 새로운 큰 도성을 완성한 다음 성왕에게 이런 당부를 하고 있다.

"임금님은 처음부터 은나라 예를 따라 새 도읍에서 제사를 지내시되 모든 일에 질서를 따라 문란하지 않게 하십시오."

또 같은 책 군석(君奭) 편에서는 주공이 소공(召公)에게 이렇게 말하고 있다.

> "은나라의 예는 위로 하늘의 뜻에 맞아 여러 해 나라를 다스릴 수 있었습니다."

주공은 은나라의 역사와 예의제도를 공부하여 이를 높이 평가하고 이것을 들여와 주나라에 적용하여 나라를 다스리지 않으면 안 된다고 생각하였다.

『여씨춘추(呂氏春秋)』를 보면 이런 기록이 있다.

> "은나라의 내사(內史) 상지(向摯)는 주(紂)왕이 더욱 혼란하고 미혹해지는 것을 보고 그가 갖고 있던 도법(圖法)을 수레에 싣고 도망을 하여 주나라로 갔다. 이에 무왕은 크게 기뻐하였다."[2)]

여기의 '도법'이란 은나라의 문화 자료이다. 이를 보면 주공 때에 와서는 스스로 머리 숙이고 주나라로 와서 주나라를 위하여 봉사한 은나라의 정치 문화에 관한 전문가인 지식인들이 상당히 많았을 것으로 믿는다.

주공은 동쪽 정벌을 마친 뒤 먼저 대대적으로 봉건(封建)을 실시한다. 여기에서 중국의 봉건제도가 확립된다. 봉건제도란 유럽 중세의 퓨달리즘 Feudalism을 옮긴 말이다. '봉건'이란 천자가 나라 땅을 여러 개로 나누어 자기 집안사람들이나 공신들에게 영지로 나누어주어 다스리게 하는 제도이다. 주공

2) 先識覽 先識편.

은 새로 정복한 넓은 땅의 여러 부족들을 다스리기 위하여 새로운 봉건제도를 발전시켰다. 『사기』 은본기(殷本紀)를 보면 "상나라에서는 자손들을 분봉하여 나라로 각기 성을 삼아 은(殷)씨·내(來)씨·송(宋)씨·공동(空桐)씨 …… 등이 있었다."고 쓰고 있다. 주공은 이러한 은나라의 분봉(分封)제도를 보완하여 새로운 주나라의 봉건제도를 마련한 것이다.

주공은 동쪽 정벌을 통하여 수십 개의 작은 나라들을 멸망시키고 '봉건'을 통하여 새로이 도합 71개의 나라를 세웠다. 주나라 도읍 종주(宗周) 둘레에는 모두 왕실과 성이 같은 친족들을 수십 개의 나라로 나누어 봉하여 왕실의 울타리로 삼았다. 그리고 낙읍 성주(成周)의 둘레에는 주나라 왕실과 관계가 특별한 사람들을 봉하여 주나라의 터전을 굳건히 하였다. 은나라 옛 땅인 허난성 북부에서 허베이성 남부에 걸친 땅에는 무왕의 막내아우 강숙(康叔)을 봉하여 위(衛)나라를 세우고 은나라 유민 7족(族)을 다스리게 하였다. 산둥성 남부에서 허난성 동부에 이르는 은족의 근거지에는 주공의 아들 백금(伯禽)을 봉하여 노(魯)나라를 세워 은나라 유민 6족을 다스리게 하였다. 산둥성 북부에는 강태공(姜太公) 여상(呂尙)을 봉하여 제(齊)나라를 세우고 동이족과 은나라 유민을 다스리게 하였다. 지금의 허베이성 북부에는 소공석(召公奭)을 봉하여 연(燕)나라라 하였다. 지금의 산시성 분수(汾水) 유역에는 성왕의 아우 당숙(唐叔)을 봉하여 진(晉)나라를 세웠다. 이 밖에도 많은 나라가 세워져 주나라의 봉건이 이루어진다.

위(衛)나라의 태축(太祝)이었던 축타(祝佗)의 말 중에 보이는 백금이 노나라에 제후로 봉해져 부임할 때의 상황을 인용한다.[3)]

> "옛날 무왕은 상나라를 쳐부수고, 성왕은 세상을 안정시키기 위하여 덕이 있는 사람을 골라 세워 주나라를 보호하는 울타리로 삼았습니다. …… 주공의 아들을 노공(魯公)에 봉하면서 임금의 수레·용 깃발·하후씨(夏后氏)의 옥·봉보(封父)의 번약(繁弱)이라는 활과 은나라 육족(六族)을 나누어 주었습니다. 그의 집안사람들을 거느리고 나누어진 부족을 인솔하며 그에 딸린 가솔들을 통솔하였습니다. …… 좋은 땅과 밭 및 축(祝)·종(宗)·복(卜)·사(史) 등의 전문 직업인과 여러 가지 기물 및 서적과 제사지내는 데 필요한 물건 등을 나누어 주었습니다."

이를 보면 제후들에게 영지를 나누어주고 단순히 힘으로 그곳 부족들을 다스리라고 한 것이 아니라, 그 영지를 다스릴 권위와 능력과 보조자들과 통치 방법까지 두루 갖추어서 제후로 내보냈다. 수레·깃발·옥·활 같은 것들은 제후의 권위를 상징하는 물건이었을 것이다. 은나라 6족은 멋대로 노예처럼 부릴 수 있는 인원이었을 것이다. 그의 집안사람들과 그의 부족들은 제후인 백금을 직접 보호하고 도와줄 사람들이었을 것이다. 땅과 밭은 그의 영토로 먹고 사는 데 필요한 물건들을 생산해 주는 곳

3) 『左傳』 定公 4年.

이다. 축·종·복·사 등은 제사와 점치는 일과 기록 등을 관장할 전문가로 그들을 통하여 예의와 여러 가지 제도를 유지하여 나라를 다스린다. 그들을 통하여 한자의 쓰임을 고스란히 물려받고 그것을 바탕으로 주나라의 새로운 제도를 더욱 발전시켰다. 그리고 여러 가지 물건과 서적 같은 것은 나라의 예의제도와 정치를 해나가는 데 필요한 물건들이다. 이어 축타는 위나라에 강숙을 봉할 적 이야기를 하면서 "모두(노나라와 위나라) 은나라의 정치 방법을 썼다"[4] 하였고, 다시 당숙을 진나라에 봉할 적 이야기를 하면서 "다섯 직관의 우두머리"[5]도 붙여주었다고 하였다. 봉건제도뿐만 아니라 주나라는 모든 정치제도며 사회의 규율과 예의를 모두 은나라로부터 배워 그대로 그것을 천하 통치에 적용하였음을 알 수 있다.

지금 우리에게 전하는 『주례』와 『의례』·『예기』는 후세에 이루어진 책이기는 하나, 『주례』에 보이는 이상적인 정치제도와 『의례』와 『예기』에 기록되어 있는 여러 가지 예의제도는 은나라의 것을 바탕으로 하여 주공이 마련한 주나라의 제도로부터 나온 것이라고 할 수 있다. 그래서 공자는 뒤에 이런 말을 하고 있다.

> "주나라는 하나라와 은나라 두 나라를 본떠서 문물제도가 더욱 찬란하다. 나는 주나라를 따르겠다."[6]

4) 啓以商政.

5) 職官五正.

> "심히도 내가 노쇠하였구나! 오랫동안 나는 주공을 다시 꿈에 보지 못하였다."[7]

공자는 서주 초기의 봉건문화 특히 주공이 마련한 예악제도를 바탕으로 하여 유학을 발전시켰기 때문에 스스로도

> "옛 것을 배워 전하기는 하되 새로 만들지는 아니하였다."[8]

고 말하고 있다.

▲ 서주시대 초기 청동기

▲ 서주시대 술항아리

청동기를 보더라도 은나라의 것과 거의 모양이나 만든 방법 모두 비슷한 것들이 주나라에 들어와 더욱 많이 만들어진다. 지금 우리에게 알려진 고대의 청동기가 7, 8천 개나 되는데 그 중 8할 이상이 주나라 때의 것이다. 청동기는 은나라로부터 서주 중기(약 B.C.950)까지의 기간에 나온 청동기가 모양이나 무늬 모두 가장 뛰어나서 골동전문가들은 최고 품질의 것이라 여기고 있다. 서주 중기를 지나서 생산된 청동기는 오히려 이전의 것들만 못하게 느껴진다. 그리고 이 청동기에는 서주의 것으로 새겨진 글이 있는 것들만도 3, 4천 개나 되는데, 이는 무엇보다도 확실한 그 시대의 기록으로 매우 소중한 가치를 지닌다. 보기를 들면 주공이 동쪽을 정벌한 뒤에 대대적으로 동정에 공로가

6) 『論語』 八佾.

7) 上同 述而.

8) 上同 述而.

있는 사람들에게 상을 내려주는 기념으로 만든 청동기가 여러 개 전한다. 보기로 19세기 중엽에 샨둥성 쇼우장(壽張)현에서 출토되었다는 글이 비교적 간단한 대보궤(大保簋)에 새겨진 글을 보기로 든다.

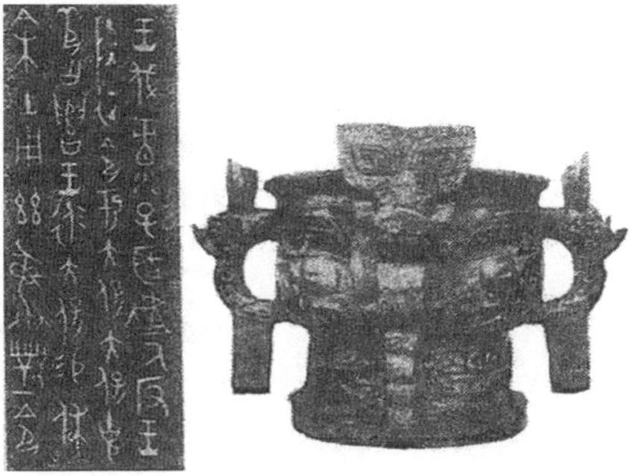

▲ 대보궤와 거기에 새겨진 명문의 탁본

"왕이 녹보(祿父)를 쳤다. 그가 반란을 일으켰기 때문에, 왕은 대보(大保)에게 그를 정벌하라는 명을 내렸다. 대보는 공경히 명을 받들어 잘못됨이 없었다. 왕은 그래서 대보에게 여(余)의 땅을 하사하였다. 이에 이 예기(禮器)를 가지고 왕명을 밝히는 바이다."

그밖에 어느 정도 주나라 궁실의 구조를 알게 하는 소우정(小盂鼎)의 새겨진 글이 비교적 긴 글 같은 것도 있다.

이처럼 주나라가 은나라의 청동기를 고스란히 계승하여 만들어냈다는 것은 은나라의 문화를 주나라가 거의 그대로 계승 발전시켰음을 뜻한다. 농기구를 비롯하여 그 밖의 여러 가지 생산기구도 청동으로 만든 것뿐만 아니라 돌과 나무로 만든 기구도 은나라의 것을 대부분 그대

▲ 주나라시대 청동기에 새겨진 금문

로 계승하고 있다. 조형예술이나 무늬를 만드는 미술 감각도 은나라의 것을 그대로 이어받고 있다. 거의 모든 은나라의 기술자나 공인을 주나라에서 잡아다 썼을 가능성이 많다.

여기에서 '한자문화'라고도 불리는 중국의 전통문화의 터전이 이룩된 것이다. 은나라의 예의제도를 계승하고 발전시키므로써 바로 뒤의 동주 춘추(B.C.770-B.C.403)시대에 가서는 공자가 나와 이후 중국사회의 생활규범 및 중국의 전통적인 학술과 사상을 발전시킨다. 그리고 은나라의 제도를 본떠서 마련한 봉건제도는 이후 중국 봉건전제의 바탕이 된다.

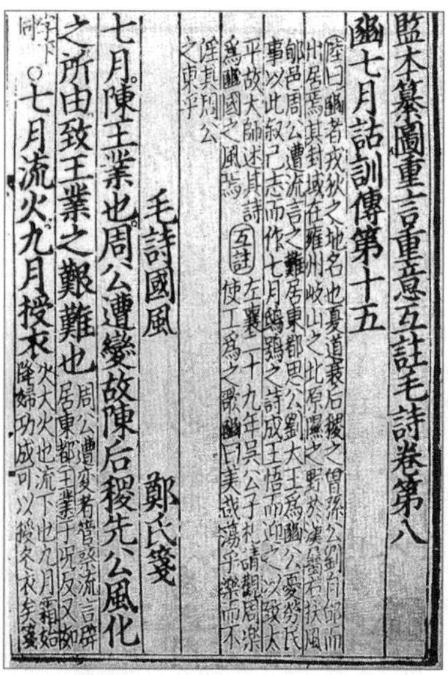
監本纂圖重言重意互註毛詩卷第八
豳七月詁訓傳第十五
毛詩國風
鄭氏箋
七月陳王業也周公遭變故陳后稷先公風化之所由致王業之艱難也
七月流火九月授衣

▲ 『시경』

서주시대의 글은 청동기에 새겨진 금문(金文)뿐만 아니라 전적의 형식으로도 우리에게 전해지고 있다. 곧 유가의 삼경인 『시경』·『서경』·『역경』이 그것이다. 『시경』은 중국의 가장 오래된 시가집인데, 거기에 들어있는 305편의 시들은 대부분이 주나라 초기로부터 춘추시대 중엽에 이르는 시기(B.C. 10세기-B.C. 4세기)에 수집된 것들이다. 『시경』은 풍(風)·소아(小雅)·대아(大雅)·송(頌)으로 크게 나누어져 있는데, '풍'에는 15나라의 민요가 실려 있고 모두 160편으로 음악뿐만 아니라 주나라 여러 지방의 백성들의 생활과 사상 등 그 시대의 정치·경제·사회·문화를 반영하고 있어 가장 소중한 자료가 되고 있다. 『모시(毛詩)』* 에서는 특히 첫머리의 주남(周南) 11편은 주공 단의

* 『모시(毛詩)』: 한대의 『시경』 해설서. 작자는 모씨라는 성만이 알려져 있다. 위의 『시경』 사진이 『모시』의 판본이다.

채읍(采邑)인 기산(岐山) 아래 옛 주나라 땅에서 모은 노래의 가사라 하였다. 그리고 빈풍(豳風) 7편은 모두 주공의 동쪽 정벌과 관계가 있는 노래로 해설을 하고 있다. 보기로 빈풍 중의 「깨어진 도끼(破斧)」라는 시를 든다.

내 도끼 다 깨졌고
내 쌈 도끼도 이가 다 빠졌으나,
주공의 동쪽 정벌은
온 세상 바로 잡으셨으니,
우리 백성 아끼시는 마음
너무나 위대하시네.

旣破我斧, 又缺我斨. 周公東征, 四國是皇.
哀我人斯, 亦孔之將.

내 도끼 깨어졌고
내 톱도 이가 다 빠졌으나,
주공의 동쪽 정벌은
온 세상 바로 세우셨으니,
우리 백성 아끼시는 마음
너무나 훌륭하시네.

旣破我斧, 又缺我錡. 周公東征, 四國是吪.
哀我人斯, 亦孔之嘉.

내 도끼 깨졌고
내 연장 자루 부서졌으나,
주공의 동쪽 정벌은

온 세상 평화롭게 하셨으니,
우리 백성 아끼시는 마음
너무나 아름다우시네.

旣破我斧, 又缺我錶. 周公東征, 四國是遒.
哀我人斯, 亦孔之休.

실제로 주공의 동쪽 정벌에 종군했던 사람이 원정이 끝난 뒤 고향으로 돌아와 주공 동쪽 원정의 위대한 업적을 칭송한 시이다.

'소아'는 모두 74편으로 궁중에서 잔치를 할 때 부르던 노래가 그 중심을 이루고 있다. 그러나 주나라 수도 근처의 민요라고 생각되는 작품도 들어 있다. '대아'는 모두 31편으로 궁중에서 의식을 행할 적에 부르던 노래가 대부분이다. '송'은 제사지낼 적에 부르던 노래가 중심을 이루며 도합 40편으로, 주송(周頌) 31편에는 종묘에서 선왕을 제사지낼 적에 부르던 선왕의 덕을 칭송하는 시가 많다. 노송(魯頌) 4편은 노나라의 노래, 상송(商頌) 5편은 상나라 자손인 송(宋)나라의 노래이다. 이 중 주송과 대아 및 소아의 대부분 그리고 풍의 일부분이 서주시대의 노래이고, 노송과 상송 및 소아의 일부분과 풍의 대부분은 동주시대의 노래라고 여겨지고 있다. 시의 모양은 앞에 인용한 「깨어진 도끼」라는 시의 경우처럼 사언(四言)이 주류를 이루는데, 그것은 서북 민족과 동쪽의 민족이 합쳐지면서 한자의 사용을 통하여 이룩된 새로운 중국 문장의 가장 자연스러운 리듬을 대표하는 것이라 할 수 있다.

『서경』은 요·순과 하나라·은나라·주나라의 이른바 삼대의 사관(史官)들의 기록을 가지고 공자가 편찬한 것으로 전해진다. 그러나 가장 뒤의 주서(周書)의 기록은 대부분이 서주시대에 이루어진 것이지만 상서(商書) 이전 시대에 속하는 기록들은 오히려 서주 이후에 이루어진 것이라 여겨지고 있다. 청대 학자들의 고증에 의하여 『서경』은 지금 우리에게 전해지고 있는 『위고문상서(僞古文尚書)』 58편 중 진짜는 금문(今文)* 29편이라고 알려져 있다. 금문 『서경』 중에서도 주서의 「대고(大誥)」에서 「고명(顧命)」에 이르는 12편이 서주 때에 이루어진 가장 오래된 글이라고 하는데, 이 12편은 모두 주공과 관계가 밀접한 글들이다. 「대고」는 주공의 동쪽 정벌의 대의를 천하에 밝힌 글이고, 「강고(康誥)」는 주공이 동쪽을 정벌하고 나서 자기 동생 강숙(康叔)을 위(衛)나라에 봉하면서 훈계한 말이며, 「주고(酒誥)」는 「자재(梓材)」와 함께 주공이 황제의 명을 받들어 강숙에게 훈계한 말 같은 것들이다. 이처럼 모든 글이 직접 주공과 관계가 있다.

『역경』에서 팔괘(八卦)는 복희씨(伏羲氏)가 만들었으나 그것을 64괘로 발전시킨 것은 주나라 문왕이고 괘사(卦辭)와 효사(爻辭)는 문왕 또는 주공이 썼다고 알려지고 있다. 64괘에 괘사와 효사가 달린 것이 『역경』의 경문이므로 이를 『주역』이라고도 부르게 된 것이다.

따라서 유가의 기본 경전인 삼경은 대체로 서주

* 금문(今文): 중국의 경학에는 금문과 고문(古文)의 다툼이 있다. 본시 금문은 한나라 때 널리 쓰이던 예서체의 한자로 쓰인 경전, 고문은 예서체 이전의 옛날 글자체로 쓰인 경전이었다. 경전의 종류에 따라 금문과 고문의 글에 차이가 나는 것이 있었고, 심지어는 금문에는 없고 고문에만 있는 경전도 있었다. 이에 차차 경전을 읽고 연구하는 데 금문과 고문의 차이가 벌어져, 학자들은 금문파와 고문파로 나뉘어 다투는 일까지 생기게 되었다.

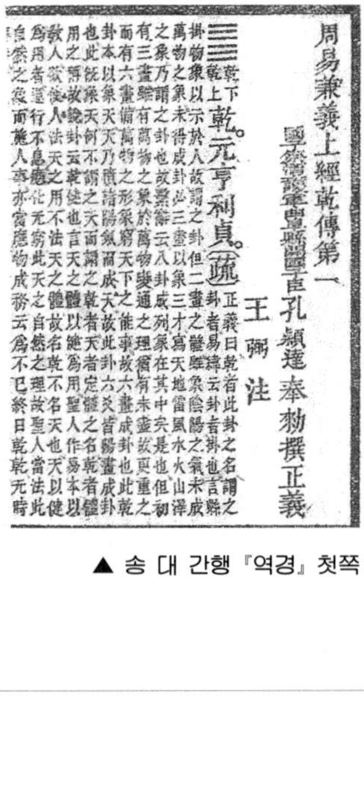
周易兼義上經乾傳第一
孔穎達奉勅撰正義
王弼注
乾元亨利貞

▲ 송 대 간행 『역경』 첫쪽

시대에 주공에 의하여 그 바탕이 이루어진 것이며, 중국의 전통문화와 학술 사상이 모두 주나라 때에 그 바탕이 이루어져 발전하기 시작했다고 할 수 있다. 그리고 『예기』·『의례』·『주례』의 예의제도 및 정치사회제도도 대체로 주공에 의하여 만들어진 제도를 바탕으로 한 것이라 보고 있다. 그러니 공자의 유학은 주공의 사상을 바탕으로 발전한 것이라 할 수 있다.

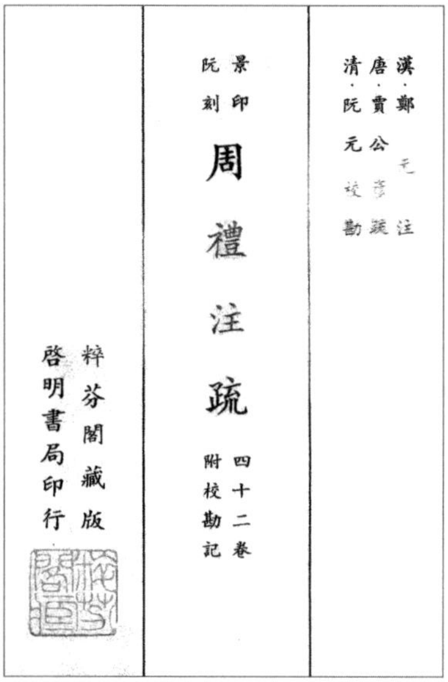
漢·鄭玄注
唐·賈公彥疏
清·阮元校勘

景印阮刻
周禮注疏
四十二卷
附校勘記

粹芬閣藏版
啓明書局印行

▲ 『주례』의 안 표지

『예기』 표기(表記)를 보면 이런 말을 하고 있다.

> "은나라 사람들은 신을 존중하여 백성들을 이끌고 신을 섬기며 귀신을 앞세우고 예는 뒤로 미루었다."
>
> "주나라 사람들은 예를 존중하고 베푸는 일을 중히 여겼다. 귀신을 섬기고 신을 공경하되 그것들을 멀리 하였다."

은나라 사람들은 미신적인 경향이 많은데 비하여 주나라 사람들은 보다 현실적이었던 듯하다. 같은 책에 이렇게 비판하는 대목도 있다.

> "은나라 사람들은 예를 함부로 쓰지는 않았고 …… 주나라 사람들은 백성들에게 예를 강요하며 신을 지나치게 섬기지는 않았으나 상벌과 작위와 형벌이 번거로워졌다."

주나라 사람들은 냉정하여 예의제도를 통하여 중국의 통치를 튼튼히 하려 하였음이 분명하다. 보다

합리적이기 때문에 정치제도 등이 은나라의 것을 바탕으로 하면서도 더욱 완비되었다. 종교적인 면을 보아도 여러 신에 대한 신앙으로부터 하늘(天)의 신앙으로도 발전하였고, 점은 복사(卜辭)를 남긴 거북점에서 역점(易占)으로 발전하고, 이런 흐름에 따라 문자의 기록자로는 무(巫)·축(祝)보다는 사(史)가 더욱 존중받는 경향으로 발전하였다. 임금이나 귀족들이 죽었을 때 관계가 많은 살아있는 사람들을 함께 땅에 묻는 순장(殉葬)제도를 없앤 것도 주나라 사람들의 합리적인 면을 말해준다.

▲ 공자가 제자들을 가르치는 모습

이를 바탕으로 도읍을 낙읍으로 옮긴 바로 뒤의 춘추시대에는 공자가 나와 유학을 이룩하고 중국의 학술과 사상을 발전시키게 된다. 그리고 전국시대에는 수많은 제자백가가 나와 중국 학술 사상의 꽃을 피운다. 어떻든 중국 전통문화의 바탕은 서주 초기에 주공을 중심으로 만들어졌고, 다시 공자가 그것을 계승하여 유학을 이룩하므로써 중국의 전통문화는 꽃을 피우게 되는 것이다.

2) 중국 전통문화의 발전

이렇게 이룩된 중국의 전통문화는 진시황(B.C. 246-B.C.211 재위)의 천하통일을 거쳐 한제국이 이어받아 발전시키게 된다. 진시황의 천하통일은 장강 유역 남쪽 지방까지도 북쪽에 합쳐놓아 명실공히 중원이 천하가 되었음을 뜻한다. 그리고 한족이 이루어져 한족은 천하를 차지하는 민족으로 확대되어 자리를 잡았다. 진시황은 대중국의 기초를 완성한 황제이기 때문에 지금 와서는 중국 역사학자들이 폭군으로 그를 매도하던 태도를 버리고 중국의 위대한 통일을 이룩한 황제로 높이 받드는 경향으로 바뀌어가고 있다. 진시황은 국토를 통일했을 뿐만 아니라 이전의 봉건제도를 버리고 중앙에서 직접 아래 고을들을 다스리는 군현제(郡縣制)로 바꾸어 통일된 지배 권력을 확보하였다. 바로 뒤 한나라는 봉건제도를 회복하였지만 제후들을 무력화시키고 군현(郡縣)은 그대로 살려 주나라 때의 봉건제도와는 전혀 다른 성격의 봉건전제를 발전시키게 된다. 진시황은 또 천하의 질서를 확보하기 위하여 혼란하던 법률도 모두 통일한다. 전률(田律)·구원률(廏苑律)·요률(徭律) 등 특별한 한 가지 일에 대한 법률만도 근 30종이나 만들어졌다. 그리고 사상을 통일하기 위하여 폭정의 대표적인 보기로 유가의 경서를 비롯한 여러 가지 책을 모아 불태워 없애고, 선비들을 잡아다가 산 채로 땅에 묻어버리는 유명한 '분서갱유'를 실시한다. 그들이 쓰던 문자인 한자의 자체와 독음도 통일한다. 그리고 도읍을 시안 바로 옆의 함양에 건설하고 함양으로부터 전국 각지로 통하는 치도(馳道)라는 한길을 개통한 뒤 모든 수레의 바퀴 폭을 통일하여 전국의 교통과 물자수송을 원활하게 한다. 그리고 전국의 화폐와 도량형도 통일하였다. 대중국의 기틀은 이처럼 위대한 진시황을 통해서 마련되었다는 것이다.

서한에 와서는 한 고조(B.C.206-B.C.196 재위)가 진나라의 가혹한 법을 모두 폐지하고 너그러운 시책을 내세웠고 진에서 통일한 문자를 이어받아 한례(漢隸)라 부를 정도로 널리 통용시켰다. 이에 자유로운 분위기에서 유가뿐만 아니라 법가와 황로(黃老) 사상 등 여러 가지 잡된 학설이 성행하였다. 이에 유학에도 음양(陰陽)을 바탕으로 한 재이(災異)*·오행(五行)** 같은 이론이 끼어들었다. 무제(B.C.141-B.C.88 재위)가 오경박사(五經博士)***를 두고 유학 이외의 학문은 내치자 유학은 사람들의 일은 하늘에 통한다는 이론을 내세우며 천자를 중심으로 한 천하일통(天下一統)을 주장하여 이후 중국 봉건전제의 원리와 이상을 뒷받침하는 학문으로 자리 잡게 된다. 그리고 많은 유학자들이 나와 그들의 경(經)에 대한 가장 권위 있는 해설인 전(傳)을 저술한다. 보기를 들면 『시경』의 노시(魯詩)·제시(齊詩)·한시(韓詩)의 삼가시(三家詩)와 모시(毛詩), 『서경』의 공안국전(孔安國傳), 『춘추』의 곡량전(穀梁傳)·공양전(公羊傳)·좌씨전(左氏傳) 등이다.

*재이: 지진이나 일식·월식 같은 자연의 특수한 현상을 사람들의 일과 연관시켜 이해하는 것임.

** 오행: 금·목·수·화·토의 다섯 가지

*** 오경박사: 유교경전인 『시경』·『서경』·『역경』·『예기』·『춘추』의 오경 중 한 가지 책이라도 통달한 사람을 '박사'라는 벼슬을 주고 공부나 하도록 하면서 극진히 대우를 하였다.

그리고 유향(劉向, B.C.77-B.C.6)·유흠(劉歆, B.C.53?-A.D.23) 부자가 궁전 도서관에 전해지고 있던 옛날 글씨체로 된 모든 책들을 그 당시 쓰이던 한자 자체인 예서체(隸書

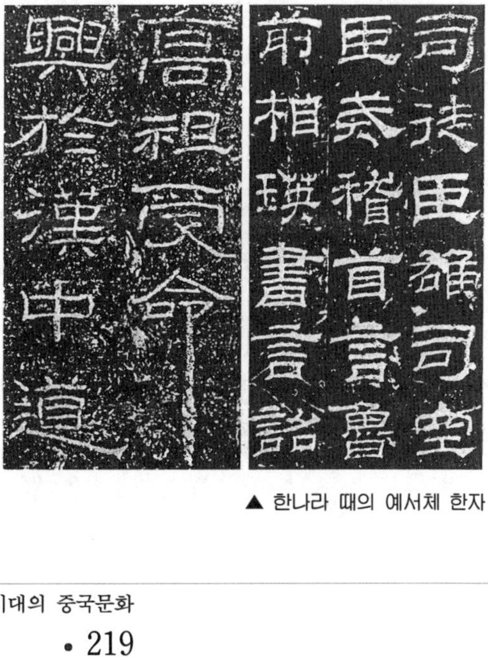

▲ 한나라 때의 예서체 한자

體)로 교정하고 정리하였다. 지금 우리에게 전해지는 한나라 이전의 책이나 글들은 모두 이들 손에 정리되고 교정된 것이다. 따라서 지금 우리는 한대 이전의 것들을 공부할 적에 그 텍스트와 해설 모두 이 서한 대 학자들의 업적을 바탕으로 하지 않으면 안 된다. 그러므로 중국의 학술연구는 서한 대에 시작된다고 할 수 있다.

*오제: 중국의 태곳적 다섯 임금, 황제(黃帝)·전욱(顓頊)·제곡(帝嚳)·요(堯)·순(舜).

사마천(司馬遷, B.C.145-B.C.86?)이 『사기』를 지어 오제(五帝)*로부터 그의 시대에 이르는 중국의 역사인 기전체(紀傳體)의 역사책을 써서 중국의 역사학을 연 것도 특기할 만한 사실이다. 그리고 제자백가들이 발전시킨 산문을 이어받아 중국문장의 서술기능을 더욱 발전시키고도 있다. 시가에 있어서는 남쪽의 초사(楚辭)가 들어와 새로운 부(賦)를 유행시키고, 시에 있어서는 민간의 악부(樂府)가 성행하고 그것이 한 구절의 길이가 일정한 고시체(古詩體)로 발전하면서 동한 대에 가서는 『시경』의 사언(四言)에 삼언(三言)이 바탕을 이루는 초 지방 가요의 영향이 합쳐져 오언시(五言詩)를 발전시키고 칠언(七言)도 생성시킨다.

▲ 사마천 초상

▲ 사기

그리고 한 대의 묘에서 출토된 대량의 문물 및 벽화나 비단에 그려진 그림 등을 통하여 미술도 상당히 높은 수준으로 발전하였음을 알게 된다. 또 각지에 있는 서한 대의 돌 조각들을 통해서도[9] 한 대의 높은 예술 수준을 확인할 수 있다.

9) 보기를 들면 陝西省 興平縣 霍去病의 무덤 앞의 돌로 조각한 사람·말·호랑이·곰 및 四川省 雅安 高頤의 무덤 앞의 돌사자 등이 있다.

그리고 바위 절벽에 조각된 전쟁 · 사냥 · 연희 · 음악 · 무용 · 잡기 연출 등의 모습은 여러 면에 걸친 한대 문화의 발달 수준을 알려준다.

▲ 서한시대의 백희 흙인형

서한 말 왕망이 쿠데타를 일으켜 신(新)나라(A.D.9-24)를 세우면서 한나라의 장안을 도읍으로 한 통치는 끝난다. 광무제(A.D.25-57 재위)는 한나라를 다시 일으켜 세우지만 도읍을 러양으로 옮겨 이로부터 동한이 시작된다.

뒤에 다시 장안을 수도로 정하고 대제국을 발전시킨 수나라(589-617))와 당나라(618-906)는 중국의 전통 학술문화의 발전을 더욱 극대화시킨다. 남북조시대에 와서는 이민족의 침입으로 당에 이르기까지 외국문화에 대하여 거의 개방되어 있었다. 당나라는 적극적으로 외국의 것들을 받아들여 자기네 국력과 문화를 크게 발전시켰다. 당 대의 시만 읽어보아도 장안은 국제도시의 분위기였음을 알게 한다. 장안의 술집에는 오랑캐 여자인 호희(胡姬)들이 많이 들어와 일하고 있었다. 이백(李白, 701-762)의 시만 보더라도 여러 편의 시에 '호희'가 보인다.

▲ 이백 초상

호희 모습 꽃과 같은데,
술독 옆에서 봄바람 같은 웃음 웃네.
胡姬貌如花, 當壚笑春風.(「前有樽酒行」)

떨어진 꽃잎 다 밟았거늘 어느 곳에 노닐꼬?
웃으며 호희 있는 술집 찾아드네.
落花踏盡遊何處? 笑入胡姬酒肆中. (「少年行」)

보슬비에 봄바람 불어 꽃잎 지는데,
채찍 휘두르며 곧장 호희에게로 술 마시러 가네.
細雨春風花落時, 揮鞭直就胡姬飮. (「白鼻騧」)

짝지어 두 호희 노래하고,
다시 원청조곡 연주하네.
雙歌二胡姬, 更奏遠淸朝. (「醉後贈王歷陽」)

호희가 흰 손으로 손짓하여,
손님 불러 금 술잔에 취하게 하네.
胡姬招素手, 延客醉金樽. (「送裴十八圖南歸嵩山」)

이밖에 왕적(王績)·장호(張祜) 등 여러 사람들의 시에도 술집에서 일하는 서쪽 오랑캐 여인을 읊은 구절들이 보인다.

따라서 오랑캐 풍습의 영향도 특히 '안록산의 난'(755-763) 이후로 매우 컸다. 백거이(白居易, 772-846)의 「시세장(時世粧)」이란 시를 읽어 보아도 실상을 짐작할 수 있게 된다.

최신 화장, 최신 화장법이여!
성 안으로부터 나와 사방에 전해지게 된 것인데
최신의 유행은 멀고 가까운 곳 할 것 없다네.
볼에는 연지 바르지 않고 얼굴엔 분 바르지 않으며
검은 기름 입술에 처발라 입술은 진흙 같고
두 눈썹은 팔자(八字)처럼 끝이 처지게 그린다네.
곱고 추한 것과 희고 검은 것들이 본래의 모습을 잃어
화장을 하고 나면 꼭 슬픔에 울음을 참고 있는 것 같다네.
살짝도 남기지 않고 걷어 올린 쪽머리는 북상투 모양이고
붉은 화장은 윤기 없이 빨간 얼굴 만들어 놓는다네.
듣건대 옛날 어떤 자가 이천(伊川)에서 머리 풀어헤치고 제사지내고 있었는데
신유(辛有)가 보고서 오랑캐 쳐들어올 것을 미리 알았다네.
원화(元和)년간의 최신 화장법 그대는 잊지 말게나.
북상투 쪽과 빨간 얼굴은 중국 풍습 아닐세!

時世粧, 時世粧, 出自城中傳四方.
時世流行無遠近, 顋不施朱面無粉.
烏膏注脣脣似泥, 雙眉畫作八字低.
姸蚩黑白失本態, 粧成盡似含悲啼.
圓鬟無鬢堆髻樣, 斜紅不暈赭面狀.
昔聞被髮伊川中, 辛有見之知有戎.
元和粧梳君記取, 髻堆面赭非華風.

▲ 당나라 때에 유행한 미인의 화장 모습

▲ 당나라 때의 돈황벽화
막고굴 180의 일부 모사

▲ 당나라 때의 돈황벽화
막고굴 320의 일부 모사

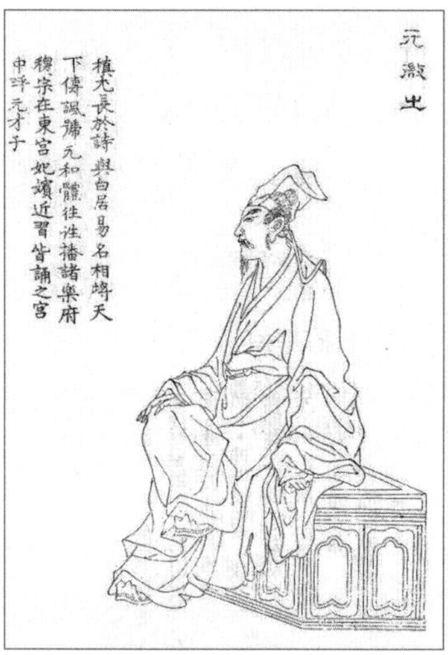

▲ 원진의 초상

원진(元稹, 779-831)의 「법곡(法曲)」이란 시를 읽어 보면 이민족의 문화가 더욱 광범하게 유입되어 있었던 실상을 알게 한다.

> 오랑캐 반군들이 내란을 일으킨 이래
> 오랑캐들 노린내가 장안과 낙양에 가득 찼네.
> 여인네들 오랑캐 여편네 되어 오랑캐 화장 흉내내고
> 재주껏 오랑캐 노래 부르며 오랑캐 음악에 힘쓰네.
> 이전에 유행하던 「화봉」 곡 없어져 전혀 부르지 않게 되고
> 이전의 「춘앵전」 곡은 버려져 오랜 동안 듣지 못했네.
> 오랑캐 음악 오랑캐 기병과 오랑캐 화장이
> 오십 년 전부터 어지러이 유행하네.
>
> 自從胡騎起烟塵, 毛毳腥羶滿咸洛.
> 女爲胡婦學胡妝, 伎進胡音務胡樂.
> 火鳳聲沈多咽絕, 春鶯轉罷長蕭索.
> 胡音胡騎與胡妝, 五十年來競紛泊.

그리고 외국 음악 및 무용 등의 유입은 더욱 현저하다. 원진과 백거이의 시만 보더라도 이때 유행했던 오랑캐 악무와 관계되는 시들이 여러 편 있다. 원진에게는 「호선녀(胡旋女)」·「서량기(西凉伎)」·「표국악(驃國樂)」·「법곡(法曲)」 등이 있고, 백거이에게는 「호선녀(胡旋女)」·「서량기(西凉伎)」·「표국악(驃國樂)」·「자지기(柘枝妓)」·「자지사(柘枝詞)」·「법곡(法曲)」 등이 있다. 이 밖에 장열(張說, 667-730)의 「소

마차(蘇摩遮)」, 유언사(劉言史, 742?-813?)의 「왕중승댁야관무호등(王中丞宅夜觀舞胡騰)」, 이단(李端, 785 전후)의 「호등아(胡騰兒)」 등도 모두 당 대에 유행한 오랑캐의 음악과 춤에 관한 시이다.

▲ 백거이의 초당

동한 말에 들어와 성행한 불교 이외에도 이슬람교·화현교(火祆教)·경교(景教)·마니교(摩尼教) 등 여러 외국 종교들도 들어와 있었다. 우리나라와 일본·인도와의 교류는 말할 것도 없고 네팔·스리랑카·동로마·페르시아 및 아랍 여러 나라들과의 교류는 당나라 문화 발전의 큰 자극이 되었다. 특히 외국과의 교역이 활발했던 광주(廣州) 같은 도시는 국제화의 양상을 보여주고 있었다.

> "광주의 강에는 인도·페르시아·곤륜(崑崙) 등 나라의 배가 헤아릴 수 없을 정도인데, 모두 향과 약과 진귀한 보물들을 산처럼 싣고 있다. 그 배들은 깊이가 6, 7장(丈)이나 되고 사자국(師子國)·대석국(大石國)·골당국(骨唐國)·백만(白蠻)·적만(赤蠻) 등의 나라와 왕래하며 거주하고 있는 사람들의 인종이 무척 많다."[10]

그리고 뒤에 황소(黃巢)의 난 때 황소는 광주를 공격하고 그곳의 유대교·화현교·이슬람교·경교 등

10) 元開 『唐大和上東征傳』 인용.

외국의 종교 신자들 12만 명을 죽였다[11].

불교는 당 대에 들어와 더욱 중국화되면서 당나라의 문화적 성격을 풍요롭게 만들고 먼 지역과의 문화적인 접촉에 자극제가 되기도 하였다. 불교는 남북조 시대보다도 더 성행하여 천태종(天台宗)·법상종(法相宗)·화엄종(華嚴宗)·선종(禪宗) 등 여러 종파를 이룩하며 각 지방의 사원을 통한 불교적인 활동으로 말미암아 중국사회가 행사와 풍습 등 여러 면에서 변화하였다.

문학에 있어서도 육조시대부터 추구하던 시의 아름다운 표현의 추구는 당 대로 들어와 절구(絕句)와 율시(律詩)로 대표되는 중국시의 대표적인 시형인 근체시(近體詩)를 완성시킨다. 이에 중국 시는 형식과 내용 모두 완전한 수준으로 발전한다. 산문에 있어서는 육조시대에 시구의 대우(對偶)와 모든 글자의 성조를 따져 형식의 아름다움을 극도로 추구하던 문장인 변려문(騈儷文)도 당 대에 들어와 완성되고 발전한다. 본시 이러한 문학상의 유미주의적인 추구도 불교음악의 적지 않은 영향을 받았을 것이다. 그리고 불경의 번역을 통하여 한자로 사람들의 말을 기록하려는 경향이 늘어나고 불경이 지니는 석가모니를 비롯한 여러 가지 이야기는 이야기의 기록을 바탕으로 하는 소설의 발전을 자극한다. 남북조 시대의 지괴(志怪)며 당나라 때에 발전한 전기(傳奇)에는 불교의 영향도 매우 컸다.

당 대의 변문(變文)이 보여주듯이 설화인(說話人)

11) 아랍인 Abu-zaid의 기록, 向達『唐代長安與西域文明』인용.

이 이야기를 창을 섞어가면서 강설하는 속강(俗講)은 말할 것도 없고, 극장과 같은 공연장에서 사람들을 모아놓고 공연하는 형식의 대중예술의 발전도 불교가 유행하면서 자극을 받은 것이다. 심지어 불교사상은 문인들로 하여금 문학에 대한 올바른 인식을 갖도록 이끌어주었고 그것은 다시 문학이론 및 문학비평을 발전시켰다.

불교의 성행으로 사원과 불상의 수요는 당 대의 건축과 조각을 크게 발전시키고 있다. 특히 샨시성 따퉁(大同)현의 운강석굴(雲岡石窟)·러양 근처의 용문석굴(龍門石窟)·깐수성의 돈황석실(敦煌石室) 등에 보존된 당 대의 조각들은 예술의 극치를 보여준다. 당 대에 와서는 신에 대한 개념이 보다 인간적인 경향으로 바뀌어 불상이나 신의 조각이 이전의 위엄 있고 특이한 분위기에서 벗어나 보다 인간적이고 생동감이 넘치는 조각으로 발전하고 있다. 그리고 무덤에서 출토된 춤추는 소녀·말·낙타·사람 등의 도기도 조각 예술의 보다 발전된 수준을 보여준다. 중국문화에 대한 불교의 영향은 현대의 서양문화의 영향에 버금가는 대사건이라 할 것이다.

당 대에 들어와서는 미술도 크게 발달하여 인물·산수·꽃과 새 그림 등 전반에 걸쳐 많은 뛰어난 화가들이 나왔다. 인물화로 명성을 날린 염립본(閻立本), 현종 때 화성(畵聖)이라 불리기까지 한 오도자(吳道子), 이전의 수법을 계승하여 북종화(北宗畵)를 발전시킨 이사훈(李思訓), 수묵산수화를 그리고

▲ 용문석굴 안의 불상 조각

▲ 용문석굴 앞 모습

▲ 돈황석실 앞 모습

▲ 돈황석실 안의 불상조각

남종화(南宗畵)를 발전시킨 왕유(王維) 등을 비롯하여 이름이 알려진 화가들이 400명 정도나 된다.

음악은 연악(燕樂)만 보더라도 수나라의 구부악(九部樂)을 계승하여 십부악(十部樂)이 있었는데, 자기네 전통 민간음악인 청상(淸商)을 비롯하여 서량(西涼)·구자(龜茲)·고려(高麗) 등 여러 나라의 음악이 들어와 성행하였다. 그리고 조정에는 태악서(太樂署)·고취서(鼓吹署)·교방(敎坊)·이원(梨園) 등의 음악 관청이 있어 음악 발전에 크게 기여하였다. 특히 현종 때의 이원에서는 새로운 악곡들이 무수히 작곡되고 무수한 음악의 명인들이 배출되었다. 민간에는 이야기를 설창(說唱)하는 사람들이 많았는데 불교의 변문(變文)은 민간의 설창 수준을 한층 더 높여주었다. 그리고 민간에는 간단한 이야기를 춤과 노래로 연출하는 가무희도 성행하였다. 불교 사원과 도관은 묘회(廟會) 등을 통하여 음악과 연예의 연출 장소로 제공되었고 불승 중에는 음악·설화 등에 조예가 깊은 사람들이 무척 많았다. 『고승전(高僧傳)』을 보면 범패(梵唄) 뿐만 아니라 여러 가지 음악의 고수들에 관한 기록이 무수히 보인다. 장안의 승려인 단선본(段善本)은 비파의 명수여서 궁정의 최고의 비파의 명수였던 강곤륜(康昆侖)의 스승이 되기도 하였

▲ 설창(說唱)하는 도용(陶俑)

다. 그리고 당시의 발전에도 시를 악곡으로 뒷받침한 음악이 크게 기여하였고 반대로 문인들의 시는 노래를 발전시키는 데 큰 작용을 하였을 것이다.

그리고 회흘과 토번을 비롯한 서쪽 오랑캐의 영향으로 새로운 형식의 노래가 유행한다. 『구당서』 음악지(音樂志)에

> "개원 연간(713-741) 이후로 노래하는 사람들이 오랑캐의 속된 곡도 함께 노래하게 되었다."

고 쓰고 있다.

'안록산의 난'(755-763) 이후인 중당(中唐) 때에는 다시 글을 옛날처럼 자연스럽게 쓰는 고문(古文)으로 돌아가자는 운동이 전개된다. 불경의 번역은 사람들의 말로 뜻을 정확하게 표현하여야 하는 뜻을 깨닫게 하고 여러 가지 불교 설화는 소설의 식을 싹트게 하였다. 민간에는 창으로 전설이나 역사적인 이야기를 연출하는 설화(說話) 또는 속강(俗講)이 유행하고, 불교계에는 같은 형식의 연예로 변문(變文)이 성행하기 시작한다. 그 영향 아래 전기소설(傳奇小說)도 생겨나 유행한다. 이에 중국의 전통문학과 함께 속문학까지도 극히 높은 발전을 이루게 되는 것이다.

문인들이 민간의 새로운 노래의 형식을 본떠서 비교적 자유로운 형식의 시가인 사(詞)를 만들어 낸다. 불교와 도교의 성행이 문화의 주체로 서민들을 끌어들이게 되어 지식인들의 서민에 대한 관심이

매우 커진 이유 때문이다. 시인들은 서민들의 생활과 고난을 노래하게 되고 서민들의 언어로 그들의 야한 서정까지도 시를 통하여 추구하게 된다. 이에 중국 시는 다시 한 단계 높은 발전을 이룩한다.

불교의 영향을 받아 동한 말에 이룩된 도교도 당 대에 들어와 황실에서 노자 이이(李耳)를 자기네 조상으로 보고 존숭하는 바람에[12] 크게 성행하게 된다. 이는 불교와 함께 유학에도 영향을 끼쳐 현실적인 가치에만 집착하던 종전의 태도에서 벗어나 보다 고원한 초월적인 세계도 추구하게 되었다. 한유(韓愈, 768-824)와 이고(李翶, 772-841) 같은 학자들이 나와 도(道)·성(性) 같은 문제들을 유학 연구의 명제로 끌어올려 송 대 성리학 발전의 길잡이가 되었다. 그리고 사회주의 역사학자들이 소박한 유물론자라고 내세우는 유종원(柳宗元, 773-819)·유우석(劉禹錫, 772-842) 같은 시인들도 보다 새로운 이념 아래 문학 활동을 하게 된다[13].

▲ 노자가 소를 타고 가는 모습 (송 대 화가의 작품)

당나라 왕실에서는 노자를 자기네 조상으로 모셨다.

그밖에 인쇄술도 발달하기 시작하였고, 천

12) 高宗은 老子를 太上玄元皇帝라 부르기로 하고, 玄宗은 玄元廟를 세워 老子·莊子·文子·列子를 배우게 하고 科擧를 통하여 玄學博士를 뽑게 하고 앞의 책들을 眞經이라 부르도록 하였다.

13) 劉澤華 등 편저 『中國古代史』(北京 人民出版社) 13장 제5절 一., 思想戰線上的鬪爭 柳宗元的朴素唯物主義思想· 劉禹錫的 "天人交相勝" 說 二, 文學·史學上的新成就 참고 바람.

문·지리·의약 등 과학 분야에 있어서도 눈부신 발전을 이루었다. 당나라 중엽 이후로는 특히 사상·미술·음악·문학 등 모든 분야에 걸쳐 새로운 도전이 시작되어 중국 전통문화 전반에 걸쳐 큰 발전을 이룩하게 된다. 이러한 발전은 북송으로 이어져 중국의 전통문화는 여기에서 발전이 절정기에 이르게 된다.

▲ 한유의 초상

3) 실크로드와 장안의 문화

가. 중국의 서방민족과 실크로드

본시 중국 사람들은 이 세상에서 사람들이 살 만한 세계는 중국뿐이어서 '천하'라고도 불렀고, 중국 변경 저쪽의 사방은 사람들이 살아가기에 적절치 못한 자연조건의 지역이고 거기에 살고 있는 종족들은 문화적으로 열등한 오랑캐들이라 여겨왔다. 북쪽의 오랑캐는 적(狄), 서쪽의 오랑캐는 융(戎), 남쪽의 오랑캐는 만(蠻), 동쪽의 오랑캐는 이(夷)라 구분하기도 하였다. 이들 오랑캐 중 장안시대를 통하여 중국을 가장 괴롭혀 온 종족은 고비사막과 몽고고원 및 알타이산맥·대흥안령(大興安

▲ 만리장성 서쪽 끝의 가욕관

嶺)산맥 일대를 근거로 한 북쪽 오랑캐 몽고족과 만주족이었다. 흉노・선비・오환・거란・돌궐 등이 한・당의 대제국을 괴롭힌 그 대표적인 종족들이다. 이들은 중국 북쪽과 서북쪽의 넓은 사막과 초원지대에서 유목생활을 하다가 틈만 나면 중원으로 쳐들어와 물자를 약탈하여 갔다. 이들은 중원으로 쳐들어와서는 언제나 약탈을 한 다음 되돌아갔다. 농경생활에 적응하지 못하여 침입한 중원 땅에 정착하지는 않았다. 중국 측에서도 그들을 추격하여 멀리 그들을 내쫓기는 하였지만 농사도 짓기 어려운 초원과 사막의 오랑캐 땅을 점유할 생각은 전혀 하지 않았다. 이에 중국에서는 전국시대(B.C. 3세기)부터 시작하여 명 대(17세기)에 이르기까지 이들의 침입을 막기 위하여 중국 북쪽 변경에 동쪽은 허베이성 샨하이관(山海關)으로부터 서쪽은 깐수성 짜위관(嘉峪關)에 이르는 길이가 대략 6천 킬로미터에 달하는 만리장성을 쌓아놓고 이들 오랑캐의 침입에 대비하였다. 만리장성은 한 줄로 이루어진 것이 아니라 지역에 따라서는 여러 겹으로 축조되어 있으며, 장성을 쌓은 목적도 지역과 시대에 따라 서로 다르다.

이에 비하여 동쪽의 오랑캐 나라인 한국과 일본은 처음부터 중국문화에 잘 적응하여 같은 문화권을 이루었다. 따라서 일부 중국인은 "동쪽에 군자의 나라가 있다"고 생각할 정도였으며 그다지 문화 정도가 낮은 오랑캐들이란 취급을 하지 않았다. 그리고 남쪽 지방은 날씨가 따스하고 물산이 풍부하여 그 곳의 종족들은 대체로 성격이 부드럽고 평화적이었다. 이에 중원에 큰 전쟁이 일어나거나 한 왕조가 새로 서고 망하고 할 때마다 한족들은 계속 남쪽으로 옮겨가 남쪽의 중국 영토는 큰 전쟁 없이 날로 더욱 넓어져 갔고 인구도 크게 늘어났으며 남쪽 종족들은 한족과 뒤섞이면서 자연스럽게 한족에 동화되었다. 따라서 남쪽 지방은 날로 발전하여 차차 중국의 경제 문화의 중심지는 계속하여 남쪽으로 옮겨가는 경향을 보여주었다.

중국문화 발전에 독특한 역할을 한 오랑캐는 서쪽의 종족들이다. 지금의 시장·칭하이 지역에는 티베트계의 서강(西羌)·토번(吐蕃)·토욕혼(吐谷渾), 다시 깐수성과 신짱성의 일부지역에는 회골(回鶻) 같은 상당한 규모의 왕국들이 있었으나 이들은 대체로 중원을 약탈 대상으로 삼지 않고 중원의 나라와 교역관계를 유지하며 이익을 취하였다. 대체로 이들은 본시 유목민족이었지만 그들 중 일부가 일부 지역에서 농사를 짓기 시작하여 정착을 하게 되었고 자기네 고유한 문화를 발전시켰다. 그들은 중원의 나라와 경제적 문화적 교역을 하였을 뿐만 아니라 동서교역의 가교 역할도 하였다. 보기를 들면 선비족의 토욕혼은 칭하이의 유목민족이었는데 6세기에는 쓰촨을 경유 남조와 교류하고 북쪽으로는 하서(河西)의 여러 나라들과도 통하였다. 곧 국세가 더욱 흥성해지자 차이담분지를 끼고 타림분지 남쪽의 산산(鄯善)·체머(且末)의 오아시스를 차지하여 서역과 타림분지 북쪽 지역과의 통로를 확보하고

▲ 중국 서쪽의 실크로드를 보호하기 위해 쌓은 만리장성 유적

남쪽으로는 쓰촨의 쏭판(松潘)에 동족의 여러 왕을 배치하여 쓰촨지역을 거쳐 장강 하류의 남조에까지 도달하는 교역의 길을 확보하였다. 이들은 하서(河西)에 나는 석웅황(石雄黃), 천산산맥의 석류황(石硫黃), 서융(西戎)에 나는 호염(胡鹽), 여국(女國)의 황금 술그릇, 쓰촨의 말과 중원에서 나는 물품을 교역하여 막대한 이익을 올렸다. 터키계 민족인 회골은 7, 8세기에 걸쳐 당나라에 귀속하여 동서통상과 당나라 교역에 크게 공헌하였다.

서쪽의 민족들은 대체로 유목과 농경생활을 병행하여 정착을 하고 자기네 문화를 발전시키며 민족의식도 갖고 있었다. 따라서 이들과 중원의 나라와의 교역 및 이들을 중개로 한 서쪽 나라들과의 교역은 물자의 교역뿐만이 아니라 종교·사상·미술·음악 등 문화 전반에 걸쳐 중국에 새로운 자극을 가하여 중국문화를 가일층 발전시켰다. 그리고 '천하'라는 울타리 너머에 있는 세계에 대하여도 새로운 인식을 하게 하였다. 지금의 닝샤성 융닝(永寧) 서쪽으로부터 깐수성 우웨이(武威)·까오타이(高臺) 북쪽을 거쳐 짜위관에 이르는 장성은 중원 방위를 위해서가 아니라 실크로드의 교역을 몽고족으로부터 보호하기 위하여 쌓은 것이다. 몽고족은 기회만 있으면 서역지역에도 침입하여 약탈을 일삼으며 중국의 동서교역을 막았다.

중국 사방의 오랑캐들 중 중국에 보다 큰 영향을 끼친 것은 북쪽의 오랑캐들과 서쪽의 오랑캐들이다. 그 중 북쪽 오랑캐들은 처음부터 끝까지 힘으로 중원 땅을 침략하고 약탈을 일삼다가 민족의식이 발전하자 곧 정복자로 변하여 중국의 역사를 장안시대는 마감을 하고 새로운 북경시대를 연다. 몽고족의 원나라와 만주족의 청나라가 바로 그들이다. 그러나 이 북쪽의 정복자들이 중국 역사를 무너뜨린 것은 아니다. 징기스칸은 유라시아 전역에 걸친 칸국(汗國)을 건설하여 대중국의 초석을 마련하고 서양 백인들에게 황화(yellow peril)를 경험케 하였다. 그리고 청나라 강희·건륭의 두 황제는 각각 60년 동안이나 황제 자리에 앉아 있으면서 중국 변경 지역들을 정복하여 신짱·시장·칭하이·윈난·깐수·닝샤·네이멍구·만주·타이완 등 중원의 2.5배에 달하는 지역을 중국의 영토로 확보하였다. 영토상으로만 대중국을 이룩하였을 뿐만 아니라 민족에 있어서도 중국의 주인을 한족에 국한시키지 않고, 한(漢)·만(滿)·몽(蒙)·회(回)·장(藏)의 오대민족을 중심으로 소수민족들을 모두 융합하여 중화민족이 이루어졌다는 대민족의 개념을 이룩하게 하였다[14]. 물론 이 대민족 개념은 현대에 이르러 더 확실하게 고정된 것이다.

서쪽 오랑캐들은 이들에 비하여 중국문화 발전

14) 清 徐珂『清稗類鈔』種族類 漢滿蒙回藏五族同源 대목 참고.

에 크게 공헌하고 있다. 서기 기원전 2세기부터 중국의 권역을 넘어 서쪽지방으로부터 새로운 문화가 들어와 중국의 전통문화를 자극하여 한 차원 더 높은 단계로 발전시키고 있다. 본시 서쪽 오랑캐 지역을 뜻하는 서역(西域)이란 말은 『한서』 서역전(西域傳)에 따르면 지금의 신짱성 천산산맥과 곤륜산맥 사이의 타림하가 흐르고 타클라마칸사막이 펼쳐져 있는 타림분지 지역을 가리키는 말이었다. 중국의 역사서에는 『한서』로부터 시작하여 『후한서』·『북위서』·『수서』·『신당서』 등에 서역전이 모두 있다. 그러나 차차 '서역'이란 용어는 이 분지를 남북으로 돌아가는 두 통로인 서역의 남쪽과 북쪽의 길 곧 실크로드를 거쳐 도달하게 되는 서쪽 지역을 널리 가리키는 말로 쓰이게 되었다. 중국문화 발전에 공헌한 서쪽 오랑캐 민족도 이처럼 넓은 뜻에서 받아들여도 좋을 것이다.

이 서쪽 민족들이 중국문화 발전에 끼친 공헌을 실크로드의 역할로 파악하여 그 특징을 추구하여 보려고 한다. 실크로드란 본시 중국의 비단을 서역으로 수출하던 '비단 길'이란 뜻의 말이다. 그러나 뒤에는 중국과 서역 사이의 '동서 교역의 통로'라는 뜻으로 쓰이게 되고 더 나아가 옛날 중국의 '서방문화와의 접촉' 및 '서방문화의 수입'의 개념까지도 상징하는 말로 발전하였다.

한 대에 개척된 실크로드는(1-2세기) 기본적으로 천산산맥과 곤륜산맥 사이의 타림분지 남쪽과 북쪽을 경유하는 두 통로가 있었다. 장안에서 출발하여

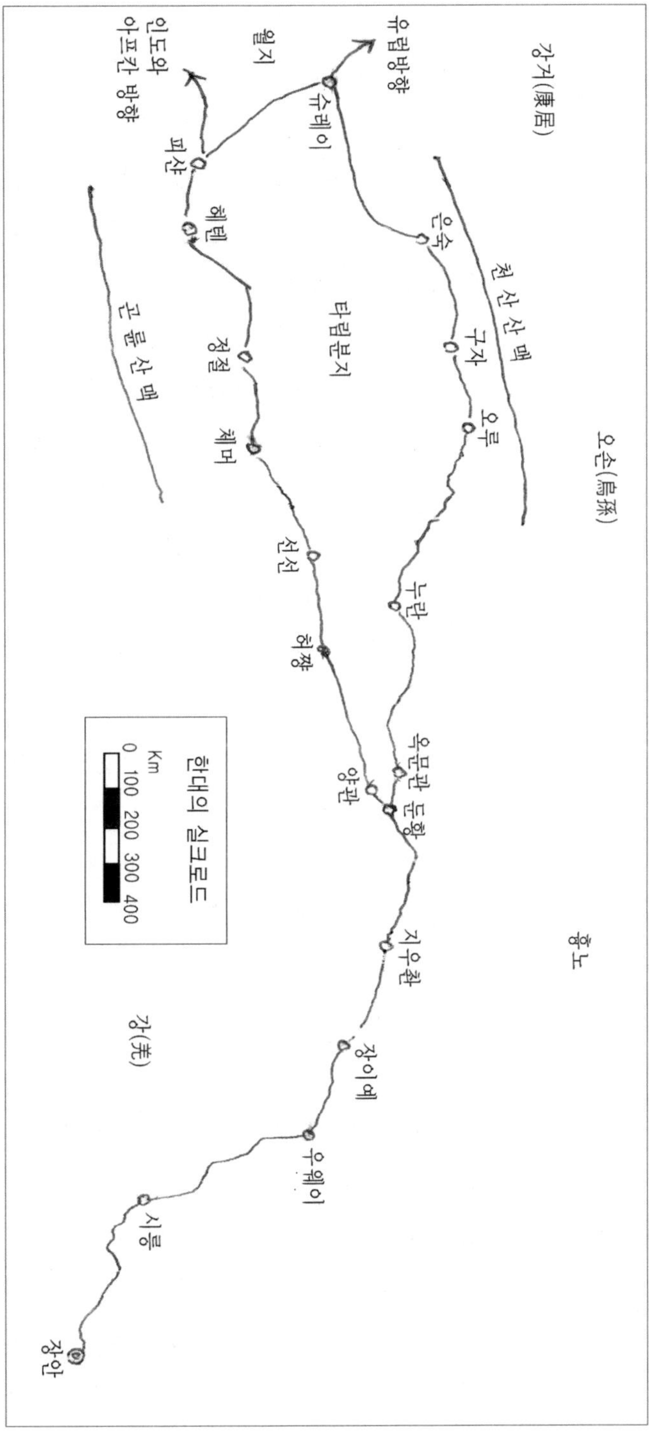
강거(康居)
유럽방향
월지
인도와 아프간 방향
슈레이
피산
허텐
온숙
천 산 산 맥
구자
타림분지
정절
오루
체머
곤 륜 산 맥
오손(烏孫)
선선
누란
허쟝
옥문관
양관
둔황
흉노
지우촨
강(羌)
장이예
우웨이
시닝
장안
한대의 실크로드
Km
0 100 200 300 400

깐수성 시룽(西隴)및 옛날의 양주(涼州)인 우웨이(武威), 옛날의 감주(甘州)인 장이예(張掖), 옛날의 숙주(肅州)인 지우촨(酒泉)을 거쳐 둔황에 이르러 옥문관을 나가 북쪽 초원지대인 지금은 신짱 땅이지만 옛날에는 누란(樓蘭, 지금의 哈密 근처)과 서역도호부가 있던 오루(烏壘)를 거쳐 구자(龜玆, 지금의 吐魯番 근처)라고 부르던 곳과 온숙(溫宿)이란 곳을 지나서 타림분지 북쪽을 통과하여 슈레이(疏勒)에 이르러 다시 중앙아시아 여러 곳으로 가는 길이 북쪽 길이다. 둔황에서 양관(陽關)을 나가 신짱의 타크라마칸사막 남쪽 러짱(若羌)과 선선(鄯善)을 거쳐 체머(且末)와 정절(精絕)이란 곳을 지나 옛날의 우전(于闐)인 허텐(和田) 등 오아시스 도시를 거쳐 피샨(皮山)에 이르러 다시 서쪽 여러 곳으로 나가던 길이 남쪽 길이다. 후세에는 육로를 통한 동서교역이 불편해지자 동남아 연안 항로를 통한 동서교역이 활발해져서 이 항로도 실크로드라는 말에 포함시키는 학자들이 있으나 여기에서는 제외한다.

10세기로 접어들면서 중국은 오대(五代)라는 혼란기에 접어들어 동서교역을 돌볼 여유가 없었고 몽고족의 서역 침입도 잦아져 교역에 능한 회골(回鶻)도 세력이 강했으나 교역을 제대로 하는 수가 없었다. 그리고 송 대에 이르기까지도 몽고족의 침입과 부족들 사이의 전쟁이 잦아 중국의 서북지방, 특히 한나라와 당나라 시대 전통문화의 중심지였던 섬시·깐수 지방이 크게 파괴되었다. 인구도 줄어들고 땅은 황폐하여 사막이 더욱 늘어갔다. 이에 북송은 장안을 버리고 중원 땅으로 들어가 허난의 변경(汴京, 지금의 開封)에 도읍을 정하였던 것이다. 북송 대에는 민족의식이 강해진 강족(羌族) 계열의 탕구트(黨項)족이 지금의 닝샤성과 깐수성 및 셴시성 북부지역을 차지하고는 북쪽 거란족의 요(遼)나라와 함께 북송에 대항하여 싸우게 되자 실크로드는 더욱 역할을 다하지 못하고 곧 이어질 북경시대를 준비하게 된다. 그 이후로 동서교역은 육로보다도 동남아 연안을 통한 해로의 이용이 더 활발해지기 시작하여 남쪽 광둥성과 푸젠성의 광조우(廣州)·장조우(漳州)·촨조우(泉州)·푸조우(福州) 같은 도시들은 전란을 외면하고 동서교역으로 매우 번창하였다. 북경시대의 주역인 몽고족의 원나라와 만주족의 청나라는 서역 실크로드의 거점지역까지도 모두 지배권 안에 거둬들이고 중국전통문화를 이질적인 방향으로 몰고 가서 실크로드는 자기의 본뜻을 잃게 되었다.

나. 실크로드의 형성과 중국문화의 발전

서역 개척은 한 무제의 등장을 기다려야만 하였다. 한나라 초기에는 지금의 신짱 경내에는 월씨(月氏)·오손(烏孫)·새(塞) 등 수많은 소수민족의 나라들이 있었으나 몽고족인 흉노의 세력이 커서 그들을 쳐부수고 그곳 서역 일대에 침입하여 약탈을 일삼고 그 지역을 점유도 하고 있었기 때문에 한나라는 서역 지방을 장악하지 못하고 있었다. 무제는 장건(張騫)을 서역으로 파견하여 아프칸 북부의 대하(大夏)를 비롯하여 대완(大宛)·강거(康居) 등의 나라와 통하고(B.C.139-B.C.115), 다시 장군을 보내어 루란(樓蘭)·대완을 정벌하고(B.C.108-B.C.104), 둔황에서 뤄뿌뻐(羅布泊) 사이에는 연로에 역참(驛站)을 설치하고 윤대(輪臺)·거리(渠犁) 등지에는 둔전(屯田)을 설치하여 서역의 교통을 확보하였다. 둔전병의 수가 많을 적에는 60여만 명에 달한 곳도 있었다 한다[15]. 다시 뒤의 선제(宣帝) 때에는 지금의 신짱 룬타이(輪臺) 동쪽 오루(烏壘)에 서역도호부(西域都護府)를 설치하여(B.C.60) 그 지방을 더욱 확실히 장악하였다.

▲ 중국의 사신이 서역길을 가고 있는 모습

이에 정식으로 서역과 교역이 시작되어 주로 한나라의 비단이 수출되는 실크로드가 개척된다. 이때 서역으로부터는 잠두(蠶豆)·오이·마늘·양무우·호도·포도·수박·홍당무·석류 및 수공업품 등이 들어왔고 그와 함께 서역의 특이한 음악과 무용 등의 문화가 처음으로 중국에 소개된다. 한나라의 음악 미술 등은 이 자극으로 크게 발전한다. 문학에 있어서는 민간에 악부체의 비교적 자유로운 형식의 노래가 유행하게 된다.

서한 말과 왕망의 신(新)나라 시절(A.D.9-24)에는

15)『史記』 권30 平准書 의거.

중원의 혼란으로 서역의 통제 능력을 잃자 50여 개의 작은 나라들이 나타나고 흉노의 약탈이 다시 시작되었다. 이에 명제(明帝, 58-75 재위)는 두고(竇固)를 보내어 흉노를 정벌하고 신짱 이우(伊吾)에 주둔케 하였는데(A.D. 73), 두고는 다시 반초(班超)를 서역 각지로 보내어 내왕의 길을 트도록 하였다. 반초는 선선(鄯善)의 임금을 굴복시키고 우전(于闐)과 소륵(疏勒)을 따르게 하였다. 그러자 동한은 다시 도호부를 설치하고 고창벽(高昌壁, 지금의 신짱 吐魯番 동쪽)에 무교위(戊校尉)와 기교위(己校尉)를 두어 서역의 장악을 강화하였다(A.D. 74). 서기 75년 명제가 죽자 흉노의 침공이 강화되었으나, 반초는 계속 소륵(疏勒)에 머물면서 흉노 장악 아래 있던 구자(龜玆)와 언기(焉耆)의 임금까지도 따르게 하였고 아푸칸 북쪽 대월지(大月氏)와도 교류를 하게 되었다(A.D.76). 서기 91년에 반초는 서역도호가 되어 구자에 머물다가 71세가 되어서야(A.D.102) 서역을 떠나왔다. 그 사이 동한은 지금의 이란 지방의 안식(安息)과도 교류를 하고, 화제(和帝, 89-105) 때에는 천축(天竺, 인도·파키스탄 지역)에서 실크로드를 통하여 상인들이 중국으로 들어왔다. 동한 시대에는 더욱 적극적으로 실크로드를 개통하여 동서교역이 매우 흥성하였다.

▲ 반초의 초상

이때 서역으로부터 들어오는 것은 낙타·모직물·특수 식물 등이었으나 더 중요한 것은 이것들에 따라 중국으로 들어온 서역의 문화이다. 특히 동양문화사상의 일대 사건은 서기 기원전 3세기에

▲ 중국에 첫 번째로 세워졌다는 사원인 러양의 백마사 정문

▲ 백마사에 있는 제운탑(齊雲塔)

* 황로사상: 도가의 노자(老子) 사상에 황제(黃帝)가 보태어져 도교(道教)에 가까워진 경향의 사상임.

중국에는 진(秦) 왕조에 이은 한 왕조가, 인도에는 마우리아(Mauryas, 孔雀) 왕조라는 대제국이 동서양쪽에 들어섰다는 것이다. 그리고 실크로드가 개척된 이후 중앙아시아 사람들뿐만이 아니라 인도 사람들도 낙타를 이용하는 대상에 끼어 동서교역에 참가하게 되었고, 마침내는 불승이 이들 대상을 따라 들어와 서한 말엽에 불교가 수입되었다는 것이다. 동한에 와서는 명제의 영평(永平) 7년(64)에 낭중(郎中)인 채음(蔡愔)과 박사제자(博士弟子)인 진경(秦景) 등을 천축으로 파견하여 불법을 구해오도록 하였는데, 3년 뒤에 이들은 천축의 불승들을 데리고 귀국하였다. 그리고 이때 낙양에 백마사(白馬寺)가 세워졌다 한다. 곧 안식(安息)·대월지(大月氏)에서도 불승들이 들어와서 불경 번역에 종사하며 불법을 해설하게 된다. 그 뒤 위(220-265)·진(265-419) 시대로 들어가면서 더욱 많은 불승들이 서역으로부터 들어와 불경을 번역하고 불교의 율법을 전하여 전국에 많은 사원이 세워지게 된다. 불교의 범패(梵唄)는 위나라 조조의 아들 조식(曹植)이 만들었다고 전해지고 있다[16]. 5세기 초에는 서역으로부터 유명한 구마라십(鳩摩羅什)이 들어와 불경 번역에 착수하였다.

종교를 모르던 중국에 동한 말엽 농민들의 봉기를 주도하면서 황로사상(黃老思想)*을 바탕으로 한 장릉(張陵)의 천사도(天師道), 장각(張角)의 태평도(太平道) 등이 생겨나 마침내는 이것이 도교로 발

16) 『高僧傳』 제13, 『法苑珠林』 참조.

전한다. 도교는 표면상으로는 불교와 세력을 다투는 것 같았지만 실은 불교의 영향을 받아 도교의 교리와 사상 면에 큰 발전을 이루었고, 교단과 경전과 조직 및 의식까지도 불교를 본떠서 정비하여 도교가 크게 발전할 수 있었다. 후세 송 대에 이르러 유학이 도학 또는 성리학이라 부르는 신유학으로 발전한 데에도 불교의 영향이 크다.

불교와 함께 천축(天竺)과 서역의 새로운 음악·미술 등이 들어와 중국 전통문화를 자극하여 더욱 발전시켰다. 동한 때 악부시가 5, 7언(言) 고체시(古體詩)로 발전한 것도 인도와 서역에서 들어와 유행한 음악의 영향이 크게 작용한 때문이다. 특히 삼국시대 이후로 여러 이민족들이 중원으로 진출하여 나라를 세운 오호십륙국(304-439)을 거쳐 남북조(420-589)시대에 이르는 기간에는 많은 이민족이 중원에 침입하여 나라를 세우면서 극심한 정치적 혼란이 이어진다. 이 '오호십륙국'의 큰 혼란이 일어나면서 한나라에서 위나라로 이어져오던 전통 음악은 전하지 않게 되고 서역의 새로운 음악이 들어와 유행하기 시작한다.

'오호십륙국' 중에서도 장안에 도읍하고 있던 전량(前涼, 317-376)으로 천축의 음악이 들어왔는데, 가곡에는 「사석강(沙石疆)」이 있고 무곡에는 「천곡(天曲)」이 있었으며, 악기는 봉수공후(鳳首箜篌)·비파(琵琶)·오현(五弦)·적(笛)·동고(銅鼓)·모원고(毛員鼓)·도담고(都曇鼓)·동발(銅拔)·패(貝)의 아홉 종류가 들어왔다. 다시 후량(後涼, 386-403)의

▲ 실크로드를 통해
중국으로 들어오는 사신

여광(呂光) 및 북량(北涼, 400-421)의 저거몽손(沮渠蒙遜)은 양주(涼州)에 도읍을 하면서 더 많은 서역의 음악과 불교음악 및 새로운 악기를 들여와 중원 땅에 퍼뜨렸다.[17]

특히 양주(涼州, 지금의 깐수성 武威)는 한나라 때부터 실크로드의 교역 거점도시였고 서역문화가 중국으로 흘러들어오는 길목이었다. '오호십륙국' 시대에는 전량(前涼)·후량(後涼)·남량(南涼)·북량(北涼)·서량(西涼)이 모두 여기를 도읍으로 삼아 그 시대의 혼란에도 불구하고 서역문화가 이곳을 통하여 계속 들어오게 하였다. 그 뒤 북조 북위(386-556)의 수도 낙양 같은 곳에는 서역으로부터 들어와 머무는 서역 사람들이 무척 많았다[18]. 불교도 크게 성행하여, 남북조에는 수많은 불승들이 와서 불경을 번역도 하고 강해를 하기도 하였다. 한편 중국의 불승들도 천축으로 가서 불경을 구해오고 여행의 견문을 책으로 써서 인도 남해와 중앙아시아의 역사·지리·풍속 등이 중국에 소개되었다.

이때 들어온 서역과 불교의 악무와 미술 조각 등은 중국의 음악과 건축·조각·회화 등을 한 차원

17) 『隋書』音樂志 下 참조.

18) 『洛陽伽藍記』 卷3; 自葱嶺以西, 至於大秦, 百國千城, 莫不歡附, 商胡販客日奔塞下. …… 樂中國土風, 因而宅者, 不可勝數, 是以附化之民萬有餘家.

더 높였다. 북위에서는 서량악(西涼樂)을 국기(國伎)라 불렀을 정도이고[19] 이때 천축(天竺)이란 불교음악도 양주를 거쳐 들어왔다[20]. 그리고 중국 각지의 석굴에 남아 있는 이 시대의 조각과 오랑캐 놀이와 사자춤 등이 등장하는 양무제(梁武帝)의 「상운악(上雲樂)」 시 등도 천축과 서역 문화의 중국문화에 대한 영향을 증명한다.

▲ 구자악대(龜茲樂隊)
남북조 시대. 송나라 사람의 그림

불교음악이 가세된 서역 음악의 영향으로 민가가 변한다. 구자악(龜茲樂)을 비롯한 서쪽 음악의 영향인 듯 남북조시대에는 주로 4구절의 짧은 노래들이 민간에 유행한다. 이 영향으로 문인들도 악부체의 고시로부터 벗어나 길이는 짧고도 모든 글자의 성운의 조화를 추구하며 형식적인 수사기교를 다한 시를 짓게 된다. 근체시(近體詩)에 가까운 시가 유행하고 심약(沈約)의 사성팔병(四聲八病)은 그런 경향을 이론으로 뒷받침한 것이다. 산문은 완전한 변려체(騈儷體)*로 발전한다.

* 변려체: 글귀가 대체로 4자와 6자로 이루어지면서 대구(對句)를 이루고, 모든 글자의 성조(聲調)를 따져 읽는 소리를 잘 조화되게 하는 운문에 가까운 산문체임.

당제국은 이처럼 실크로드를 통하여 수입된 서

19) 『隋書』 卷15 音樂志; 西涼者, …… 魏太武旣平河西得之, 謂之西涼樂. 至魏周之際, 遂謂之國伎. …… 楊澤新聲 · 神白馬之類, 生於胡戎. …… 舞曲有于闐佛曲.

20) 上同; 天竺者, 起自張重華據有涼州, 重四譯來貢男伎, 天竺則其樂焉. 歌曲有沙石疆, 舞曲有天曲.

방문화의 영향으로 다양해진 중국문화를 계승하여 더욱 화려한 발전을 이룩한다. 수나라의 칠부악(七部樂) 및 구부악(九部樂)을 바탕으로 한 당 대의 연악(燕樂)* 십부악(十部樂)을 보면 그 중 서량(西涼) · 천축(天竺) · 구자(龜玆) · 소륵(疏勒) · 고창(高昌) · 강국(康國) · 안국(安國) 등 7종의 음악이 서역의 것이다. 남북조와 수를 계승한 서역음악 및 서역문화의 성행을 짐작할 수 있을 것이다.

* 연악: 당나라 때의 속악 계열의 음악

▲ 당나라 현종이 말을 타는 모습

시에 있어서는 당 대로 들어오면서 근체시가 이룩되어 고체 · 근체의 모든 시의 형식이 완비되고 그 내용에 있어서도 도교와 불교의 영향으로 모든 면에 깊이가 더해져서 고도의 발전을 구가하게 된다. 특히 당 태종(627-640)은 정관지치(貞觀之治)라고 역사가들에게 칭송받는 정치의 안정을 이룩한다. 그리고 당제국의 전성은 현종의 개원(開元, 713-741) · 천보(天寶, 742-755) 연간까지 이어진다.

갑자기 '안록산의 난'(755-763)이 일어나 평화로웠던 당제국을 하루아침에 전란으로 몰아넣는다. 불의의 혼란에 직면한 대제국은 정치 · 경제 · 문화 전반에 걸친 급격한 변화가 일어난다. 전란으로 황하 유역 중원 땅이 전체적으로 파괴되고 쌀값은 전란 전에 비하여 300배나 뛰어오르기도 하였다. 더구나 안록산의 반란부대 주력이 이족 군인으로 이루어졌고, 반란을 평정하기 위하여 당에서는 회흘(回紇)을 중심으로 하여 삭방(朔方) · 안서(安西) · 대식(大食) 등 서역 민족의 원병을 불러들여 당나라 땅 안에서 외국 군대가 잔인한 싸움을 벌이며 멋대로 약탈을 일삼는 현상이 벌어졌다. 그리고 토번·남조·회흘 등이 혼란을 틈타 끊임없이 중국으로 침입하여 왔다.

당 대의 서역문화의 유입 상황은 당시만 보더라도 상운악(上雲樂)[21]·서량기(西涼伎)[22]·호등무(胡騰舞)[23]·자지무(柘枝舞)[24]·소막차(蘇莫遮)·발두(撥頭)·사리불(舍利弗)[25] 등을 읊은 시와 그밖에 호선(胡旋)·혼탈(渾脫)·발호왕걸한희(潑胡王乞寒戲)·파라문(婆羅門) 등 서역에서 들어온 음악 무용 놀이를 읊은 시가 무수히 많다. 그 밖에 서역에서 들어온 화가와 음악가들도 여러 사람들이 활약하였다. 당 최령흠(崔令欽)의 『교방기(敎坊記)』에 실린 곡명의 제목만을 보아도 원호천(怨胡天)·강심원(羌心怨)·정서번(定西蕃)·호찬자(胡攢子)·구자악(龜玆樂) 등 일일이 보기를 들 수 없을 만큼 분명히 서역 음악의 영향이라고 할 수 있는 악곡들이 많다.

당나라는 천축과도 교역이 활발하여 예술·음악·의학·천문·역법·어학 등에 많은 영향을 받았다. 특히 현장(玄奘, 596-644)과 의정(義淨, 635-713) 같은 이들이 인도로 가서 불경을 구해오고, 현장은 『대당서역기(大唐西域記)』라는 견문기를 써서 중앙아시아·아프카니스탄·인도·파키스탄·네팔·

21) 李白과 李賀의 시가 있음.

22) 白居易와 元稹의 시가 있음.

23) 李端과 劉言史의 시가 있음.

24) 白居易·劉禹錫·薛能의 시가 있음.

25) 이상 각각 張說·張祜·李白의 시가 한 수씩 있음.

▲ 현장 스님이 불경을 번역하는 모습

스리랑카 등 100여 개 나라의 역사·지리와 풍토·인정을 소개하고 의정은 『남해기귀내법전(南海寄歸內法傳)』과 『대당서역구법고승전(大唐西域求法高僧傳)』을 써서 인도와 남해 일대 지역의 종교와 문화생활을 소개하였다.

그리고 당나라 장안 서시(西市)에는 파사(波斯)·대식(大息) 등 서역 여러 나라의 상인들이 와서 몰려 살면서 장사를 하였고 술집에는 서역에서 온 오랑캐 여인들이 많았으며(李白 등의 시), 불교가 성행함은 물론 기독교 계통의 경교와 화현교·마니교·이스람교 등 외국의 종교가 들어와 사원을 세웠다. 따라서 당 대에는 오랑캐 옷·오랑캐 장막·오랑캐 침대·오랑캐 의자·오랑캐 밥·오랑캐 화장·오랑캐 공후(箜篌)·오랑캐 적(笛)·오랑캐춤 등이 크게 유행하였다.

당나라는 멀리 이란·아랍은 물론 터키 이스탄불에 도읍을 하였던 동로마제국과도 교류[26] 하면서 자기네 문물을 서쪽에 전해주는 한편(제지술·도자기·비단·수공업품 등) 서역 문화를 받아들여 자기네 전통문화를 더욱 다양하게 발전시켰다.

▼ 현장스님이 인도에서 불경을 가져오는 모습. 둔황석굴에서 나온 비단 두루마리

그리고 북송에는 불교의 영향을 받아 현실 문제

26) 『舊唐書』 拂菻傳.

▲ 당 대 사람들의 남녀복장

▲ 당 대 여자의 치마 저고리

만을 문제 삼던 유학을 형이상학적인 문제까지도 학문의 대상으로 삼는 이른바 도학(道學)으로 차원을 높여 놓았다. 북송은 이처럼 폭넓어진 사상을 바탕으로 중국의 전통문화를 가장 높은 경지로 발전시켰다. 그리나 북송 때부터 실크로드가 막히고 남송 때에는 실크로드가 전혀 역할을 못하게 되어 중국문화는 전통을 잃고 이질적인 방향으로 흘러가게 되었던 것이다.

서쪽으로부터 쳐들어온 주 민족에 의하여 중국 전통문화가 이루어졌고, 실크로드를 통하여 들어온 서쪽 문화의 영향으로 그 전통문화는 크게 발전하였다. 그 뒤로 한때 그 문화의 발전이 이질적인 방향으로 흘렀던 시대도 있었으나 지금은 다시 서쪽의 서양 문화의 영향으로 중국문화가 다시 새로운 방향으로 발전하기 시작하고 있다. 중국문화사의 흐름으로 보아 이 서양의 영향이 중국에 긍정적으로 작용하여 중국문화를 새롭게 해줄 것으로 기대해 본다.

2장

북경시대의 문화

1) 주변 이민족의 민족의식의 발전

북경에 도읍을 정한 중국의 문화는 장안시대의 그들 전통문화와는 전혀 다른 성격의 것으로 발전한다. 그것은 무엇보다도 중국 주변 이민족들의 변화로 말미암은 것이다. 이민족이 중원 땅에 들어와 멋대로 나라를 세웠던 오호십륙국(303-439) 및 남북조(420-589) 시대만 하더라도, 흉노(匈奴)·갈(羯)·선비(鮮卑)·저(氐)·강(羌) 등 여러 이민족이 중원으로 침공하여 들어와 나라를 세웠으나 그들은 일단 중원에 들어와 나라를 다스리게 된 뒤에는 스스로 한자를 공부하고 한족의 제도를 따랐다. 그렇게 하지 않고서는 나라를 유지하는 수가 없었다. 그리하여 모두가 바로 한족으로 스스로 동화되고 말았다. 그러나 앞에서 이미 이야기한 것처럼 '안록산의 난'이 일어났던 당나라 중엽인 8세기 무렵부터는 이민족들의 사정이 달라지기 시작한다.

이민족들이 민족의식을 갖기 시작했다. 중국에 대한 이민족들의 태도 변화는 우선 안록산의 난에서 가장 뚜렷이 드러난다. 반란을 일으킨 안록산의 군대는 이민족이 주축을 이루었고, 당나라 조종에서는 반란을 진압하기 위하여 회흘 등 이민족의 군대를 불러들였다. 결국 반란군 진압군의 양 편이 모두 이민족이어서 중국 땅 안에서 잔혹한 살상과 약탈이 멋대로 행해지는 현상이 일어났었다. 이로부터 이민족들은 한족보다 유리한 입장에서 여러 가지로 당나라에 압박을 가하게 되는데, 이런 사실도 이민족이 자기의식을 찾는 데 도움이 되었을 것이다.

우선 이민족들의 민족의식은 자기네 문자의 창제를 통해서 가장 잘 드러난다. 제일 먼저 자기네 문자를 만들어 쓴 민족은 흉노의 별종으로 알타이산맥 남쪽 신짱에서 일어나 6세기부터 크게 세력을 떨쳤던 돌궐이다. 개원(開元) 20년(732)에 세워진 궐특근비(闕特勤碑)에 최초의 돌궐문자가 새겨져 있다 한다. 안록산의 난 평정에 공이 많은 회흘도 처음에는 돌궐문자를 빌려 쓰다가 뒤에는 중앙아시아의 한 부족인 속특(粟特)의 글자 자모를 빌려 회흘문자를 발전시켰다. 회흘문자는 몽고인민공화국에서 발견된 두 개의 비(碑)와 신짱 등지에서 발굴된 문건 등이 있고, 둔황 석굴에서는 회흘의 목각활자가 발견되었다.[27] 안록산의 난 직후 중국 땅으로 쳐들어

27) 作特, 『中國印刷術的發明和它的西傳』, 吳澤炎 譯本 참조.

와 넓은 지역을 점령하였던 토번은 우전(于闐)의 문자를 빌려 토번문자를 만들었는데, 그것이 지금의 티베트문자가 되었다. 그리고 신짱 경내를 중심으로 있던 고창(高昌)·구자(龜玆)·우전(于闐) 등도 모두 자기네 문자를 만들어 썼다.

12세기 이후 중원으로 들어와 북경에 도읍을 정하고 정복왕조로 군림하기 시작한 만주족과 몽고족은 그런 경향이 더욱 두드러진다. 곧 남송시대에 이르러는 이민족들의 자기문화에 대한 각성의 정도와 그 각성을 통한 한족에 대한 압력의 강도가 전과는 달라진다. 이전의 남북조시대나 중당으로부터 북송에 이르는 시대에는 이민족이 중원으로 들어와 나라를 세우고 한족들보다도 무력 면에 있어서는 우위를 차지하여 한문화에 큰 영향을 끼치면서도 결국은 문화상으로 한족에 동화되어버리던 것과는 이민족들의 모습이 크게 달라졌다는 것이다. 그것은 문자에 대한 이들의 태도 변화를 통해서도 쉽게 짐작할 수 있는 일이다.

▲ 신짱 성에 있는 위구르족의 고창(高昌) 도읍 유적

북송으로 들어와서도 중국 주변의 이족들이 모두 자기네 문자를 계속 창제하였다. 거란족의 요나라는 태조 5년(920)에 거란대자(契丹大字)를 만들어 사용하기 시작하였고,[28] 회흘의 사신이 왔을 때 태조의 아우 야율질라(耶律迭剌)가 회흘의 말과 글을 참고로 하여 거란소자(契丹小字)를 만들었는데,[29] 금나라도 요나라를 멸망시킨 뒤에까지도 한동안 그 문자를 사용하였다. 그러나 금나라 태조 아골타(阿骨打)는 천보(天輔) 3년(1119)에 신하들에게 명하여 거란문자와 한자를 본떠서 뒤에 여진대자(女眞大字)라 부르게 되는 문자를 만들어 세상에 편다.[30] 그리고 금나라 희종(熙宗)이 천권(天眷) 원년(1138)에 여진소자(女眞小字)를 만들어 세상에 널리 편다.[31] 세종(世宗)의 대정(大定) 4년(1164)부터 여진대소자(女眞大小字)로 중국의 경서를 번역하여 널리 펴고, 대정(大定) 11년부터는 시책(試策)·시론(試論)·제거(制擧)·굉사(宏詞) 등 여러 가지 방식으로 여진문자로 인재를 등용하기 시작한다. 다시 대정(大定) 13년에는 책(策)·시(詩)로 인재를 뽑

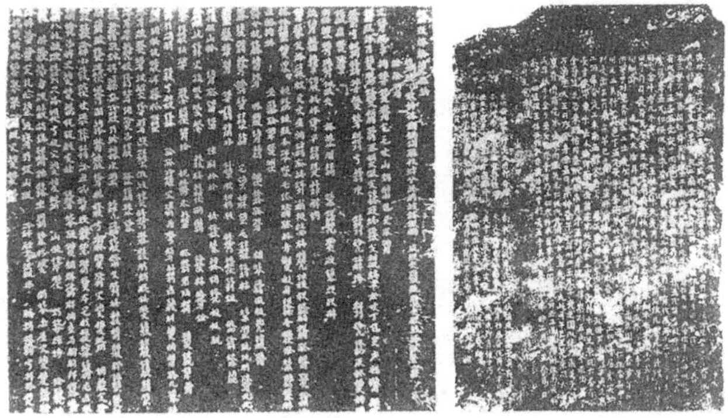

▲ 거란소자(왼편)와 거란대자(오른편)

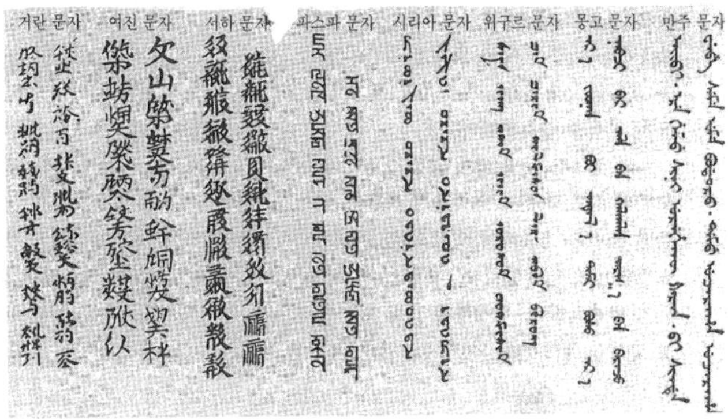

▲ 중국 주변 이민족들의 문자

28)『遼史』卷2 太祖紀 참조.

29)『遼史』卷64 皇子表 참조.

30)『金史』卷2 太祖本紀 참조.

31)『金史』卷4 熙宗本紀 참조.

으면서 중앙엔 여진국자학(女眞國子學)을 개설하고, 지방인 제로(諸路)에는 여진부학(女眞府學)을 설립하여 신진사(新進士)로 하여금 여진문자로 쓴 책을 가르치게 하였다.

이때 세종과 승상 사이의 대화는 이들의 자기 문자를 장려하는 태도를 잘 설명해 준다. 먼저 세종이 묻는다.

> "거란문자는 시대가 오래되고 그것으로 지은 시를 보더라도 의리가 깊고 미묘한데, 당시엔 어째서 거란진사과거(契丹進士科擧)의 제도를 만들지 않았소? 지금 비록 여진자과(女眞字科)를 만들기는 하였으나, 생각하건대 여진자는 창제한지 얼마 되지 않아 의리가 한자처럼 심오하지 못하니 후세 사람들이 비판하게 될까 두렵소."

승상 수도(守道)가 이렇게 대답한다.

> "한나라 문자도 처음부터 이러하지는 못하였던 것인데, 역대 성현들이 점차로 수정하고 보충한 덕분에 이렇게 된 것이라 믿습니다. 성상께서는 타고나신 자질이 명철하시니, 지금 경전을 번역하여 천하 사람들을 가르치시는데, 그렇게 오랜 동안 하시기만 하면 한인들의 문장과 같게 될 수 있을 것입니다."[32)]

초기의 몽고문자는 회흘문과 비슷하여 회흘식 몽고문이라 부른다. 원 세조 쿠빌라이(Khubilai, 忽必烈)는 중통(中統) 원년(1260) 왕위에 오르자마자

32) 『金史』 卷51 選擧志.

빠스파(八思巴)를 국사(國師)로 모신 뒤 병음문자인 몽고신자(蒙古新字)를 만들게 하고, 지원(至元) 6년(1269)에 천하에 널리 폈는데,[33] 이를 뒤에는 몽고자 또는 빠스파자라 부르게 된다.

이 뒤로 경사에는 몽고한림원(蒙古翰林院)·몽고국자감(蒙古國子監)·몽고국자학(蒙古國子學), 지방에는 몽고교수(蒙古教授)·몽고제거학교관(蒙古提擧學校官) 등을 두어 몽고자를 사용하고 교육케 하였다.[34] 지원 8년(1271)에 경사에 몽고국자학(蒙古國子學)을 두고, 지원 6년에 지방 각로(各路)에 몽고자학(蒙古字學)을 두었는데, 모두 『통감절요(通鑑節要)』를 몽고어로 번역하여 교과서로 썼다 한다.[35] 세조는 몽고자를 세상에 널리 펴면서 다음과 같은 조서를 내리고 있는데, 역시 문화에 대한 세조의 자주적인 태도를 잘 설명해 준다.

> "내 생각으로는 글자는 말을 기록하고, 말은 사물을 표현하는데, 이것은 고금에 통용되는 제도이다. 우리나라는 기틀을 북방에 세우고, 습속은 간략하고 오래된 것을 숭상하여, 문자를 제정할 겨를이 없었다. 그래서 문자의 실용에 있어서는 한자와 회흘문자를 써서 우리말을 기록하였다. 요나라나 금나라 등 주변의 여러 나라들도 각각 문자가 있다. 지금 문화적인 통치를 일으키고 있으나 문자가 없다면 일대의 제도로서는 실로 미비하다고 할 수 있다. 그러므로 국사 빠스

33) 『元史』 卷202 八思巴列傳 참조.

34) 『元史』 卷87 百官 三, 卷91 百官 七 참조.

35) 『元史』 卷81 選擧 一 學校 참조.

파(八思巴)에게 특명을 내려 몽고신자를 만들어 모든 문장을 번역하고 기록케 하였는데 말을 따라 사물을 표현하는 데 목적을 두었을 따름이다. 지금으로부터는 모든 반포하는 국새(國璽)가 찍힌 문서는 몽고신자를 병용하며 각각 해당 나라의 글자는 거기에 붙여 쓰기로 한다.”

한족을 지배하던 이족들의 태도가 이러하였기 때문에 남송 이후로 한족들은 무력에 있어서뿐만 아니라 문화 면에 있어서도 압박을 당하여 점차 자신들의 문화 전면에 걸쳐 전통을 잃고 이질적인 방향으로 발전하여 가게 되었던 것이다. 특히 북경에 도읍을 정하였던 원나라와 청나라는 모두 자기네 문자를 만들어 반포하고 자기네 문화와 풍습을 한족들에게도 강요하며 강대한 군사력을 앞세워 힘으로 다스렸기 때문에 중국의 전통문화는 이질적인 방향으로 발전하지 않을 수가 없었다. 남송 이후의 중국은 음악・미술・문학뿐만 아니라 일반 사람들의 옷이며 음식을 비롯한 생활문화도 전체적으로 성격이 달라진다. 곧 중국문화가 이전과는 다른 이질적인 것으로 발전하게 되는 것이다.

2) 중국문화의 이질화

가. 소희(小戱)로부터 대희(大戱)로

이러한 중국문화의 이질화를 가장 잘 드러내 보여주는 분야가 희극(戱劇)의 변화이다. 북송에서 남송으로 옮겨오면서 갑자기 중국의 희극이 ‘소희’로부터 '대희'로 변한 것이다. 이것은 바로 중국문화의 전변을 뜻하기도 하는 것이다.

▲ 쓰추안 펑시엔(彭縣)에서 출토된 가무와 잡희를 하는 모양이 새겨진 한 대의 전(磚)

중국의 옛날 희극은 노래와 음악과 무용을 그 미학적인 기초로 삼고 있다는 것이 가장 두드러진 특징이다. 곧 중국의 고전극은 노래와 음악과 춤으로 표현하는 일종의 종합예술인데, 편폭이 짧은 '소희'인 고대의 가무희로부터 후세에 발전한 편폭이 무척 길어진 '대희' 곧 잡극(雜劇) · 전기(傳奇) · 경희(京戲) 등에 이르기까지 모두가 그러하다.

그런데 지금 우리가 검증할 수 있는 중국 고전극의 대본들을 놓고 볼 때, 문학 면에서 보면 희극에서는 시뿐만 아니라, 곡(曲) · 사(詞) 등의 운문과 고문(古文) · 변문(騈文) · 백화(白話) 등의 산문을 모두 쓰고 있다. 곧 희극에는 그 당시에 쓰던 각종 중국의 문체가 모두 쓰이고 있는 것이다. 곧 희극의 창작에는 모든 그 시대의 문학 기교가 다 동원되고 있다는 것이다.

음악은 중국 고전희극 중에서 가장 중요한 성분의 하나인데, 그 곡조는 이전 중국의 전통음악과 민간가요 및 외래음악을 모두 계승한 것이다. 보기를 들면 원 대 잡극의 곡조는 왕궈웨이(王國維, 1877-1927)의 『송원희곡사(宋元戲曲史)』에 실린 조사 결과에 따른다면, 그 연원을 고증할 수 있는 것으로 대곡(大曲) · 당송사(唐宋詞) · 제궁조(諸

宮調)가 있고, 또 분명히 송 대의 이전 악곡의 곡조로부터 온 것임을 알 수 있는 것들이 있다. 희극음악은 그 당시의 중국 음악을 광범하게 모두 흡수하여 이룩한 것임을 알 수가 있다.

치루산(齊如山, 1875-1962)은 『국극예술휘고(國劇藝術彙考)』 제4장 동작(動作) 부분에서 "국극에서의 일체 동작은 크고 작은 것을 막론하고 절대로 사실적이어서는 안 되며, 반드시 춤 형식으로 표현되어야만 한다."고 말하고 있다. 여기의 '국극'은 바로 '경극'이다. 곧 중국의 희극배우들의 무대 위에서의 동작은 모두가 무용이란 말이 된다. 이 희극의 무용은 옛날 중국의 각종 무용 형식을 계승한 것이어서, 한나라 때의 장수무(長袖舞)·절요무(折腰舞)·건무(巾舞) 등의 법식과 당나라 때의 각종 건무(健舞)와 연무(軟舞)는 물론 각종 민간무용과 오랑캐 춤조차도 모두 흡수되어 있다. 그리고 정식 무용 이외에도 희극 배우들의 동작 속에는 무술과 잡기 등의 기교조차도 응용되고 있어 그 춤의 법식이 매우 여러 가지이다. 희극 무용도 그 당시 중국의 각종 무용과 기예를 모두 흡수하여 응용하고 있는 것임을 알 수 있다.

▲ 당나라 때의 돈황벽화
막고굴 12의 일부 모사

중국희극에 쓰이는 의복·관과 모자·소도구·얼굴화장 등은 모두 종류도 많거니와 또한 어느 시대든 그 시대의 미술기교를 다하여 만들어진 것들이다. 그러므로 중국희극은 그 시대의 미술 의식도 잘 반영하고 있다.

이상을 종합해 보면 중국의 고전희극은 그 당시

의 문학·음악·무용·미술을 모두 대표하고 있음을 알게 된다. 다시 말하면 중국의 고전희극은 일종의 종합적 예술이어서 무엇보다도 그 시대의 중국문화를 종합적으로 대표한다고 할 수 있다. 따라서 중국희극사상 어떤 시대에 희극에 큰 변화가 있었다면, 그것은 곧 그 시대의 문학이나 음악·무용·미술 등에 많은 변화가 있었음을 의미하게 된다.

▲ 송 대 잡극 공연 그림

장안시대의 중국희극은 가무희를 중심으로 하는 '소희' 위주의 시대였다. 그러나 북송 말년(1126) 무렵에 갑자기 편폭이 긴 희문(戲文, 또는 南戲)이 생겨나 중국 고전희극이 소희로부터 '대희'로 바뀌어버렸다.[36] 북송 이전의 '소희'란 중국 고대의 산악(散樂) 속의 가무희와 잡희를 중심으로 발전해 온 중국의 전통적인 희극 또는 놀이로서, 한 대의 가무희·각저희(角觝戲)·참군희(參軍戲)·골계희(滑稽戲)·우희(優戲)·괴뢰희(傀儡戲) 등이 모두 그 속에 포함된다. 또 송잡극(宋雜劇)과 금원본(金院本)은 소희로써 정식(程式)이 가장 발달했던 최

36) 曾永義는 「中國地方戲曲形成發展的徑路」(『詩歌與戲曲』, 臺北, 聯經出版社 刊 所載)에서 중국희극을 크게 <大戲>와 <小戲>로 분류하고 있다.

후의 극종이다.

‘대희’ 중에 가장 먼저 세상에 나온 것이 희문(戱文)이라고 하나 북송 말엽에 지금의 쩌짱(浙江)성 원조우(溫州) 지방에서 한때 공연되었을 뿐 온전한 작품은 하나도 전하지 않는다. 대희가 본격적으로 중국의 희극을 대표하게 된 것은 도읍을 북경으로 정한 원나라(1260-1368)에서 공연된 잡극(雜劇)이다. 그런데 이 잡극은 실상은 몽고시대(1206-1259)에 성행되어 대표적인 작가와 작품들이 나왔고, 그 전에 중원을 지배하고 있던 금나라(1115-1234)에서 바탕이 이루어진 것이다. 명(明)대에 들어와서는 희문이 발전한 전기(傳奇)가 다시 성행하였고, 청 대에 와서는 경극(京劇)을 포함하여 각 지방의 토속 음악을 응용한 화부희(花部戱)가 지방마다 제각기 유행하게 된다.

그런데 이 ‘대희’는 ‘소희’와는 그 내용이나 형식 및 연출방법 등 모두가 판연히 다르다. 대희는 소희에 비하여 편폭이 매우 길어졌다는 차이뿐만 아니라 거기에 쓰이는 음악이며 악기가 완전히 다른 것으로 변하였다. 연출 방법이나 춤과 배우들의 동작도 달라졌다. 그리고 배우들의 옷이나 화장 등에서 보여주는 미술의식도 크게 달라졌다. 이러한 변화는 곧 중국문화가 전반적으로 변화하였음을 뜻한다고 볼 수 있다.

다만 여기에 일반 사람들에게 착시현상을 일으키게 하는 요소가 세 가지 있음에 주의하여야 한다.

첫째; 대희의 작품들이 모두 한자로 쓰인 세련된

문장이어서 이전의 중국 전통문학을 그대로 계승 발전시킨 것으로 보이게 한다는 것이다. 그러나 대희로 연극이 변하면서 시를 중심으로 하는 중국 전통문학의 발전은 맥이 끊어지고 있다. 그리고 몽고시대에 관한경(關漢卿, 1246 전후)·마치원(馬致遠, 1251 전후)·왕실보(王實甫, 1234 전후) 등 잡극의 대표적인 작가가 나와 빼어난 문학작품으로 잡극을 남기고 있는 것은 몽고족의 지배 아래 할 일을 잃은 한족 지식인들이 생활방편과 소일거리로 잡극 창작에 몰두했기 때문일 것이다.

▲ 원나라 때 잡극을 하던 배우들의 모습을 조각한 묘에 장식된 벽돌(석전)
1978년 산시성에서 출토되었다.

둘째; 남송의 수도 임안(臨安)의 생활문화를 기록한 오자목(吳自牧, 1270 전후)의 『몽량록(夢粱錄)』·주밀(周密, 1232-1308)의 『무림구사(武林舊事)』·내득옹(耐得翁, 1235 전후)의 『도성기승(都城紀勝)』등을 보면 북송 수도 변경(汴京)의 생활문화를 기록한 맹원로(孟元老, 1126 전후)의 『동경몽화록(東京夢華錄)』의 내용과 별로 큰 차이가 없다. 때문에 일반적으로 남송 시대에는 북송의 문화를 그대로 계승하였던 것으로 생각하고 있다. 그러나 이것은 도성의 황실을 중심으로 한 사대부들, 곧 한 도시의 극히 제한된 일부 지배계층의 생활문화 기록인 것이다. 지금의 항조우인 임안에서 멀리 떨어지지 않은 소도시 인 원조우에 대희인 희문이 공연되었다면 이미 남송의 서민문화는 크게 변하고 있었음을 알게 된다.

셋째; 보통 양송(兩宋)이라 하여 남송은 북송을 그대로 계승한 중국을 대표하는 전통왕조로 알고 있다는 것이다. 그러나 북송 시대에도 북쪽지방에는 요(遼, 907-1125) · 서하(西夏, 1032-1662)와 금나라의 세력이 매우 컸다. 금나라가 북송을 공격하여 상황인 휘종(徽宗)과 황제 흠종(欽宗) 및 수많은 종실 사람들과 관원들을 북쪽으로 끌고 가면서 송나라는 완전히 망한 것이나 다름없었다. 고종이 남쪽으로 도망 와서 남송을 세웠다지만 이미 중원 땅은 금나라가 다 차지하고 있었고 남송의 정치 명령이 미치는 곳은 매우 제한된 남부지역이었다. 그리고 곧 몽고족도 일어나 중국을 지배하기 시작한다.

따라서 남송으로 들어오면서 중국문화는 전반적으로 이전과는 다른 이질적인 성격으로 변했음에 유의하여야 한다.

나. 원 대의 잡극과 문화의 이질화

▲ 청 대의 옷

앞의 남송은 이질화의 시대이기는 하지만 북경의 시대는 아니다. 중국문화의 이질화는 완전히 북경시대로 들어간 원 대에 이르러 더욱 분명해진다. 몽고족과 만주족은 모두 자기네 문자를 만들어 한자에 대신하려고도 하였지만 옷이나 음식 같은 생활습성도 자기네 방식을 강요하였다. 이에 중국 사람들의 옷도 말을 타고 목축을 하는 사람들에게 맞는 몸에 달라붙는 폭이 좁은 모양으로 변하고 술도 막걸리와 약주가 아닌 증류주 빼갈로 바뀌는 등 모든 것이 바뀌었다.

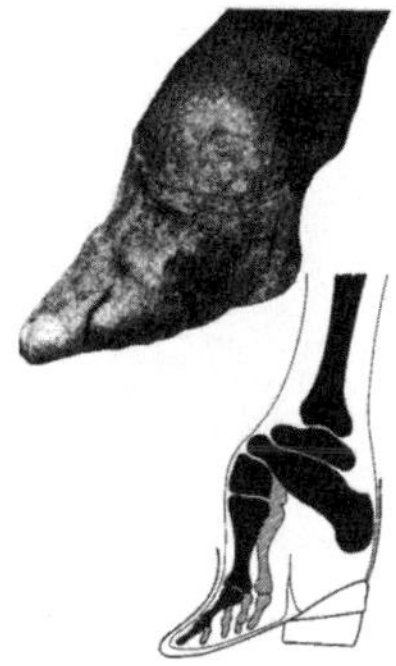

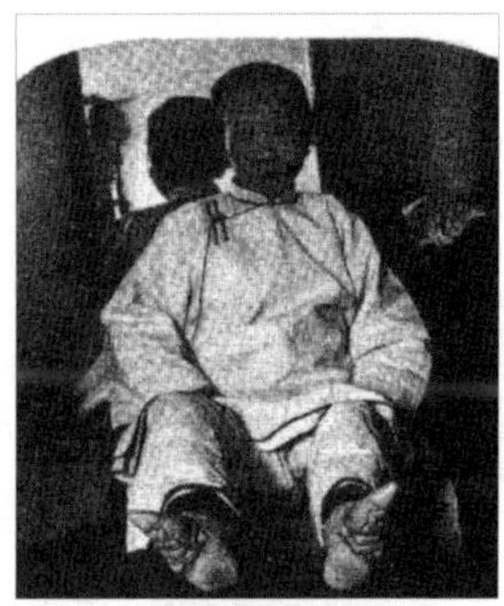

▲ 전족을 한 중국 여자의 발과 신을 신은 발의 투영도(위)

전족한 청나라 여인(아래)

중국 여자들에게 유행하였던 어릴 적부터 발을 동여매어 발 병신을 만들어 뒤뚱뒤뚱 걷게 하였던 전족(纏足)도 실은 원나라 때부터 한족 여자들에게만 성행하기 시작한다. 많은 사람들이 중국에 옛날부터 여자들을 섹시하게 만들기 위하여 전족을 하는 풍습이 있었다고 하면서 여러 가지 시나 글을 보기로 들고 있지만 그것들은 모두 미인의 작은 발을 형용한 글이다. 그리고 여자의 전족이 결코 섹시하지도 않은 것이다. 틀림없이 북송 때에 만주족과 몽고족이 중원으로 쳐들어오면서 한족들의 움직임을 둔하게 만들기 위하여 강요에 의하여 생겨난 풍습일 것이다. 세상에 어떤 부모가 전족이 좋다고 자기 딸을 어렸을 적부터 발을 꽁꽁 묶어놓아 큰 고통을 받으면서 살게 하였겠는가? 『진여록(燼餘錄)』이란 책에 이런 기록이 보인다.

> "김올출(金兀朮)이 소주(蘇州) 지방을 공략할 적에 …… 30세 이상 및 30세 이하의 부녀자들로 발을 묶지 않은 사람과 이미 자식을 낳은 사람은 모두 남김없이 죽여버렸다."37)

그리고 남송 초기에 나온 『풍창소독(楓窓小牘)』이란 책에는 이런 말도 보인다.

37) 高洪興『纏足史』, 上海文藝出版社, 1955년 간본에서 인용.

"요새 듣건대 도적들 지역(금나라를 가리킴)에는 여자들의 몸 장식이 되살아나고 있다는데, 발을 묶어 작게 하는 것과 온 몸에 향기가 나고 얼굴에 윤기가 나게 하는 환약 같은 것으로 모두가 북쪽으로부터 남쪽으로 전해지고 있다."38)

린위탕(林語堂, 1895-1976)은 그의 신앙백서인 『이교도에서 기독교도로 *From pagan to Christian*』39)의 '제1장 유년기에서 청년기'에서 "주희(朱熹, 성리학자)40)는 12세기 사람인데, 그는 부인들 발에 전족을 하게 하여 우리 고장에서는 그가 '문명'을 발전시킨 사람으로 알려져 있다."고 말하고 있으니, 일부 중국사람들은 남송 때 주자학이 이루어지면서 전족도 유행하게 되었다고 믿고 있음을 알 수 있다.

▲ 원 대 잡극의 도자기 인형

전족은 북경시대 중국문화의 이질화를 단적으로 보여주는 실례이다. 그리고 몽고족이나 만주족 여자들은 전족을 하지 않았고, 청 대에 와서는 특히 만주족 여자들은 전족하지 말라는 금지령을 여러 번 내리고 있다.41)

원나라 때 성행한 희극인 잡극은 그 문화가 이질화한 것임을 잘 보여준다. 우선 그 짜임새부터가 이전의 전통적인 '소희'와는 전혀 다르다.

원 잡극은 한 작품이 원칙적으로 4절(折)42)로 이

38) 『楓窓小牘』 汴京閨閣妝抹 대목.

39) 『이교도에서 기독교도로 *From pagan to Christian*』, 본시 영어로 쓴 책. 필자의 번역이 명문당 출판사에서 발간되어 있음.

40) 주희는 린위탕의 고향인 푸젠(福建) 성 장조우(漳州)의 지사(知事)를 지낸 일이 있음.

41) 『淸史稿』 太宗 · 世祖 · 聖祖 · 高宗 · 宣宗 등 本紀.

루어지는데, 맨 앞이나 중간에 설자(楔子)라는 짧은 대목이 붙여지기도 한다. 그리고 잡극의 등장인물은 말(末, 남역)・단(旦, 여역)・정(淨, 조연)으로 나누어지고 다시 그것들은 여러 가지 종류의 배역으로 나누어진다. 공연할 적의 창은 남자주인공인 정말(正末)이나 여주인공인 정단(正旦) 한 사람만이 하는 것이 원칙이다. 음악은 수나라와 당나라 때의 연악(燕樂) 28조(調)[43] 중에서 12개 궁조(宮調)만이 사용되었다. 그리고 제 1절은 선려궁(仙呂宮), 제 2절은 정궁(正宮) 등 많이 쓰는 궁조들이 정해져 있고, 음악적으로 한 절은 여러 편의 악곡이 엮어지고 끝에는 미성(尾聲)이 붙는 한 개의 투곡(套曲)으로 이루어진다. 곡사(曲辭)는 거의 매 구절 운을 밟고 한 절에는 한 가지 운만을 쓴다. 이 밖에도 이전의 희극에서는 볼 수가 없었던 여러 가지 규식이 정해지고 새로운 모양새를 이루게 된다.

이 원 대에 성행한 '곡'은 북쪽 오랑캐들의 음악을 바탕으로 이루어진 것이다. '곡'이란 사(詞)에 대신하여 원 대에 성행한 시인 산곡(散曲)과 잡극을 아울러 말하는 것이다. 금 (1115-1234)나라가 중원을 차지하고 다시 몽고족이 남쪽으로 쳐들어와 원나라를 세울 무렵(1206-1259)에 문화적으로는 저급인 이들의 영향을 받아 이루어진 것이 곡이다. 이는 이전과는 다른 새로운 음악을 뜻한다. 남송 때의 증민행(曾敏行, ?-1175)이 그의 『독성잡지(獨醒雜志)』에서

42) 1折은 현대 연극의 1場이나 1幕과 비슷하다.

43) 宮・商・角・羽 四聲에 각각 七調가 있어 28調가 된다.

이런 말을 하고 있다.

"선화(宣和) 여간(1119-11125) 말엽에는 서울(汴京) 길거리에서 천한 사람들이 오랑캐 곡을 많이 노래 불렀는데 「이국조(異國朝)」·「사국조(四國朝)」·「육국조(六國朝)」·「만패서(蠻牌序)」·「봉봉화(蓬蓬花)」 같은 노래였다. 그 가사가 지극히 저속하였으나 한때 사대부들도 모두 그것을 노래하게 되었다."

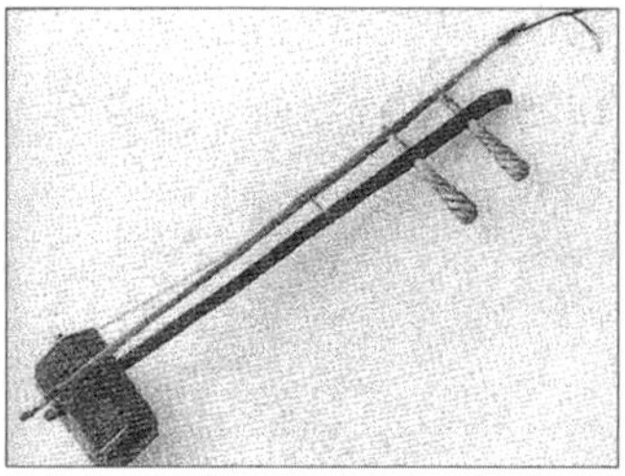

▲ 이호(二胡)

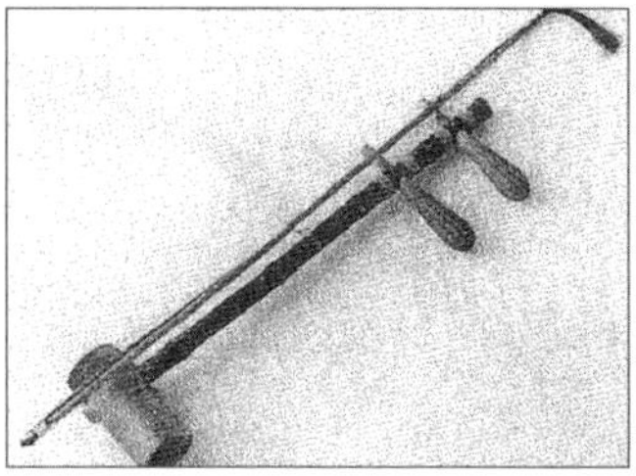

▲ 경호(京胡)

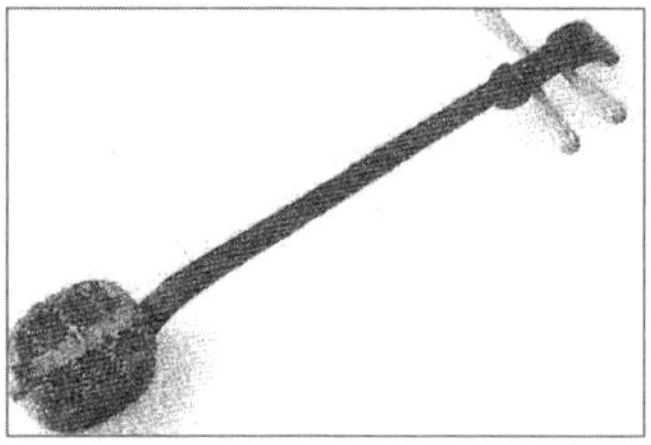

▲ 삼현(三弦)
이상은 원나라 이후에 유행한 호금 종류의 현악기이다.

원 잡극이 생겨날 무렵의 현상을 쓴 것이다. 명 대의 왕기덕(王驥德, ?-1623?)은 『곡률(曲律)』에서 이런 말을 하고 있다.

"금나라 장종(章宗, 1190-1208) 때에 점차 북쪽 노래로 바뀌어졌는데, …… 그 곡조는 아직도 순수하지 않았다. 원나라로 들어와 그러한 노래가 더욱 유행하고 일반화되어 북곡(北曲)이 일세를 휩쓸게 되었다."[44]

"원나라 때 북쪽 오랑캐 달달(達達, 곧 몽고족)이 쓰던 악기는 쟁(箏)·진(蓁)·비파(琵琶)·호금(胡琴)·혼불사(渾不似) 같은 종류였고, 그것으로 연주하는 곡도 한인들과는 같지 않은 것이었다."[45]

이 무렵에 이루어진 곡은 이전의 중국 음악과 곡조며 가사며 그 성격이 전혀 다른 것이었고 악기도 달랐다. 보통 문학사에서 잡극을 원 나라의 것이라 하고 있지만, 왕기덕은 이 책에서 "금나라와 원나라

44) 『曲律』卷 1 論曲源 第一.

45) 上同 卷4 雜論 第三十九 下 引『輟耕錄』.

의 잡극"이란 말도 쓰고 있다. 이 잡극은 노래며 가사 모두 매우 저속하였지만 결국 한인 사대부들이 잡극의 대본을 써서 지금 우리에게는 매우 우수한 잡극 작품들이 전해지고 있다. 이들 덕분에 후세 중국의 연극학자들은 일반적으로 이 원 잡극이야말로 완전한 중국의 희극이란 생각을 갖게 되었다.

북경에 도읍을 정한 몽고족의 원나라는 이전 중국의 정치 방식을 이용하면서 중국 땅을 힘으로 지배하였다. 한족은 문화 면에서는 정복자인 몽고족을 경멸하였고 약탈과 파괴와 폭음이나 하는 야만인으로 알고 심지어 오줌으로 몸을 씻는 족속쯤으로 아는 이들도 많았다. 몽고인들도 그러한 사실을 알았기 때문에 자기들만으로는 손이 모자라 다른 외국인들을 끌어들여 중국을 지배하는 데 이용하였다. 마르코 폴로는 그의 『동방견문록』에서 이렇게 쓰고 있다.

> "따칸(大汗)*은 세습적 권리에 의해 중국의 지배권을 계승한 것이 아니라 정복에 의해 장악하였다. 따라서 원주민에 대하여 자신을 갖지 못하였기 때문에, 그는 모든 권력을 타타르(Tartar, 韃靼)인이나 사라센(Saracens)인 혹은 기독교인들의 손에 맡겨두었다. 그들은 따칸의 황실에 귀속되어 헌신적으로 봉사하였으며, 중국에서는 이국인이었다."

* 따칸: 몽고의 임금을 일컫는 말. '칸'이라고 함.

몽고인들은 사회의 위계질서를 위하여, 그들 자신은 가장 높은 계급으로 자처하였고, 그들을 돕는 한족이 아닌 이민족들이 두 번째 계급이고, 일찍이 항복한 북쪽의 한족들이 그 다음이었고, 가장 수가 많은 남쪽 지방의 한인들은 밑바닥 계급이었다. 이러한 민족에 따른 자기들에 대한 충성도를 그대로 중국을 지배하는 위계질서에 적용하기 위하여 칸의 자리뿐만 아니라 중요한 많은 벼슬까지도 세습을 원칙으로 하여 유지하며 사회계급을 변함없이 유지하려 하였다. 이 계급에 따라 대우와 법률 적용 방법 등이 모두 달랐고, 이를 이용하여 무자비하고 잔인한 방법으로 중국을 지배하였다.

따라서 장안시대와 북경시대는 같은 중국이면서도 학술과 예술 및 문학이 판연히 서로 다르게 발전하고 있다. 곧 장안시대에 비하여 북경시대에는 사람들의 옷과 음식 및 모든 생활방식과 음악·미술 등이 크게 달라졌다는 것이다. 시를 중심으로 하던 중국의 전통문학은 더 이상의 발전을 이루지 못하고 시(詩)·부(賦)·사(詞)·고문(古文) 모두 이전 시대 작가들의 흉내를 내면서 그들이 만들어놓은 작품을 정리하고 연구하기에만 여념이 없었다. 북경시대의 문학은 서민적인 소설과 희곡의 창작에서 새로운 세계의 개척을 보여주고 있다. 장안시대의 문화가 지배계급인 사대부 중심이었다면 북경시대의 문화는 서민을 중심으로 하는 시정문화 같은 성격을 띠고 있다. 이후 만주족의 청나라는 말할 것도 없고 명나라도 그러한 성격을 면치 못하고 있다.

다. 명 대의 전기와 이질적인 문화의 계승

명 대에 전기라는 희극이 성행했다는 것은 명나라가 한족의 왕조이기는 하지만 문화의 이질화 경향으로부터 벗어나지 못했음을 뜻한다. 문화의 발전은 한번 방향이 바뀌면 다시 제자리로 돌아오기 쉽지 않은 것이다. 명 대의 전기는 음악도 바뀌어 원 잡극을 북곡(北曲)이라 부르는데 반하여 남곡(南曲)이라 한다. 북곡이 만주족과 몽고족 영향 아래 변한 중국 북방의 음악인데 비하여 남곡도 동시에 남방에서 이질적으로 변한 음악이다. 이것들은 작품의 구성도 달라져 잡극에서 절(折)이라 부르던 한 단락을 척(齣)이라 바꾸고 한 작품이 4, 50척에 이르는 장편으로 발전하였다. 물론 그 밖의 규식들에도 모두 변화가 있었다.

원나라 뒤의 명나라는 한족의 왕조이다. 따라서 많은 지식인들이 몽고족의 지배 아래 잃어버린 자기네 문화 전통을 되찾아 보려고 애썼다. 한·당 제국의 위력과 송 대 문화를 되찾기를 바라면서 자기들의 전통을 변질시켜 놓은 원나라에 대해서는 혐오감을 지녔다. 이러한 태도는 결국 자기네 옛 문화만을 되씹으면서 중화민족의 우월감을 바탕으로 바깥세상은 가벼이 보며 무시하는 경향을 지니게 만들고 말았다. 문학사를 보면 이몽양(李夢陽, 1472-1529)·하경명(何景明, 1483-1521) 등의 전칠자(前七子)와 이반룡(李攀龍, 1514-1570)·왕세정(王世貞, 1526-1590) 등의 후칠자(後七子)가 모두 잃어버린 시문을 중심으로 하는 전통을 되찾아 지난날의 영광을 다시 회복하려 애썼다. 이몽양은 그의 『공동집(空同集)』에 이런 말을 쓰고 있다.

"아! 기이하다! 이럴 수가 있는가? 나는 일찍이 민간의 음악을 들은 일이 있는데, 그 곡조는 오랑캐 것이고 그 악상은 음란하며 그 소리는 슬펐고 그 가락은 저속하였으니, 바로 금나라와 원나라의 음악이었다. 어찌 그 가락이 진실한 것일 수가 있겠는가?"

"옛날에는 나라마다 노래가 달랐으니 곧 그들의 풍속을 따라서 소리가 이루어졌던 것이다. 지금 습속은 이미 오랑캐의 지배를 겪었으니 그 곡조가 어찌 오랑캐 것이 아닐 수가 있겠는가?"46)

▲ 명나라 때 『비파기』 공연 모습을 그린 그림

그러나 이들의 오랑캐화한 문화로부터 벗어나 보려는 노력은 이미 문화 전통을 잃고 있는 터이어서 결국 옛날로 돌아가려 하거나 옛날 것을 흉내내는 테두리를 벗어나지 못하고 말았다. 창조적인 경향이나 새로운 세계를 탐구해보려는 노력은 거의 보이지도 않는다.

희극을 보면 원 대 후기 국세가 쇠약해짐에 따라 서민들은 북곡을 멀리하고 송 대의 희문(戲文)을 다시 살려 남곡을 좋아하기 시작하였다. 더구나 원 말 명 초에 『비파기(琵琶記)』와 『배월정(拜月亭)』 같은 명작이 나오면서

46) 『空同集』 권50 「詩集自序」, 위의 글은 작자 자신의 말, 아래 것은 그와 대화하는 王崇文의 말이다.

희문에서 발전한 전기가 희극의 주류를 이루기 시작하였다. 한편 왕실에서 태조 주원장의 아들 주권(朱權, 1378-1448) 및 손자 주유돈(朱有燉, 1379-1439) 등이 희극을 좋아하여, 명대 전기의 성행을 뒷받침하는 한편 또 그것을 귀족화 형식화시키기도 하였다. 주권은 희곡론서인 『태화정음보(太和正音譜)』를 저술하고 12종의 잡극 작품을 썼고, 주유돈은 지금 작품이 전하고 있는 것만도 31종의 잡극을 창작하고 있다. 그러나 전기는 옛날 희문을 살려내지 못하고 잡극은 원 잡극의 전통을 잇지 못하고 있다. 전통을 잃은 세상에서는 바로 앞 선인들의 것들도 계승 발전시키지 못하는 경향을 보여준다.

명 대의 대표적인 희극평론가인 서위(徐渭, 1521-1593)의 『남사서록(南詞敍錄)』만 보더라도 대희를 평가함에 있어서, 북송 말엽의 남희인 영가잡극(永嘉雜劇)을 가장 훌륭하고 소중한 것[47], 다음으로는 원 잡극[48], 다음은 명 초의 남희(南戲)[49], 당시의 전기는 가장 형편없는 것으로 생각하였다[50]. 시대가 앞선 것일수록 당시와 송사에 가깝고 그 때의 민요색채를 많이 보존하고 있다고 믿은 것이다. 그것은 옛 것일수록 자기네 진정한 전통에 가까운 것이라 믿었다고도 할 수 있다. 그는 또 남구궁(南九

47)『南詞敍錄』; 其曲, 宋人詞而益以里巷歌謠.

48) 上同; 元人學唐詩, …… 去詞不甚遠, 故曲妙. 又; 國朝雖尙南, 南不逮北.

49) 上同; 然南戲要是國初得體, …… 琵琶尙矣, …… 其次荊釵. 拜月數種, 稍有可觀.

50) 上同; 以時文爲南曲, 始於香囊記, 非本色.

宮)은 누구에게서 나온 것인지도 모르겠다[51]고 하면서 당시의 희곡음악에 대해서도 불만을 드러내고 있다. 음악이 자기네 전통음악과는 완전히 다른 것으로 변하여 있었기 때문이다. 그러면서도 서위는 남송 이후 원 대에 이르는 희곡음악을 호곡(胡曲)[52], 오랑캐들이 위조한 것[53], 요(遼)·금(金) 북쪽 오랑캐의 살벌한 음악[54]이라 말하고 있다. 그가 『사성원(四聲猿)』이란 독특한 형식과 내용의 희곡을 창작한 것도 자기네 희극의 전통을 되찾아 보려는 뜻에서였을 것이다.

서위의 경우처럼 명 대의 많은 지식인들이 잃어버린 전통을 되찾아보려고 노력하였지만 그들 일부의 노력으로는 불가능한 일이었다. 이질화된 문화는 한족의 명나라 시대에도 그대로 이어지고 있었다.

라. 청 대 문화의 이질화 성격

여진족의 청나라는 노래와 춤을 좋아하는 동이족 계열의 종족이다. 원 잡극도 실은 여진족의 금나라에서 만들어진 것이라고 보는 이들이 많다. 청나라에 와서는 전국 각 지방에 각기 그 지방의 토속음악을 바탕으로 새로 만들어진 지방희가 크게 성행하였다. 그 중에도 건륭 말엽(1771) 무렵부터 베이징에서 이루어지기 시작하여 지금까지 전국에

51) 上同; 南九宮不知出於何人.

52) 上同; 中原自金元二虜猾亂之後, 胡曲盛行.

53) 上同; 北曲 …… 不過出於邊鄙裔夷之僞造耳. …… 夷狄之音 …… .

54) 上同; 北曲, 蓋遼金北鄙殺伐之音.

▲ 경극에 등장하는 인물상들

공연되고 있는 경극이 가장 대표적인 극종이다. 그런데 이 경극은 그 당시의 지배자인 만주족 황제와 귀족들 구미에 맞추어 만들어진 것이기 때문에 겉모양은 화사하고 요란하지만 그 실속은 문화수준을 따라 천박해지지 않을 수가 없었던 것이다.

지금 중국의 전통희곡으로 전국에 성행하고 있는 경희를 보면 일상적이고 서정적인 장면을 연출하는 문장(文場)의 경우에는 가성(假聲)을 많이 쓰는 배우들의 창이 호금(胡琴)의 반주를 따라 노래소리가 굴곡을 이루고 있어서 부자연스럽게 들리고, 싸움을 하거나 무술을 겨루는 무장(武場)은 두드려대는 징소리에 고막이 째질 정도이고 배우들이 땅재주를 넘으면서 온갖 재주를 부리는 모습은 연극이 아니라 잡기를 연출하는 것과도 같다. 그리고 희극은 민중의 것인데도 불구하고 옷이나 장식과 화장이 화려함을 극하고 시대에 따른 차이도 없다. 그리고 궁중이나 별궁 및 귀족들 집안에 지금도 남아 있는 무수한 희대(戲臺)만 보아도 청나라는 그런 이상한 연극에 빠져 있던 나라였음을 짐작케 한다.

▲ 자금성 안에 있는 대희대

지금의 베이징 자금성 안에는 높이 20.71미터의 삼층으로 이루어진 거대한 희대가 하나 있고 그 밖에도 보통 희대가 10여 개나 있다. 현대식 극장과는 달리 희대는 경극을 하는 무대이며 관중석은 그 둘레에 따로 건물이 세워져 있다. 이 밖에 베이징의 이화원(頤和園)과 원명원(圓明園) 및 열하(熱河)의 별궁에도 대희대가 있었다. 황제 한 사람을 위하여 전국에 수십 개의 희대가 있었다. 청나라 임금들은 모두 연극을 무척 좋아하였고 이를 본받아 사대부로부터 가난한 서민들에 이르기까지 온 나라 사람들이 망해가는 나라도 아랑곳 하지 않고 연극에 빠져 있었다.

그런데 그 연극은 청 대 문화의 이질화를 잘 설명해주는 성격의 것이었다. 대표적인 중국 현대문학자들의 경극에 대한 그들의 태도만 보아도 이는 증명되는 일이다. 중국의 인민의 작가라고 칭송되는 라오셔(老舍, 1899-1966)는 그의 소설 『조자왈(趙子曰)』(제20)에서 다음과 같은 말을 하고 있다.

▲ 라오셔의 모습

"이른바 진정한 중국 사람이란 첫째로 하루 세 주전자의 용정차와 열 접시의 오향(五香) 수

▲ 경극 「백사전」 공연 모습

▲ 경극 악단 앞의 두 사람이 호금을 연주하고 있다.

박씨를 소화시킬 수 있는 위장이 있어야 하고, 둘째로는 강철로 된 고막을 지녀야만 한다. 이 두 가지가 갖추어진 다음에야 소파에 기대고 앉아서 귀 밑에서 탕탕 두드려대는 쓰치토우(四起頭) 박자와 늑대가 울부짖고 귀신이 소리 지르는 것 같은 쇄납의 찌찌펑(急急風) 곡조를 견디어 낼 수가 있는 것이다. …… 그래야만 서양 사람들로 하여금 중국음악의 곡조를 이해하게 할 수 있다. 가장 좋은 방법은 그들을 청운각(青雲閣) 찻집(경극을 공연하는 곳)에 데려다 놓는 것이다. 만약 그들이 일시의 진동으로 죽지 않고 목숨이 끊어지지 않는다면 그들은 최소한 한 쌍의 강철 고막을 단련시켜 내게 될 것이다. 그들이 강철 고막을 지니게 된 뒤에야 틀림없이 그들은 이 징소리와 북소리가 야만적인 음악이라고 다시는 말하지 않게 되고, 이전의 자기들 고막이 잘못 되었음을 오히려 한하게 될 것이다."

다음에는 경극이 공연되고 있는 청운각 안의 모습을 이렇게 묘사하고 있다.

“경극이 시작되어 이미 징소리가 울리기 시작했는데 박자에 맞추어서 탕탕 탕탕 두드려대니 골통이 진동으로 아파온다. …… 처음 공연은 『태사회조(太師回朝)』라는 작품인데, 거기에 등장하는 태사님의 목소리는 거칠기가 소 울음 같고 크고 깨지는 소리는 돼지소리 같다. 소가 울부짖고 돼지가 꿀꿀대는 소리 가운데 끼어 높고 낭랑한 갈채 소리가 개 짖는 소리처럼 난다. 이들 소와 돼지와 개소리의 아름다움이 이 소설의 주인공인 조자왈의 희곡 중독을 자극하여 그는 머리를 흔들면서 한편으로 수박씨를 까먹고 다른 한편으로는 경극의 창사를 흥얼거린다. ……”

▲ 루신: 현대 작가의 판화

이처럼 중국의 지식인들 스스로 경극의 야만적인 성격을 자인하고 있는 것이다. 현대문학의 거장인 루신(魯迅, 1881-1936)은 단편소설 「사희(社戲)」(1922년 작품)에서 최근 20년 동안 자기네 전통 연극을 딱 두 번 보러 갔었는데, 극단의 악기 연주로 귀가 멍멍해지고 배우들 옷의 울긋불긋한 색깔이 요란하여 두 번 모두 오래 견디지 못하고 무얼 하는 것인지도 모르는 채 밖으로 도망쳐 나와버렸다고 쓰고 있다.

▲ 머리 꼬리를 늘어뜨린 청 대 사람들

희극은 음악과 무용과 미술의식을 대표하고 있으므로 북경시대의 문화는 장안시대의 문화에 비하여 완전히 달라졌음을 뜻한다. 음악도 달라지고 악기도 달라지고 모든 예술도 달라지고 심지어 의식주의 양식까지도 모두 달라졌다. 말을 바꾸어 표현하면 이전의 자기들 문화의 전통으로부터 이질적인 방향으로 발전하여 갔다. 청나라 사람들이 머리에

서양 사람들이 돼지꼬리(pig tail)라 부르는 머리꼬리를 달고 만주족의 옷을 모두 입게 된 것만 보아도 장안시대와 달라진 그들의 생활문화를 알 수가 있다.

▲ 청 대 사람들의 남녀복장

3) 문화전통의 상실

북경시대에 와서는 중국문화가 장안시대에 이루어져 발전하였던 문화적인 전통을 잃고 이질적인 방향으로 흘러가게 된다. 따라서 같은 중국이기는 하지만 장안시대의 중국과 북경시대의 중국은 그 성격이 완전히 다르다. 그렇게 된 가장 큰 까닭은 북경시대에 와서는 장안시대에 쌓아올린 문화전통을 계승치 않고 잃어버렸다는 것이다. 전통을 잃은 거대한 나라는 그들이 즐기는 전통 연극인 경극(京劇)처럼 외양은 무척 커졌지만 실속은 빈약하였다. 전통의 상실은 결국 자아의 상실로 이어지고, 자아의 상실은 창조능력까지도 상실하여 그 문화는 발전이 정체되는 현상을 드러내게 된다. 그리고 외양은 크면서도 내부적인 결속력을 잃어 외부의 작은 집단의 침략에도 저항할 능력을 잃게 되었다. 장안에서는 사나운 사자 같던 대제국이 북경에 와서는 차차 잠자는 돼지 같은 모양으로 변해갔던 것이다.

앞에서 중국문화의 이질화를 증명하기 위하여 인용하였던 희극의 발전을 보아도 그러하다. 남송 초(1127)에 쩌짱의 원조우에 '희문'이란 대희가 처음으로 생겨났지만 일시적인 유행에 그친다. 몽고시대(1206-1259)에는 다시 전혀 다른 '잡극'이 생겨나 원나라시대(1260-1368)에 성행한다. 원나라 말엽에는 다시 '희문'과 같은 계열의 음악을 사용한 연극이 생겨나 명나라(1368-1662)를 통하여 '전기'라는 이름 아래 성행한다. 청나라(1616-1911)에 와서는 다시 각 지방에 서로 다른 무수한 '지방희'가 생겨나고 그 중에서도 북경을 중심으로 발전한 경극(京劇)이 전국에 가장 성행한다. 모두 이전의 연극수법을 얼마간 따르고는 있지만 연극의 전통을 이어받아 발전시키고 있는 것은 아니다. 모두가 심하게 표현하면 일과성의 성격을 지닌 것들이다. 중국 희곡사에서 원 대의 잡극 작품을 가장 높이 평가하고 다음으로는 명 대의 전기 작품을 얼마간 문학작품으로 다루고 있지만 청 대의 경극을 포함하는 여러 지방희의 대본은 전혀 문학작품으로 다루지 않고 있는 사실도 그것을 증명한다.

시를 중심으로 발전한 중국의 전통문학도 북경시대에 와서는 더 이상 발전하지 못한다. 시와 산문 모두 창조적인 작품은 전혀 볼 수가 없게 되고 이전 대가들의 작품을 흉내 내기에 급급한 상태가 된다. 바로 앞 송 대에 성행하였던 새로운 시가인 사(詞)도 더 이상 계승 발전시키지 못하고 원 대에는 음악의 변화로 말미암아 형식은 비슷하면서도 성격이 전혀 다른 곡(曲)이 성행한다[55]. 그런데

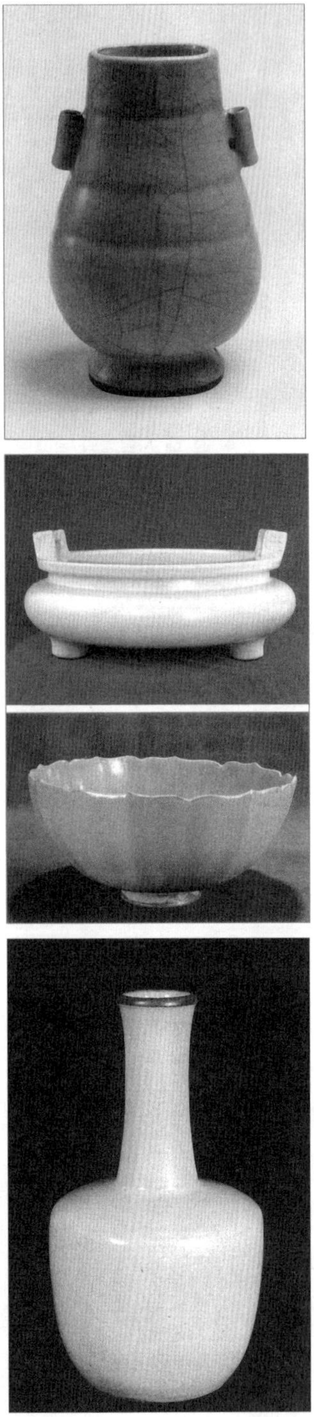

▲ 북송청자

55) 뒤의 제7장 4) '사(詞)와 곡(曲)' 참조.

뒤이은 명 대와 청 대에는 또 이 곡을 계승 발전시키지 못한다. 이후의 문학창작에 있어서는 시며 사며 곡이며 모두 이전 시대 작가들의 흉내만 내는 정도에 그쳤을 뿐이다.

그러나 회화와 도자기에 있어서는 북경시대에도 상당히 발전한 모습을 보여주고 있지만 전통을 잃은 사회에 있어서는 역시 발전에 한계가 있다. 그림이나 도자기에 있어서는 그 창작의 계승이 개인적인 도제교육을 통하여 이루어졌기 때문에 그래도 이전의 창조수법이 상당히 오랜 기간 전승되었을 것이다. 송 대에 이미 물건을 있는 그대로 그리는 형사(形似)를 넘어서서 자기의 생각과 뜻을 그림을 통해 표현하려는 사의(寫意)를 추구하는 문인화가 발달하고 있었다. 원 대에는 조맹부(趙孟頫, 1254-1322) · 고극공(高克恭)이 나와 송 대의 문인화를 계승하여 새로운 화풍을 발전시킨다. 이들은 산수와 자연을 빌어 자기의 사상을 표현하려는 취향을 더욱 적극적으로 추구하여 송 대 화가들보다도 더 한층 간결하고 소박하면서도 깊은 뜻이 담긴 그림을 그렸다. 이는 어려운 세태 속에서도 이(理) · 기(氣)를 바탕

▲ 조맹부의 산수화

으로 하여 오묘한 진리를 추구하기 위하여 공경히 처신하면서 궁리를 하던 주자학의 영향과 오랑캐에게 조국을 빼앗기고 지배당하는 실정을 모른 체하기 위하여 고향에 숨어살던 강남처사(江南處士)들의 기풍이 어울려 그런 발전을 이루게 하였다고도 할 수 있을 것이다. 원 대 후기에는 황공망(黃公望)·예찬(倪瓚) 등의 이른바 사대가(四大家)가 나와 이러한 원 대의 화풍을 극도로 발전시킨다. 중국 평론가들은 이런 화풍을 살아있는 기운(氣韻)의 추구라고 말하고 있다.

그러나 이 시적인 그림에는 자기의 사상은 잘 실려 있을지도 모르지만 사람이 없다. 사람 사는 세상이나 그 시대와는 아무런 관계도 없다. 자기밖에 없는 예술은 결국 발전에 한계가 있게 되는 것이다. 그들의 시도 마찬가지이다. 개인적인 아름다움이나 감상의 추구에는 한계가 있기 때문에 그림이고 시고 아름답기는 하지만 더 이상 발전할 수는 없는 것이다. 그리고 전통을 계승할 줄 모르는 문화환경 속에서의 예술 창작은 이전 시대보다 더 크게 발전할 수가 없는 것이다.

명 대와 청 대로 가서도 이들의 시나 그림은 더 이상 발전하지 못하고 이전 사람들의 시나 산수화와 인물화의 기법을 흉내 내는 데 그치고 만 느낌이 든다. 물론 그 중에는 개성적이고도 특이한 예술의 경지를 추구한 작가들도 여러 명 나오지만 중국 미술을 크게 발전시켰다고 할 만한 이는 드물다.

당 대에 발전하기 시작한 도자기는 북송 대에 와서 청자와 백자를 중심으로 하여 큰 발전을 이룬다. 중국의 도자기 가마(窯)는 이미 북송 대에도 전국 각지에 널리 흩어져 있고 가마마다 생산되는 도자기의 특징이 같지 않아 한마디로 그 실상을 설명하기는 어렵다. 명·청 시대에 특히 황실에서 주의를 기울여 유명한 경덕진(景德鎭)이란 도자기 산지는 북송 진종(眞宗)의 경덕(景德)연간(1004-1007)부터 유명하여 가마가 있는 찌앙시(江西)성 찌우짱(九江)현의 창난(昌南)진이 경덕진으로 이름까지 바뀐 것이다.

▲ 명 대 도자기

▲ 청 대 도자기

남송과 원 대에 와서는 도자기도 회화처럼 북송 대의 것을 바탕으로 하여 더 한층 발전을 이룩한다. 원 대의 새로운 자기로는 특히 청화자(靑花瓷)가 유명하고 우아한 백자도 만들어낸다. 청화자기는 모양도 아름답거니와 색깔도 청신한 맛이 있다. 명·청 대로 오면서 도자기의 제조기술은 한층 더 발달한다. 찌앙시의 경덕진을 보면 명·청 대로 오면서 도자기 가마의 규모가 굉장히 커져서, 청 대에는 관요(官窯) 30곳 이외에도 민요(民窯)의 수가 이삼백 곳이나 되었고 도공들의 수는 수십여만 명에 달했다 한다[56]. 그러나 색채와 무늬가 요란해져서 송·원 대 도자기의 우아한 맛은 크게 감소되고 있다.

그나마 그림과 도자기는 창조 기법의 도제적인 전승과 공자의 유학을 한 차원 더 높여 놓은 주

56) 唐英『陶事圖說』 권20.

▲ 청 대 도자기

자학에 힘입어 일시적으로 고도의 발전을 하였던 것 같다. 그러나 자기네 문화전통을 잃고 앞 세대의 업적을 계승하지 않는 풍토에 있어서는 그 발전에 한계가 있을 수밖에 없는 것이다. 흔히 중국학자들은 서양문화가 들어옴으로 말미암아 자기네 문화가 밀려 전통을 잃은 것으로 설명하고 있지만 실은 북경시대에 중국은 이미 자기네 전통을 잃고 있는 것이다.

제3편

장안시대 · 북경시대의 문학

1장

거울의 앞뒷면 같은 모양의 장안시대와 북경시대의 문학과 사상

장안시대(B.C.1027-A.D.906)는 중국의 전통문화가 이루어져 찬란한 발전을 이루었던 시대이다. 그러나 북경시대(1271-1911)는 민족의식이 강해진 유목민족인 몽고족과 만주족이 중국을 지배하면서 힘으로 자기네 문화를 강요하여 중국의 문화가 이전과는 다른 성질의 것으로 발전했던 시대이다. 곧 장안시대에는 기원전 1027년 무렵에 주나라가 이루어진 뒤 주공에 의하여 중국전통문화의 바탕이 이루어지고, 다시 한족의 왕조인 한 제국과 당 제국에 의하여 중국의 전통문화가 한껏 발전하였던 시대이다. 그리고 북경시대는 몽고족이 원나라를 세우고 만주족이 청나라를 세워 중국과 그 민족을 지배하면서 한족들에게 자기네 문화를 강요한 시대이다. 원나라와 청나라의

▲ 설창을 하는 토용
한 대의 무덤에서 출토되었다.

중간에 한족의 명나라가 있었지만 명 대의 지식인들은 이전의 여진족의 금나라와 원나라의 중원 지배에 의하여 이미 잃어버린 자기네 문화 전통을 되찾을 수가 없었다. 그들을 이어 다시 만주족의 청나라가 들어서서 중국문화의 이질화 현상은 더욱 굳어졌다. 북경시대에는 중국의 전통문화가 자기네 전통을 잃어버리고 이질적인 방향으로 발전하였던 시대이다.

장안시대의 지배자들은 한족이었고, 북경시대의 지배자들은 이민족이 주였기 때문에, 장안시대와 북경시대의 문화는 그 성격이 전혀 다를 수밖에 없었다. 곧 그들의 문학과 사상은 같은 중국이면서도 거울의 앞뒷면처럼 전혀 다른 성격의 것으로 발전하지 않을 수가 없었다. 곧 문학에 있어서는 장안시대는 자기네 전통문학이 이룩되어 꾸준한 발전을 이루어온 시대이다. 북경시대는 시를 중심으로 하는 전통문학은 이전 작가들의 흉내나 냈을 뿐 더 이상 발전을 이룩하지 못한다. 그리고 이전에는 별로 거들떠 보지도 않던 희곡과 소설이 문학창작의 중심을 이루었던 시기이다. 장안시대에도 민간에는 이야기꾼이 사람들에게 전설이나 역사이야기를 창에다 강설을 섞어가며 들려주는 설창(說唱)이 있었고 간단한 이야기를 서너 사람이 각기 배역을 맡아 춤과 노래로 연출하는 가무희도 있었다.

▲ 설창의 일종인 서하대고(西河大鼓)를 창하는 모습

북경시대에 와서는 장안시대에 비하여 음악이며 춤과 미술의식이 모두 크게 달라지면서 설창이 여러 가지로 발전하고 가무희는 규모가 커진 연극으로 변하였다. 그리고 그 설창과 희곡의 대본은 소설과 희곡으로 등장한 것이다.

그리고 이들 문학의 또 다른 큰 차이는 장안시대는 지배계급인 사대부를 중심으로 하는 중국 전통문학의 시대였고, 북경시대는 피지배계급인 서민들의 기호도 보태어져 시정문학의 성격도 띠게 된 시대라고 할 수 있다. 북경시대에 발전한 새로운 시인 산곡과 소설의 바탕이 된 설창과 크게 발전을 이루었던 잡극으로부터 경극에 이르는 희곡이 바로 그러한 성격을 드러내 보여준다.

사상사에 있어서는 유학이 중국의 역사를 통하여 봉건전제 정치를 뒷받침해 왔다고 할 수 있는데, 장안시대는 공자의 유학이 이루어져 봉건윤리로 극도의 발전을 이루었던 시대이고, 북경시대는 그 유학이 도교와 불교의 영향으로 주자학을 중심으로 하는 이른바 신유학(新儒學)으로 발전하였던 시대이다. 따라서 주자학은 공자의 유학을 한 차원 높은 단계로 발전시켰지만 시대적으로는 북경시대의 전통문화의 이질화 또는 전통과의 단절을 뒷받침하고 있는 것이다.

이상 몇 가지 특징 때문에 오랜 역사를 지닌 중국의 장안시대와 북경시대의 옛 문학과 사상은 앞뒤가 전혀 다른 거울의 양면 같은 모양으로 드러나게 되는 것이다. 그러한 크고 급격한 변화는 장안시대로부터 북경시대로 넘어가는 계기가 되는 북송이 여진족의 금나라에게 망하고 나머지 일부가 강남으로 쫓겨 가 남송으로 명맥을 유지하기 시작하던 때(1127)를 경계선으로 하여 일어난다. 그때를 분계로 하여 이 지구상에서 가장 고도의 발전을 이루어 오던 중국의 전통문화가 유목민족인 여진족과 뒤이어 일어난 몽고족의 압력으로 갑자기 이질적인 방향으로 변하게 되는 것이다. 장안시대와 북경시대의 문화는 그 성격이 전혀 다르기 때문에 그 시대의 문학이나 사상도 서로가 전혀 다른 거울의 앞뒷면 같은 모습을 보여주게 되는 것이다.

그러면 이 거대한 거울의 양 편, 두 면과 같은 문학과 사상은 어떻게 다른가? 그 앞면은 어떤 모양이고 그 뒷면은 어떤 모습인가? 이 두 면은 어떤 차이가 있는가? 여기에서는 그런 문제들을 따져보려는 것이다.

2장

한자와 중국문학

중국문학은 한자로 기록된 글이다. 중국문학은 한자와 함께 시작된 것이나, 실상 한자는 언제 어떻게 만들어진 것인지 확실히 알 수가 없다. 옛날 황제(黃帝) 때의 창힐(蒼頡)이라는 사람이 한자를 처음으로 만들었다는 전설도 있다[1]. 지금 전하는 중국의 가장 오래된 한자는 기원전 16세기부터 기원전 1027년 무렵까지 중원 땅을 지배했던 상(商)나라에서 쓰던 갑골문자(甲骨文字)와 그들의 청동기에 새겨져 있던 금문(金文)이다. 그러나 그 글자가 실용되기 시작한 것은 주(周)나라(B.C.1027-B.C.256) 시대이다. 따라서 중국문학도 주나라 때에 이루어져 발전하기 시작했다고 볼 수밖

1) 『呂民春秋』 審分覽 郡守 : "蒼頡作書." 『韓非子』 五蠹 : "古者蒼頡之作書也, 自環謂之厶(지금의 私자), 背私謂之公." 『淮南子』 修務訓 · 本經訓 ; "蒼頡作書."

에 없다.

한자는 크게 고문자(古文字)와 근대문자(近代文字)로 구분되는데, 소전(小篆) 이전의 옛 자체의 한자들을 고문자, 예서(隸書) 이후 자체의 한자를 근대문자라 부른다.[2] 소전은 진시황 때의 승상이었던 이사(李斯, B.C. 248?- B.C. 208)가 한자의 글자체를 통일하기 위하여 만들어 낸 자체이다. 예서는 진시황 때 정막(程邈)이란 사람이 실용을 위주로 하여 소전이란 글자체를 더욱 쓰기에 간편하게 만든 것이다[3]. 이 예서는 한 대에 널리 통용되면서 자체가 더욱 정비되어 한례(漢隸)라 부르게 되었고, 동한 장제(章帝, 76-88 재위) 때 지금 우리가 쓰는 해서(楷書) 곧 정서(正書)가 나오기 전까지 널리 쓰였다.[4] 대체로 고문자란 자체가 복잡하고 통일되지

▲ 갑골문자, 은허 발굴

2) 唐蘭 『古文字學導論』 의거. 蔣伯潛의 『文字學纂要』처럼 古文時代 · 篆文時代 · 隸書草書時代로 나누기도 한다(第3章).

3) 『說文解字』 序 段玉裁 注, 蔡邕 『聖皇篇』, 江式 『進文字源流表』 등.

4) 張懷瓘 『書斷』 등엔 東漢 章帝 때 王次仲이 隸草를 근거로 楷書를 만들었다 하였다.

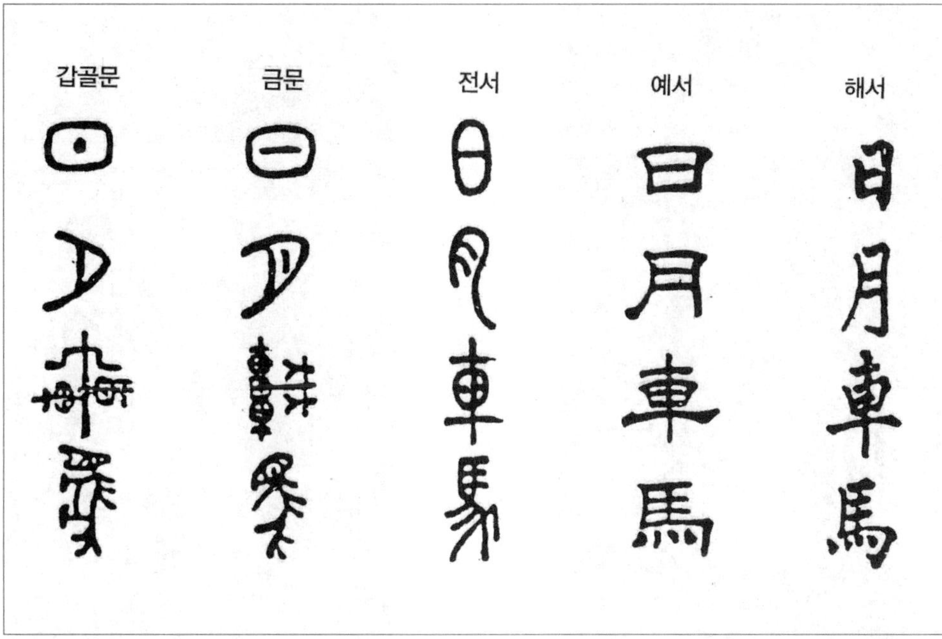

▲ 한자의 변천 과정

않았던 시대의 한자를 가리킨다. 이 한자의 자체의 차이로 말미암아 고문자시대와 근대문자시대는 그 문학의 성격이 확연히 다르다. 글의 작자도 다르고 독자도 다르며 글을 읽는 법이나 쓰는 법도 다르다. 그리고 이 한자는 문학뿐만 아니라 중국의 정치·사회·문화 전반에 걸쳐 영향을 끼치고 그 특수한 성격을 이루게 한다.

근대문자는 한 대에 통용된 예서(隸書)와 동한 중엽에 나온 해서(楷書)이다. 해서가 지금까지도 쓰이는 한자의 대표적인 자체인데, 다시 행서·초서 등의 글자체도 생겨난다. 한자의 글자 수는 한 대 양웅(揚雄, B.C. 53-A.D.18)이 편찬한 『훈찬(訓纂)』이란 자서에는 5,340자였고, 동한 허신(許愼, 98 전후)의 『설문해자(說文解字)』에는 9,353자로 늘어났다.

▲ 소전: 진나라 때 비석 탁본

▲ 예서: 한 대의 비석 탁본

▲ 해서: 당 대 안진경(顔眞卿) 글씨와 구양순(歐陽詢)의 글씨

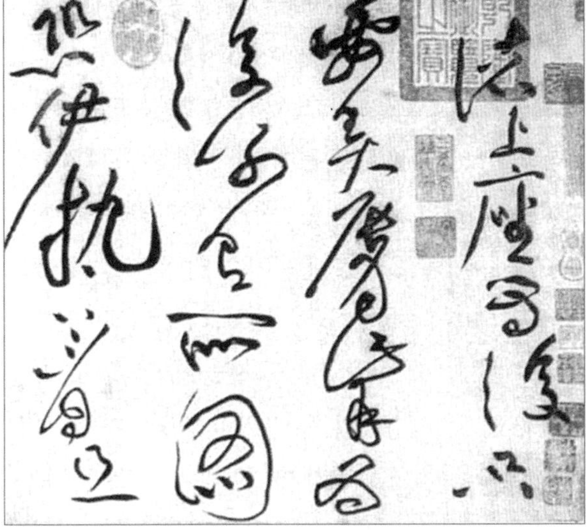

▲ 황정견의 초서(북송시대)

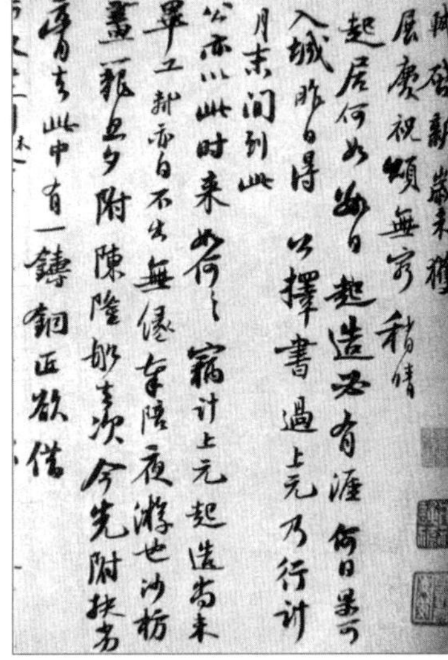

▲ 행서로 쓰여진 소동파의 화첩(북송시대)

그 뒤로도 시대의 흐름에 따라 계속 불어나, 청나라 때에 나온 『강희자전(康熙字典)』은 4만 9천여 자, 중화민국 때에 나온 『중문대사전(中文大辭典)』은 약 5만 자로 늘어났다. 그러나 한자가 뜻글자인 이상 한자 5만 자로도 우리가 표현하고자 하는 뜻을 다 표현할 길이 없음이 분명하다. 이에 본시는 단음절로 이루어진 글이었던 중국 글이 이런 부족을 메우기 위하여 두 개 이상의 글자가 합쳐져 한 개의 단어를 이루는 복합어를 발전시켰다. 일(日)·월(月)·마(馬)·우(牛) 등은 단음절로 된 단음어이고, 부용(芙蓉)·호접(蝴蝶)·전동차(電動車)·민주주의(民主主義) 등은 복합어인데 그 문장의 복음화는 현대로 올수록 두드러진다.

그러나 뜻글자인 한자는 현대적인 글자가 못된다. 극변하는 현대의 여러 가지 일들을 기록하기에

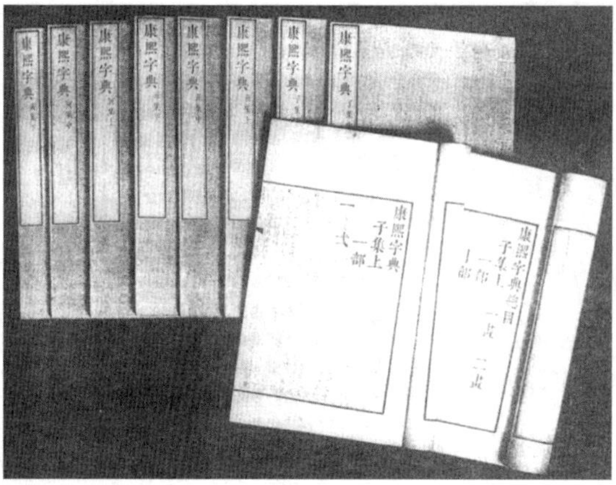

▲『강희자전』, 청대 강희연간의 간본

불편하다. 그러한 성격 때문에 근세에 들어와서는 여러 사람들에 의하여 한자개혁 또는 한자 폐지운동이 추진되었다. 특히 중국에서는 한때 한자를 적극적으로 없애려고도 하였다. 그럼에도 불구하고 아직도 한자가 건재한 것은 표음문자들이 도저히 따를 수 없는 권위와 여러 가지 특성을 한자가 지니고 있기 때문이다. 그리고 그것은 현대 중국인들도 한자의 위세를 극복하지 못하고 있음을 뜻하기도 하는 것이다.

한자에는 형(形)·음(音)·의(義)의 세 요소가 있다. 눈에 보이는 형은 미술적인 조형미가 있어 일찍이 서도라는 예술을 발전시켰다. 귀로 듣는 음은 성조의 조화를 통한 음악성이 두드러져 일찍부터 중국에 성운의 조화를 추구하는 시(詩)를 발달시켰다. 성조에는 본시 평성(平聲, 약간 높으면서도 변화가 없게 나는 소리)·상성(上聲, 낮은 데서 위로 올라가는 소리)·거성(去聲, 높은 데서 아래로 처지는 소리)·입성(入聲, P·T·K 받침이 붙은 "앞·끝·곡"처럼 딱 끊어지는 소리)의 사성이 있었으나, 지금의 중국어에는 입성이 없어지고 대신 평성이 상평성(上平聲)·하평성(下平聲)의 두 가지로 나누어져 있다. 당 대 초기에 이루어진 근체시는 이러한 사성을 바탕으로 문장의 음악성을 극도로 추구한 결과 이루어진 시체이다.

한자의 세 요소 가운데 음은 지역에 따라 다르고 시대를 따라 변하지만 형과 의는 크게 달라지거나 변하지 않는다. 이 때문에 한자를 사용한 중국문장은 시간과 공간을 초월하여 쓰이면서 발전할 수 있었다. 그 결과 기원 전후의 한나라 때의 글이나 20세기 청나라 때의 글이 2천 년의 세월이 지났음에도 불구하고 크게 차이가 없고, 수많은 언어를 달리하는 종족들이 모여 말로는 서로 뜻이 통하지 않으면서도 글로는 서로 뜻이 통하여 중국이라는 거대한 나라를 수천 년 동안이나 한 나라로 지탱하여 온 것이다. 심지어 우리나라와 일본·베트남까지도 중국문장을 썼다. 이것은 인류문화사상 가장 위대한 기적이라 말해도 과언이 아닐 것이다.

중국문학은 한자로 쓴 글로 이루어진다. 따라서 이상 이야기한 여러 가지 한자의 특징은 그대로 중국문학의 성격 형성에도 큰 영향을 미치고 있다. 더구나 중국문학은 근세까지도 보통 중국어와는 다른 문언(文言)을 사용하여 왔기 때문에 서양이나 다른 외국의 경우보다도 그 문자의 영향을 더욱 크게 받고 있다.

특히 중국문학사의 시기 구분에 있어 고대문학의 경우 그 시대가 대체로 한자의 자체가 통일되지 않았던 시대(진나라 이전 시대) 또는 지금은 상용하지 않는 옛 자체의 한자를 사용하던 시대(東漢 말엽 이전)와 합치되므로 더욱이 한자의 특성을 먼저 생각하지 않으면 안 된다.[5] 한자를 처음 일반사회에

5) 金學主『中國古代文學史』(명문당, 2003 수정판) 참조.

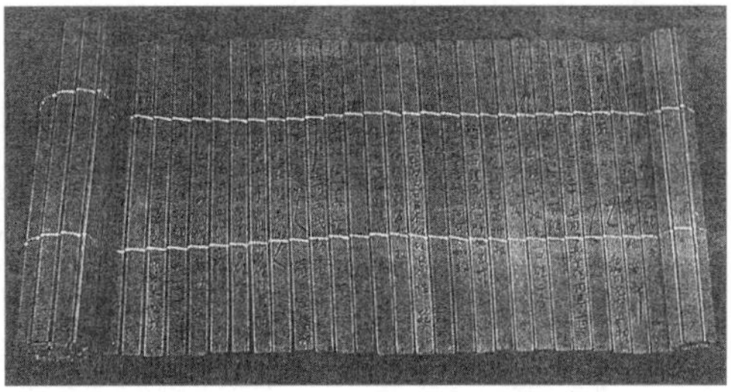

▲ 나무쪽에 글을 써서 엮어 놓은 책(한 대)

서 쓰기 시작한 서주 시대(B.C.1027-B.C.771)까지도 한자의 모양이 복잡하여 글을 쓰기가 어려웠을 뿐만 아니라 글씨 쓰는 용구도 매우 불편하여 사관(史官)과 같은 전문가가 아니면 글을 쓸 수가 없었다. 그리고 글을 쓰는 목적도 본시는 천자가 정치를 하는 데 필요한 기록이 주를 이루어, 이 시대의 글의 독자는 천자와 제후들이었다 해도 잘못이 아닐 것이다.

그 뒤로 동주시대(B.C.770-B.C.256)에 와서는 글을 쓰는 사람들의 범위도 넓어지고 독자도 천자와 제후뿐만 아니라 귀족들에게까지 확대되었다. 진한시대(B.C.221-A.D.220)에는 한자의 자체가 통일되어, 작자와 독자의 범위가 훨씬 더 넓어졌으나 여전히 글은 사대부들의 전유물이었다. 이런 실정은 그대로 유지되어 한자로 쓰인 중국의 전통문학은 사대부 중심의 문학이었다고 할 수 있다. 북경시대에 가서 문학창작의 중심이 시정문학의 성격을 지닌 소설과 희곡으로 옮겨가기는 하지만 오랜 동안 정치 권위와 결부되어 오고 배우기도 어려운 한자라는 글자의 특성 때문에 중국에서는 근세에 이르기까지도 낮은 서민들은 문학을 하는 대열에 끼지를 못한다.

한자는 그림글자여서 글자체가 번잡하고 쓰기 힘든 글씨였기 때문에 그 문장은 되도록 축약되고 간략한 것이 되지 않을 수 없었다. 옛날의 가장 값싸고 간단한 문장을 쓸 수 있는 재료가 대쪽이나 나무쪽 같은 것이었는데, 이것들은 너비와 길이가 일정한 여러 개를 사용했으므로 결국 이것은 글귀의 길이가 일정하게 되도록 강요하는 결과를 가져왔다. 그리고 한자로 쓰는 글은 처음부터 말을 적지 않고 뜻을 표현하는 글이었기 때문에 글의 모양은 보기 좋기만 하면 되었다. 이러한 여러 가지 한자의 특징은 결국 그 글을 쓰는 사람들의 일상 언어와는 다른 시적인 문장의 발달을 가져오게 하였다.

한나라 때의 허신은 『설문해자』에서

> "文이란 획이 엇섞인 것으로 무늬가 서로 마주치는 모양을 나타낸 것이다."

라고 문이란 글자를 풀이하였고, 『역경』의 계사전(繫辭傳)에선

> "물건이 서로 엇섞이어 있기 때문에 文이라 하는 것이다."

라고 하였다. 곧 "文"이란 글자는 본시 "무늬(紋)"의 뜻을 지니고 있었다. 문이란 글자가 본시는 사람 가슴에 문신을 한 모양을 그린 상형문자라고도 한다. 어떻든 이 "文"이란 글자가 글을 뜻하게 된 것은, 문장이란 일종의 무늬와 같은 것이라는 생각에서 나온 것이라 보아도 잘못이 아닐 것이다. 한나라 유희(劉熙)의 『석명(釋名)』에 보이는 文이란 글자의 설명은 이를 잘 설명해 준다.

> "文이란 여러 가지 채색을 모아가지고 비단의 수를 이룬 것이며, 여러 글자들을 모아가지고 말뜻을 이룬 것인데 수놓은 무늬나 같다는 것이다."[6)]

중국 사람들의 의식 속에는 처음부터 문장이란 아름답게 이루어져야 한다는 생각이 있었던 것이다.

또 다른 특수한 한자로 쓰인 글의 특징은 그것이 바로 지배자의 권위를 상징한다는 것이다. 우리에게 전하는 가장 오래된 한자는 은나라 사람들이 거북 껍질이나 짐승 뼈로 점을 치고 그 내용을 거기에 써서 새겨놓은 복사(卜辭)로 갑골문자(甲骨文字)라고 부른다. 이는 은나라(B.C.14-B.C.11세기) 도읍터인 허난(河南)성 안양현(安陽縣)에서 출토된 것인데, 이 시대의 한자는 사람들이 일상생활에 쓰던 것이 아니라 주로 황제가 신들과 뜻을 통하는 수단으로 개발되었던 것이다. 이 시대 문자의 권위는 황제보다도 더 높았다.

그러나 주나라 무왕이 은나라를 쳐부순 뒤 주공이 다시 은나라 본거지를 중심으로 하는 동쪽 땅을 정벌하고 은나라에서 쓰던 한자를 가져와 새로 이룩된 중원을 다스리는 데 쓰기 시작하였다. 한자는 지방마다 말이 다른 넓은 중국 땅에 정치 명령을 전달하는 데 편리하였고, 온 세상 사람들이 따르게 할 예악제도를 마련하기에 이상적이었다. 따라서 주나라 초기의 한자로 쓰인 글인 정치 명령에 관한 기록이나 여러 가지 제도에 관한 기록에는 바로 천자의 권위가 실려 있었다.

예악제도가 마련되고 한자의 쓰임이 발전하면서 최초로 이루어진 책이 유가의 오경(五經)인데, 그 기반은 모두 주나라 초기에 마련된 것이며 역시

6) 卷4 言語.

지배자인 천자와 제후들의 권위가 실린 것들이다. 『역경』은 본시 나라의 중요한 일을 점을 쳐 결정하기 위하여 이루어진 책이다. 따라서 그 경문의 작자도 복희씨(伏羲氏)에서 시작하여 문왕과 주공을 거쳐 이루어진 것이라 전해지고 있다. 『서경』은 요임금과 순임금에서 시작하여 하·상·주에 이르는 삼대(三代)의 천자의 정사에 관한 사관(史官)의 기록을 바탕으로 편찬한 것이라 하니 그 권위에는 의심의 여지가 없다. 다만 『시경』은 국풍(國風)·소아(小雅)·대아(大雅)·송(頌)의 네 부분으로 이루어져 있는데, 소아와 대아의 시들은 천자의 조정 의식에서 부르던 노래의 가사가 중심이고 송의 시들은 종묘에서 제사지낼 적에 조상의 덕을 칭송하던 노래의 가사가 중심을 이루고 있으니 모두 직접 천자의 권위를 상징하는 것이다. 다만 국풍은 본시가 민요여서 문제가 있지만 주나라 때 그 백성들의 노래가 글로 옮겨지는 순간 거기에는 권위가 주어졌던 것이다. 한나라 초기 학자의 해설서인 『모씨전(毛氏傳)』을 보면, 국풍의 앞머리 주남(周南)의 시 11편을 모두 "후비(后妃, 문왕의)의 덕을 노래한 것", 소남(召南)의 14편은 모두 "부인(夫人, 제후의)의 덕을 노래한 것"이라 풀이하고 있는 것만 보아도 알 수 있다. 심지어 옛날부터 음란한 노래의 대명사처럼 알려진 정풍(鄭風)에서도 특히 음란하게 느껴지는 「장중자(將仲子)」를 『모씨전』에서는 정나라 장공(莊公)이 그의 어머니 뜻에 못 이겨 아우 공숙단(共叔段)을 해친 것을 풍자한 노래, 「유녀동거(有女同車)」는 정나라 장공의 세자 홀(忽)의 이야기를 풍자한 것 따위로 풀이하고 있다. 민간의 음란한 연애시도 글로 옮겨지면서 사람들에게 "……한 짓은 하지 말라"는 천자가 세상에 내리는 교훈이 담긴 글로 변신한 것이다. 따라서 후세까지도 서민들의 노래라 하더라도 그것이 일단 글로 옮겨지면 그 말뜻과는 상관없이 거기에 권위가 붙었던 것이다.

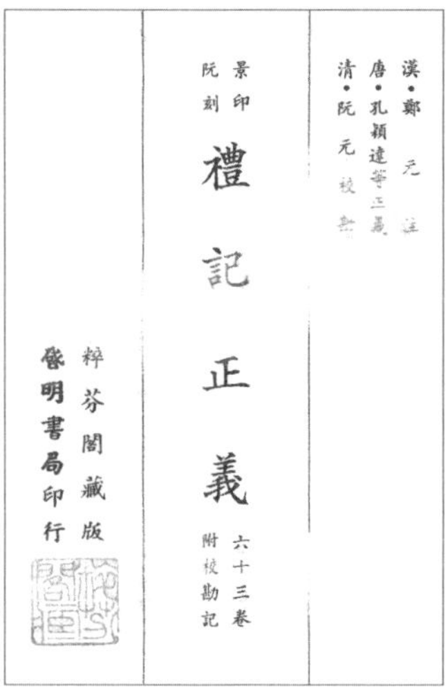

漢·鄭玄 注
唐·孔穎達等 正義
清·阮元 校勘

景印阮刻
禮記正義
六十三卷 附校勘記

粹芬閣藏版
啓明書局印行

▲ 오경정의 중의 하나인 『예기』의 속 표지

그 밖에 예에 관한 경전인 『예기』·『의례(儀禮)』·『주례(周禮)』는 후세에 이루어진 책인 것은 분명하나 거기에 기록된 정치와 예의제도는 모두 주공이 제정한 천자가 천하를 다스리는 데 필요한 예악제도를 바탕으로 한 것이다. 『춘추』는 공자가 노(魯)나라를 중심으로 천자의 정치명령이 제대로 실현되도록 하려는 이상 아래 편년체로 역사 사실을 엮어놓은 책이다.

유가의 경전을 모아놓은 십삼경(十三經) 중에 『시경』·『서경』·『역경』 등의 경전과 함께 『이아(爾雅)』라는 책이 한 질 끼어 있다. 이 『이아』는 한자의 뜻을 해설한 중국에서 가장 오래된 자전이다. 지금 우리에게 전하는 『십삼경주소』 속의 이 책은 모두 19편이 10권으로 엮어져 있는데, 그 내용은 한자의 성격에 따라 제8 하늘에 관한 것 해석(釋天)·제11 산에 관한 것 해석(釋山)·제13 풀에 관한 것 해석(釋草)과 같은 방법으로 분류되어 있는 것이다. 그 해설 방식은 첫머리 제1 색임글자 해석(釋詁)에서 보기를 들면 다음과 같다.

임(林)·증(烝)·천(天)·제(帝)·황(皇)·왕(王)·후(后)·벽(辟)·공(公)·후(侯)는 군(君, 임금)의 뜻이다.

여(如)·적(適)·지(之)·가(嫁)·조(徂)·서(逝)는 왕(往, 간다)의 뜻이다.

아무리 이것이 오경(五經)에 쓰인 글자를 해설하고 있다 하더라도 이런 자전을 경전이라고 높이 받드는 것은 쉽사리 이해가 되지 않는다. 실제로는 오경의 글자를 해석해 놓은 것도 아니고 『시경』과 관련이 있는 글자가 가장 많을 따름이다.

그런데 이 책은 주나라 초기에 주공이 나라를 다스릴 예악제도를 마련하면서 지은 책이라고도 하고, 주공이 첫 권인 색임글자(釋詁)만을 지었고 나머지는 공자 또는 자하 등이 보충한 것이라고도 한다.[7)]

이를 종합해 보면 단순한 자전인 『이아』가 유가의 경전 틈에 끼게 된 것은 대체로 다음과 같은 까닭에서이다. 첫째, 한자가 지니고 있는 권위 때문이고, 둘째는 주공이 한자를 바탕으로 예악제도를 마련하여 중국 전통문화이 바탕을 이룬 때문이고, 셋째는 공자가 이 한자와 주공의 업적을 근거로 유학을 이루었기 때문이다. 『이아』의 내용은 절대로 경전 속에 낄 수 없는 것인데도, 이러한 연유로 경전 못지 않은 권위를 지녀 경전과 같은 대우를 받았던 것이다.

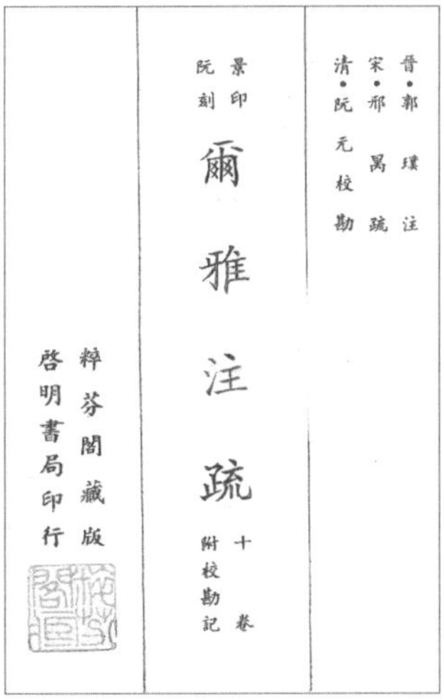

▲ 『십삼경주소』 본 『이아』의 속표지

7) 張揖「進廣雅表」.『四庫全書總目提要』引.

십삼경은 『시경』·『서경』·『역경』·『예기』·『주례』·『의례』·『춘추좌씨전』·『춘추곡량전』·『춘추공양전』·『논어』·『맹자』·『효경』의 12종류에 『이아』를 보탠 것이다. 이 『이아』는 중국문화 또는 사상에 있어서의 한자의 권위를 잘 설명해주고 있다.

특히 진시황은 천하를 통일한 다음 한자의 자체도 통일하는데 여기에는 황제의 천하지배를 확고히 하려는 뜻이 있었다. 진나라는 천하를 통일한 뒤 16년 만에 망해버려 한자 자체 통일을 바탕으로 한 황제의 통치 권위는 한나라에 가서 발휘하게 된다. 한자의 자체가 통일되자 한자의 사용이 지배계급인 사대부들 사이에 보편화되기 시작한다.

▲ 한 고조 유방

이때 한 고조 유방(劉邦)이 천하를 차지하고 난 뒤 자기 고향으로 돌아가 읊은 「대풍가(大風歌)」는 황제가 자신의 권위를 시를 통해서 노골적으로 드러낸 것이다.

> 세상이 큰 바람 일고 구름 날리는 형편이었는데,
> 위세를 온 천하에 떨쳐 평정하고 고향으로 돌아왔네.
> 어찌하면 용맹스런 사나이들 구하여 사방을 지킬 수 있을까?
>
> 大風起兮雲飛揚, 威加海內兮歸故鄕.
> 安得猛士兮守四方?

뒤이어 한 무제(B.C.140-B.C.87 재위)가 유가의 오경 중 한 가지 경전만 잘 공부해도 오경박사(五經

博士)에 임명하여 우대하자 유가의 경전을 공부한다는 것은 바로 출세의 길이 되었다. 그리고 이때부터 유학은 2천 년 동안 중국의 봉건전제 정치를 뒷받침하는 사상으로 군림하게 된다.

▲ 한 무제 초상

따라서 서한 때의 글을 아는 지식인인 사대부들은 모두가 벼슬과 출세를 바라면서 황제에게 아부나 하던 사람들이었다. 『한서』 권72 왕길전(王吉傳) 찬(贊)에도 이런 대목이 보인다.

> "한나라가 일어나자 장수와 대신들은 벼슬을 좋아하고 황제의 총애를 탐내어 그의 생애를 그르친 자들이 많았다. 그래서 깨끗하고 절조가 있는 선비들이 그 때문에 희귀하였다."

글공부도 글을 쓰는 행위도 모두 사대부들이 천자에게 잘 보이기 위하여 한 짓이었다. 지금 우리가 생각하는 학문이나 문학의 성격과는 전혀 다른 것이었다.

앞에 든 한 고조의 「대풍가」는 시체가 『시경』의 시들과는 다른 남쪽 노래의 형식이어서 이를 초가(楚歌)라 부른다. 항우도 「해하가(垓下歌)」라는 초가를 남기고 있고, 한나라 초기의 무제와 소제(昭帝)를 비롯하여 많은 사람들이 초가를 남기고 있다. 이는 한나라에 들어와 남쪽의 세력이 커져 사대부 사회의 노래의 가락이 변하였음을 뜻한다. 이 초가는 유명한 전국시대 초나라의 굴원(屈原, B.C.339?-B.C.278)이 지었다는 「이소(離騷)」로 대표되는 초사(楚辭)의 시구와 모양새가 같다. 길고 짧은 차이

▲ 굴원 초상

가 있을 따름이다. 그리고 한나라 이전의 기록에는 굴원(屈原)이나 초사에 관한 기록이 전혀 보이지 않으므로 실제로 초사도 초가나 마찬가지로 한 대 문학으로 보아야 한다. 더구나 한 대문학을 대표하는 부(賦)라는 문학 형식도 초사로부터 발전하고 있기 때문이다.[8)]

부는 서한 초기부터 성행하였는데, 모든 부의 작가들이 황제에게 아부하기 위하여 글을 썼다. 보기로 무제시대의 가장 대표적인 부 작가인 사마상여(司馬相如, B.C.179-B.C.118)의 경우를 보자. 그의 대표작이라고 하는 「자허부(子虛賦)」는 그가 양효왕(梁孝王) 유무(劉武) 밑에 있으면서 양효왕에게 아부하기 위하여 제후로서의 그의 위세를 칭송하는 내용이다. 「상림부(上林賦)」는 「자허부」를 보고 좋아하는 무제에게 아부하기 위하여 황제의 위세를 더욱 크게 칭송하는 내용이다. 그 밖에도 「대인부(大人賦)」는 무제를 신선에 견주면서 아부한 작품이고, 「장문부(長門賦)」는 진황후(陳皇后)에게서 황금 100근과 술대접을 받고 무제의 멀어진 총애를 진황후에게 되돌려주려고 지은 작품이고, 「미인부(美人賦)」는 양효왕에게 작자가 호색(好色)에 대한 자신의 입장을 밝히려고 지은 것이라 한다. 실상 문학작품이라 보기도 어려운 것들이다. 그 밖에 약간 개성이 실린 부 작품도 나오기는 하였으나

▲ **사마상여가 금을 연주하는 것을 탁문군(卓文君)이 엿듣고 있는 모습**
사마상여는 탁왕손(卓王孫)이라는 부자 집에 초청받아가서, 그 집에 과부가 된 젊은 딸 탁문군이 있음을 알고, 금을 타 탁문군을 꾀어내어 야반도주한 일로 유명하다.

8) 김학주 『중국문학사』(신아사, 2008 개정판) 참고.

모두 자기의 글재주를 황제나 왕들에게 알리려는 뜻이 담긴 것들이었다. 젊어서 사마상여를 좋아하여 본뜨려고 애쓰던 부의 작가 양웅(揚雄, B.C.53-A.D.18)은 많은 황제에게 아부하는 부를 지은 뒤에 만년에는 부를 짓는다는 것은

▲ 양웅의 초상

> "옛날 배우 순우곤(淳于髡)이나 우맹(優孟)[9]의 무리와 매우 비슷한 짓이어서, 법도가 실려있는 현명한 군자들이 하던 시나 부와 같은 올바른 일이 아니다. 이렇게 생각하고 부를 집어치우고 다시는 짓지 않았다."

고 스스로 뉘우치고 있다. 부를 지어 임금에게 아부하며 임금을 즐겁게 해주는 일이나 하는 자신이 마치 궁전에서 임금을 웃기는 짓이나 하던 난쟁이 크라운(clown)과 비슷하다고 하면서 그는 부 짓는 일을 그만두었다. 산문도 서한 시대에는 황제가 아래로 내리는 조령(詔令)과 신하가 임금에게 올리는 주소(奏疏) 및 황제의 물음에 답하는 대책(對策) 등이 중심을 이룬다.

중국의 지식인들은 동한 말엽 황실의 외척들과 환관이 서로 세력을 다투며 싸워 정치가 극도로 어지러워졌을 적에야 비로소 자각이 생겨 사회에 대한 자신의 책임을 깨닫게 된다. 문학뿐만 아니라 중국의 전통문화는 전반에 걸쳐 황제를 중심으로 하는 지배계급을 중심으로 하여 한자를 바탕으로 발전하고 있는 것이다.

9) 淳于髡과 優孟은 옛날 황제 밑에서 우스갯짓을 전문으로 하던 난쟁이이다.『史記』滑稽列傳 참조.

수나라시대에 시작되었던 과거제도는 당나라에 들어와 본격적으로 시행된다. 적어도 사대부들의 사회에 대한 자각이 그런 제도를 추진하게 하였을 것이다. 당나라 때의 과거에는 여러 가지가 있었으나 그 중에서도 가장 존중을 받은 것은 진사(進士)인데 진사는 시를 중심으로 한 한자로 이루어진 글을 쓰는 능력을 시험해 보는 것이었다. 진사가 되면 벼슬과 출세가 보장되었지만 정치능력이나 일의 판단능력 또는 사람의 성품 등과는 전혀 관련이 없는 것이었다. 다음으로 중시된 것이 유가의 경전으로 시험을 보는 명경(明經)이었다. 객관적인 방법으로 인재를 뽑는 일에도 한자의 위력이 여전히 크게 작용하고 있다. 그리고 누구에게나 출세의 길을 열어놓은 것 같지만 실제로 지배계급에 속하는 사람들의 자제들이 아니면 진사에 급제할 정도로 한자로 이루어진 문장을 다룰 능력을 갖추는 방도가 없었고 또 유가의 경전을 공부하는 수도 없었다.

이러한 한자의 위력은 북경시대로 가서도 여전히 중국을 지배하였다. 원나라 세조 쿠빌라이(忽必烈, 1260-1294 재위)는 라마불교 승인 빠스파(八思巴)를 나라의 스승으로 모시고 병음문자인 몽고신자를 만들어 지원(至元) 6년(1269)에 세상에 폈는데 이를 몽고자 또는 빠스파자라고도 한다. 그리고 경사와 각 지방의 학교에서 모두 이를 가르치게 하고 "모든 국새가 찍힌 문서에는 몽고신자를 옆에 함께 쓰되 각각 해당나라의 글자는 거기에 붙여 쓰기로 한다."[10]는 조치를 취한다. 자기네 몽고자로 한자를 눌러보려고 했던 것이다.

여진족의 금나라도 태조 아골타(阿骨打, 1115-1122 재위)가 대신 완안희윤(完顔希尹)에게 명하여 한자와 거란문자를 참고로 하여 1119년 여진대자(女眞大字)를 만들게 하여 세상에 편다. 다시 희종(熙宗, 1135-1148)은 1145년에 대신에게 새 글자를 만들게 하여 세상에 펴는데 이를 여진소자(女眞小字)라 한다. 이후 여진은 자기네 문자로 중국의 경전을 번역도 하고 그 글로 시험을 치러 인재를 등용하고 경사와 지방 학교에서 모두 이를 가르치게 한다. 뒤에 청나라 태조 누루하치(努爾哈赤, 1616-1626 재위)가 후금(後金)나라를 세워 다시 중국 땅을 여진족이 지배하게 되지만 한자의 위세를 이겨내지는 못한다. 때문에 원나라와 청나라는 한족들을 힘으로 지배하면서 자기네 생활풍습을 한족에게 모두 강요하였으나 결국은 한자를 이겨내지 못하여 지배당하는 한족에 동화되는 현상을 보여주게 된다.

▲ 후스

중국의 현대문학은 후스(胡適, 1891-1962)의 백화문학운동에서 시작된다. 백화문학운동은 자기들이 하는 말을 그대로 한자로 옮기자는 주장이다. 곧 한자를 발음기호로 쓰자는 것이다. 복잡하고 어려운 한자로 사람들의 말을 발음을 따라 그대로 기록하자는 어처구니도 없는 이야기인데 이런 엉터리 주장을 중국의 지식인들은 내놓고 반대하지 못하고 지금껏 모두 얌전히 따르

10) 『元史』 권202 八思巴列傳.

고 있다. 중국 사람들 스스로가 이미 한자의 권위에 완전히 눌려 있기 때문이다. 한자가 중국현대화의 걸림돌임을 알면서도 한자를 없애지는 못하고 있다.

한자 대신 중국 글을 표음문자로 기록해보려는 노력은 17세기 명나라 말엽 서양의 기독교 선교사들에 의하여 시작되었다. 유명한 마테오리치(Matteo Ricci, 1552-1610)가 『정씨묵원(程氏墨苑)』이란 책에 한자의 독음을 로마자로 표기한 것이 최초의 것이라 한다. 그에 이어 많은 서양 선교사들이 선교의 필요성 때문에 그런 일에 손을 대었고, 이를 따라 많은 중국학자들도 중국어를 표기할 표음문자에 대하여 연구하기 시작하였다.

▲ 마테오리치가 로마자로 한자의 독음을 써서 출판한 『정씨묵원』의 한 쪽.

선교사들의 로마자 사용은 일부 지역에서는 상당한 성공을 거두고 있었다. 린위탕(林語堂, 1895-1976)의 『이교도에서 기독교도로 *From pagan to Christian*』 '제2장 크게 돌아가기 시작'에 이런 대목이 보인다.

"로마자화(Romanization)는 경이적인 것이었다. 우리 아모이에는 일곱 가지 성조(聲調)까지도 표현하는 완전한 로마자화 방법이 있어서, 그것을 반대하던 모든 중국학자들의 논의를 조롱하였다. 우리 어머니는 로마자화된 성경책을 모두 읽을 수가 있었고, 아울러 중국문자로 인쇄된 찬송가를 자습으로 읽었으며, 내게 완전하고 분명하게 로마자화된 글로 편지를 써 보내셨다. 로마자화는 부적절한 것이 아니라 심리적으로 우

> 리가 그것을 바라지 않고 있는 것이다.”

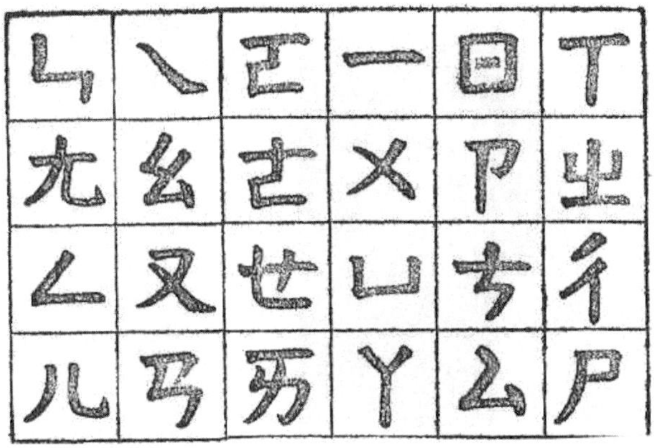

▲ 주음자모(注音字母)

곧 로마자화는 중국사람들이 한자의 권위에 눌려 있어 성공을 하지 못한 것이다.

1902년 오여륜(吳汝綸)이 일본을 본떠서 국어운동을 제기한 이래 1916년에는 국어연구회가 결성되고 1918년에는 주음자모(注音字母)가 공포되고 1928년에는 국어로마자가 공포되었다. 이 국어운동은 이후 중화민국에서 적극 진행되었다.

1921년 중국공산당이 성립된 해에 취치우빠(瞿秋白, 1899-1935)는 신문사의 특파원으로 소련에 가서 로마자를 바탕으로 문맹을 퇴치하는 데 큰 성과를 올리고 있는 소련의 실상을 직접 보고 큰 감동을 받았다. 그는 뜻있는 학자들과 함께 중국의 문맹퇴치를 위하여 한자를 버리고 사용할 새로운 문자를 연구하기 시작하였다. 그는 일시 귀국했다가 다시 소련으로 가서 1929년에 『중국라틴화자모』라는 작은 책자를 내고 소련에 있던 중국 노동자들을 상대로 로마자를 써서 문맹퇴치 운동을 전개하였다. 이 운동은 널리 영향을 끼쳐 1930년대에는 국내까지도 들어와 전개되기 시작한다. 중국 신문학의 대가 루신(魯迅, 1881-1936)도 만년에는 적극 여기에 가담하여 여러 편의 글을 쓰고 있다. 그는 「새로운 문자에 관하여(關于新文字)」[11]에서 이렇게 말하고 있다.

▲ 루신

> "한자는 참으로 우민정책의 이기(利器)이다. 노동 대중에게는 그것을 배워 익힐 가능성이 없을 뿐만 아니라 돈이 있고 권세가 있는 특권계급이라 할지라도 일이십 년의 세월을 허비하여도 끝내 익히지 못하는 부분이 매우 많다. …… 그러므로 한자는 중국의 노동 대중 몸속의 결핵이나 같은 것이어서 그 병균이 안으로 스며들어 있다. 만약 먼저 그것을 제거하지 않는다면 결과적으로는 오직 그 자신들의 죽음이 있을 따름이다."

그리고 그는 중국의 라틴화운동에 적극 찬성하고 있다. 루쉰은 죽기 전 병상에서 그를 찾아온 신문기자[12]에게 "한자가 없어지지 않으면 중국은 반드시 망한다."는 말을 남겨 온 세상에 알려졌다.

중국 공산당은 유명한 만리장정을 마치고 섣시성 옌안(延安)으로 옮겨온 뒤 1935년에 중국신문자연구회가 성립되어 라틴화 운동에 불이 붙는다. 그리고 1940년에는 섬감녕변구신문자협회(陝甘寧邊區新文字協會)가 이루어져 새로운 라틴문자에 의한 백성들의 교육활동이 활발히 전개되었다. 상하이의 난민수용소를 비롯하여 중국 각지에서도 라틴화신문자에 의한 새로운 교육이 전개되었다. 그러나 결국 1944년에는 옌안에서 라틴화 공작을 중지하고

11) 『且介亭雜文』 1934에 실림.

12) 『救亡情報』의 기자였다.

한자공부를 시키자는 운동으로 방향이 전환된다. 엄청난 현대 서양문화의 유입과 중국인민공화국의 무식한 노동자 농민을 바탕으로 사회주의 혁명을 이룩하려는 이상도 한자의 권위 앞에서는 모두 굴복되고 만 것이다.

이 라틴화신문자는 결국 지금 쓰고 있는 한어병음방안(漢語拼音方案)으로 낙착되었고 한자를 없애기 위한 일단계로 1956년에는 한자간화방안(漢字簡化方案)이 발표되어 간체자를 쓰게 되었으나 컴퓨터가 보급된 지금에 와서는 한자의 사용을 더 복잡하게 만드는 결과를 가져왔을 따름이다.

▲ 라틴화문자로 쓴
『손중산선생전』(孫中山先生傳)

중국 사람들이 한자와 관계없이 푸통화(普通話)를 쓰면서 일상 대화를 함에 불편함이 없는 것을 보면 로마자나 다른 발음기호로 중국말을 표기해도 괜찮음을 알 수 있다. 그럼에도 지식인들이 한자를 버리지 않으려 들고 일반 대중들도 한자를 알아야 지식인이 될 수 있다고 일반적으로 생각하고 있는 것을 보면 아직도 한자의 권위가 크기 때문이 아닌가 생각된다. '백화문'이란 한자로 사람들이 말하는 것을 그대로 적는 것이다. 말하자면 한자를 발음기호로 쓰는 것인데 그처럼 세상에 어리석은 일이 어디 있는가? 그러나 그것이 어리석은 짓이라 말한 이는 없는 것 같다.

중국의 언어학자 리진시(黎錦熙)가 한자에 대하

여 한 다음과 같은 말은 한자에 대한 중국의 입장을 가장 잘 대변한다.

> "끝내 반드시 없애야 할 오래 둘 수는 없는 것이지만 잠시 반드시 두어야 할 서둘러 없애서는 안 되는 것."
>
> 終於必廢而不能久存, 暫時必存而不可遽廢.[13)]

중국은 말할 것도 없고 우리나라나 일본도 많은 학자들이 오래 전부터 한자폐지론을 폈지만 여전히 꿈적도 않고 쓰이고 있는 것은 한자가 우리나라나 일본의 말이나 생활을 지배하는 권위가 아직도 여전히 강하기 때문이다.

한자의 권위가 이러하기 때문에 한자로 쓰인 글도 자연히 권위를 지니게 된다. 이 한자와 글이 지니고 있는 권위를 전제로 하고 중국문학을 접해야만 할 것이다.

13) 「스탈린의 '언어학에 있어서의 마르크스주의'의 중국문자개혁운동에 관한 문제를 논함」(1950.11.5. 光明日報 소재 글).

3장

장안시대의 문학

1) 중국 전통문학의 바탕

중국의 전통문학도 서주 시대의 『시경』·『서경』·『역경』을 바탕으로 하여 시를 중심으로 발전하기 시작한다. 중국문학은 뜻글자이며 한 글자가 한 음절로 이루어진 한자를 쓴다. 한자는 처음부터 사람들이 쓰는 말을 기록하기 위하여 만든 글자가 아니어서 그들이 쓰던 말과 큰 상관이 없는 글자였다. 그리고 한자는 쓰기도 어렵고 읽기도 어려운 글자여서 되도록 적은 글자 속에 많은 뜻을 담으려고 노력하게 된다. 따라서 한자로 쓴 글은 자연 뜻이 함축적인 시적인 글이 된다. 그 때문에 일반적으로 산문이라고 알고 있는 『서경』·『역경』의 글도 운문이라고 하는 편이 옳은 말이다.

그리고 두 개 이상의 음절이 모여 글을 이루다

보니 자연 짝을 짓게 되어 그 글은 두 글자와 두 글자가 모여 한 구절을 이루는 것이 자연스럽게 된다. 『시경』에 실린 시는 한 구절 4언(言)이 기본 리듬이다. 중국의 전통문학은 주나라가 은나라를 쳐부수고 북부 중원을 다스리기 시작하면서 유행한 4언이 기본 리듬을 이루는 시에서 출발하고 있다. 보기로 『시경』 첫 번째의 주남(周南) 관저(關雎)시의 전반 부분을 든다.

關關雎鳩(관관저구), 在河之洲(재하지주). 窈窕淑女(요조숙녀), 君子好逑(군자호구).
參差荇菜(참치행채), 左右流之(좌우류지). 窈窕淑女(요조숙녀), 寤寐求之(오매구지).
求之不得(구지부득), 寤寐思服(오매사복). 悠哉悠哉(유재유재), 輾轉反側(전전반측).

구욱 구욱 물수리는, 황하 섬 속에서 울고 있네.
아리따운 고운 아가씨는, 군자의 좋은 짝이네.
올망졸망 마름풀을, 이리저리 헤치며 뜯노라니
아리따운 고운 아가씨, 자나 깨나 그리네.
그리어도 얻지 못해, 자나 깨나 생각노니,
그리움은 가없어, 밤새 이리 뒤척 저리 뒤척.

이 시를 보면 모든 구절이 사언(四言)으로 이루어져 있고, 한 구절 다음 구절에 압운(押題, ● 표)을 하고 있고, 수사학에서 말하는 첩자(疊字)·첩운(疊韻)·쌍성(雙聲)과 같은 말의 반복 등의 기교를 다 쓰고 있으며(밑줄 ___ 친 부분), 비슷한 모양의 글자를 연이어 써서 시각적 수사효과도 꾀하고 있고(밑줄 == 친 부분), 대구법(對句法)도 쓰고 있다.

다음에는 『서경』 첫머리 요전(堯典)의 첫 대목을 읽어 보기로 한다.

> 왈 약 계 고 제 요　왈 방 훈　흠 명 문 사　안 안
> 曰若稽古帝堯, 曰放勳, 欽明文思, 安安,
>
> 윤 공 극 양　광 피 사 표　격 우 상 하
> 允恭克讓, 光被四表, 格于上下.
>
> 극 명 준 덕　이 친 구 족　구 족 기 목　평 장 백 성
> 克明俊德, 以親九族；九族旣睦, 平章百姓；
>
> 백 성 소 명　협 화 만 방　여 민 오 변 시 옹
> 百姓昭明, 協和萬邦. 黎民於變時雍.

옛 요임금에 대하여 상고하여 보건대, 이름은 방훈이라 하셨다.
공경스럽고 총명하고 우아하고 신중하시어 온유함을 느끼게 하셨고,
진실로 공손하고 겸양하시어 감화의 빛이 온 세상에 퍼져 하늘과 땅에 이르렀다.
큰 덕을 밝히시어 온 친족을 화목케 하셨고,
온 친족을 화목케 하시고 백성을 밝게 다스리셨으며,
백성을 밝게 다스림으로써 온 세상을 평화롭게 하셨다.
백성들은 이런 감화를 받아 화평을 누리게 되었다.

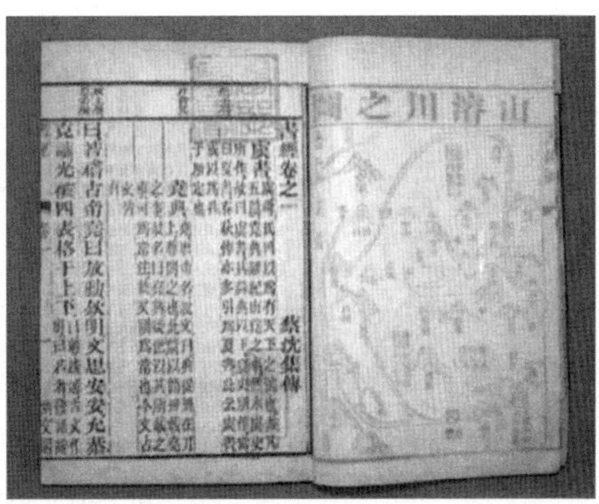

▲ 『서경』, 송 대 채침의 『집전』

거의 모든 구절이 네 글자이고 운까지도 밟아가면서 독음의 조화에도 많은 신경을 쓰고 있으니 산문이 아니라 운문임이 분명하다. 이러한 글의 성격은 모두가 한자의 특성으로 말미암아 이루어진 것이다. 한문은

시뿐만이 아니라 산문이라고 알려져 있는 글까지도 모두 운문이라고도 할 수 있을 것이다.

이처럼 서주 초기에 전통문학의 바탕이 이루어지는 것이다. 그것은 앞에서 이야기한 중국 전통문화의 형성과 일치하는 양상이다. 그리고 이렇게 이루어진 전통문학은 주나라가 도읍을 중원 내륙의 낙읍(洛邑)으로 옮긴 동주에 가서, 국력은 약해지고 세상은 어지러웠지만 더욱 발전한다. 유가와 도가·법가·묵가를 비롯하여 제자백가라 부르는 여러 학파가 이루어지고 많은 학자들이 나와 자기의 사상을 책으로 펴내기 시작하고, 『좌전(左傳)』·『국어(國語)』 같은 역사적인 저술도 나와 문학과 사상이 크게 발전을 이룩하게 된다. 특히 장강 유역에 새로 일어난 남쪽 초나라에 초사(楚辭)라고 하는 새로운 『시경』과는 전혀 다른 리듬의 노래에 작자의 서정이 실린 시가가 나와 문학의 발전을 크게 자극하게 된다.

2) 중국 전통문학의 발전

서한 대에 와서는 남쪽 초(楚)나라 지역의 노래인 초가(楚歌)와 초사(楚辭)가 들어와 사부(辭賦)를 유행시키면서 한 구절 4자인 4언이 기본리듬이던 중원의 노래 리듬을 바꾸어 놓는다. 곧 초가나 초사는 기본 리듬이 3언이어서, 시의 형식을 무너뜨려 민간에는 형식이 자유로운 민가인 악부(樂府)가 성행하게 된다. 뒤에는 다시 이 3언이 두 자를 바탕으로 한 4언과 어울리면서 새로운 5언과 7언의 구절을 이루어 5언과 7언의 고시(古詩)를 발전시키게 된다. 악부의 성행에는 무제 때에 서역 원정으로 유입된 새로운 서역지방의 음악도 영향을 끼쳤을 것이다.

『초사』의 구절 형식을 보이기 위하여 구가(九歌) 운중군(雲中君)의 첫 대목을 보기로 든다.

> 욕난탕혜목방 화채의혜약영
> 浴蘭湯兮沐芳，華采衣兮若英.
>
> 영연권혜기류 난소소혜미앙
> 靈連蜷兮旣留，爛昭昭兮未央.

> 난초 물에 목욕을 하고 향기로운 물로 머리를 감고 나서,
> 화려한 고운 옷 입고 나서니 꽃처럼 아름답네.
> 신령께선 내려와 우물쭈물하며 머물고 계시는데
> 화려한 빛 환하게 끝없이 비치네.

이 영향을 받아 5언에 가까워진 서한 때의 노래로 이연년(李延年, B.C.140?-B.C.87?)의 가인가(佳人歌)가 전한다.

> 북방유가인 절세이독립
> 北方有佳人，絕世而獨立.
>
> 일고경인성 재고경인국
> 一顧傾人城，再顧傾人國.
>
> 영부지경성여경국 가인난재득
> 寧不知傾城與傾國? 佳人難再得.

> 북방에 가인이 있는데, 세상에 다시 없이 빼어났네.
> 한 번 돌아보면 한 성안 사람들 기울게 하고, 두 번 돌아보면 한 나라 사람들 기울게 하네.
> 어찌 성과 나라를 기울게 하는 미인을 알아보지

못하는가?

가인은 다시 얻기 어려운 것이네.

산문도 동주(東周)에 와서는 제자백가와 역사가들이 문장의 서술기능을 크게 발전시켰다. 진시황이 천하를 통일한 위에 지역마다 자체와 독음이 달랐던 한자도 통일하여 서한에 와서는 예서체를 한례(漢隷)라 부를 정도로 그 쓰임을 일반화시켰으므로 시와 함께 산문도 크게 발달하였다. 사마천(司馬遷, B.C.145-B.C.86?)의 『사기(史記)』는 중국 산문 발전의 기념비적인 저술이다.

도읍을 중원 내륙인 낙양으로 옮긴 동한 때에는 제국의 힘은 약하고 세상은 어지러웠지만 문학과 사상은 역시 크게 더욱 발전한다. 시에 있어서는 새로운 5언 7언의 고시(古詩)가 이루어져 발전하게 된다. 그리고 동한 말엽에는 멀리 인도로부터 불교가 들어와 중국 사람들의 사상과 문학 예술을 가일층 발전시킨다. 도교가 이루어진 것도 불교의 영향을 적게 평가할 수 없을 것이다. 그리고 이 무렵에 와서는 지식인들이 사회에 대한 책임을 각성하기 시작하여 시인들은 비로소 자기 나름대로의 문학의식을 가지고 시를 쓰기 시작한다. 조조(曹操, 155-220)의 위나라에 모여들었던 시인들을 중심으로 자기 이름을 내걸고 본격적으로 자기의 시를쓰기 시작한 사람들이 그 선구자들이다. 중국의 전통문학은 여기에서 본격적으로 작가 개인에 의하여 창작되고 발전하게 된다.

▲ 조조 초상

3) 중국 전통문학 발전의 황금기

그 뒤 위(魏)·진(晉)을 거쳐 남북조(南北朝)시대로 오면서 동한 말엽에 들어온 불교와 그 무렵 이루어진 도교가 성행하고 수많은 이민족이 중원으로 들어와 중국문화에 많은 변화를 가져온다. 특히 고창(高昌)·구자(龜玆) 등 서역에서 들어온 음악은 중국음악에 많은 영향을 끼쳐 짧고도 낭만적인 노래를 유행케 한다. 남북조 시대 민가의 보기로 자야가(子夜歌) 한 수를 소개한다.

낙일출전문 첨촉견자도
落日出前門, 瞻矚見子都.

야용다자빈 방향이영로
冶容多姿鬢, 芳香已盈路.

해진 뒤 집문 나서다가 그대 지나가는 모습 보았네.
어여쁜 얼굴에 머리 한층 아름답고 향기로운 냄새 길에 가득찼네.

이 영향을 받아 남북조시대에는 한·위 시대의 악부나 고시와는 다른 짧고도 아름다운 표현과 낭만적인 내용을 추구하는 짧은 시가 유행하기 시작하였다. 그들은 시의 아름다움을 위하여 시의 구절들이 짝을 이루는 것도 중시하고 모든 글자의 독음의 성조가 앞뒤로 잘 조화되는 것까지도 중시하였다. 이런 시는 제(齊) 무제(武帝)의 영명 연간(483-493)에 유행하기 시작하여 영명체(永明體)라 흔히 불렀다. 보기로 사조(謝朓, 464-499)의 동왕주부유소사(同王主簿有所思)를 한 수 든다.

> 가 기 기 미 귀 망 망 하 명 기
> 佳期期未歸, 望望下鳴機.
>
> 배 회 동 맥 상 월 출 행 인 희
> 徘徊東陌上, 月出行人稀.

> 기약을 해 놓고도 기약 날 돌아오지 않으니,
> 바라보며 기다리다 짜던 베틀 내려와,
> 동쪽 밭 둔덕길 서성이는데
> 달은 떴으되 다니는 사람 거의 없네.

이를 바탕으로 당나라로 들어오면서 절구(絕句)와 율시(律詩)로 대표되는 중국시의 대표적인 시형인 근체시가 완성되는 것이다. 산문도 남북조시대에 글의 모든 구절을 4언과 6언으로 쓰면서 모든 구절이 대구를 이루게 하고 글을 쓰는 한 글자 한 글자의 성조의 높낮이까지도 따져 문장 독음의 음악적인 아름다움까지도 추구하는 변려문(騈儷文)을 발전시킨다. 당나라 때에 와서는 그 문체를 사륙문

(四六文)이라 부를 정도로 4자와 6자의 구절이 더욱 완전한 대구를 이루는 아름다운 글이 이루어진다.

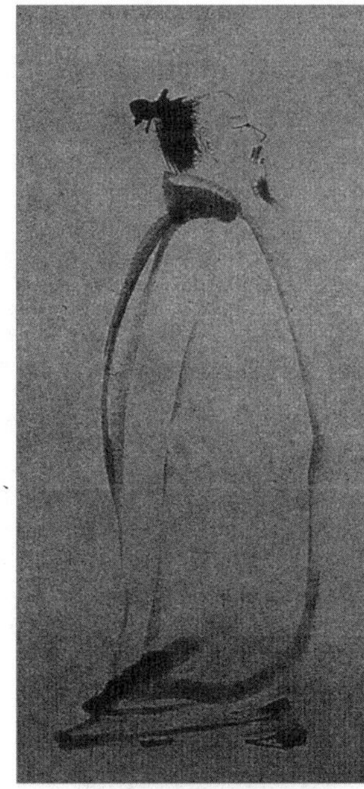

이 장안의 당 제국에 와서 중국 전통문학의 모든 형식이 다 갖추어지고 그 기능이 극도로 발전한다. 시에 있어서는 고체시로 오언과 칠언의 고시와 형식이 비교적 자유로운 악부시가 다 갖추어지고 근체시로 율시와 절구도 완전히 이루어져 성행한다. 산문에 있어서는 사상을 논하는 입언(立言)의 글과 이야기나 사건을 기록하는 기사(紀事)의 글이 충분히 발달하고 결국은 문장의 형식미를 극도로 추구한 변려문까지 이루어져 글쓰기는 지식인들의 일상적인 일이 된다. 그 때문에 중국학자들은 흔히 당제국의 전성기에 나온 이백(李白, 701-762)과 두보(杜甫, 712-770)를 각각 시선(詩仙)·시성(詩聖)이라 부르고 중국문학사상의 대시인으로 추켜올리며 이 시기를 자기네 전통문학의 발전이 정점에 이르렀던 시기라 칭송하고 있다.

▲ 이백

그러나 평화로웠던 당 제국을 하루아침에 대혼란으로 몰아놓은 안록산(安祿山)의 난(756)은 이제껏 당나라의 정치와 경제를 독점해 온 대족(大族)들을 단번에 전멸시키고 전란 속에 지식인들로 하여금 서민들의 위대한 힘을 실감케 한다. 이에 두보를 비롯하여 어려운 사회상을 시로 노래하는 시인들이 나오고, 시에 서민의 언어를 쓰면서 서민들의 천박한 서정까지도 추구하는 백거이(白居易, 772-846)·원진(元稹, 779-831) 같은 시인들이 나오고, 개성적인 시를 추구하는 한유(韓愈, 768-824) 같

▲ 두보 초상

▲ 백거이 초상

은 시인들이 나와 중국시를 더 한층 발전시킨다.

또 당나라는 외국과의 교섭이 활발하고 외국의 문물을 자유롭게 흡수하여 중국의 전통문화를 더욱 발전시킨다. 특히 당나라 중엽에는 서쪽의 회흘(回紇)·토번(吐蕃)을 비롯한 여러 외국 민족의 음악 영향을 받아 새로운 곡조의 노래가 성행한다. 문인들은 이 민간에 유행하는 노래의 형식을 본떠서 새로운 비교적 자유로운 형식의 시가인 사(詞)를 만들어 낸다. 당나라 때에 이루어진 초기의 사로 백거이의 억강남(憶江南) 한 수를 든다.

> 강남호 풍경구증암
> 江南好, 風景舊曾諳.
>
> 일출강화홍승화 춘래강수록어람
> 日出江花紅勝花, 春來江水綠於藍.
>
> 능불억강남
> 能不憶江南!
>
> 강남은 좋은 곳,
> 그 옛 풍경 눈에 선하네.
> 해 뜨면 강 가 꽃은 불보다 더 붉고,
> 봄 되면 강물은 쪽보다 더 푸르네.
> 어이 강남이 그립지 않으랴!

당나라 중엽 이후로는 내란을 통하여 앞에서도 이야기했듯이 위대한 서민들의 역량을 발견한 문인들은 이전보다 서민들에 대한 관심을 더 많이 갖게 된다. 시인들은 서민들의 생활과 고난을 노래하게 되고 서민들의 야한 서정도 추구하게 된다. 민간의 설화(說話) 또는 속강(俗講) 형식의 연예가 유행하여 변문(變文)을 비롯한 강창(講唱)이 성행하기 시작하고 그 영향 아래 전기소설(傳奇小說)도 생겨난다. 그리고 산문은 이전의 대구와 성조를 따져 형식의 아름다움만을 추구하던 경향에서 벗어나 자유로운 형식의 고문(古文)을 써야 한다는 주장이 운동으로 전개된다.

▲ 북송, 소식 초상

당나라 중엽에 일어난 이러한 문화상의 변화는 계속 발전하여 오대(五代)를 거쳐 북송(960-1126)에 이르러서는 중국의 전통문화를 최고의 경지로 발전시킨다. 문학에 있어서도 북송이 전통문학 발전이 정점에 이르렀던 시기라 할 수 있다. 구양수(歐陽修, 1007-1072)를 비롯하여 소식(蘇軾, 1036-1101)·왕안석(王安石, 1021-1086)·황정견(黃庭堅, 1045-1105) 등이 발전의 정점에 자리 잡고 있는 대문호들이다. 그러나 남송(1127-1279)부터는 이민족의 압력에 밀려 중원 땅을 오랑캐들에게 내주고 문화 면에 있어서는 자기네 전통을 잃고 전과 다른 이질적인 방향으로 발전하는 경향을 보여주게 된다. 그리고 마침내는 몽고족이 중원 땅을 정복하여 원나라를 세움으로써 새로운 북경시대로 옮겨지게 된다. 어떻든 장안시대 후기는 문학뿐만 아니라 학술·문화·예술 전반에 걸쳐 이른바 한자문화의 발전이 정상의 경지에 이르렀던 시기이고 북경시대는 그처럼 큰 발전을 이루었던 중국문화가 전통으로부터 벗어나 이질적인 방향으로 발전하기 시작한 시대이다.

▲ 북송, 왕안석 초상

우리가 한 가지 주의해야 할 점은 장안시대는 중국의 전통문학이 이루어져 큰 발전을 이루었던 시대이지만, 그 문학은 절대다수의 서민들과는 거의 상관이 없는 지배계급인 일부 사대부들의 것이었다는 점이다. 작자도 모두 사대부들이었고 독자도 사대부들이었다. 서민들은 한자를 몰랐기 때문에 그들 문학에 접근하는 수가 없었다. 장안시대에 있어서 한자와 문학은 사대부들의 권위와 지배의 상징이었다. 지금 우리는 서양에서 들어온 문학의 개념을 바탕으로 중국의 문학작품들을 읽고 논하고 있지만 실은 그 문학의 개념 자체를 다시 검토해야만 하지 않을까 생각한다.

4장

북경시대의 문학

1) 원 잡극(雜劇)과 화본(話本)

중국문학사상 장안시대는 시를 중심으로 하는 전통문학이 이루어져 발전했던 시기이고, 북경시대는 이 전통문학의 발전은 멈추고 창작의 중심이 희곡과 소설로 바뀌게 된 시대이다. 곧 북경시대에 와서는 시를 중심으로 하는 중국의 전통문학이 더 이상 발전하지 못하고 사대부들이 옛날 사람들의 흉내나 내는 데 그쳤다는 것이다. 원 대 문학창작의 중심을 이룬 희곡을 보면 이때 눈에 띄는 큰 변화가 있었다. 장안시대는 춤과 노래로 간단한 이야기를 연출하는 가무희(歌舞戲)를 중심으로 하는 '소희(小戲)'의 시대이고 북경시대는 연극의 이야기 줄거리가 길어지고 규모가 커진 '대희(大戲)'의 시대로 변하였다는 것이다. 소설은 송나라에서 이루어진 화본이 나오는데 설화인(說話人)이 이야기를 창할 적의 그 가락은 장안시대의 창과는 전혀 다른 가락이었을 것이다. 그리고 북경시대의 가장 두드러진 문학상의 특징은 전통을 잃어 문학을 크게 발전시키지는 못하였지만 소설이나 희곡 속에 시정(市井)적인 성격을 보태기 시작했다는 것이다. 아마도 그 시대 상업의 발전과 도시의 발달이 그렇게 만들었을 것이다. 그렇다고 그 문학이 지배계층인 사대부들의 손을 벗어났다는 뜻은 아니다.

▲ 원 대 민간 연예인 모습의 토용

원나라 때에는 새로운 문학으로 송나라 때 유행한 사(詞)를 대신하여 새로운 시가인 곡(曲)이 생겨나 성행한 시대이다. 곡에는 시가의 일종인 산곡(散曲)이 있고 연극의 일종인 잡극이 있는데, 산곡도 노래의 가사이지만 잡극도 노래인 창을 바탕으로 하여 연출되는 연극이다. 잡극에서 중심을 이루는 창사(唱辭)만을 떼어놓고 보면 산곡과 같은 것이기 때문에 산곡과 잡극을 통틀어 '원곡(元曲)' 또는 '곡'이라고도 부른다.

산곡은 청곡(淸曲)이라고도 부르며, 당·오대의 소사(小詞)처럼 민간에 유행하던 가요에서 나온 것이다. 이 짧은 곡을 소령(小令)이라 하는데, 그 때문에 '소령'은 형식이나 내용에 있어 '사'와 비슷한 점이 많다. 마치원(馬致遠, 1251 전후)의 작품을 보기로 든다.

수양곡(壽陽曲)

구름은 달을 감싸고,
바람은 풍경을 희롱하는데,
두 가지 모두 내 마음 더욱 처절케 하네.
은 촛대 심지 자르고,
이 심사 글로 쓰려니,
긴 한숨 새어나와,
등불 불어 꺼버리네.

雲籠月, 風弄鐵, 兩股兒助人凄切.
剔銀燈, 欲將心事寫,
長吁氣, 一聲吹滅.

그러나 뒤에는 좀더 많은 내용을 노래하고자 하는 욕망에서, 둘 또는 세 개의 소령을 연이어 한 곡의 노래로 만든 대과곡(帶過曲)이 생겨났다. '대과곡'은 비슷한 서로 잘 어울리는 곡조를 합쳐 음조가 잘 연결됨으로써 완전한 한 곡을 이루어야 한다.

여기에서 더욱 진일보하여 같은 궁조에 속하는 여러 개의 '소령'을 모아 한 조의 조곡(組曲)을 이룩하고 그것을 투수(套數)라 하였다. '투수'는 투곡(套曲) 또는 대령(大令)이라고도 부른다. 투수는 3·4곡으로 이루어진 짧은 것도 있지마는 30여 곡이 결합되어 이루어진 긴 투곡도 있다. 투수는 길이가 길기 때문에 서술적인 묘사 방법을 많이 쓰며, 복잡한 내용이나 고사를 노래하기에 편리한 형식이다. 한 투수의 노래들은 모두 같은 운으로 압운하고, 끝머리는 반드시 미성(尾聲)이 붙어 곡의 종결을 알려준다.

특히 희곡은 문학뿐만 아니라 음악·미술·무용 등 중국문화 전반에 걸쳐 직접 관계가 되므로 그 변화는 중국문화의 변화를 이해하는 데 매우 중요하다. 중국의 '대희'는 북송 말 남송 초에 남쪽 쩌짱(浙江) 성 원조우(溫州)지방에서 공연된 희문(戱文, 또는 南戱)이 최초의 것이라 전하지만, 그 완전한 작품이나 연출 실태는 별로 알려진 것이 없다. 아무래도 본격적인 '대희'는 금나라 원본(院本)을 바탕으로 하여 몽고시대에 지금의 북경인 대도(大都)를 중심으로 발전하였던 원나라의 잡극[14]이다. 이 잡극은 13세기로 들어와 여진족의 금나라와 몽고족의 원나라의 중국 지배에 따라 갑자기 생겨난 것이어서 전통적인 이전의 중국 연극과는 전혀 성격이 다른 것이며 어떻게 이루어진 것인지도 알 수가 없다. 다만 1912년에 왕꿔웨이(王國維, 1877-1927)가 중국 고전희곡의 연구를 출발시킨 『송원희곡고(宋元戱曲考)』를 써서 잡극을 원곡이라 부르며 당시·송사처럼 한 시대를 대표하는 문학이라고 내세우면서 유명해진 것이다.

▲ 왕꿔웨이

왕꿔웨이는 잡극을 순전히 문학적인 면에서 다루어 "원 잡극이야말로 중국의 진정한 성숙된 희곡이다."라고 단정하여 지금까지도 많은 중국희곡학자들의 자기네 전통연극에 대한 개념을 그르쳐 놓고 있다. 잡극에 쓰인 음악이나 악기 및 연출방식은 전혀 중국의 전통적인 것이 아니다. 다만 잡

14) 『원잡극선』 김학주 역, 2001년 명문당 간 참조 바람.

극의 극본이 다른 어떤 종류의 중국 연극보다도 형식이 완정하고 문장이 뛰어나며, 극의 주제가 당시의 시대상을 잘 반영하고 있기 때문에 왕궈웨이는 잡극에 대하여 그처럼 높은 평가를 하였던 것이다.

▲ 샨시 금나라 무덤 속의 배우들 인형

잡극의 구성을 보면 한 작품이 4절(折)로 이루어지는 것이 원칙이다. 4막으로 이루어진 연극이라 생각하면 될 것이다. 4절로 부족할 적에는 설자(楔子)라는 짧은 한 단을 맨 앞이나 중간에 끼어 넣기도 한다. 간혹 5절·6절 등의 작품이 있으나 이는 예외에 속하는 것이다. 그런데 잡극의 한 절의 노래는 바로 한 편의 '투곡'으로 이루어지고 있다.

잡극의 각 절은 창(唱)·과(科)·백(白)의 세 가지 요소로 이루어진다. '창'은 노래로 잡극 연출의 중심을 이룬다. 그리고 남자 주인공이나 여자 주인공 한 사람만이 '창'을 하는 것이 원칙이다. '과'는 배우의 동작으로 완전히 무용과 같은 상징적인 동작만을 사용한다. '백'은 배우들의 대사이다.

출연 배우들은 정해진 배역이 있다. 배역은 크게 말(末)·단(旦)·정(淨)·축(丑)의 네 종류가 있다. '말'은 일반적인 남자들로 남자주인공인 정말

▲ 샨시 명응왕전 원잡극 연출 벽화

(正末) 이외에 부말(副末)·충말(沖末)·외말(外末) 등이 있다. '단'은 일반 여자들인데 여자주인공인 정단(正旦) 이외에 첩단(貼旦)·외단(外旦)·소단(小旦)·노단(老旦) 등 여러 가지가 있다. 앞에서도 말한대로 '정말'이나 '정단'만이 연출할 때 창을 한다. '정'은 관리들이 대부분이고, '축'은 극 중에서

우스갯짓을 하는 자이다.

그런데 몽고시대(몽고가 금나라를 멸한 1234년 무렵부터 남송을 멸하고 천하를 통일한 1279년 무렵까지)에 관한경(關漢卿)·양현지(楊顯之)·왕실보(王實甫)·마치원(馬致遠)·백박(白樸) 같은 한족의 작가들이 대도를 중심으로 하는 지역에서 나와 빼어난 잡극 작품을 짓고 있다. 명나라 초기 주권(朱權)의 『태화정음보(太和正音譜)』의 기록만 보아도 잡극 작가는 191명이나 되고 작품은 560여 종이나 된다. 이것도 완전한 기록이라 할 수는 없을 것이다.

▲ 원 대 관한경의 초상

이들 중 초기의 작가인 관한경을 보기로 들면 『구풍진(救風塵)』·『두아원(竇娥冤)을 비롯하여 60여 종의 작품을 지었다. 『구풍진』은 착한 기생이 어떤 건달의 속임수에 넘어가 사랑하는 사람을 두고 그에게 시집가 무척 고생을 하는데, 그것을 안 협기가 있는 다른 기생이 건달을 유혹한 뒤 착한 기생을 구해주는 이야기이다. 『두아원』은 두아라는 젊은 과부가 역시 과부인 시어머니와 함께 살다가, 음험한 장(張)가 부자를 만나 여러 가지 어려움을 겪은 끝에 장가 아비를 독살한 억울한 누명을 쓰고 잡혀가 사형을 당한다. 뒤에 두아를 두고 과거를 보러 갔던 두아의 아버지가 과거에 급제한 뒤 암행어사 같은 염방사(廉訪使)가 되어 그 고을로 내려와 두아의 재판 사건을 재심한 끝에 진짜 범인이 장가 아들임을 밝혀낸다는 이야기이다. 이야기도 당시 사회의 낮은 계층 사람들 생활을 소재

▲ 『두아원』
관한경의 대표작

로 하여 그 시대의 문제를 추구하고 있거니와 구성에도 빈틈이 없고 문장도 빼어나면서도 거침이 없다. 왕꿔웨이는 원나라 잡극의 장점을 논하여 "한마디로 말하면 매우 자연스럽다는 것이다."[15]라고 하였다.

천하를 통일하고 원나라가 세워진(1260) 이후로는 나라가 남쪽으로 발전하는 대세에 따라 작가들도 남쪽 사람들이 중심을 이루고 작품도 창사의 아름다움을 추구하는 방향으로 발전하여 연극으로서의 성격은 앞의 몽고시기만 못하게 된다. 그리고 원 순제(順帝)의 지정(1341-1367) 이후로는 잡극도 국력을 따라 쇠멸한다.

위·진 남북조시대에도 문인들이 심심풀이로 괴이한 견문 같은 것을 적어놓은 지괴(志怪)가 있었고 8세기 중당(中唐) 무렵에는 단편소설에 가까운 전기(傳奇)가 유행하였다. 그러나 이것들을 두고 본격적인 소설의 발전이라고 말하기는 어렵다. 그보다도 당 대의 전기는 그 시대에 민간에 유행한 설화(說話) 또는 속강(俗講)이라 부르는 설화인들이 청중을 모아놓고 이야기를 창과 사설을 섞어가며 들려주던 민간연예의 영향 아래 발전했던 것이다. 따라서 본격적인 소설의 발전은 이 설화 쪽을 더 중시해야 할 것이다.

설화는 당 대를 지나 송 대에 와서는 무척 성행한다. 은자아(銀子兒, 일명 小說)·연분(烟粉)·설공안(說公案)·철기아(鐵騎兒)·설경(說經)·설참청(說

15)『宋元戲曲考』十二. 元劇之文章.

參請)·강사서(講史書) 등[16] 수많은 종류의 설창이 유행하였다. 이 설화는 그대로 원나라로 이어져 새로운 북경시대에 잡극과 함께 성행한다. 다만 북경시대에 와서는 희곡의 음악이 변한 것처럼 민간에서 설화를 할 적에 부르는 창의 가락이 전혀 다른 성격의 것으로 변하였다는 것이 큰 변화이다.

앞에서도 이야기한 바와 같이 이 설화인들이 설창을 할 적에 쓰던 대본인 화본이 바로 소설로 전해지게 된 것이다. 단편의 화본은 이때도 보통 '소설'이라 불렀으니 남아 전하는 작품을 보기로 들면 「신편소설쾌취이취련기(新編小說快嘴李翠蓮記)」 같은 것이다. 역사 이야기인 강사서는 보통 평화(平話)라 불렀는데 『삼국지평화(三國志平話)』 같은 것이 그 보기이다.

▲ 설화의 일종인 평탄(評彈)을 설창하는 모습

송원시대에는 설화가 성행하여 많은 화본이 있었을 것이나 지금은 여러 책에 그 제목만이 보일 뿐 완전한 작품이 전하는 것은 매우 적다. 지금 전하는 단편소설 자료로는 명 대에 나온 『경본통속소설(京本通俗小說)』·『청평산당화본(淸平山堂話本)』 및 풍몽룡(馮夢龍, 1574-1646)이 편집한 『유세명언(喩世明言)』·『경세통언(警世通言)』·『성세항언(醒世恒言)』에 실린 것들이 있다. 그리고 장편인 강사 화본으로는 『양공구간(梁公九諫)』·『오대사평화(五代史平話)』·『대송선화유사(大宋宣和遺事)』 및 『전상평화오종(全相平話五種)』[17] 등이 전하고 있을 따름이다.

16) 宋 耐得翁 『都城紀勝』 瓦舍衆技 참조. 그밖에 孟元老의 『東京夢華錄』, 周密의 『武林紀事』, 吳自牧의 『夢粱錄』 등에도 관련 기사가 보임.

여하튼 원나라의 이러한 소설들도 북경시대에 와서는 그 문학에 시정적인 성격이 보태졌음을 설명해준다.

2) 명 대 전기(傳奇)와 소설

명 대에는 중앙집권에 의한 통치가 안정되면서 몽고족의 지배로 손상된 자기네 문화와 한족의 권위를 회복하려는 욕심이, 실제로는 관리와 인민에 대한 탄압과 여러 번의 문자옥(文字獄) 등을 통한 지식인과 문학가들의 통제의 형식으로 나타났다. 따라서 지배자의 통제를 받은 문학은 명나라의 공덕을 송양하고 그 시대의 태평을 노래하는 대각체(臺閣體)의 시문을 낳게 하였다. 그리고 뒤이어 전칠자(前七子)에 이어 후칠자(後七子)가 나와 "산문은 반드시 진(秦)·한(漢), 시는 반드시 성당(盛唐)을 본받아야 한다."는 구호 아래 복고주의적인 문학운동을 전개한 것도 본시는 전통의 회복에 목적이 있었다. 그러나 이미 전통을 잃은 그들의 창작은 옛날로 되돌아가거나 옛날 것을 흉내 내는 한계를 벗어나지 못하였다. 따라서 창작의 기운을 떨치지 못하여 당 대의 이백·두보나 송나라 구양수·소식 같은 작가는 하나도 출현하지 않았다. 그보다는 원 대 잡극과 화본의 뒤를 이어, 그 시대의 요구를 따라 발전시킨 장편의 장회소설(章回小說)과 전기(傳奇)가 극도로 성행했던 시기이다. 명

17) 『武王伐紂平話』·『七國春秋平話』·『秦幷六國平話』·『前漢書平話(續集)』·『三國志平話』의 5종.

나라 문학도 희곡과 소설의 시대이다.

희곡에 있어서는 원 대에 성행한 북곡(北曲)인 잡극은 자취를 감추고 북송 말에 생겨났던 남곡(南曲)인 희문(戲文)의 형식을 살려 명 대를 대표할 새로운 희극인 전기(傳奇)를 발전시켰다. 그러나 서위(徐渭, 1521-1593)의 『남사서록(南詞敍錄)』을 보면 명 대의 전기가 원 대의 잡극에 비해 수준이 떨어짐을 스스로 인정하고 있다.

▲ 명나라 서위(徐渭) 초상

> "명 대에 와서는 남곡을 숭상하였지만 학자들이 졸렬하기 때문에 남곡이 북곡에 미치지 못하고 있다."

> "원나라 사람들은 당시를 배워서 매우 글이 천근하고도 아름다우며, 사(詞)로부터도 멀리 떨어지지 않았기 때문에 그들의 곡자(曲子)가 절묘했던 것이다."

원나라 사람들은 당시·송사와 시대가 가까웠기 때문에 곧 전통으로부터 멀리 떨어지지 않았기 때문에 뛰어난 잡극을 창작할 수 있었다고 여긴 것이다. 그러나 한편 북곡인 잡극은 "변두리 국경 너머 오랑캐들이 위조한 것(邊鄙裔夷之僞造)"·"오랑캐의 음악(夷狄之音)"·"호곡(胡曲)"·"요나라와 금나라인 북쪽 변두리의 살벌한 음악(遼金北鄙殺伐之音)" 등 형편없는 오랑캐 음악이라고 같은 책에서 말하고 있다. 문학 작품으로서의 잡극은 그 문장이나 구성이 매우 뛰어났지만 실제로 그것을 연출할 적의 노래인 창은 북쪽 오랑캐들의 가락이었기 때문이다.

서위가 중국 고전희곡 중에서 가장 훌륭한 것이라고 생각한 것은 북송 말 남송 초에 쩌짱(浙江)성 원조우(溫州)지방에서 공연되었다는 최초의 대희인 희문(戲文, 또는 南戲)이다. 그는 이런 설명을 하고 있다.

> "그 곡은 송나라 사람들의 사(詞)에다가 민간의 가요를 더 보탠 것이다."
>
> "그것은 시골 민간의 짧은 노래로 이루어진 것이어서 본시 궁조(宮調)도 없었거니와 절주도 느렸으며 단지 농부들과 도시의 여자들이 되는대로 노래부르던 것을 취했을 따름이다."

이것은 명나라 지식인들의 일반적인 견해였을 것이다. 때문에 원나라 말엽 잡극이 쇠퇴하면서 사람들은 다시 보다 자기들의 전통에 가까운 음악으로 공연되는 희문을 본받아 새로운 남곡을 발전시킨다. 여기에는 중원의 한족들이 전란을 피하여 남쪽으로 옮겨온 사람들이 많았고, 또 중국 북쪽은 오랜 동안 요·금·원 등 오랑캐들의 지배를 받아 더욱 전통을 잃고 오랑캐화되었다는 이유도 작용했을 것이다.

어떻든 명나라는 한족의 왕조였으나 이미 전통을 잃은 터이라 희문을 제대로 부활시키지 못하였다. 원나라 말엽에 시혜(施惠)의 『배월정(拜月亭)』·고명(高明, 1304?-1359)의 『비파기(琵琶記)』 같은 좋은 작품이 나왔다. 그를 이어 수많은 작가가 나

▲ 북방곤극원에서 명나라 초기의 『비파기』 공연 모습을 그린 그림

와 전기를 창작하였으나 문학적인 면에서 원나라 잡극을 따르지 못한다. 전기는 한 작품의 길이가 무척 길어서, 작품의 문장과 음악에 신경을 쓰다 보니 좋은 작품을 이루기가 어려웠던 것도 같다.

잡극은 보통 한 작품이 4절*로 이루어지는데 비하여 전기는 한 작품이 삼사십 척(齣)으로 이루어진다. '절'을 '척'으로 바꾼 것인데 그 성격은 서로 다르다. 제1척은 개장(開場) 또는 가문(家門)·제강(提綱)이란 표제 아래 말(末) 배역이 나와 창은 하지 않고 사를 두어 수 읊고 '백'을 섞어 작자의 작품에 대한 생각이나 내용 같은 것을 알려준다. 그리고 연극 제목을 알려준 뒤 '말'은 다시 사를 이용하여 연극의 대의를 알려주고 퇴장한다. 뒤에도

* 절: 뒤의 '척'과 함께 현대 연극의 한 '막'이나 '장'과 비슷한 단위이다.

▲ 메이린팡의 『모란정』 공연 모습

배우들이 등장·퇴장을 할 때 흔히 시나 사를 한 수씩 읊는데 모두 전통의 추구 노력에서 나온 것일 것이다. 배역 명칭에 있어서는 남자 주인공이 잡극의 정말(正末)에서 생(生)으로 바뀐 것이 가장 큰 변화이며, 단·정·축은 그대로 쓰이나 약간의 변화가 있다. 잡극에서는 정말이나 정단 한 사람만이 창하였으나 전기에서는 등장하는 배우 누구나가 창을 하게 된다. 창법도 독창뿐만 아니라 합창·윤창 등 여러 가지 방법이 다 쓰였다. 음악의 성격이나 쓰이는 악기도 크게 달라졌을 것이다. 한 척의 창은 여러 개의 투곡으로 이루어지고 그 궁조도 서로 다른 경우가 많다. 운도 서로 다른 운으로 압운한다. 대신 그 투곡의 길이가 무척 짧다. 잡극의 한 절의 투곡은 10여 곡 또는 20여 곡의 소령(小令)으로 짜여지는데, 전기의 투곡은 2, 3곡이 보통이고 길어야 5, 6곡이다. 잡극에는 12궁조(宮調)가 쓰였으나 전기에는 9궁조 정도가 쓰이고, 또 남곡만을 쓰지 않고 북곡을 섞어 쓴 이른바 남북합투(南北合套)의 곡도 나왔다.

형식상 연출방법이 무척 발전하고 자유로워진 것 같다. 그러나 전기에 있어서는 '창'이며 '백'의 문장이 멋진 표현을 추구한 나머지 형식화하는 경향이 보이고 있다. 연극으로서의 연출방식이나 그 내용이 원 대보다 더 발전했다고 하기는 어려운 것 같다. 배우들이 등장하면 한 수의 시나 사를 읊고 '백'으로 들어가고, '백'도 순수한 구어체가 아니라 문언(文言)에 가까운 구어체이며 독백일 경우에는 변려체(騈儷體)의 글조차도 흔히 쓰이고 있다. 공연 대본이 아니라 읽는 글로 쓴 것 같은 느낌이다. 그러면서도 문학적인 성취도는 잡극만 못한 것이다.

탕현조(湯顯祖, 1660-1617)의 『모란정기(牡丹亭記)』를 명 전기의 대표작으로 친다. 그리고 만력(萬曆) 연간(1573-1619)에 쨩수 곤산(崑山)에서 생겨나 유행한 희곡음악인 곤산강(崑山腔)은 청나라 초기까지도 지식인들의 기호를 따라 성행하였고, 지금까지도 가장 오래된 희곡음악으로 중국 사람들의 존중을 받으며 명맥을 유지하고 있다.

▲ 『모란정기』를 지은 명나라 탕현조의 초상

명 대의 소설로는 송원 강사서의 영향 아래 이른바 사대기서(四大奇書)라고 알려진 장편의 『삼국지연의(三國志演義)』·『수호전(水滸傳)』·『서유기(西遊記)』·『금병매(金瓶梅)』가 나왔다. 전에 없던 큰 규모로 쓰인 소설이라 굉장한 평판을 받으면서 지금까지도 널리 읽히고 있으나 『삼국지』는 조조(曹操)의 위나라와 손권(孫權)의 오나라와 유비(劉備)의 촉나라가 백성들의 삶은 아랑곳 하지 않고 자기 욕망을 위하여 싸움질을 계속하는 이야기이고, 『수호전』은 법과 질서는 아랑곳도 하지 않고 사람 목숨도 우습게 아는 무법자들의 이야기이고, 『서유기』는 당나라 현장(玄奘)법사가 인도로 가서 불경을 구해

▲ 『삼국지』 이야기인 「공성계(空城計)」를 공연하는 모습의 그림

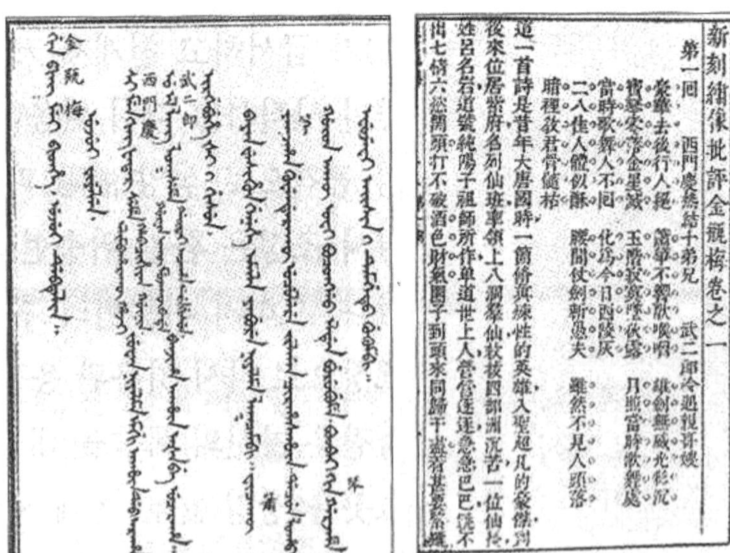

新刻繡像批評金瓶梅卷之一

第一回　西門慶熱結十弟兄　武二郎冷遇親哥嫂

豪華去後行人絕　簫箏不響歌喉咽　雄劍無威光彩沉
寶琴零落金星滅　玉階寂寞墜秋露　月照當時歌舞處
當時歌舞人不回　化爲今日西陵灰
二八佳人體似酥　腰間仗劍斬愚夫　雖然不見人頭落
暗裏教君骨髓枯

這一首詩是昔年大唐國時，一箇修真煉性的英雄，入聖超凡的豪傑，到後來位居紫府，名列仙班，率領上八洞羣仙，救拔四部洲沉苦，一位仙長，姓呂名岩，道號純陽子祖師所作，單道世上人，營營逐逐，急急巴巴，跳不出七情六慾關頭，打不破酒色財氣圈子，到頭來同歸于盡，著甚要緊。

▲ 만주어로 번역된 『금병매』와 한어로 된 『금병매』

온 이야기를 바탕으로 한 요상한 원숭이 중심의 요괴들의 싸움 이야기이며, 『금병매』는 당시 중국 사대부 사회의 음란한 생활이 이야기의 중심을 이루고 있다. 문학으로는 문제가 있지만 내용이 재미가 있어 세상에 널리 읽혔다. 이 밖에도 귀신과 요상한 마귀들의 싸움을 다룬 『봉신연의(封神演義)』, 역사이야기를 소재로 한 『동주열국지(東周列國志)』 등이 나왔으나 모두 세속적인 이야기책 범위를 벗어나지 못하는 것들이다.

명 대는 이전 몽고족의 원나라시대에 잃은 전통을 되찾으려고 많은 문학작가들이 노력을 하였으나, 일단 잃어버린 전통을 회복하지는 못하고 그대로 이질적인 방향으로 문학창작도 흘러갔던 시대이다.

3) 청 대의 지방희(地方戲)와 경극(京劇)

청나라는 만주족의 왕조였으나 몽고족의 원나라에 비하여 문화적인 활동이 성했던 시대이다. 그것은 청조가 몽고족처럼 잔혹한 무력으로만 한족들을 가혹하게 압박하지 않고, 무력을 쓰는 한편 부드러운 문화정책으로 한족 지식인들을 어르고 달랬기 때문이다. 만주족은 한족에게 자기네 생활습관을 강요하면서도 한편 그들 문화의 전통과 가치를 인정하여 한족들의 사회 관습과 종교 의식 같은 것을 되도록 그대로 보존케 하였다. 그뿐 아니라 만주족의 황족이나 귀족들은 자진하여 어릴 적부터 한문화에 의한 교육을 받아 한족과 같은 시와 문장을 짓게 되었다. 만주족은 무력으로는 한족을 지배하였지만 문화적으로는 한족에게 동화되는 양상을 보인 것이다.

그것은 청나라 전기에 강희(康熙, 1662-1722 재위)·건륭(乾隆, 1736-1795 재위) 같은 뛰어난 황제가 나와 적극적인 학술 부흥책을 쓴 데 힘입는다. 강희황제 때에는 한족의 학자들을 동원하여 대대적인 문화사업을 벌였으니, 『명사(明史)』의 편찬을 비롯하여 『패문운부(佩文韻府)』·『연감류함(淵鑑類函)』·『강희자전(康熙字典)』·『고금도서집성(古今圖書集成)』 등의 편찬 등이 그것이다. 건륭 황제 때에는 『사고전서(四庫全書)』란 어마어마한 전집이 편찬된 것을 비롯하여 『대청회전(大清會典)』·『대청일통지(大淸一統志)』·『십팔성통지(十八省通志)』 등이 간행되었다. 그 사이 청나라에 불리한 글을 썼다 하여 여러 번의 비참한 문자옥을 일으켜 불온하다고 생각되는 자들의 씨를 말렸고 수많은 전적들이 불태워졌지만, 많은 한족의 지식인들이 성군의 후한 예우를 고맙게 여기면서 청나라 왕조의 정책에 얌전히 따르게 되었다.

▲ 왕부지 초상

그것은 청나라 조정에서 한족의 지식인들을 문화사업에 동원하여 자기네에 대한 항거세력을 없애려는 정책과, 나라는 망했다 하더라도 자기네 문화유산만은 잘 연구 보존시켜야겠다는 한족 지식인들의 욕구가 합치되었기 때문인 것 같다. 이래서 청 대에는 고증학을 비롯한 고전 학문의 연구가 성행한다.

청 대 초기에 황종희(黃宗羲)·고염무(顧炎武)·왕부지(王夫之) 같은 학자들은 실속 없는 학문연구를 배격하고 세상을 올바로 다스리는 데 쓰일 실용적인 실학(實學)을 주장하기도 하였다. 이 실학의 사상이 결국은 고증적인 학문으로 발전하여 청 대 200여 년간 처음부터 끝까지 옛 글 뜻을 풀이하는 훈고(訓詁), 즉 옛 글의 잘못을 바로잡는 교감(校勘), 옛 책의 글자와 구절에 뜻풀이를 다는 전석(箋釋), 없어진 책이나 자료들을 찾아 보충하는 수보(蒐補), 옛 책이나 자료의 가짜를 분별해 내는 변위(辨僞), 없어진 책이나 자료들을 찾아내어 다시 엮는 집일(輯佚) 등 여러 분야의 고전 연구와 정리에 있어 다른 시대와는 비교도 안 될 만큼 뛰어난 업적들이 쏟아져 나왔다.

이러한 복고적인 경향은 학술뿐만 아니라, 문학에 있어서도 현저했다. 청 대에는 시 · 문 · 사 · 곡 · 소설을 막론하고 이전의 중국문학사에 정식으로 등장했던 모든 분야의 문학을 다시 끄집어내어 검토하고 그러한 작품을 다시 쓰게 되었다. 심지어 산문에 있어서는 고문뿐만 아니라, 변려문까지도 다시 논의되어 짓게 되었고, 곡에 있어서는 잡극은 물론 산곡 · 전기 · 곤곡(崑曲) 등 모든 분야의 문학들을 다시 짓게 되었다. 따라서 청 대의 문학에는 새로운 생명력이나 창의 같은 것은 찾아보기 어렵지만, 고전 문학의 연구와 정리란 면에 있어서는 매우 큰 성과를 올리고 있다.

이렇게 볼 때 청 대 문학은 중국의 고전문학을 총정리하고 결산한 시대라고 말할 수 있을 것이다. 그것은 또 청 말에 이르러 서양 문학 이론의 도입으로

▲ 상해 곤극단이 곤극 「모란정」을 공연하는 모습을 그린 엽서

말미암아 중국의 정통문학이 일단 매듭을 짓고, 서양 문학 이론에 입각한 새로운 중국 신문학의 창작시대가 전개된다는 사실에서 볼 때 더욱 실감이 나는 표현이 될 것이다. 어떻든 청 대에는 갖가지 중국의 고전문학이 모두 등장하여 연구되고 검토된 시대이기 때문에, 운문이나 산문을 막론하고 창작 면에서는 별로 볼 것이 없지만 이론 면에 있어서는 온갖 방법과 방향이 다 동원되고 있다. 중국의 고전문학은 청 대의 문학 활동에 의하여 훨씬 올바른 평가가 내려지게 되었다고도 할 수 있다.

다만 청 대의 예술 활동 중 가장 두드러진 특색은 청나라 전국에 걸쳐 크게 성행하였던 희곡이다. 청나라 시대의 희곡은 각 지방에 유행한 300여 종류에 달하는 지방희인데, 그 중에서도 북경을 중심으로 발전하여 전국에 유행하게 된 경극이 가장 대표적인 것이다.

명나라 전기의 희곡음악인 강조(腔調)로는 짱시(江西) 지방에서 발생한 익양강(弋陽腔)[18]과 쩌짱(浙江)

18) 弋陽腔의 특징은 본시 한 사람이 독창을 하고 여러 사람들이 곁에서 唱을 도와주며, 오직 타악기만으로 반주를 하는 것이었다. 明 대 중엽에는 중국 각지에 널리 유행하면서 각 지방의 土俗音樂과 결합하여 여러 가지 새로운 희곡음악을 생성하였다. 뒤에는 흔히 高腔이라 부르게 되었고 淸대에 와서는 도리어 시들어졌다.

지방에서 발전한 여요강(餘姚腔)[19]·해염강(海鹽腔)[20] 및 쑤조우(蘇州)지방에서 발전한 곤산강(崑山腔)이 사대성강(四大聲腔)이라 부를 정도로 가장 성행하였다[21]. 곤산강은 원 말 명 초부터 쑤조우 옆 작은 도시인 쿤산(昆山) 일대에 유행하던 남곡의 성강인데, 16세기 중엽에 위량보(魏良輔)라는 사람이 나와 곤산강을 바탕으로 남곡의 음악을 개량하여 그 후부터 청나라 중엽에 이르기까지 곤강(昆腔, 또는 崑曲)이 특히 문인 사대부들에게 중시되는 전국에 가장 성행하는 강조로 발전한다. 위량보는 남곡뿐만 아니라 북곡까지도 공부하여, 곤산강의 선률을 더욱 아름답게 발전시키고, 곤산강을 바탕으로 한 연극적인 표현방법 및 연출방법, 그 밖에 이 음악의 반주방법과 악기며 악대 등도 모두 개량하였다고 한다.

▲ 청 대 강희황제의 생일을 축하하기 위하여 쓰촨(四川) 등의 지방에서 도시 길거리에 희대를 세워놓고 음악 연주와 각 지방희를 공연하는 모습(1717년에 그린 그림의 일부)

청나라 여진족은 지배자들이 모두 가무를 무척 좋아하였다. '대희'인 원 잡극의 발전에도 몽고족

19) 餘姚腔은 明 대 중엽에는 江蘇·安徽지방에도 널리 유행하였고, 弋陽腔과 민간 곡조를 흡수하여 靑陽腔이라는 새로운 腔調를 이룩하기도 하였다. 明 말 이후로는 유행이 형편없어졌다.

20) 海鹽腔은 가장 오래된 희곡음악의 일종으로 明 대 중엽에는 浙江 전역을 중심으로 하여 유행을 하면서 弋陽腔·崑山腔 등의 발전에도 영향을 끼쳤다. 그러나 明 대 말엽에는 유행이 거의 살아졌다.

21) 徐渭『南詞敍錄』 참조.

▲ 현대 중국의 두 명배우가 곤곡 『장생전』에서 당 현종과 양귀비로 분장하여 공연하는 모습.

보다 이들의 공로가 더 크다. 때문에 청나라에 들어와서는 나라가 제대로 안정되기 전부터 곤상강과 함께 전국 각 지방에 각기 그 지방 토속 음악을 사용한 지방희가 생겨나 발전하게 된다. 이 지방희 들은 창사나 대화 및 음악이 저속한데 비하여 곤산강은 창사며 음악이 모두 우아한 편이었다. 이에 청나라 건륭 중엽(1774 전후)까지는 아부(雅部)라 부르던 곤산강과 화부(花部) 또는 난탄(亂彈)이라 부르던 지방희가 서로 세력을 다투는 모습을 보여준다. 대체로 아부는 작품의 글도 멋지기는 하지만 이해하기 어렵고 음악도 우아하여 사대부들이 좋아하고, 저속한 화부는 일반 대중들의 취향에 맞아 민간에서 보다 환영을 받았다. 그러나 차차 청나라 왕실과 귀족들이 화부를 더 좋아하게 되어 곧 아부는 유행이 시들고 화부가 전국에 성행하게 된다.

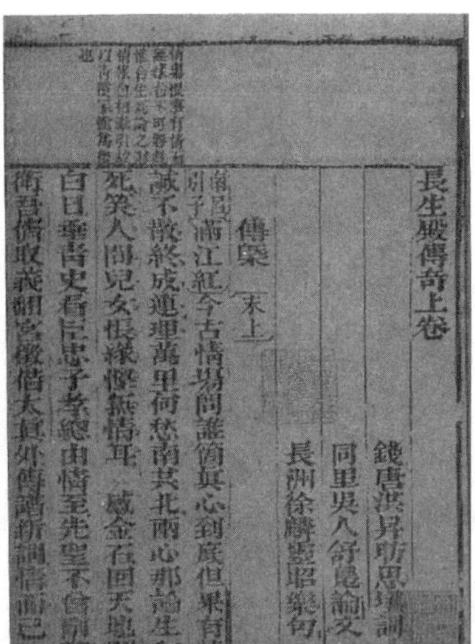

長生殿傳奇上卷

錢唐洪昇昉思塡詞

同里吳人舒鳧論文

長洲徐麟靈昭樂句

傳槩 末上

南呂引子 滿江紅 今古情場 問誰個真心到底 但果有精誠不散 終成連理 萬里何愁南共北 兩心那論生和死 笑人間兒女悵緣慳 無情耳 感金石 回天地 昭白日 垂青史 看臣忠子孝 總由情至 先聖不曾刪鄭衛 吾儕取義翻宮徵 借太真外傳譜新詞 情而已

▲ 『장생전』의 각본

강희 연간(1662-1722)에는 공상임(孔尚任, 1648-1715?)의 『도화선(桃花扇)』과 홍승(洪昇, 1646-1704)의 『장생전(長生殿)』이라는 청나라를 대표할 곤산강의 명작이 나와 극단에 큰 반향을 일으켰다. 특히 이 두 작품은 극의 내용과 문장이 뛰어나고 그 음악도 고상하고 우아하여 많은 지식인들이 좋아하였다. 그러나 곤산강은 대중의 지지를 받지 못하여 마침내 청 말에는 일단 전승이 완전히 끊겼으나 뒤에 일부 연극인들이 자기들의 가장 오래된 전통연극이라 하여 이를 되살려 놓았다. 그래서 2001년 5월에는 유네스코에 의하여 곤곡이 '인류의 구술(口述) 및 비물질(非物質) 문화유산의 대표작'으로 지정이 되어 중국 연극계 인사들은 이를 현대에 되살려 내려고 노력하고 있다. 이를 지식인들이 적극적으로 좋아하는 이유는 음악이 다른 종류에 비하여 우아하기도 하려니와 여기에는 중국 문화의 전통적인 요소가 많이 남아있다고 믿기 때문일 것이다.

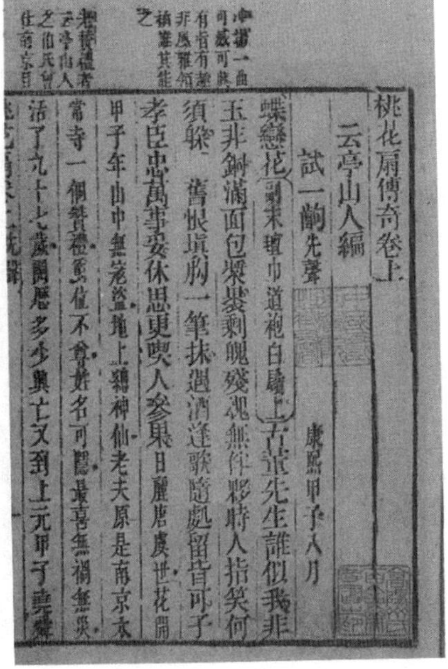

▲ 『도화선』의 각본

청나라 때에 전국에 지방희가 성행한 것은 청나라 지배자들이 그것을 좋아한 데 큰 원인이 있다. 청나라 초기부터 궁중에서는 자주 연극이 공연되었다. 궁중에서 연말에 행해지던 역귀를 몰아내는 나례(儺禮) 대신 240척(齣)의 목련구모(目連救母) 이야기를 바탕으로 한 『권선금과(勸善金科)』라는 대희가 연출되었고, 절기에 따라 연출하는 '월령승응희(月令承應戲)'라 부르는 여러 가지 연극들이 생겨났다. 결국 궁중의 거의 모든 의식을 경극 연출로 대신하게 된다.

청나라 궁중에는 3층으로 지어진 대형의 무대가 네 곳(紫禁城 · 頤和園 · 熱河行宮 · 圓明園, 지금은 앞에 든 두 곳의 무대만이 남아있음)에 있었고 일반 시중의 무대와 같은 작은 연극무대도 10여 군데에 있었다. 조익(趙翼, 1727-1814)의 『첨포잡가(簷曝雜記)』의 대희(大戲) 조목 한 토막을 아래에 인용한다.

▲ 북경 이화원 대희대

"내부(內府)[22]에는 연극 극단 단원들이 무척 많다. 옷이나 홀(笏) 및 갑옷 및 여러 가지 용구들이 모두 세상에서는 볼 수 없는 것들이다. 나는 일찍이 열하(熱河)의 행궁에 가서 그것들을 보았다. 황제는 가을 사냥을 하러 열하에 갔는데, 몽고의 여러 왕들이 모두 찾아와 뵈었다. 추석 2일 전이 황제의 생일이다. 그래서 이 달 6일부터 대희를 공연하기 시작하여 15일이 되어야 끝난다. 공연되는 연극은 모두 『서유기』·『봉신전(封神傳)』 등의 소설 중 신선과 귀신 괴물 같은 황당무계한 것들을 취한 것인데 아무 거리낌도 없다. 그리고 터무니없이 이야기를 엮어 많은 사람들을 끌어내고 기이하고 괴상한 변화로 큰 구경거리로 만들고 있었다. 무대는 너비가 9연(筵)에다가 3층이었다. 배우들이 요괴로 분장하고 위에서 아래로 내려오기도 하고 아래로부터 솟아오르

22) 康熙皇帝 때 설치된 궁중의 연극 공연 기관.

> 기도 하였다. 심지어 옆 두 건물도 사람이 사는 곳으로 쓰고, 낙타를 몰기도 하고 말을 춤을 추게도 하느라고 마당까지도 가득하였다. 귀신들이 모두 모일 때면 탈이 수천 수백 개나 되었는데 하나도 비슷한 것이 없었다. 신선이 나올 때면 먼저 12, 3세 되는 도동(道童)들이 무리를 이루어 등장하고 이어서 15, 6세 17, 8세 아이들이 나오는데 한 무리가 각각 10명이고, 줄의 길이가 똑같아서 한 치도 어긋남이 없었다. 이것으로 다른 일도 짐작이 갈 것이다. 또 60갑자(甲子)에 맞추어 수성(壽星)으로 분장한 60명이 등장하고 뒤에는 120명으로 늘어난다. 또 팔선(八仙)이 축하드리러 오는데 거느리는 도동 수는 헤아릴 수 없는 정도였다."

궁정 안의 연극이 얼마나 굉장했는가 짐작이 갈 것이다. 이 화부의 연극은 건륭(乾隆)황제(1736-1795 재위) 때에 전성을 이룬다. 건륭황제는 여러 번 지방을 순행하였는데, 어느 지방에 나가 머물게 되면 그 곳의 관리들과 유지 및 부호들이 크게 잔치를 베풀고 그 지방의 유명한 극단과 연예인들을 모아 대대적으로 연극을 공연하는 것이 보통이었다. 특히 양조우(揚州) 순행 때의 연극 공연은 유명하다.

이 때문에 전국 각지의 지방희가 크게 성행하였다. 황제가 연극을 좋아하므로 지방의 극단들은 기회를 노리며 다투어 수도 북경으로 진출하기도 하였다. 특히 건륭황제가 80세 되던 55년(1790)에 안후이(安徽)의 극단인 휘반(徽班) 4개가 선택되어 궁중으로 들어와 축수를 하는 공연을 하고는 좋은 반응을 얻자 돌아가지 않고 북경에 남아 그대로

▲ 깐수성의 진극단(秦劇團)이 지방희인 「서역정(西域情)」을 공연하는 모습

시중에서 공연을 하였다. 이들은 북경에서 공연을 하면서 그들이 전문으로 하던 희곡음악인 이황조(二黃調)[23)]를 중심으로 하고 다시 북경사람들이 좋아하는 여러 다른 지방희 음악의 장점도 끌어들여 경희(京戲) 또는 경극(京劇)이라 부르는 새로운 극종을 발전시켰다. 특히 후베이(湖北)지방의 서피조(西皮調)[24)]가 들어와 이황조와 합쳐진 것이 경극 발전에 가장 중요한 계기가 되었다고 한다. 그래서 경극을 이황서피(二黃西皮)라고도 불렀다.

청나라 황제들은 모두 연극을 좋아하여 궁중에는 연극 공연이 끊일 날이 거의 없었으며, 시중의 유명한 극단도 자주 불러들여 궁중의 희대에서 공연케 하였다. 경희도 본시는 지방희의 일종이지만 곧 이것은 전국 각지로 유행이 번져나갔다. 아편전쟁(1840-1842) · 태평천국의 난(1851-1864) · 앨로우호 사건(1856-1860) · 청불전쟁(1883-1885) · 청일전쟁(1894-1895) · 의화단사건(義和團事件, 1900) · 노구교사변(蘆溝橋事變, 1937)에 이어 신해혁명(辛亥革命, 1911) 등으로 나라는 열강의 침입과 조정의 부패로 멸망 전후의 위기였는데도 청나라의 모든

23) 二黃調의 확실한 근원은 알지 못하며 安徽의 戲班이 北京으로 갖고 들어와 西皮調를 중심으로 다른 많은 희곡음악의 장점을 흡수하여 京戲를 발전시켰다.

24) 西皮調는 清初에 陝西의 秦腔이 湖北으로 들어와 그 곳의 土俗音樂과 합쳐져 이루어진 희곡음악이다. 뒤에 北京으로 들어온 徽班이 이를 二黃調와 합쳐 京戲를 발전시키게 된다.

황제와 귀족들은 말할 것도 없고 일반 백성들까지도 모두 경극에 빠져 있었다. 맨 끝의 선통(宣統) 황제는 3년밖에 왕위에 있지 못하였으니 말할 상대도 되지 않지만, 광서(光緖) 황제(1875-1908 재위) 때에 정권을 잡고 있던 서태후(西太后)는 이화원(頤和園)의 큰 무대에서 경극을 즐기고 직접 배우들과 어울려 춤추고 창을 하기도 하였다 한다.

중화민국이 이룩된 1911년 이후로도 나라는 여전히 어려웠으나 경극의 발전은 멈추지 않았다. 이 시기에 메이란팡(梅蘭芳, 1894-1961)을 비롯하여 왕샤오눙(汪笑儂)·청엔치우(程硯秋)·조우신팡(周信芳) 등 무수한 명배우들이 나와 경극을 발전시켜 중화민국에서는 경극을 국극(國劇)이라고도 불렀다. 탕원퍄오(唐文標)가 그의 『중국희극사초고(中國戲劇史草稿)』[25] 자서(自序)에서 중국의 고대 희극의 강한 오락성을 지적하면서 이렇게 말하고 있다.

▲ 명배우 조우신팡의 열연 모습

> "중국의 옛 연극은 또한 시가 세속화한 것이며 사람이 영원하고 어찌할 수 없는 것을 대하는 자아수축(自我收縮) 속에 행해지는 일종의 집단적으로 행해지는 자조(自嘲)이다."

그래서 중국 사람들은 민족 국가도 잊고 전제체제를 받아들이며 고관 귀족으로부터 장사꾼과 노동자들에 이르기까지 오

25) 臺北 聯經出版社 1984 초판.

▲ 메이란팡이 경극에서 낙신(洛神)으로 분장한 모습

직 극장으로만 몰려가서 이러한 "민족의 저열 근성"을 유감없이 발휘하게 되었던 것이라고 논하고 있다.

위에 든 명배우 중 특히 메이란팡은 처자를 거느리는 남자이면서도 여자 주인공 역할인 청의(靑衣)가 전공으로, 일본 · 미국 · 소련에도 여러 번 자기 극단을 이끌고 가서 공연하여 큰 반향을 일으켰다. 그리고 일본 · 미국 · 소련뿐만 아니라 전 세계의 희극학자 및 명배우들을 만나 우의를 맺고 경극을 온 세계에 알렸다.

그러나 루쉰(魯迅, 1881-1936)이 「약론매란방급기타(略論梅蘭芳及其他)」란 글[26]에서 메이란팡은 "속인들의 총아로 사대부들을 속인들 아래 자리로 떨어뜨린 사람"이라 하였고, 본시 그가 연출하던 연극은

> "말할 것도 없이 속되고 심지어는 외설적이며 더러운 것이었다. 다만 그것은 생기가 있고 활발한 것이었다."
>
> "그런데 사대부들이 그를 위한 극본을 새로 만들어 일반 사람들은 이해하지도 못하고 보려고도 하지 않는 것으로 만들고 있다."

라고 비판하고 있다. 이것은 노신이 메이란팡을 지식인들이 좋아하며 그를 위한 극본도 만들어주게 되자 연극이 우아해져서 대부분의 사람들은 잘 알

26) 산문집 『花邊文學』에 실림.

수도 없는 것으로 변해가고 있음을 걱정해서 한 말이다. 어떻든 본시 경극이란 속되고 심지어는 외설적이고 더러운 것이라는 생각을 갖고 있음을 증명한다. 경극을 놓고 그 대본의 문학성이나 그 음악 또는 공연의 예술성을 이야기하는 사람은 거의 없으니 그것도 사실이라 할 수 있다. 본시 문화 수준이 얕은 여진족이 만들어내고 또 그 여진족 지배자들의 구미에 맞추기 위하여 발전시킨 것이니 그럴 수밖에 없을 것이다

그러면 어째서 많은 중국의 지식인들 및 상류계급에서도 이 경극을 좋아하고 있는가? 지금 그들은 이를 자기네 전통적인 연극 또는 예술이므로 이것을 현대화하고 발전시켜야 한다고 생각하고 있기 때문이다. 그러나 이것은 중국의 전통적인 것이 오랑캐들의 지배에 의하여 변질된 것임을 깨닫지 못하고 있는 것이다. 깨닫고 있다고 해도 지금 와서는 여진족 또는 만주족도 중화민족으로 동화하였으니 그들 문화의 영향이 있다 하더라도 이는 자기네 전통적인 것임에 틀림이 없다는 것이다. 그 결과 경희는 청나라 때부터 지금에 이르기까지 중국의 상류 지배계층으로부터 아래 빈민계층에 이르기까지 13억의 온 민족이 좋아하는 민족극처럼 발전하고 있다.

이에 중국 연극계에서는 경극이나 지방희 등을 현대인의 구미에 맞추기 위하여 일찍부터 희곡개혁운동을 벌여 왔다. 그러나 아직도 개혁운동에 큰 성과를 가져왔다고 생각되는 연극 종류는 거의 없

다. 이처럼 그들의 개혁운동이 성공을 거두지 못하는 까닭은 여러 가지가 있을 것이다. 그러나 무엇보다도 중요한 원인은 지금까지도 그들 연극에 쓰이고 있는 음악이며 악기·의상·장식·화장 등이 모두 자기네 전통적인 것이 아님을 깨닫지 못하고 있기 때문이다.

북경시대의 소설 희곡 이외의 다른 여러 가지 문학은 모두 이전 작가들의 작품을 흉내 내기에 급급할 따름이었다. 따라서 북경시대는 문학의 전통을 잃어 더 이상의 발전은 이룩하지 못하면서 새로운 소설 희곡을 잡고 씨름하던 시대였다. 소설 희곡에 있어서도 전통의식이 없었기 때문에 시대의 흐름에 따른 발전의 모습을 전혀 보여주지 못하고 있다.

그러나 북경시대에 와서 보태어지기 시작한 시정적인 성격은 문학의 대중화 경향을 보여준다. 소설의 원본인 설화인들의 화본(話本)은 설화인들에 의하여 민간에 널리 연출되고, 희곡도 시대의 흐름에 따라 더욱 널리 극단에 의하여 세상에 공연되었다. 이에 대부분의 소설과 희곡은 글을 읽을 줄 모르는 서민들에게도 매우 익숙해졌다. 그러나 문학이 사대부들 손으로부터 벗어난 것은 아니다. 한자의 권위는 여전하여 대부분의 서민들은 여전히 글을 읽지 못하였다.

5장

사(詞)와 곡(曲)

1) 사와 곡의 중국문화사상의 의의

중국시가사에 있어서의 큰 변화는 8세기 당나라에서 민간가요 형식을 본떠서 창작하기 시작한 '사'가 만당(晩唐) 오대(五代)를 거치면서 문인들에 의하여 본격적으로 새로운 시가로 창작되고, 북송 때에 이르러는 대표적인 문학형식의 하나로 크게 유행하여 송사(宋詞)라는 말이 생겨날 정도로 발전한다는 것이다. 그리고 남송 때에는 사가 더 이상의 발전을 하지 못하고 원나라에 가서는 다시 '곡'이라는 새로운 시가가 등장하여 사의 자리를 대신한다는 것이다. 이 사와 곡은 형식에 있어서 매우 비슷하다. 때문에 문학사에 있어서는 곡은 사로부터 자연스럽게 발전한 악부 계열의 같은 성격의 시가라고 보는 이들이 많다. 그러나 사와 곡을 발전시킨 문화사적인 배경, 곧 곡과 사를 낳은 사회와 작가들의 성격 및 사상 같은 것이 현격히 서로 다르다. 곧 사와 곡은 그 노래의 가락이며 그것을 반주하던 악기도 다르고 노래의 분위기도 완전히 서로 다른 것이다. 사는 장안시대에 이루어진 것이고 곡은 북경시대에 이루어진 것이다. 다만 그 형식이 비슷하여 후세 사람들은 그것이 서로 비슷한 것이라고 착각하고 있는 것이다.

'곡'에는 단순한 노래인 산곡(散曲)과 가무로 이야기를 연출하는 잡극(雜劇)이 있다. 음악에 있어서는 산곡과 잡극이 다를 바가 없어서 이를 아울러 '곡'이라고도 부른다. 그러나 여기에서 논하려는 '곡'은 주로 산곡을 가리킨다. 잡극에 대해서는 '북경시대의 문학'에서 이미 이야기한 바가 있다. 산곡 중에도 짧은 한 곡의 노래인 소령(小令)이 있고, 같은 궁조(宮調)의 소령 여러 편을 잇고 끝머리에 미성(尾聲)을 붙여 만드는 편폭이 보다 긴 투수(套數)가 있으나 소령을 논의의 중심으로 삼는다.

사는 장안시대 문화의 전성기였던 당나라 후기에 생겨나 북경시대로 넘어오는 가교 역할을 한 북송이 도읍을 중원의 변경(汴京, 지금의 河南 開封)에 두고 있던 시대에 크게 유행하였던 시가이다. 이에 비하여 곡은 몽고족이 중국을 지배한 원나라의 북경시대를 대표하는 시가이다. 따라서 사와 곡은 형식상으로는 서로 비슷하게 보이는 장단구(長短句)의 시가이지만 그 음악과 작품의 성격은 판이한 서로 다른 시대를 반영하고 있는 것이다.

사는 '안록산의 난(755-763)' 이후 당나라 후기에 대두되기 시작한 서민들에 대한 관심을 바탕으로 생겨난 새로운 시가이다. 두보(杜甫, 712-770)의 현실을 반영하는 시, 백거이(白居易, 772-846) · 원진(元稹, 779-831)이 서민의 언어를 시에 끌어들이고 서민들의 서정까지도 추구하려던 당나라 후기 문학풍조의 산물이라 하겠다. 사는 내란을 겪는 사이 들어온 외국 가요의 영향을 받아 유행하기 시작한 서민들의 노래의 형식을 본뜬 것이다. 장지화(張志和, 730?-810?)의 「어가자(漁歌子)」 · 원결(元結, 723-772)의 「애내곡(欸乃曲)」 등도 민간의 고기잡이 노래와 뱃노래를 본떠서 지은 시이나 이런 것은 옛날부터 민간에서 불러오던 민요여서 그 시대에 유행하기 시작한 사가 아니다. 사는 이백(李白, 701-762)을 비롯하여 백거이(白居易) · 유우석(劉禹錫, 772-842) 등에 의하여 본격적으로 지어지기 시작한 새로운 형식의 시이다.

같은 시대의 같은 서민들의 노래를 본떠서 지은 시인데도 앞의 장지화 · 원결의 것은 사라 하지 않는 것은 그 악곡이 사와 같은 가락의 노래가 아니기 때문이다. 사가 국풍(國風)이나 악부(樂府) 또는 시와 구별되는 것은 아무래도 시대에 따른 음악의 변화 때문일 것이다. 당나라 때에는 특히 외국과의 교섭이 잦았고 외국문물을 적극적으로 받아들여 자기네 문화를 발전시켰는데, 음악에 있어서도 그러하다. 특히 서쪽 나라들의 음악 영향이 두드러진다. 당나라 초기의 연악(燕樂) 십부기(十部伎)를 보더라도 연악(燕樂)과 청상(淸商) 두 종류만이 전부터 전해오는 중국음악이고 동북쪽 나라 음악으로는 고려(高麗) 하나가 들어 있고 나머지 서량(西涼)·구자(龜玆) 등은 모두 서북쪽 나라들의 음악이다. 특히 서량을 거쳐 중국으로 들어온 서쪽지방 음악의 비중이 커진 것이다. 당나라 현종(玄宗) 때 최령흠(崔令欽)의 『교방기(敎坊記)』에 실린 곡명을 보면 원호천(怨胡天)·강심원(羌心怨)·정서번(定西蕃)·호찬자(胡攢子)·구자악(龜玆樂) 등 일일이 보기를 들 수 없을 만큼 제목만을 보아도 분명히 서역 음악의 영향을 확인할 수 있는 악곡들이 많다. 『구당서』 음악지에도 "개원(開元) 연간 이후로 노래하는 자들이 오랑캐와 이항(里巷)의 곡을 섞어 노래하였다."는 말이 보인다.

▲ 당삼채(唐三彩): 서역 악공들이 낙타를 타고 악기를 연주하고 있다.

이 사는 중당에서 시작되어 만당·오대를 거쳐 북송에서 크게 성행하여 중국의 전통문화가 외국문화의 영향을 받아 최고의 경지로 발전했던 시대[27]를 대표하는 문학으로 발전하게 된다.

곡은 여진족의 금나라가 중원 땅을 지배하고 다시 몽고족이 쳐들어와 원나라를 세워 중국을 정복 지배하면서(1115-1260 무렵) 민간에 유행한 그들의 음악에 의하여 변질된 노래의 가사이다. 왕세정(王世貞, 1526-1590)이 『곡조(曲藻)』 서문에서 곡의 발생에 대하여 이렇게 설명하고 있다.

27) Edwin O. Reischauer 등 저, *East Asia, Tredition and Transformation*, Chapter Six; The Late T'ang and Sung: The Golden Age of Chinese Culture 참조 바람.

"곡이란 사가 변한 것이다. 금나라와 원나라가 중국 땅을 침입하여 지배하게 되면서 쓰게 된 오랑캐 음악으로, 시끄럽고 잡되고 처량하면서도 빨라서 리듬이 더디고 빠른 것을 사로서는 따라 갈 수가 없어서 다시 새로운 곡조로서 그들에게 잘 보이려 한 것이다."

곡은 본시 오랑캐 음악인 호곡(胡曲)에서 발전한 것이다. 곧 곡은 중국문화 발전의 이질화 및 문화 전통의 상실의 시대를 대표하는 시가이다. 중국 전통문화의 입장에서 보면 사와 곡은 서로가 정반대의 시대를 뜻하고 있는 것이다. 사와 곡은 가락이나 노래의 성격이 전혀 달랐고 그 노래를 반주하는 악기도 전혀 다른 종류의 것이었다.

2) 사와 곡의 차이

가. 사와 곡의 유사성

사와 곡은 형식에 있어서 구분하기 어려울 정도로 흡사하여 전문가들도 그것이 어떻게 다른 것인가 분명한 정의를 내리지 못하고 있다. 그것은 사와 곡의 발생 배경도 비슷하고 문장 형식도 비슷하기 때문이다. 모두 민간가요에서 나온 것이어서 그 풍격도 비슷하다. 사는 본시 남녀의 정을 바탕으로 한 낭만적이고 여린 서정이 주류를 이루었는데, 곡도 마찬가지이다. 나라의 지배민족은 완전히 서로 다르지만 사와 곡의 가사를 시로 쓴 작가들은 모두 같은 한족의 지식인들이기 때문이다. 명

대의 왕세정(王世貞)이 "곡이란 사가 변한 것이다." 라고 하였고, 정즌둬(鄭振鐸, 1898-1958)는 『중국속문학사(中國俗文學史)』에서 이렇게 말하고 있다.

> "산곡이란 원 대 이래 민간에 유행한 가곡의 총칭이다. 당 대와 송 대의 사는 원래 민간의 가곡이었는데, …… 남송에 이르러는 이미 죽어버린 물건이 되어버렸다. 이에 산곡이 생겨나 그것을 대신하게 되어 원 대에 크게 유행하였던 것이다."28)

그러니 사와 곡은 비슷할 수밖에 없다. 보기를 든다.

장상사(長相思)

이욱(李煜, 937-978)

구름 같은 씨줄 걸린 베틀에서
옥으로 만든 북 잡고 있는데,
얇은 비단 가벼운 적삼 입고
화장한 두 눈썹 가볍게 찌푸리네.
가을바람 사납고 비 뿌리고 있는데
발 친 창문 밖엔 두세 그루 파초 있으니
긴 밤을 어찌하라는 것인가!

雲一緺, 玉一梭, 淡淡衫兒薄薄羅, 輕顰雙黛螺.
秋風多, 雨相和, 簾外芭蕉三兩窠, 夜長人奈何!

28) 『中國俗文學史』下冊 第9章 元代的散曲.

대덕가(大德歌)

관한경(關漢卿, 1246 전후)

바람이 씽씽 불고
비는 부슬부슬 내리니
진단(陳摶)같은 도사라 하더라도
잠 이루지 못하리라!
슬픔과 번뇌가 가슴을 저리게 하여
후두두 눈물이 떨어지는데
가을매미 소리 그치자 귀뚜라미가 울고,
푸드덕푸드덕 눈물 같은 빗방울이
파초 잎을 치네.

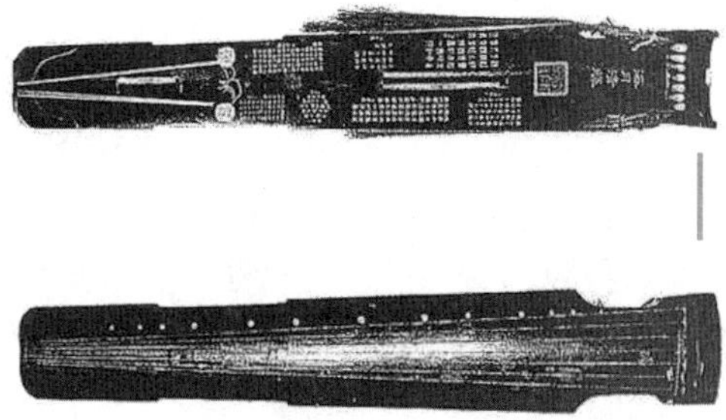

▲ 사의 반주에 많이 쓰였다고 여겨지는 송 대의 금(琴)

風飄飄, 雨蕭蕭, 便做陳摶也睡不着.
懊惱傷懷抱, 撲簌簌淚點兒拋.
秋蟬兒噪罷寒蛩兒叫, 淅零零淚雨灑芭蕉.

▲ 금을 연주하는 토용(동한 대), 사는 이런 모습으로 창하였을 것이다.

위의 「장상사」는 사이고 「대덕가」는 곡인데 형식도 비슷하고 내용도 다 같이 비 내리는 가을 밤 떠나간 임 그리움에 잠 못 이루는 정경을 읊은 것이다. 파초 잎을 치는 빗방울에 대한 정서도 비슷하다. 겉모양으로는 사와 곡의 차이를 분간하기 힘들다.

청나라 심웅(沈雄, 1653 전후)의 『고금사화(古今詞話)』에는 사와 곡의 패명(牌名)[29]도 같고 조명

29) 牌名은 詞나 曲의 노래의 題目이다. 詞와 曲 모두 뒤에는 음악도 모르는 사람들이 작곡과 작사를 함께할 능력이 없어 이전 작가의 노래 형식만을 따라 작품을 써서, 詞牌나 曲牌는 그 음악의 題名으로 남고 가사의 題名은 따로 다는 경우가 생겨났다.

(調名)[30]도 같은 것 60곡을 들고 있다. 이 밖에 패명과 조명은 같지만 구법에 약간의 차이가 있는 것들도 있다(보기: 醉花陰). 그리고 패명은 같은데 조명은 다른 것(보기: 感皇恩·烏夜啼), 패명은 다르지만 조명은 같은 것(보기: 사 喜遷鶯과 곡 也不羅)이 있고, 패명 조명 모두 다르면서도 구법이 비슷한 것들도 있다.

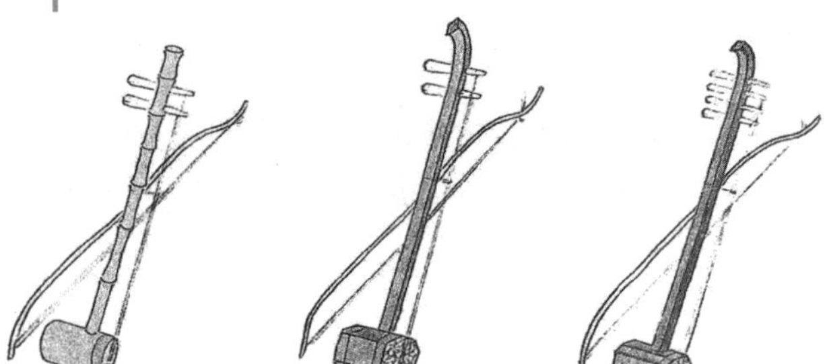

▲ **호금**: **경호**(京胡)·**이호**(二胡)·**사호**(四胡)
곡의 주요 반주악기로 쓰임.

사와 곡은 이처럼 겉모양은 비슷하면서도 실속은 전혀 다른 것이다. 그 음악이 다르고 반주로 쓰이던 악기도 전혀 다르기 때문이다. 사와 곡을 대하는 중국문학자들의 태도도 달랐다. 『사고전서총목(四庫全書總目)』 사곡류(詞曲類)에서 "사곡의 체는 문장기법 면에 있어서 그 품위가 매우 낮아서 작가들이 귀하게 여기지 않았다."하였으나, 사까지 곡에 합쳐 그렇게 말한 것은 지나치다. 정즌둬는 "우리는 원곡은 속되면 좋고 우아해지면 비실비실 생기가 없어진다고 여기고 있다."[31]고 말하였다. 곡은 사와는 성격이 전혀 다른 매우 속된 노래였기 때문이다. 명 대의 왕기덕(王驥德, ?-1623)은 그의 『곡률(曲律)』[32]에서 『철경록(輟耕錄)』을 인용하여 이런 말을 하고 있다.

30) 調名은 중국음악의 宮調名이다. 詞에서는 黃鐘宮·中呂宮·仙呂宮 등의 7宮과 大石調·雙調·商調 등의 12調가 쓰이고 曲에서는 6宮 11調가 쓰였다.

31) 『中國俗文學史』.

32) 『曲律』 권4 雜論 39下.

"원나라 때의 북쪽 오랑캐 달달(達達)[33]이 쓰던 악기는 쟁(箏)·진(蓁)·비파(琵琶)·호금(胡琴)·혼불사(渾不似) 같은 종류의 것이고, 그것으로 연주하는 악곡은 역시 한인들과는 다른 것이었다."

곡은 이전의 노래와는 가락도 달랐고 성격도 달랐으며 반주에 쓰이는 악기도 완전히 다른 것이었다.

나. 사와 곡의 시대 배경

사는 '안록산의 난'으로 말미암아 당나라에 외국의 영향이 커지고 통치권이 쇠약해졌던 시대에 생겨난 문학이다. 나라는 어지러웠지만 다른 한편으로 서민 세력의 신장과 서민에 대한 지배계급의 넓어진 관심 및 보다 자유롭게 들어온 외국문화의 영향을 바탕으로 전통문화는 오히려 더욱 찬란한 발전을 이루는 시대이다. 이 발전은 오대와 북송으로 이어지면서 중국 전통문화를 황금기로 이끈다. 사의 발생과 발전도 이 전통문화의 전성과 궤를 같이 한다.

사가 크게 발전하였던 북송은 국세는 약해도 중국의 전통문화 발전을 최고의 경지로 이끌었던 시대이다. 북송은 거란족의 요(遼)나라나 여진족의 금나라와 군사력이 아닌 화의로 평화를 유지하며 고도의 문화를 발전시켰다. 북송은 강한 이웃나라들과 군사적인 충돌을 비켜가면서 전통문화의 발전을

33) 達達; 몽고족의 별칭으로 본시는 韃靼, 塔塔爾, TarTar 등으로 표기하였다.

이룩하였던 시대이며, 사는 이처럼 화려한 문화적인 배경 아래 큰 발전을 이루었다.

이에 비하여 곡은 이민족의 지배 아래 중국전통문화가 변질되어 그 발전이 이전과는 다른 방향으로 기울던 시기를 대표하는 문학이다. 곡은 금나라 원본(院本)에 뿌리를 둔 것 같은데 실제로는 정복왕조인 몽고의 원나라에서 성행하였다. 따라서 노래의 가락이나 곡조가 사와 완전히 다른, 수준이 낮은 문화를 지니고 있던 유목민족인 금나라와 원나라 지배자들의 노래를 바탕으로 하여 그 가사를 한족의 문인들이 작품으로 다듬어 이룩된 것이다. 따라서 곡에는 노래의 가사인 오랑캐 말을 한문으로 옮긴 듯한 것들이 있다. 사가 중국의 전통문화의 발전이 최고조에 달했던 시기의 문학이라면 곡은 자기네 문학전통을 잃고 문학이 더 이상의 발전을 못하게 되었던 시기를 대표하는 시가이다. 곧 사는 장안시대에 유행한 시가이고 곡은 북경시대에 유행한 시가이다.

다. 사와 곡의 특징

앞에서 이미 논한 것처럼 사는 중국의 전통문화가 전성하던 시기의 시가이므로 그 문장은 중국 전통문학의 정화이며 그 음악은 중국 전통음악을 대표한다. 우리나라 『고려사』 악지(樂志)와 조선 성종 24년(1493)에 이루어진 『악학궤범(樂學軌範)』에 실린 당악(唐樂)에는 사도 들어있으니 사의 음악과 악기는 조선시대를 통하여 연주된 궁전의 당악에 가까운 형태였을 것이다.

그러나 곡은 몽고족의 지배 아래 중국문화가 전통을 잃고 더 이상 발전을 못하고 이질적인 방향으로 기울어지던 시기를 대표하는 시가이다. 따라서 그 가사도 본시는 몽고어나 여진어로 된 것이 많고 내용은 속되고 질이 낮은 것이었을 것이다. 한족 지식인들이 몽고족 지배자들을 위하여 문장력을 다하여 다시 쓰기는 하였지만 그 오랑캐적인 성격과 속된 기미를 완전히 없애지는 못하였다. 대부분의 한족 지식인들은 이 때문에 곡을 가까이 하려 하지 않았다. 곡의 음악도 만주족이나 만주족의 악곡으로 바뀌고 반주 악기도 모두 그들의 악기로 변하였다. 따라서 그 음악과 악기는 지금의 경극(京劇)과 비슷한 계통의 것이었을 것이다.

곡에는 음악상 북쪽 지방에 유행한 북곡과 남쪽 지방에 유행한 남곡이란 차이가 있었다. 그러한 곡의 발전을 명 대 왕기덕이 잘 설명해주고 있다.

▲『서상기』 판본에 수록된 삽화

> "그런데 금나라 장종(章宗) 때(1190-1208) 점점 북사(北詞)로 바뀌었으니 세상에 전해지고 있는 동해원(董解元)의 『서상기(西廂記)』[34] 같은 것으로 그 음악이 아직 순수하지는 못하였다. 원나라로 들어와 그 형식이 더욱 발전하여 가락이 다져지고 음악이 다듬어져 북곡이 마침내 한 시대를 휩쓸게 되었다. 그러나 악기 반주에 거슬리고 또 오랑캐

34) 諸宮調 『西廂記』이다. 諸宮調는 金나라와 宋나라 때 유행한 講唱의 일종으로 아직 연극으로 발전하지는 못한 것이다. 그러나 元대의 曲, 곧 散曲과 雜劇이 이루어지는 데 크게 작용한 것으로 여겨지고 있다.

말이 많이 섞였으며, 그 음악은 소리치듯이 억세어 남쪽 사람들에게는 익숙치 못하였다. 뒤에 우리 명나라로 들어와서는 또 남곡으로 변하였는데 부드럽고 곱고 아름다워서 많은 사람들이 이를 노래하게 되었다. 이에 아름다움과 훌륭함이 다 갖추어져 노래 가락의 극치를 이루게 되었다."[35]

명 대에 성행한 연극인 전기(傳奇)는 음악적으로 원 잡극과는 달리 남곡이며, 또 산곡도 유행하였으나 뛰어난 성취는 별로 이루지 못하였다. 따라서 여기에서는 북곡을 중심으로 논의가 진행되고 있는 것이다.

실제로 작품을 읽어보아도 곡은 시나 사와 다른 풍격의 것임을 느끼게 된다. 먼저 뤄진탕(羅錦堂)이 그의 『중국산곡사(中國散曲史)』에서 원나라 초기의 청려파(淸麗派)에 속하는 작가로 분류하였고[36], 벼슬하는 집안에 태어나 제대로 교육을 받은 백박(白樸, 1226- ?)의 「미인 얼굴의 검은 점」이란 부제가 달린 「취중천(醉中天)」을 한 수 보기로 든다.

▲ 양귀비가 당 현종 앞에서 춤을 추는 모습(명 대 『오동우』의 삽화)

마치 양귀비가 앞에 있는 듯하니
죽지 않고 지금껏 살아있는가?
당 명황의 명으로 벼루를 바쳐 들고 나올 적에
아름다운 얼굴 정말 멋있었지!
붓 들고 시 쓰려던 이태백인들 어이하랴?
아리따운 자태 바라보다가
먹물을 튀겨 복숭아 같은 볼에 묻혀버린 거지!

35) 王驥德 『曲律』 卷1 論曲源 第1.

36) 제2장 元人散曲 제1절 元代前期的散曲 참조.

疑是楊妃在, 怎脫馬嵬災?
曾與明皇捧硯來, 美臉風流殺,
叵柰揮毫李白, 覷著嬌態.
灑松煙點破桃腮.

양귀비와 이백의 고사를 인용하여 노래하고는 있지만 발상 자체가 고상하거나 우아하지는 않은 것 같다. 많은 경우 곡의 성격 때문에 어찌하는 수가 없었을 것이다. 다음에는 작자를 알 수 없는 「홍수혜(紅繡鞋)」를 한 수 인용한다.37)

옥 같은 팔뚝 뻗어 총각을 꼭 끌어안는데
가는 허리는 날씬하나 구름 같은 검은 머리는
흩어졌는데,
멋지고 달콤한 혀끝은 찌릿찌릿하네.
낮은 목소리로 말하자
조용한 목소리로 대답하기를,
결혼 기다리지 말고 우리 더 가까이 해요!

伸玉臂把才郎摟定, 束纖腰不整烏雲,
美甜甜舌尖兒冷丁丁.
低聲叫, 悄聲應, 咱兩個親的來不待親!

이처럼 야한 노래들이 곡의 주류를 이루었을 것이다. 한족 지식인들 손을 통하여 남겨진 작품이 이 정도이니 일반적인 실상은 더 야하였을 것이다. 문

37) 이 작품은 白樸의 작품과 함께 『元九十五家小令類輯』(臺北 世界書局 影印, 曲學叢書 제1집 제1책)에서 눈에 들어오는 대로 고른 것임.

화적인 전통을 잃었다는 것은 자신을 잃었음을 뜻한다. 자기를 잃은 바탕 위에 만들어지는 문학이나 예술이 품격을 지닌 가치 있는 것이 되기는 매우 어려운 일일 수밖에 없다. 이런 기초 위에 사와 곡을 읽으면 그 차이를 분명히 감지하게 될 것이다. 쉽게 말하면 사는 장안시대에 생겨나 중원에 도읍을 정하고 중국문화를 극도로 발전시킨 북송시대에 크게 성행한 시가이고, 곡은 이민족의 지배 아래 전통을 잃었던 북경시대를 대표하는 시가인 것이다.

제4편

장안시대 · 북경시대의 유학

1장

장안시대의 유학

1) 공자사상의 뿌리와 그 성격

중국의 봉건전제 정치는 2천여 년의 역사를 통하여 유교의 윤리에 바탕을 두고 발전하여 왔다. 그 유교의 창시자인 공자(B.C.551-B.C.479)[1]는 기원전 551년 노(魯)나라 창평향(昌平鄉) 추읍(陬邑, 지금의 山東省 曲阜 남쪽 22킬로미터 지점)에서 태어났다. 그는 숙량흘(叔梁紇)이라는 나이 많은 남자와 안징재(顔徵在)라는 젊은 여자의 '야합(野合)'의 소산이었다.[2] '야합'이 무엇을 뜻하는지 확실히 알 수는 없으나 정상적인 남녀의 결합이 아님은 분명하다.

▲ 산둥성 취푸(曲阜)에 있는 공자의 묘

공자의 조상들은 본시 은나라 왕족이었다. 공

1) 김학주 저, 『공자의 생애와 사상』, 명문당, 2003, 증보판.

2) 『史記』 孔子世家.

▲ 공자 초상

자 스스로 "나는 은나라 사람이다."[3]라고 말하고 있다. 그리고 공자가 태어나 살던 노나라도 주나라 이전에는 엄(奄) 또는 상엄(商奄)이라 부르던 은의 육족(六族)이 살고 있던 고장이었다[4]. 그리고 반경(盤庚)임금이 도읍을 은으로 옮기기 바로 전까지는 은나라의 수도여서 은나라 문화의 중심지의 하나였다. 따라서 주나라 주공(周公)이 동쪽지방 정벌을 할 적의 주요 목표지역의 한 곳이기도 하였다. 주나라가 은나라를 멸한 뒤에는 그들 조상의 제사를 받들게 하기 위하여 주(紂)의 서형인 미자(微子)를 그곳에 봉하였다. 미자 뒤로 5대의 송나라 임금이 민공(湣公)인데 그의 다음 대로부터 공자의 조상은 왕계로부터 벗어난다. 그러나 공자의 조상들은 송나라의 귀족으로 지내오다가 공자의 증조부 때에 노나라로 옮겨와 살게 된다.

노나라는 주나라의 예의제도를 마련한 주공의 아들 백금(伯禽)을 봉한 곳이며 앞에서도 이미 말한 바와 같이 은 민족의 본거지여서 은나라의 문

3) 『禮記』 檀弓 下; "丘也, 殷人也."

4) 『左傳』 定公 4년 참조.

▲ 취푸의 공자묘 대성전

화 특히 은나라의 예가 잘 보존되고 있는 고장이었다. 공자는 이처럼 은나라 왕손이며 송나라 임금의 후손이지만 가난한 집안의 두 부모의 '야합'에 의하여 노나라에 태어났다. 공자의 대에 이르러는 집안이 몰락하여 무척 가난하였지만 그래도 은나라 임금의 자손이어서 은나라 문화의 전승자로 자처하고 있었던 것 같다. 『논어』[5]에는 이런 말이 보인다. 공자가 광(匡)이라는 고장에서 위기에 처했을 적의 일이다.

5) 김학주 역주『논어』, 제2 전정판, 서울대학교 출판부, 2007 발행, 참조.

“문왕께서 돌아가신 뒤로 문화가 여기에 전해지지 아니한가? 하늘이 이 문화를 없애려 하셨다면 후세에 나온 내가 이 문화에 참여할 수가 없었을 것이다. 하늘이 이 문화를 없애려 하지 않고 계신데, 광사람들이 나를 어찌할 수가 있겠느냐?”[6)]

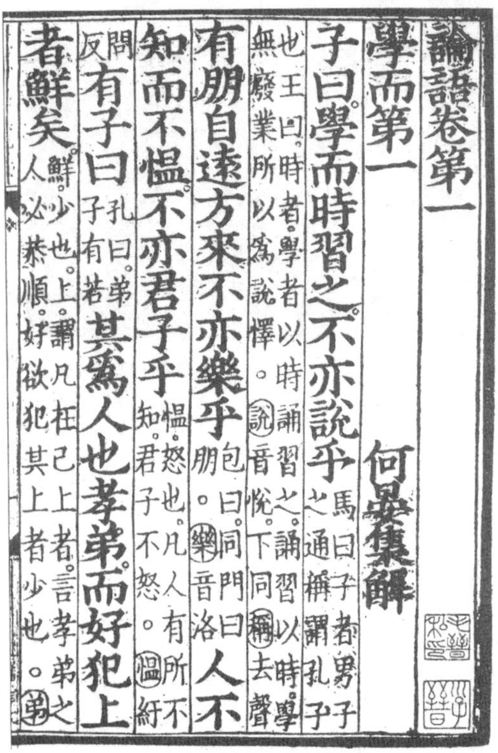

論語卷第一

學而第一　何晏集解

子曰學而時習之不亦說乎 馬曰子者男子之通稱謂孔子也王曰時者學者以時誦習之誦習以時學無廢業所以為說懌。說音悅下同稱去聲

有朋自遠方來不亦樂乎 包曰同門曰朋。樂音洛

人不知而不慍不亦君子乎 慍怒也凡人有所不知君子不怒。慍紆問反

有子曰 孔曰弟子有若 其為人也孝弟而好犯上者鮮矣 鮮少也。上謂凡在己上者。言孝弟之人必恭順好欲犯其上者少也。弟

▲ 송각본 『논어』 하안집해, 형병소(999년 간)

공자는 주나라 문왕으로부터 이어져 내려온 주나라 문화의 계승자로 자처하고 있는 것이다. 『논어』에서 공자의 제자인 자공(子貢)은 스승의 학문의 근원에 대하여 이렇게 말하고 있다.

“문왕과 무왕의 도가 아직 땅에 떨어지지 않고 사람들에게 남아 있어, 현명한 사람은 그 중 큰 것을 알고 있고 현명하지 않은 사람도 그 중 작은 것을 알고 있으니, 문왕과 무왕의 도를 지니지 않은 이가 없는 것입니다. 선생님께서 어떤 것인들 배우지 않으셨겠습니까?”[7)]

곧 공자의 학문은 세상에 전해지고 있는 주나라 문왕과 무왕의 도를 종합하고 그것을 다시 정리하여 이루어진 것이라는 뜻이다. 그것은 공자가 은나라 임금의 자손이어서 은나라가 망한 뒤에도 은나라 문화에 대한 희망과 책임감을

6) 『論語』 子罕.

7) 『論語』 子張.

스스로 지니고 있었고, 그 은나라 문화를 문왕과 무왕의 도를 바탕으로 하여 이 세상에 다시 살려 내려 하였음을 뜻한다.

후스(胡適, 1891-1962)는 「설유(說儒)」라는 논문[8]에서 '유'는 은나라의 사(士)에 속하던 유민 중의 한 계층이며, 그들은 은례(殷禮)의 보존자였다 한다. 문화 수준이 낮은 주나라가 은나라를 힘으로 정복한 뒤에 무엇보다도 은나라의 예의제도를 배울 필요가 있어서, 주나라에서는 은나라의 유민 중 특히 '유'에 속하는 사람들은 보호해 주어 뒤에 공자의 유가가 발전할 수 있었다는 것이다. 공자는 은나라 황실의 후손이어서 은나라 문화를 계승 발전시킨 문왕과 무왕의 도를 바탕으로 하여 유학을 완성시킨 것만은 사실로 받아들여야 할 것이다.

▲ 후스의 주미대사 시절 사진

"문왕과 무왕의 도"라고 하였지만 실상 그것은 주공(周公)이 은나라의 것을 바탕으로 하여 새로 정비한 예악제도를 뜻하는 말이다. 주공이 주나라 초기의 예악제도를 마련하였음은 이미 앞의 제2편 '1. 중국 전통문화의 형성'에서 논한 바가 있다. 따라서 공자는 주공이 마련한 예악제도를 바탕으로 어지러운 그 시대의 사회를 올바로 이끌 사상을 정립하였다. 『시경』·『서경』·『역경』을 비롯하여 『주례』·『의례』·『예기』 등 유가의 경전들도 그 기반은 모두 주공에 의하여 마련된 것이다. 이때의 주공이 마련한 예악제도란 주나라가 이룩

8) 『胡適文存』 제4집 권1에 실려 있음.

해 놓은 중원 땅을 강력하게 장악하고 지배하기 위하여 마련한 제도이다. 따라서 이를 바탕으로 발전한 공자의 유가사상은 한나라 무제(B.C.156-B.C.87 재위) 이후 2천 년의 중국역사를 통하여 봉건전제 정치를 뒷받침하게 되는데, 그렇게 될 수 있는 조건을 처음부터 갖추고 있었다고도 할 수 있다.

공자는 서주 초기의 봉건제도를 어지러운 그의 시대에 되살려 내려고 노력한 것이다. 그러기 위하여 그는 어짐(仁)과 의로움(義)을 바탕으로 하는 새로운 윤리사상을 이룩하고 많은 사람들에게 그것을 가르치고 선전하면서 그 이상을 실현하려고 애썼다. 따라서 공자가 가장 숭배한 이는 주공이었다. 『논어』를 보면 공자는 이런 말을 하고 있다.

> "심하도다, 나의 노쇠함이여! 오랜 동안 나는 다시는 꿈에 주공을 만나보지 못하였다!"[9]

> "주나라는 하와 은, 두 나라를 본떴으므로 문물제도가 빛난다. 나는 주나라를 따르겠다."[10]

> "만약 나를 등용하는 나라가 있다면 나는 그 나라를 동쪽의 주(周)나라로 만들어 놓겠다."[11]

9) 『論語』 述而.

10) 『論語』 八佾.

11) 『論語』 陽貨.

그러기에 유안(劉安, B.C.179-B.C.122)의 『회남자(淮南子)』에서도 이런 말을 하고 있다.

> "공자는 주나라의 도를 닦고 주공의 가르침을 계승하여, 자기 제자들을 가르치고, 그 시대의 의관을 입도록 하고, 그들의 전적을 손질하였기 때문에 유학이 생겨났다."[12]

한 대 이후 2000년의 역사를 통하여 중국 봉건전제 정치와 사회의 윤리를 지배해온 공자의 유학의 바탕은 장안시대를 출발시킨 서주 초에 주공을 중심으로 하여 은나라 문화를 기초로 하여 마련되었다. 이는 중국 전통문화의 바탕이 이루어졌음을 뜻하기도 하는 것이다. 이를 바탕으로 동주의 춘추시대에 공자가 나와 유학을 이룩하였다. 그 자극 아래 새로 일어난 남쪽의 초(楚)나라에서는 노자의 도가사상이 발전한 것이다. 그리고 전국시대에는 이른바 제자백가가 나와 중국 사상을 다양하게 발전시키게 된다.

2) 공자의 윤리사상과 정치사상

주공이 은나라 제도를 바탕으로 하여 마련한 새로운 주나라의 제도가 은나라의 것과 크게 다른 점은 신본위(神本位)의 여러 가지 제도를 사람 본위로 바꾸었다는 것이다. 은나라는 고도의 문화를 발전시키고 있었지만 여러 신을 받들고 제정일치의

12) 『淮南子』 권21 要略.

사회였다. 한자도 사람들이 신에게 그들의 뜻을 전하기 위하여 발전시킨 글자인 듯 하다. 그러나 주나라 민족은 서북쪽에서 들어온 문화 정도가 낮은 민족이어서 어려운 생활 요건 속에서 투쟁을 하면서 살아왔다. 따라서 그들의 성격은 은 민족에 비하여 훨씬 현실적이고 실질적이었다. 주공은 이러한 자기들 성격에 맞도록 새로운 제도를 개선하였기 때문에 주나라의 새로운 제도는 은나라의 것을 바탕으로 하고 있으면서도 훨씬 실질적이고 현실적이다.

공자는 주공이 마련한 제도의 이러한 성격을 높이 샀던 것 같다. 따라서 공자의 사상은 매우 현실적이고 실질적이다. 언제나 사람이 올바로 행동하고 올바로 처신하는 방법과 이 세상에서 사람들이 올바로 어울려 평화롭게 살아가는 길만을 생각하고 설교하였다. 곧 사람들이 올바로 처신하고 올바로 살아가는 윤리 문제와 세상을 안정되고 평화롭게 이끄는 정치문제가 그의 사상의 핵심이 되었다. 그는 형이상학적인 문제에 대하여는 관심을 보이지도 않았다. 『논어』에는 다음과 같은 말이 보인다.

> "사람도 잘 섬기지 못하거늘 어찌 귀신을 섬길 수 있겠느냐?"

> "삶에 대하여도 알지 못하거늘 죽음을 어이 알겠는가?"[13)]

13) 이상 『論語』 先進.

"선생님은 괴이한 일 · 힘으로 하는 일 · 어지러운 일 · 귀신에 관한 일은 말씀하시지 않았다."14)

"선생님께서 본성과 천도에 대하여 말씀하시는 것은 들어본 일이 없다."15)

공자 사상의 실질적이고 현실적인 생각이란 사람들과 이 세상을 예(禮)와 악(樂)을 바탕으로 하여 다스릴 수 있다는 것이다. '예'로는 사람들이 행동하고 남들과 어울리는 외부의 사항을 규제하고 '악'으로는 사람들의 마음과 감정 곧 사람들의 내부를 순화시키려 하였다. 『논어』를 보면 공자는 이런 말도 하고 있다.

"예를 통하여 올바로 처신하게 되고, 악을 통하여 사람으로 완성된다."16)

공자의 예악사상을 현실사회에 실현할 수 있도록 구체화한 것이 그의 윤리사상과 정치사상이다. 공자의 윤리사상을 대표하는 것은 어짐(仁)이라고 흔히 말한다. 『논어』만 보아도 어짐에 관한 공자의 말이 무척 많아서 공자의 사상을 '어짐의 사상'이라 하는 이도 있다. 공자는 군자의 최고의 목표는 어짐이란 덕을 터득하는 일이라고 생각하였다.

▲ 공자가 금을 타면서 행단(杏壇)에서 제자들을 가르치는 모습

14) 『論語』 述而.

15) 『論語』 公冶長.

16) 『論語』 泰伯.

"군자로서 '어짐'을 버리면 어찌 명성을 이룩하겠느냐? 군자는 밥 먹는 동안일지라도 '어짐'을 어기지 말고, 다급한 순간일지라도 반드시 '어짐'에 의거하고, 넘어지는 순간일지라도 반드시 '어짐'에 의거해야 한다."[17]

"천하에서 다섯 가지를 실천할 수 있으면 '어질다'고 하겠다. …… 공손·관대·신의·민첩·은혜이다."[18]

어짐은 공자가 '악'으로 추구하려던 윤리를 모두 아울러 표현한 말임이 분명하다. 이상을 보면 '어짐'에는 '공손함' '관대함' '신의' '민첩함' '은혜로움' 등의 덕이 모두 포함된다. 그 밖에 '어짐'은 『논어』에 흔히 보이는 의로움·공손함·효도·충실함·지혜·신의·사양 등의 덕성도 모두 포함하는 말임을 알 수 있다.

공자가 추구한 정치사상은 실제로 이후 중국 역사를 통하여 시대의 변화와 왕조의 교체에도 불구하고 언제나 거기에 알맞도록 변신을 하며 봉건정치를 설명하고 뒷받침해주는 이념이 되어 왔다. 공자의 정치사상은 위에서 이야기한 어짐이라는 윤리를 사람들이 사는 세상에 실현하는 것이다.

따라서 그것은 덕으로 다스리는 정치로 드러난다. 덕으로 다스리는 정치는 『대학(大學)』 첫머리에 그 방법이 가장 분명히 밝혀져 있다.

17) 『論語』 里仁.

18) 『論語』 陽貨.

> "위대한 사람이 되기 위한 학문의 이상은 자신이 지닌 밝은 덕을 밝히는 데 있으며, 사람들을 올바로 이끌어 새롭게 하는 데에 있으며, 어떤 경우에나 지극히 훌륭한 경지에 처신함에 있다."

여기의 '밝은 덕'이 바로 '어짐'이다. 공부를 하는 목표는 사람들 모두가 타고난 자기의 밝은 덕을 밝히고 몸을 닦는 공부를 하여 그 밝은 덕을 바탕으로 사람들을 올바로 이끌어 새롭게 함으로써 집안을 질서있게 하고 나라를 다스리고 세계를 평화롭게 하는 데 있다는 것이다. 그리고 자신이 공부를 할 적이나 남 또는 세상을 위하여 일할 적에는 언제나 최선을 다해야 한다는 것이다. 결국 나라의 정치를 올바로 하고 세계의 평화를 이룩하는 바탕이 '밝은 덕' 곧 '어짐'인 것이다.

『논어』만 보더라도 공자는 도처에서 정치는 덕으로 하여야 함을 강조하고 있다.

> "덕으로 정치를 하면 마치 북극성은 일정한 자리에 있으나 여러 별들이 모두 돌며 떠받드는 것과 같이 되는 것이다."[19)]

다시 그것은 예로서 다스리는 정치란 말로 표현할 수도 있다. 『논어』 위정(爲政) 편에는 백성은 "덕으로서 인도하고 예로서 다스려야 한다."는 공자의 말이 보인다. 예를 바탕으로 덕의 개념도 발전한 것이니 당연한 일이다. 공자는 이런 말도 하고 있다.

---

19) 『論語』 爲政.

"예와 사양하는 마음을 가지고 나라를 다스린다면 무슨 문제가 있겠는가? 예와 사양하는 마음으로 나라를 다스리지 못한다면 예는 있어 무엇 하겠는가?"[20]

▲ 공자와 안회
(작자불명의 명나라 때 聖蹟之圖)

공자가 말한 예와 사양하는 마음은 실상 모두 예의를 말하는 것이다. 예로서 다스리는 정치는 덕으로 다스리는 정치의 형식적인 면이라고도 할 수 있다. 그래서 공자는 "어느 날이고 자기를 이겨내고 예로 돌아가면 천하가 어짐으로 귀착될 것이다."라고 하면서, 이어 예로 되돌아가는 구체적인 방법으로 이렇게 말하고 있다.

"예에 어긋나는 것은 보지 말며, 예에 어긋나는 것은 듣지 말며, 예에 어긋나는 것은 말하지 말며, 예에 어긋나는 경우에는 움직이지 말라."[21]

곧 사람의 모든 행동의 규범이 예인 것이다.

『논어』 위령공(衛靈公) 편을 보면 제자인 안회(顔回)가 나라를 다스리는 방법에 대하여 질문하였을 때 공자는 다음과 같이 대답하고 있다.

"하나라의 역법을 쓰고, 은나라의 수레를 타고, 주나라의 예관(禮冠)을 쓰며, 음악은 순임금의 소무(韶舞)를 쓰되 정나라의 음악을 몰아내고, 간사한 자들을 멀리해야 한다. 정나라의 음악은 음란하기 때문이다."

20) 『論語』 里仁.

21) 『論語』 顔淵.

여기의 역법·수레·예관은 모두가 예에 관한 것들이다. 공자는 예로서 사람들의 겉모양과 행동을 다스리고, 음악으로서는 사람들의 마음과 감정을 다스리려 했던 것이다. 음악은 정치나 교화의 직접적인 방법이 될 뿐만 아니라 무엇보다도 좋은 참고까지도 되는 것이다.

그 밖에도 정명주의(正名主義)가 있다. 『논어』 자로(子路) 편을 보면 제자인 자로가 "선생님께서 정치를 하게 되신다면 무엇을 먼저 하시겠습니까?" 라고 질문했을 때, 공자는 "반드시 정명부터 하겠다."고 대답하고 있다. '정명'이란 '명분을 올바로 하겠다' '명칭을 올바르게 하겠다'는 등의 뜻이다. 공자는 자로에게 '정명'의 중요성을 다음과 같이 설명하고 있다.

> "명분(또는 명칭)이 바로 서지 않으면 말이 순조롭지 못하고, 말이 순조롭지 못하면 일이 이루어지지 않고, 일이 이루어지지 않으면 예와 악이 일어나지 못하고, 예와 악이 일어나지 않으면 형벌이 적중하지 못하고, 형벌이 적중하지 않으면 백성들은 손발 둘 곳도 없게 된다. 그러므로 군자가 사물에 명분(또는 명칭)을 붙일 적에는 반드시 말로 전달될 수 있어야 하며, 말로 전달되면 반드시 실행되어야 한다."

호칭이나 말과 형식이 실물 또는 실천이나 내용과 합치되어야 한다는 것이다. 『논어』 안연(顔淵) 편에서 공자가 정치를 "임금은 임금다워야 하고, 신하는 신하다워야 하며, 아버지는 아버지다워야 하고,

아들은 아들다워야 한다."고 말한 것도 정명주의를 쉽게 원용한 말이다. 뒤에 『순자』에는 「정명」 편(제22편)이 있는데 예를 강조하는 순자로서는 당연한 귀결이라 할 수 있다. 이상 여러 가지 공자의 사상은 실은 모두가 위의 '덕'과 '예'의 사상으로부터 벗어나는 것이 아니다.

3) 한 대 유학의 변화와 봉건전제

공자가 죽은 뒤 맹자(孟子)와 순자(荀子)로 이어지면서 공자의 유가사상은 발전한다. 그러나 진시황이 천하를 통일한 뒤 법가에 속하는 이사(李斯)를 승상에 임명하고 냉혹한 법에 의한 통치를 하며 유학을 배격하고 세상의 책을 모아 불태우고 학자들을 모아 산 채로 땅에 묻어 죽이는 식의 포악한 정치를 한다. 그는 천하를 통일하고 한자의 글자체도 통일하는 등 천하 지배의 틀을 완전히 갖추고도 사상정책의 잘못으로 말미암아 나라를 통일한 뒤 10여 년밖에는 그의 나라가 지탱하지 못한다. 진시황이 마련한 천하 지배의 기본 틀은 고스란히 한나라가 물려받았고, 한나라에 이르러서는 다시 공자의 사상과 학문이 존중되어 이후 2천 년의 봉건전제체제가 굳어진다.

▲ 취푸에 있는 공자의 직계 자손들이 살아온 공부(孔府)의 정문

본시 한나라 지배자들은 남쪽 사람들이라 앞의 문학을 이야기할 때 지적한 것처럼 초나라의 영향이 컸다. 따라서 사상적으로도 남쪽에서 생겨난 노

자 사상을 발전시킨 황노지학(黃老之學)을 가장 존중하였다. 그러나 무제(武帝, B.C.140~B.C.87 재위)에 이르러 오경박사(五經博士)를 두면서 공자의 학문은 국학으로 자리잡게 되고, 이후 2천여 년의 중국역사를 통하여 유학은 중국 정치의 기본 원리이며 사회 윤리의 바탕을 이루는 학문으로 군림하게 된다.

펑유란(馮友蘭)은 그의 명저 『중국철학사』에서 중국철학 발전의 시기 구분을 공자로부터 서한 초(淮南王시대)까지를 자학시대(子學時代), 서한 초(董仲舒시대)부터 청 말(康有爲시대)까지를 경학시대(經學時代)라고 둘로 크게 나누고, 유가가 생겨난 것은 자학시대의 시작이었고, 유학만이 존중받게 된 것은 자학시대의 끝장이었다고도 말하고 있다. 그것은 서한 초부터 유학이 중국의 정치와 사회를 지배하여왔음을 단적으로 뜻하는 것이다.

▲ 펑유란(馮友蘭)

한나라 초기에는 진시황의 진나라가 엄격하고 포학한 법가사상을 따라 정치를 하다가 나라를 망쳤다 생각하고 관대한 정치를 해야 한다고 생각하여 이른바 '황로지학'이 성행하였다. '황로'란 한족의 선조라고 떠받드는 황제(黃帝)와 도가의 창설자인 노자(老子)를 가리킨다. 황제는 음양가(陰陽家)인 추연(鄒衍)이 들고 나온 상고의 황제여서, '황로지학'에는 무위자연(無爲自然)을 주장하는 노자의 사상과 함께 음양가와 유가·법가의 사상까지도 보태어져 이룩된 것이다. 한 초의 육가(陸賈, B.C.240?-B.C.170?)가 "도에 있어서는 무위보다 더

▲ 노자 초상

위대한 것이 없고, 행위에 있어서는 삼가고 공경하는 것보다 더 위대한 것이 없다."[22]고 한 말이 이를 대표한다.

그러나 무제 때에 동중서(董仲舒, B.C.179-B.C. 104)라는 학자가 나와 한 대의 사상을 완전히 바꾸어 놓는다. 동중서는 무제가 당시의 학자와 지식인들을 모아놓고 하늘과 사람의 관계를 주제로 하여 정치에 관한 질문인 '책문(策問)'을 하였을 때 무제의 속마음에 딱 들어맞는 대답으로 3편의 대책(對策)을 써서 바친다. 그는 자기의 주장을 펴면서 "다른 여러 가지 사상은 모두 내치고 유학만을 존중할 것"과 "모든 육경에 있지 않은 이론과 공자의 주장이 아닌 것은 모두 존재하지 못하도록 끊어내어 드러날 수가 없도록 해야 한다"고 강조하였다.

그는 육경 중에서도 『춘추공양전(春秋公羊傳)』을 중시하면서 전국 말엽에 성행하기 시작한 음양오행설을 유학 안으로 끌어들여 새로운 자신의 이론을 구성하였다. 우선 우주만물의 창조자이며 주재자인 '하늘'을 내세우면서, 하늘과 사람 사이에는 일종의 합목적적인 감응관계가 있다는 천인감응론(天人感應論)을 내세웠다. 그리고 하늘과 사람은 같은 성격의 존재라는 천인합일(天人合一)의 이론도 발전시켰다. '하늘'은 의지를 지닌 최고의 인격신이며 세계는 하늘의 뜻에 따라 존재하고 변화하는 것이어서 특히 사람이 하는 정치도 하늘의 뜻에 합치되어야 한다고 주장하였다. 그리고 『공양춘추』를 근

22) 『新書』 無爲.

거로 하여 황제를 중심으로 하는 대일통(大一統)의 이론을 수립하여 천하에 통일된 중앙집권국가를 이룩하는 것이 하늘의 원리라 하였다. 그러기 위하여 유학으로 사상을 통일하고 다른 학파는 모두 내쳐야 한다는 주장도 나온 것이다.

이런 주장은 전제군주인 무제가 좋아하지 않을 리 없는 이론인 것이다. 동중서는 공자의 유학사상을 중앙집권적인 봉건군주의 전제체제를 뒷받침하는 학문으로 발전시킨 것이다. 따라서 그로 말미암은 한 대 유학의 변화는 공자의 사상에 대한 이해뿐만 아니라 그 시대 사회윤리의 바탕이 된 유가의 윤리사상 자체에도 큰 변화를 가져온다. 예를 들면 '충'의 사상도 『논어』를 보면 '충실' 또는 '성실'의 뜻으로 쓰고 있는데, 한 대에 와서는 '군주에 대한 신하의 절대적인 복종'에 가까운 뜻으로 풀이하게 된다. '효'도 공자는 부모와 자식 사이의 자연스런 감정과 사랑을 바탕으로 해설하고 있는데 비하여 한 대에 와서는 '부모에 대한 자식으로서의 무조건 순종'을 뜻하는 것처럼 이해하게 된다. 유교의 윤리는 황제의 권력을 옹호하는 법칙으로 발전하고, 이른바 '삼강오륜'은 하늘의 뜻에 바탕을 둔 절대적인 가치로 발전하였다. 동중서에게는 『사기』의 그의 전기에 실려 있는 「거현량대책(擧賢良對策)」 3편 이외에도 『춘추번로(春秋繁露)』라는 저술이 한 권 있다.

이에 따라 한 대에는 경전의 전수와 정리 및 그 해석으로 새로이 유학의 연구가 시작되었다. 한 대

유학의 가장 큰 특징은 공자의 가르침보다도 오경(五經)이 그 주요 연구대상이 되었고, 그에 따라 금문(今文)과 고문(古文)의 차이가 생겨났다는 것이다. 이 금문과 고문의 다툼은 중국경학사를 통한 일대 사안으로 발전한다. 본시 금문과 고문은 한 대 초기에 없어진 경전들을 찾아낼 때 거기에 쓰여 있는 문자의 차이를 뜻하였다. 한 대에 통용되고 있던 예서(隸書)로 쓰인 경전이 금문이고, 그 이전의 옛 글자체로 쓰인 경전이 고문이었다. 이때 일부 경전은 금문과 고문에 약간의 글자나 글귀가 다른 곳이 있는 것도 있었지만, 어떤 경전에는 편수까지도 많고 적은 차이가 있는 것도 있었고, 심지어는 금문은 없고 고문만이 있는 것도 있었다.

이때의 학자들은 자연히 금문을 가지고 공부한 금문파와 고문을 가지고 공부한 고문파로 갈라지게 되었다. 그리고 한 대 초기에는 금문파만이 박사가 되어 관학(官學)으로 행세했기 때문에, 자연 이들 사이에는 경전을 해설하는 태도나 방법에도 큰 차이가 생기게 되었다. 곧 금문파는 관학으로 행세하기 위하여 그들의 학문은 주로 경전의 대의(大義)를 파악하여 경전을 바탕으로 그 시대의 정치를 설명하고 옹호하는 방향으로 발전하였다. 반면 고문파는 경전의 한 글자 한 구절을 착실히 해석하는 훈고(訓詁) 방면에 힘쓰게 되었다.

이 때문에 금문파의 경전 해설은 그 시대가 바뀌면 그 뜻이 거의 가치를 잃게 되고, 고문파의 학문은 후세 학자들에게 더욱 중요한 참고가 될 수 있었다. 그리하여 동한 말엽에 가서는 금문과 고문을 아울러 공부하는 학자들이 생겨났고, 후세에는 금문경보다 고문경이 더 중시되는 경향까지 보이게 되었다. 고문파는 애제(哀帝) 때 유흠(劉歆, B.C. 53-A.D. 23)이 황실의 도서관인 비부(秘府)의 책들을 정리하면서 많은 고문경을 발견하여 세상에 내놓으면서 고문을 크게 내세운 데서 큰 세력을 이루게 되지만, 지금까지도 우리에게 전하는 고문경 속에는 가짜가 많다는 게 큰 흠이다. 이 뒤로 금문과 고문은 공자나 경전을 이해하는 기본 입장에 여러 가지로 큰 차이가 생겨나, 금문과 고문의 다툼은 청 말까지도 꼬리를 물고 계속되게 된다.

또 다른 유학의 큰 성격 변화는 '괴상한 것〔怪〕·힘을 쓰는 것〔力〕·어지러운 것〔亂〕·귀신에 관한 것〔神〕'에 대하여 이야기하지 않던 공자의 가르침에 허황된 미신적 이론이 많이 섞여들었다는 것이다. 이것은 불로장생을 설교하는 방사(方士)들을 좋아했던 진시황과 한나라 무제로 말미암은 영향도 있지만, 공자의 이상과는 달리 황제의 절대적인 지위를 설명해야만 할 시대적인 요청 때문에 불가피한 일이었던 것 같다.

앞에서 이미 동중서가 유학에 음양오행설을 끌어들이고 '천인합일론'을 주장하였음을 이야기하였다. 그 밖에도 한 대 유학에는 『역경』의 '효신(爻辰)'에 따른 재이설(災異說), 『서경』의 '홍범오행(洪範五行)', 『시경』의 '오제육정(五際六情)', 『예(禮)』의 '봉선군사(封禪群祀)' 등 알쏭달쏭한 미신적 이론들이 끼어들었는데 방사들의 영향도 부인할 수가 없다. 동중서는 심지어 『춘추』를 이용하여 비가 오게 할 수도 있고 날이 개이게 할 수도 있다고 주장하였다.

서한 말 애제(哀帝, B.C. 6~B.C. 1 재위)·평제(平帝, A.D. 1~5 재위) 무렵부터 동한에 이르는 기간에는 '참위(讖緯)'가 크게 유행하였다. '참'은 예언을 위주로 하는 도참(圖讖)을 뜻하며, '위'란 육경(六經)에 붙여 경전의 미신적인 해설을 위주로 한 위서(緯書)들을 가리킨다. 이러한 미신적인 유학은 한나라의 존재를 하늘의 섭리에 의한 필연적인 것으로 설명하고, 유씨의 천하통치를 자연의 원리에 따른 절대적인 것으로 설명하는 데 큰 효용을 발휘하였다.

한 대의 유학이 공자의 사상 또는 공자의 가르침을 바탕으로 한 것은 사실이지만, 이미 공자의 사상이 곧 유가사상이라는 등식은 성립될 수가 없게 된 것이다. 한 대에 들어와 유학은 이미 도가나 법가 등 다른 사상가들의 학설을 흡수하여 그 시대의 전제봉건정치를 설명해주고 뒷받침해주는 새로운 학문으로 변하였던 것이다. 중국 사람들에게는 일면 내도외유(內道外儒), 곧 속으로 또는 개인 문제에 있어서는 도가사상을 따르고 겉으로 또는 세상일에 있어서는 유가사상을 내세우는 경향이 있음을 유념해야 한다. 그리고 제왕이나 지배자들은 양유음법(陽儒陰法), 곧 겉으로는 유가의 덕으로 다스려야 한다는 덕치주의를 내세우면서도 속으로는 법으로 엄히 사람들을 다스려야 한다는 법가의 주장을 더 믿는다는 점도 알아두어야 한다. 어떻든 한 대 이후로도 유학은 꾸준히 봉건전제정치를 뒷받침하는 학문으로 행세한다.

4) 당 대의 오경정의(五經正義)

당 제국은 중국의 전통문화의 발전을 이어받아 그것을 종합하여 더욱 발전시켰듯이 유학에 있어서도 그 전통적인 학문의 업적을 종합한 시대이다. 당 대 유학의 업적을 대표하는 것이 『오경정의』라 할 수 있다. 『오경정의』란 당나라 태종(太宗, 627-649 재위)이 국자제주(國子祭酒)로 있던 공영달(孔穎達, 574-648)에게 명을 내려 안사고(顔師古)·사마재장(司馬才章)·왕공(王恭)·왕염(王琰) 등과 함께 편찬토록 하여 이루어진 총 180권으로 이루어진 책이다. 그 목적은 이전의 오경 연구의 업적을 종합 정리하여 경전에 대한 가장 올바르고 권위있는 해설을 함으로써 공자의 사상과 학문을 제대로 밝혀 이후의 유학 연구와 과거시험의 교과서로 삼게 하고자 함에 있었다. 따라서 당나라로부터 송나라에 이르기까지 과거의 명경(明經)과는 이 『오경정의』를 교본으로 삼았다. 피석서(皮錫瑞, 1850-1908)가 그의 『중국경학사(中國經學史)』에서 수·당 시대를 경학의 통일시대라 한 것도 이처럼 유학이나 공자사상에 대한 이해가 종합되어 통일되었다고 볼 수도 있었기 때문이다.

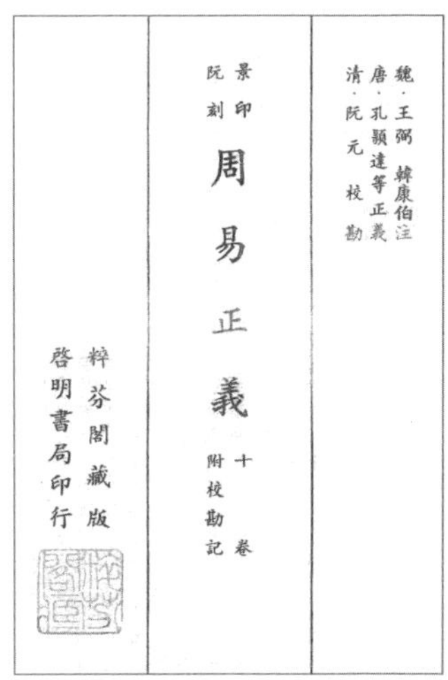

▲ 오경정의 가운데 하나인 『주역정의』의 속표지

첫째 『역경』에 관한 『주역정의(周易正義)』는 위

(魏)나라 왕필(王弼)과 진(晉)나라 한강백(韓康伯)의 주(注)를 취하여 거기에 공영달이 더 자세한 해설을 가하여 소(疏)를 써서 붙여 이룩한 것이다. '소'는 '주'를 보충 해설하며 그 대의를 지키는 것이 원칙이다. 이 책은 처음에는 『의찬(義贊)』이라 책 이름에 붙였었으나 황제의 명에 의하여 『정의』로 바뀌었다. 공영달의 「주역정의서」에서는 모두 14권이라 하고 있으나 『구당서』 예문지(藝文志)에는 18권, 『서록해제(書錄解題)』에는 13권이라 하였는데, 지금의 『십삼경주소(十三經注疏)』 본에 들어 있는 것은 모두 10권이다. 왕필·한강백 주본이 10권이니 아마도 후세 학자들이 이 주본에 맞추어 고쳤을 가능성이 많다. 『주역정의』는 왕필과 한강백의 주 자체가 별로 좋은 평을 받지 못하고 있어서 후세에 그다지 좋은 해설서로 알려지지 않고 있다.

다음에 『서경』에 관한 『상서정의(尙書正義)』는 한 초의 공안국(孔安國)의 전(傳)을 바탕으로 하여 공영달이 거기에 해설을 덧붙이어 '소'를 쓴 것이다. 『서경』은 본시 『서』라고만 불렀는데 한 대에 와서 『상서』라는 호칭이 생겨났고 『서경』이란 호칭은 송 대에 가서야 쓰이기 시작한 것이다. 『상서정의』는 모두 20권 58편으로 이루어진 『고문상서(古文尙書)』를 해설한 것이다. 이 책은 권위를 가지고 학계에 군림해 왔으나 송 대 학자들에서 시작하여 그 '고문'으로서의 성격과 공안국의 '전'의 작자가 의심을 받기 시작한 끝에 마침내 청 대 고증학자들의 연구에 의하여 이는 가짜 『고문상서』이며 따라서 거기에 붙어있는 공안국의 '전'도 가짜임이 밝혀졌다. 그러나 이 58편 속에는 한나라 초기에 복생(伏生)이 전한 『금문상서(今文尙書)』 29편이 33편으로 나뉘어 들어 있다. 따라서 58편 중 33편(29편)만이 진짜인 것이다.

그러나 이 가짜 『고문상서』도 많은 부분이 『좌전』·『예기』·『맹자』 등에 인용된 지금은 전하지 않는 부분의 『서경』 글을 근거로 한 것이어서 전혀 가치가 없는 기록은 아니다. 그리고 공안국의 '전'도 이전 학자들의 해설을 근거로 하고 있어서 『서경』을 읽고 이해하는 데에 적지 않은 도움이 된다.

『시경』 해설인 『모시전의(毛詩正義)』는 한 초의 모형(毛亨)의 '전'과 동한 정현(鄭玄, 127-200)의 '전(箋)'을 바탕으로 하여 공영달이 '소'를 써서 더욱 상세한 해설을 한 것이다. '전(傳)'과 '전(箋)'의 해설이 다른 곳은 각각 달리 보충 설명을 하면서도 '모전(毛傳)' 쪽을 더 많이 따르고 있다. 모두 40권으로 이루어져 있으며 『오경정의』 다섯 가지 책 중 가장 학자들에게 중시되어 왔다. 남송 주희(朱熹)는 다섯 가지 중 이 책과 『예기정의(禮記正義)』의 성과를 높이 평가하였다.

▲ 동한 정현의 초상

『예기정의』는 동한 정현(鄭玄)의 주를 바탕으로 하고 양(梁)나라 황간(皇侃), 후주(後周)의 웅안생(熊安生) 등의 해설을 참작하여 공영달이 '소'를 써서 더욱 상세한 해설을 한 책이다. 공영달은 서문에서 20권이라 하였고 구·신 『당서』 예문지

등에도 모두 20권이라 하였으나 지금의 『십삼경주소』 본은 후세 사람들에 의하여 정리되어 63권으로 이루어져 있다.

『예기』는 주나라 말엽에서 진나라 한나라에 이르는 시기의 학자들의 옛날 예에 관한 이론들을 모아 편찬한 책이어서 『의례(儀禮)』를 해설한 내용이 적지 않으나 그 밖의 잡다한 글도 들어 있다. 한대에는 대성(戴聖)이 전하는 『소대례(小戴禮)』 49편과 대덕(戴德)이 전하는 『대대례(大戴禮)』 85편이 전하고 있었는데, 그 중 『소대례』가 지금의 『예기』로 전해진 것이다. 『예기』에는 지금은 단행본으로 행세하는 '사서' 중의 하나인 『대학』과 『중용』도 그 중 한 편으로 끼어 있다. 어떻든 『예기』는 『주례(周禮)』나 『의례』에 비하여 순수한 예의제도에 관한 책이 아닌데도 지금까지 예를 대표하는 경전처럼 행세하고 있는 것은 아무래도 『오경정의』 때문이라고도 할 수 있을 것이다.

공자가 손수 지었다는 『춘추』에 대한 해설로는 『춘추좌전정의(春秋左傳正義)』가 있다. 춘추시대 좌구명(左丘明)이란 사람이 썼다는 '전(傳)'을 근거로 하고 진(晉)나라 두예(杜預)의 '주'를 보태어놓고 이에 대한 해설을 공영달이 '소'를 써서 더 보충한 것이다. 본시 좌구명의 '전'은 『좌씨춘추(左氏春秋)』로 동주 시대의 역사를 쓴 독립된 저술이었는데, 공자의 춘추보다 기사가 훨씬 상세하여 후세 사람이 이를 공자의 『춘추』를 근거로 개편하여 공자의 글을 보충 해설하는 『춘추좌씨전』 곧 간단히 『좌전』이라 부르는 책으로 만들었다는 것이다. 이 책도 공영달은 서문에서 36권이라 하였으나 지금의 『십삼경주소』 본은 60권으로 바뀌어 있다.

본시 공자의 『춘추』는 노나라에 전하는 기록을 근거로 노나라 임금에 의거하여 편년체로 엮어진 은공(隱公)으로부터 애공(哀公)에 이르는 12대 임금의 242년간의 그 당시 여러 나라의 일들을 간략히 기록한 것이다. 여러 나라에 일어났던 천재지변과 전쟁과 화의(和議) 및 임금과 경대부(卿大夫)들이 태어나고 죽고 한 일 등을 기록한 것이다. 그러나 유학자들은 그 글은 간결하면서도 일의 옳고 그름을 분별하고 명분을 바로잡아 대의를 들어냄으로써 세상 사람들에게 존왕(尊王)의 도를 알리고 있다고 주장하였다. 그래서 『춘추』의 미언대의(微言大義)를 밝히는 것이 유학의 목표라고 생각하는 학자들도 나왔다. 당 대 말엽에는 자기 스승 담조(啖助)와 조광(趙匡)의 이론을 계승하여 육순(陸淳)이 나와 『춘추』는 '전'을 근거로 하여 '미언대의'를 밝히기는 어렵다고 하면서 경문을 근거로 하는 새로운 학문방법에 의한 저술을 하여, 그 학문방법이 송 대의 호원(胡瑗)·손복(孫復) 등으로 이어지면서 이른바 '춘추학'이라 부르는 새 학문풍조가 이루어졌다.

▲『춘추』

그러나 실상 공자가 지었다는 『춘추』의 글은 너무 간략하여 특히 『좌전』은 『춘추』를 연구하는 사람들이 보지 않을 수가 없는 자료이고, 심지어

『좌전』 때문에 『춘추』가 많이 읽혔다고도 할 수 있을 것이다.

당 대에 이르러 이 『오경정의』가 보여주듯이 한 대로부터 발전하기 시작한 유학은 통일되고 총합되는 경향을 보인다. 문종(文宗)의 개성 2년(837)에 유가의 12경의 경문의 모든 글자 모양까지 바로잡아 경문을 돌에 새긴 다음 그것을 장안의 태학에 세워놓았다. 그것을 개성석경(開成石經)이라 부르는데 청나라 때 완원(阮元)이 『십삼경주소』의 글자들을 바로잡은 교감기(校勘記)를 쓰면서 경문 글자의 표준으로 삼은 정도이다. 당나라 때에는 유학 경전의 경문과 그 해석이 통일되고 총합되었던 현상을 잘 설명해준다. 그러나 이 학문의 통일은 학문의 속성상 한편으로는 유학의 쇠퇴 현상을 이끌기도 한다. 그러나 그러한 쇠퇴를 보이는 현상은 북송 이후로 발전할 새로운 유학의 학문방법인 송학(宋學)의 형성을 준비하는 단계를 뜻한다고도 볼 수 있다.

대체로 장안시대의 유학의 학문 방법은 경전의 글자와 구절의 해석을 위주로 하는 한 대 유학의 테두리를 벗어나지 못하는 것이어서 보통 그러한 방법의 유학을 한학(漢學)이라 부른다. 그러나 송 대에 이르러 유학은 큰 변전을 일으킨다. 현대 서양의 중국학자들이 송 대 이후에 일어난 새로운 방법의 유학을 신유학(Neo-Confucianism)이라 부르는 것도 그 때문이다. 송 대의 유학은 보통 도학 또는 이학·성리학이라 부르는데, 신유학에는 주희뿐만 아니라 육상산(陸象山) · 왕양명(王陽明)의 학문도 다 포함된다. 그리고 이들의 경전 연구는 자구의 해석보다도 경전의 대의 추구에 주력하여 그러한 유학의 방법을 송학이라 부르게 된 것이다. 그리고 이 신유학은 원나라 이후로 계승되어 북경시대의 유학을 대표하게 된다.

2장

북경시대의 유학

1) 유학의 변화와 주자학의 형성

가. 당 중엽 유학의 변화와 발전

▲ 쓰촨성 성락산(省樂山)에 있는 두 강의 합류점을 굽어보고 있는 중국 최대의 마애불상(713-804년에 제작). 당 대에는 불교와 도교가 성행하였다.

'안록산(安祿山)의 난'(755-763)을 겪으면서 현실 문제만을 가지고 씨름해 오던 유학자들은 극도로 어지러운 현실에 환멸을 느끼고 불교와 도교의 영향 아래 좀 더 차원 높은 세계에서 진리를 찾아보려는 생각을 하기 시작하였다. 이러한 학문 태도의 변화는 유학이 뒷받침해 오던 정치·사회의 변화에도 큰 원인이 있다. '안록산의 난' 이후 중국의 정치와 사회를 지배해 오던 대족(大族)들이 망하면서, 도시의 상인과 공인 계급이 큰 부를 쌓아 새로운 세력으로 대두되고 서민층의 영향력도 급격히 신장하였다. 이 무렵부터 시인들이 현실문제에 눈을 뜨기 시작하였고, 새로운 민간가요가 사(詞)의 형식으로 대두하고, 또 비슷한 시기에 들어온 변문(變文)이라는 강창(講唱) 형식의 민간예술이 성행했고, 또 소설이 발달하기 시작했다는 것 등도 모두 이러한 사회계층의 변동, 곧 중국문화의 주체세력의 변화로 말미암은 것이다.

이것은 정치적 지배계층에도 큰 변화를 가져온다. '안록산의 난' 이후 당나라의 사대부들 중에는 어려운 집안 출신이거나, 적어도 남보다 몇 갑절의 노력을 기울여 학문을 쌓음으로써 지배계층으로 오른 사람들이 많았다. 족벌을 바탕으로 쉽사리 지배계층에 오른 사람이 매우 적어졌다. 모두가 치열한 경쟁을 자기 힘으로 이겨내고 윗자리에 오른 사람들이다. 이들에게는 이전의 학자들처럼 무조건의 전제정치가 용납될 수 없었다. 그들은 정치뿐만 아니라 모든 일에 있어, 절대적인 원리에 입각한 합리적인 방법을 찾아야만 하였다. 이 때문에 그들은 모든 현상을 통할하여 설명할 수 있는 어떤 원리를 찾지 않으면 안 되었다.

여기에는 불교와 도교의 성행도 영향을 끼쳤다. 먼저 한유(韓愈, 768-824)는 「원도(原道)」란 글에서 유가의 인의도덕을 바탕으로 하는 옛 임금들의 도를 논하고, 요·순·우·탕·문왕·무왕·주공으로부터 공자를 거쳐 맹자에게까지 전해져 내려온 유학의 도통(道統)을 논하면서 불교와 도교를 비판하였다. 그리고 「원성(原性)」에서는 『중용』을 인용하면서 사람의 본성[性]과 감정[情]의 문제를 논하고

▲ 한유 초상

있다. 그리하여 한유는 송 대 도학의 근원으로 받들어지고 있다. 그의 제자인 이고(李翺, 772-841)는 『복성서(復性書)』에서 『논어』·『맹자』와 함께 아직도 단행본으로 행세하지 못하고 있던 『대학』과 『중용』을 중시하면서 맹자의 성선설(性善說)을 바탕으로 하여 본성과 감정의 문제를 보다 깊이 논의하여 공자와 전혀 다른 성격의 사변철학(思辨哲學)의 선구자로 평가받고 있다.

문인들도 유종원(柳宗元, 773-819)은 「천대(天對)」·「천설(天說)」·「비국어(非國語)」 등의 글을 지어 원기일원론(元氣一元論)을 내세워 원기로 말미암아 만물이 존재함을 역설하고 하늘과 사람의 분계를 분명히 하였다. 유우석(劉禹錫, 772-842)도 유종원과 사귀면서 「천론(天論)」 3편을 지어 하늘과 사람은 엄연히 다른 존재임을 역설하고, 불교의 공(空)의 이론과 도교의 무(無)의 개념에 대해서도 자기 나름대로의 이론을 전개하고 있다. 유종원과 유우석은 스스로 자기 이론의 근거가 불교임을 공언하고도 있다.

이러한 당 대 후기에 일어난 사회적 문화적 변화는 모두 계속 발전하여 오대를 거쳐 북송 시대에 이르러 그 발전이 절정에 달하게 된다. 유학은 공자가 현실적인 문제만을 추구하던 성격의 학문과는 완전히 다른 성격의 것으로 변한다. 유학은 북송 대에 와서는 여러 학자들에 의하여 이른바 '도학'이라 부르는 현실문제뿐만 아니라 형이상학적인 명제도 추구하는 학문으로 발전한다. 그리고 다시 남송 대에 와서는 주희(朱熹, 1130-1200)라는 대학자가 나와 북송 학자들의 이론을 모두 모아 체계화함으로써 주자학이라고도 부르는 성리학(性理學)을 완성하게 된다. 송 대 육상산(陸象山)으로부터 명 대 왕수인(王守仁)의 양명학(陽明學)으로 이어지는 심학(心學)도 모두 합쳐 이 새로운 경향의 유학을 신유학이라고도 부른다.

▲ 주희 초상

나. 북송 대 도학의 발전

'도학'은 이학(理學) 또는 성리학이라고도 흔히 부른다. 송 초에 『주역구의(周易口義)』·『중용의(中庸義)』 등을 저술한 호원(胡瑗, 993-1059), 『춘추존왕발미(春秋尊王發微)』 등을 쓴 손복(孫復, 992-1027), 『괴설(怪說)』·『중국론(中國論)』 등을 저작한 석개(石介, 1005-1045) 같은 학자들이 나와 당 말엽의 새로운 유학의 기풍을 계승하여 도학의 길을 열었다. 문인으로 유명한 구양수(歐陽修, 1007-1072)는 『시본의(詩本義)』·『역동자문(易童子問)』 등을 지어 경전 연구에 있어 새로운 '송학'의 길을 열었고, 역사가로 유명한 사마광(司馬光, 1019-1086)도 『역설(易說)』·『대학』·『중용』 등의 책을 써서 도학의 길을 닦았다.

그러나 송 대의 도학을 본격적으로 출발시킨 학자는 주돈이(周敦頤, 1017-1073)이다. 그는 『태극도설(太極圖說)』을 지어 태극에서 음양·오행으로 변화하며 만물이 이루어지는 원리를 도표로 그리고 그것을 해설하였다. 모두 228자의 짧은 글이나 송 대 도학의 우주관을 대표한다. 다시 『통서(通書)』에서는 성인(聖人)은 공부를 통하여 이를 수 있는 인간상임을 논하여 도학의 목표를 성인이 되는 데 두도록 만들었다. 그리고 오상(五常, 仁義禮智信)의 윤리와 사람의 본성인 성(誠)을 논하였다.

다음으로 소옹(邵雍, 康節, 1011-1077)은 『황극경세서(皇極經世書)』에서 태극에서 양의(兩儀)·사상(四象)·팔괘(八卦)·64괘로 발전하며 만물을 낳는 원리인 도서선천지수(圖書先天之數)를 도입하여 설명하고 천지가 발전하는 시간의 운행을 다음과 같이 설명하였다. 12신(辰)이 1일(日)을 이루고, 30일이 1월(月)을 이루며, 12월이 1년(年)을 이룬다. 다시 30년이 1세(世), 12세가 1운(運), 30운이 1회(會), 12회가 1원(元)을 이루면서 역사의 운행은 순환한다는 것이다. 1원은 129,600년이 된다. 주희와 그의 친구 여조겸(呂祖謙)이 '성인의 학문'의 입문서로 삼기 위하여 함께 편찬한 북송 도학을 연구한 학자들의 이론을 체계적으로 정리해 놓은 『근사록(近思錄)』[23]에 소옹은 제외되고 있으니 주희 자신은 그의 수리를 바탕으로 하는 학문을 그다지 존

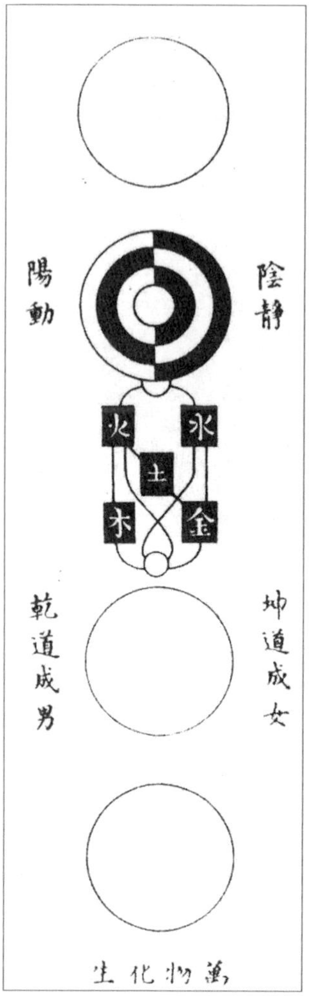

▲ 주돈이 태극도

▲ 주돈이 초상

23) 김학주 역 『近思錄』, 명문당, 2004 발행.

중하지 않은 것 같다.

장재(張載, 1020-1077)는 『정몽(正蒙)』을 지어 기(氣)를 바탕으로 하는 본체론(本體論)을 펴 지금의 중국학자들은 그를 유물론자로 분류하고 있다. 「서명(西銘)」에서는 "건(乾)은 아버지가 되고 곤(坤)은 어머니가 된다." "사람들은 나의 동포이고, 만물은 나와 동류이다."라고 하면서 만물일체(萬物一體)의 사상을 폈다. 윤리 면에 있어서는 하늘이 내려준 '성'을 중시하며 "예는 바로 천지의 덕이다."[24]라고 하면서 윤리를 절대적인 것으로 규정하였다.

▲ 장재 초상

▲ 정호 초상

정호(程顥, 1032-1085)와 정이(程頤, 1033-1107) 형제는 주희가 스승으로 받들어 모신 학자이다. 정호는 역리(易理)를 바탕으로 생생(生生)의 '도'와 '이'를 본체론으로 내세우고 다시 '성(性)'과 '심'을 논하였다. 그리고 윤리사상에 있어서는 특히 어짐의 윤리도 만물에 한결같이 통용됨을 강조하여 윤리란 '이'를 바탕으로 한 절대적인 것임을 강조하였다. 그리고 사람의 몸가짐에 있어 공경스러울 것을 주장하였다.

정이는 이기이원론(理氣二元論)을 바탕으로 하여 '기'에 의하여 만물이 이루어지고 거기에 '이'가 깃들이게 된다고 생각하였다. 그것은 곧 '음양'의 이기(二氣)가 '도'를 따라 만물을 낳는 것과 같은 것이다. 따라서 하늘로부터 주어지는 "성(性)이 바로 이(理)"라고 하였다. 사람이 공부를 한다는 것

24) 『禮窟』에 보이는 구절.

은 이 '성'을 회복하여 성인이 되려는 것이다. 그래서 그는 사람이 본시부터 타고난 양지(良知)와 양능(良能)에 대하여도 이야기하고 있다[25]. 그래서 글짓기 곧 문학이나 책을 통한 공부는 대부분의 경우 참 공부에 방해가 될 뿐이라고 하였다. 이들 형제는 후세 사람들이 정자(程子)라 부르며 존경하게 되었고, 그들의 학문은 주로 뒤에 문인들이 편집한 『이정유서(二程遺書)』에 함께 들어 있어 두 사람의 차이가 분명치 않은 경우가 많다. 여기에 인용한 그들의 사상도 모두 이 책을 근거로 한 것이다.

이들 이외에도 북송 시대의 대문호로 알려진 왕안석(王安石, 1021-1086)이나 소식(蘇軾, 1037-1101)도 도학자라고 알려져 있지 않지만, 왕안석은 『역의(易義)』·『홍범전(洪範傳)』·『노자주(老子注)』 등을 지어 도의 체용(體用)과 원기(元氣)의 문제를 논하기도 하고 오행(五行) 및 '심'·'성' 등의 문제를 논하기도 하였다. 소식은 수많은 저술 중에서도 『소씨역해(蘇氏易解)』 같은 데에서는 '성'의 문제를 '도'에 연결시켜 논하고 있다. 이로써 북송시대에 와서는 도학자가 아니라 하더라도 이미 유학의 변질로 그들의 사상이 성리학적인 경향으로 확장되고 있음을 알 수가 있을 것이다.

이러한 유학의 새로운 전개는 당나라 때 '안록산의 난' 이후의 변화를 이어받아 중국전통문화를 정점의 높이로 발전시킨 북송의 문화를 사상 면에서 대변하는 것이다. 중국의 봉건전제를 뒷받침해오던

25) 『粹言』 心性論.

유학도 북송 대에 이르러는 깊고 넓은 사상의 발전을 이룩하고 있는 것이다.

그런데 이처럼 화려하게 발전하던 유학을 남송 시대에 주희라는 대학자가 나와 종합 정리하여 이른바 주자학을 이룩한다. 흔히 북송 대의 도학은 주자학과 같은 것으로 여겨지고 있다. 그것은 주희가 북송 학자들의 이론을 종합하여 정리함으로써 새로운 유학을 체계화하였기 때문이다. 주희가 북송 도학을 종합하여 유학을 한 차원 더 높은 단계로 격상시켰다는 점은 높이 평가해야 할 것이다. 그러나 북송 도학자들은 중국의 문화전통을 그대로 굳게 지키고 있어서 그의 학문을 문학이나 예술은 물론 정치·사회의 발전에도 기여하도록 더욱 발전시켰지만 주희에 이르러는 전통을 무시하고 너무나 자기중심적인 학문으로 이끌어가 많은 문제를 낳게 한다.

다. 주자학의 완성

남송의 주희(1130-1200)는 북송의 여러 학자들이 개발한 도학의 이론을 모아 종합 정리하고 체계화하여 새로운 유학을 이룩한다. 앞에서 간단히 논한 바와 같이 북송의 도학은 다음과 같은 네 가지 큰 흐름이 있었다. 첫째는 주돈이의 '태극'의 개념으로, 이를 바탕으로 음양이 변화하여 만물을 생성하게 된다는 생성론이다. 둘째는 정호·정이 형제들이 발전시킨 '이'의 철학이다. 그들은 모든 진리를 '이'를 바탕으로 추구하였다. 셋째는 장재의 '기'의 철학이다. 그에 의하면 '기'는 만물 형성의 기능 또는 바

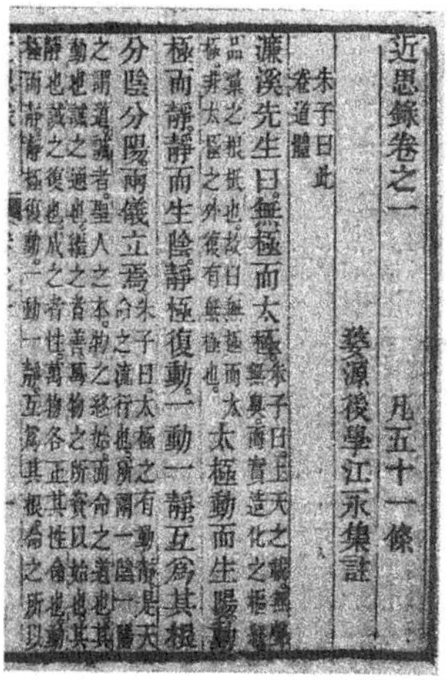

▲『근사록』, 청 간본

탕으로 어디에나 존재하는 것이다. 넷째는 수리(數理)로 이 세상의 모든 현상을 풀이하려는 소옹의 '수'의 철학이다. 주희는 『근사록(近思錄)』에 북송 도학의 대표적인 학자들의 학설을 정리하면서 소옹은 제외하고 있으니 '수'의 철학은 중시하지 않은 것 같다. 주희는 이상 북송 도학의 흐름을 모두 종합 정리하여 새로운 학문의 체계를 세워 공자의 유학을 보다 높은 차원으로 발전시켰다. 그의 학문의 특징을 요약하면 대략 다음과 같다.

첫째 『논어』·『대학』·『중용』·『맹자』를 한데 묶어 '사서'라 부르며, 여기에 주석을 가하면서[26] 그 해설을 바탕으로 새로운 성리학의 체계를 세운다. 그리고 요·순·우·탕·문왕·무왕으로 전해오던 유학의 도통은 공자(『논어』의 저자)에서 시작하여 증자(曾子, 『대학』의 저자)와 자사(子思, 『중용』의 저자)를 거쳐 맹자(孟子)에 이르러 도통이 끊겼다가 송 대에 이르러 다시 이 학문이 전승되었다는 도통론(道統論)을 확립한다. 따라서 이 도통에 끼는 사람만이 올바른 유학자이고 다른 사람들은 가짜 학문을 한 것이 된다.

둘째 정호·정이 형제의 '이'의 철학과 장재의 '기'의 철학을 정리하여 '이'와 '기'의 관계를 확실히 하면서 이기(理氣)론을 그의 학문의 근본 명제로 삼았다. '이'는 '태극(太極)'이고 '도(道)'여서 "태극은 지극히 훌륭하고 지극히 선한 도리일 따름이다."[27]고 말하고 있다. 그리고 "'이'라는 것은

26)『四書集註』.

형이상의 도이고, 만물을 생성하는 근본이다. '기'라는 것은 형이하의 그릇이고 만물을 생성하는 기구이다."[28]라고 '이'와 '기'를 설명하고 있다. 이 '기'가 '이'를 바탕으로 움직여 '음양'과 '오행'으로 변화하고 만물을 이룩한다는 것이다. 그리고 주돈이의 『태극도설』에 보이던 도교의 흔적이며, 정호와 정이의 '이' 철학에 남아 있던 불교의 냄새를 완전히 씻어냈다.

셋째 윤리학에 있어서는 "성(性)이 바로 이이다."라고 한 북송 도학자의 이론을 받아들여 "사람과 만물은 모두 천지의 '이'를 타고나 본성을 이루고, 모두 천지의 '기'를 받아서 형체를 이룬다."[29] 하였다. 따라서 '어짐'이라는 덕성도 만물에 다 같이 적용된다는 이론을 바탕으로, '사람의 욕심'을 물리치고 하늘의 이인 '천리(天理)'를 되찾는 것이 학문의 목표가 된다고 하였다. '천리' 곧 하늘이 우리에게 내려준 '성'을 회복시키면 성인이 되는 것이다.

다시 '성'이 '태극'이라면 마음은 '음양'과 같은 것이다[30]라고도 하였다. 따라서 사람의 마음은 '도'에 따라 올바로 움직이면 '천리'가 되어 그는 성인이 되고, 마음이 바르지 못하면 그것은 욕심이 되어 그는 보통 사람으로 머물게 된다는 것이다.

'이'는 본연의 성이며 어짐·의로움·예와 지혜

27) 『朱子語類』 卷94.

28) 「答黃道夫書」.

29) 『朱子語類』 卷4.

30) 『朱子語類』 卷5.

도 '성'이기 때문에[31] 예는 바로 '천리'가 된다. 곧 사람의 '성'은 천지가 내려준 성(天地之性)이고 하늘이 정해준 성(天命之性)이며, 부자의 사이는 하늘에 의하여 합쳐진 관계(天合)이고 임금과 신하의 사이는 의리에 의하여 합쳐진 관계(義合)여서 예는 절대적인 규범이라는 것이다.

넷째로 주희의 학문방법은 거경궁리(居敬窮理)란 말로 요약이 된다. '거경'이란 정호의 가르침을 따라 『대학』에서 말한 대로 마음을 바르게 하고(正心) 뜻을 정성스럽게 지님(誠意)으로써 자신의 몸을 닦는 일(修身)을 하여 '천리'를 드러내고 '인욕'을 없애자는 것이다. '궁리'란 『대학』에서 가르치고 있는 대로 사물에 대하여 연구하여 올바른 지식을 얻는다는 격물치지(格物致知)를 하여 '이'와 '기'의 실상을 추구하는 것이다. 그리고 그것은 도를 추구하여 성인이 되는 것을 목표로 하는 것이다. 따라서 책을 통하여 공부를 많이 하여 많은 지식을 얻는 것은 진정한 공부에 방해가 된다고 믿었다. 『근사록』을 보면 정호는 "기송박식(記誦博識)은 바로 완물상지(玩物喪志)"라고 말하고 있다(권2). 곧 책을 많이 읽고 많은 지식을 얻는 것은 어떤 물건을 지나치게 좋아하여 즐기다가 자기의 뜻을 잃게 되는 거나 같은 짓이라는 것이다. '완물상지'란 『서경』에 보이는 말로 사람이 어떤 물건을 너무 좋아하여 가까이 하고 즐기면 자신의 뜻까지도 잃어버리게 된다는 말이다.

31) 『孟子』 公孫丑 上篇, 朱熹 『集註』.

이 밖에도 많은 특징을 논할 수가 있겠으나 이 정도로도 공자의 유학이 주희에 이르러 완전히 다른 차원의 학문으로 발전하였음을 알 수 있을 것이다. 결과적으로 이들의 공부는 현실적인 문제는 도외시하고 실증이 없는 지나치게 주관적이고 관념론적인 진리 추구에 그치고 마는 경향이 있게 되었다.

라. 주자학과 그에 대한 반발 및 중국문화의 이질화

앞에서 이야기하였듯이 북경시대의 중국문화는 그들의 전통으로부터 벗어나 이질적인 방향으로 발전한 것이었다. 그러면 어찌하여 중국문화가 이질화하고 다른 민족이 침략하여 힘으로 지배하던 시대에 유학을 철학적인 면에서 더 한층 발전시킨 주자학이 생겨나 발전할 수가 있었는가? 그것은 주자학이 그러한 시대 요건에 들어맞아 문화의 이질화를 뒷받침한 것을 뜻하기도 하는 것이다.

그러면 주자학은 유학을 크게 발전시켰으면서도 정치적 사회적인 면에 있어서는 어떤 점에서 그러한 시대 요건에 들어맞아 문화의 이질화를 뒷받침하게 되었는가?

첫째 너무나 학문 성격이 자기중심적이며 향내적(向內的)이다. 그들은 거경궁리(居敬窮理)하여 자신의 수양을 쌓고 하늘의 이치를 추구하여 성인이 되는 데 학문을 하는 목표를 두고 있다. 그러나 그런 공부를 평생 두고 해보아도 성인이 되는 사람은 없다. 따라서 자기 공부에 평생 얽매여 남의 일이나 밖의 일에 대한 관심을 지닐 여유가 없다. 심지어 나라나 사회와 민족에 대해서도 관심을 지닐 겨를이 없다.

둘째 그들의 도통론(道統論)도 문제이다. 같은 유학이라 하더라도 도통에 끼지 못하는 사람들은 모두 배척하게 된다. 결과적으로 학문 연구에 있어서 지나치게 독선적이며 배타적이다. 성악설(性惡說)을 주장한 전국시대의 대유학자인 순자(荀子)는 말할 것도 없고 같은 시대의 유학자라 하더라도 현실문제에 관심을 갖고 현실적인 문제에도 눈을 돌려야 한다고 주장한 진부량(陳傅良)·진량(陳亮)·섭적(葉適) 등도 모두 배척하였다. 그러니 자기와 다른 학파, 다른 학문은 전혀 발을 붙일 여지가 없었다. 옛 학자 문인도 자기와 다른 사람들은 모두 경시하여 결국 학술적 문화적인 전통을 잃게 되었다. 외국의 것은 당연히 모두 내치게 되어 자연히 문화상으로 쇄국주의(鎖國主義) 경향이 드러나는 수밖에 없었다. 다른 학문이 더 이상 발전할 수 있는 여지가 없었고 그들의 문화도 더 이상 발전하기 어렵게 되었다.

셋째 주자학의 중심을 이루는 이기론은 사변적(思辨的) 관념론적(觀念論的)인 방법으로 추구되었다. 주희는 이와 기를 다음과 같이 설명하고 있다.

> "천지지간에는 '이'가 있고 '기'가 있다. '이'라는 것은 형이상의 도이고 만물을 생성하는 근본이다. '기'라는 것은 형이하의 그릇이고 만물을 생성하는 기구이다. 그래서 사람과 만물은 생

겨남에 반드시 '이'를 타고 나서 본성을 갖게 되는 것이며, 반드시 '기'를 타고 나서 형체를 갖게 되는 것이다."[32]

따라서 이기론을 바탕으로 하는 학문은 현실이나 실상과는 거리가 먼 것이 되고 만다. 그리고 이기론을 바탕으로 한 만물일체의 개념은 결국 인간을 도외시하게 되고. 인간문제를 가볍게 여기게 된다.

심지어 정호는 앞에서 이미 말했듯이 학문방법으로 "글을 읽고 외는 것과 많은 것을 아는 것은 '완물상지(玩物喪志)'하는 것"이라 하였다. 그는 공부란 공경스런 처신을 하고 마음속으로 이치를 추구하여 얻은 관념론적인 진리를 사변적으로 설명할 수 있으면 다 되는 것이라 생각한 것이다.

넷째로 음악의 부정이다. 공자는 "사람은 예를 근거로 서게 되고, 악을 근거로 완성된다."[33] "위대한 음악은 천지와 같은 조화를 이루고, 위대한 예는 천지와 같은 절조를 이룬다."[34]고 하였을 정도로 음악을 중시하였다.

그러나 주희는 음악을 부정하고 있다.

"그러므로 나는 시는 사람의 뜻에서 나오는 것이고 악은 시를 근본으로 하는 것이라고 생각한다. 그러므로 뜻은 시의 근본이 되고 악은 그

32) 「答黃道夫書」; 天地之間, 有理有氣. 理也者, 形而上之道也, 生物之本也. 氣也者, 形而下之氣也, 生物之具也. 是以人物之生, 必稟此理, 然後有性, 必稟此氣, 然後有形.

33) 『論語』泰伯.

34) 『禮記』樂記.

말단의 것이다. 말단의 것은 비록 없어진다 하더라도 근본이 존재하는 데에는 해가 되지 않는 것이다."[35]

이 음악의 부정은 예술의 부정, 문화의 부정으로 이어진다. 그리고 다음에 이야기할 감정의 부정과도 서로 통하는 개념이다.

다섯째는 정(情)의 부정이다. 그것은 『중용』에서 "기쁨・노여움・슬픔・즐거움의 감정이 나타나지 않은 것이 '중'이다."라고 한 말에 바탕을 두고 있다. 따라서 사람의 정은 사람의 욕심으로 통하고 또 그것은 천리에 반하는 것이 된다. 사람이 나고 죽는 것도 같은 일종의 자연 변화라고 담담하게 생각하였다. 장재는 "태어나는 것도 얻는 것이 없고 죽는 것도 잃는 것이 없는 것이다."[36]고 하였다. 따라서 조물주도 없고 사후세계도 없다.

이들은 사람들의 감정을 바탕으로 하는 예술이나 문학을 모두 내치게 된다. 문학의 경우를 보자. 정이(程頤)에게 제자가 물었다.

> "글을 짓는 것은 도를 추구하는 데에 해가 됩니까?"
>
> "해가 되지! …… 『서경』에 '완물상지'라 하였는데 글 짓는 것도 '완물'일세."[37]

---

35) 「答陳體仁」; 故愚竊以爲詩出乎志者也, 樂本乎詩者也. 然則志者詩之本, 而樂者其末也. 末雖亡, 不害本之存.

36) 『正蒙』.

37) 『近思錄』 권2; 問; 作文害道否? 曰; 害也. …… 書曰, 玩物喪志, 爲文亦玩物也."

> "전에 글과 시를 많이 짓지 말라고 말한 것은 …… 도리어 도를 추구하는 데에 반드시 해가 될 것이기 때문일세."[38]

이것은 반문학 반예술 반문화 반문명적인 태도로 귀결된다. 그들이 사는 곳은 결국 사랑 없는 가정, 사랑 없는 사회가 된다. 그리고 개인생활에 있어서도 풍요로움이나 향락 또는 행복이나 편의를 추구치 않게 된다. 모든 현실적인 가치는 가벼이 여기게 된다.

여섯째 예즉리(禮則理)의 개념을 바탕으로 봉건질서를 절대적인 것으로 강조하게 된다. 예는 바로 도이며 윤리는 바로 천리라고 주장한다. 주희는 "어짐과 의로움 및 예와 지혜는 성이다."[39]라 하였고, 부모와 자식은 하늘에 의하여 합쳐진 관계(天合)이고 임금과 신하는 의리에 의하여 합쳐진 관계(義合)이기 때문에 효와 충은 사람으로서는 거역할 수가 없는 윤리가 된다. "천하에는 옳지 않은 부모가 없다."고도 하였다. 이것은 바로 봉건전제를 강력히 뒷받침하는 원칙이 된다.

일곱째는 비현실적인 이상이다. 그들에게는 '성'과 '이'를 추구하여 성인이 되는 것이 학문목표인데 실제로는 어떤 사람도 평생 공부하고 수신을 한다 해도 그들이 말하는 성인은 될 수가 없다. 따라서 평생 성인을 추구하다가 성인이 되지 못하는 것은 말할 것도 없고 사람 노릇도 제대로 하지 못

38) 「答朱長文書」; 向之云無多爲文與詩者, …… 反害于道必矣."

39) 『朱子語類』 권6.

하고 아무 것도 이루지 못한 채 일생을 끝내게 되는 것이다. 따라서 그들의 공부하는 방향이나 몸가짐도 현실과는 너무나 거리가 멀다. 장재는 자신의 학문 목표를

> "천지를 위하여 마음을 바로 세우고, 살아있는 사람들을 위하여 올바른 도를 세우고, 옛 성인들을 위하여 전승이 끊인 학문을 계승하고, 만세토록 태평세계를 연다."40)

는 것이라 하였다. 실제로는 어느 한 가지도 사람으로서 시행할 수 있는 것이라고 장담하기는 어렵다.

이상의 특성 때문에 무척 고매하면서도 비현실적인 주자학은 뜻하지 않게도 여진족의 금나라와 몽고족의 원나라가 중국을 침략하여 지배하는 것을 학술적으로 뒷받침해준 셈이 되어버렸다.

송 대의 도학자 중에도 쩌짱(浙江) 원조우(溫州) 지방을 중심으로 하는 허경형(許景衡)·설계선(薛季宣)·진량(陳亮)·진부량(陳傅良)·섭적(葉適) 등의 영가학파(永嘉學派)는 외적에게 조국 땅을 빼앗기고 있는 현실을 보다 중시하여 현실을 돌보지 않고 이기론만을 추구하는 주자학의 태도를 비판하였다. 그들은 학문이란 이 세상에 살아나가는데 실제로 도움이 되고 세상에 유익해야 한다고 생각하였다. 머릿속의 생각만으로 진리를 추구하는 것이 학문이라고 생각한 주자학과는 대비가 되는 태도이다.

---

40) 『近思錄』 권2 爲學類.

보기를 들면 진량(陳亮, 1143-1194)은 세상에 실제로 쓰임이 있는 일의 중요성을 내세우면서 공부하는 사람은 성현의 추구가 아니라 "망해가는 나라를 구하겠다는 뜻을 가지고 세상의 혼란을 없애는 일"을 목표로 삼아 "일세의 영웅"이 되기를 추구하여야 한다고 주장하면서 주희의 학문을 비판하였다.

> "지금 세상의 유학자들은 스스로 마음을 바르게 하고 정성스러운 뜻(正心誠意)을 터득했다고 여기고 있어서 그 자신의 몸이 완전히 마비되어 아프고 가려운 것도 모르는 사람들이다. 온 세상을 나라와 부모의 원수 밑에 맡겨놓고도 편안히 지내면서, 머리를 숙이고 두 손을 모아잡고 성(性)과 명(命)이나 논하고 있는데, 무엇을 '성' '명'이라 하는지도 알지 못하겠다."[41]

> "도덕(道德) · 성명(性命)에 관한 이론이 생겨나자 …… 서로 가리고 서로 속이면서 천하의 실질적인 것은 모두 버리고 또 모든 일을 거들떠보지도 않고 버틸 따름이다."[42]

효종(孝宗)의 순희(淳熙) 연간(1174-1189) 말엽에 지합문사(知閤門事)를 지낸 왕실과 인척 관계가 있는 한탁주(韓侂胄, ?-1207)라는 인물이 있었다. 효종이 죽은 다음 광종(光宗, 1189-1194 재위)이 뒤를 이었는데 병으로 아버지의 상도 제대로 치르지 못하자 종실의 지추밀원사(知樞密院事)였던 조여우

41) 「上孝宗皇帝第一書」.

42) 「送吳允成運干序」.

(趙汝愚)는 한탁주를 이용하여 고종(高宗)의 황후인 헌성태후(憲聖太后)를 움직여 영종(寧宗, 1194-1224 재위)을 대신 임금 자리에 올려놓는다. 조여우가 추천하여 시강(侍講)으로 있던 주희가 한탁주가 간사한 자라고 상주하자, 한탁주는 임금 앞에서 배우들을 동원하여 높다란 관을 쓰고 넓은 소매의 선비옷을 입고 선비들의 행위를 비꼬는 놀이를 하게 하였다. 주희는 모욕을 느끼고 조정을 떠났다. 한탁주는 자기 자리가 튼튼해지자 경원(慶元) 원년(1195) 다시 주자학을 가짜 학문인 위학(僞學)이라 하며 조여우도 그 무리라 하여 우승상(右丞相) 자리에서 몰아내고 주자학자들 59명을 가짜 학문을 하는 반역의 무리들(僞學逆黨)이라 하여 처벌하고 주자학자들은 벼슬을 못하도록 하였다. 임률(林栗)도 주희를 탄핵하였고, 여철(余嚞)은 주희의 목을 자르라는 상소를 하여, 이때 주희는 "지금 내 머리는 겨우 목위에 붙어있는 셈"이라 스스로 말하였다.[43] 유삼걸(劉三傑) · 하담(何澹) · 심계조(沈繼祖) · 호굉(胡紘) 등도 가짜 학문 공격에 가담하여 주자학자들은 모두 조정으로부터 사라져버렸다.

▲ 악비 초상

한탁주는 가태(嘉泰) 4년(1198)에는 예국공(豫國公), 다음 해에는 평원군왕(平原郡王)에 봉해졌다. 그는 권세를 잡게 되자 가태(嘉泰) 4년(1204) 잃어버린 중원 땅을 되찾기 위하여 금나라 정벌을 의결하였다. 그리고 북송 말엽 금나라와의 전쟁에 심혈을 다바친 애국자 악비(岳飛)를 악왕(鄂王)에 추

43) 『朱子語類』 권107 제33 時僞.

봉하고 굴욕적인 금나라와의 화의를 밀고 나간 진회(秦檜)의 벼슬을 박탈하였다. 애국적인 사(詞)의 작가로 유명한 신기질(辛棄疾, 1140-1207)도 궁전으로 들어와 "적국은 반드시 어지러워지고 반드시 망할 것입니다."하고 아뢰며 한탁주를 지지하였다.

▲ 악비의 글씨: "우리 강산을 되찾자"는 뜻임.

▲ 송 대의 애국적인 사 작가 신기질의 초상

한탁주는 개희(開禧) 1년(1205)에 평장군국사(平章軍國事)가 되어 40년 이어져 온 금나라와의 화의를 깨고 1206년에는 금나라에 대한 공격을 시작하였다. 남송 군대는 약간의 승리를 거두기도 하였으나 여러 전투에서 패하였고 특히 사천선무부사(四川宣撫副使) 오희(吳曦)가 금나라와 내통하는 바람에 크게 실패하였다. 이에 금나라와의 전쟁을 반대하는 화의파(和議派)가 더욱 늘어났다. 이를 기화로 1207년 예부시랑(禮部侍郎) 사미원(史彌遠)이 황후 양씨(楊氏)와 모의하여 황제의 명을 빌어 조정으로 나오는 한탁주를 습격하여 죽이고 그의 일당을 쓸어버렸다. 그리고 가정(嘉定) 1년(1208)에는 금나라와 다시 화의를 맺어 숙질(叔姪)관계였던 송나라와 금나라의 관계는 백질(伯姪) 관계로 바뀌고, 송나라가 금나라에 해마다 바치는 물건은 은 30만 량(兩)과 비단 30만 필(匹)을 모두 각각 10만 씩 늘이기로 하고, 그 위에 동원된 금나라 군사를 위로하는 경비로 은 300만 량과 죽은 한탁주의 목을 잘라 바치기로 하였다. 그리고 남송이 점령하고 있던 회하(淮河) 남쪽의 땅을 모두 금나라에 바치고 한탁주의 무덤을 파 관을 꺼내어 시체의 목을 잘라 금나라로 보냈다.

이러한 한탁주의 전기는 『송사(宋史)』 권 474 간신열전(姦臣列傳) 중에 실려 있다. 주자학을 가짜 학문으로 몰아붙인 것이 그를 간신이라 부르게 된 원인으로 보인다. 『송사』를 편찬한 사람들은 주자학이 가장 성행한 원나라의 재상 급의 아로도(阿魯圖)·별아겁불화(別兒怯不花)와 탈탈(脫脫)을 비롯하여 한인 학자인 장기암(張起巖)·구양현(歐陽玄)·이호문(李好文)·진사겸(陳思謙)·왕택민(汪澤民) 등이다. 모두 『원사(元史)』의 그들 전기만 간단히 살펴보아도 주자학자임을 알 수 있는 사람들이다. 한탁주는 오히려 당시의 남송 처지를 생각할 때 애국자라고 보아야 하지 않을까 여겨지기도 한다.

임중민(任中敏)은 『곡해양파(曲海揚波)』 권3에 『이견속지(夷堅續志)』의 다음과 같은 기록을 인용하고 있다.

> "송나라 단평(端平) 연간(1234-1236)에 진덕수(眞德秀)는 나라의 정치를 맡았었는데 이루어 놓은 일도 없이 죽어버렸다. 위료옹(魏了翁)도 나라의 일을 독려(督勵)하는 자리에 있었으나 역시 해놓은 일도 없이 그만두었다.
>
> 항주(杭州)의 한 배우가 선비로 분장하고 손에 학을 들고 나왔다. 다른 선비가 나와 그를 만나 이름을 묻자, 성은 종(鍾)이고[44] 이름은 용(庸)이

44) 鍾은 중국 음으로는 中과 같음에 주의하기 바란다. 따라서 이름 鍾庸은 주자학에서 중시하는 『中庸』을 가리킨다.

라 하였다. 손에 들고 있는 것은 무엇이냐고 물으니 큰 학[45]이라고 대답하였다. 그리고는 어울려 기쁜듯이 함께 술을 마셨다. 그 사람은 조금도 남기지 않고 마음껏 먹고 잔뜩 마신 다음 갑자기 땅 위에 넘어져 버렸다. 몇 사람이 달려들어 잡아끌었으되 요지부동이었다. 그러자 한 사람이 그의 뺨을 때리면서 큰 소리로 꾸짖었다. '무슨 놈의 『중용』 『대학』 가지고 떠들기만 하더니, 그처럼 많은 음식과 술을 먹고는 꼼작도 하지 못한단 말이야?' 그리고는 한바탕 크게 웃고 끝냈다.

어떤 사람이 그들이 진덕수와 위료옹 두 분을 놀이로 모욕한 것이라 하였다. 경윤(京尹)은 배우들을 모두 잡아다가 경형(黥刑)[46]을 가하였다."

진덕수(1178-1235)는 호가 서산(西山)이며 이종(理宗) 때 참지정사(參知政事) 벼슬까지 하였으나 아무런 업적도 이루지 못하고 죽었다. 그러나 그는 주자학을 가짜 학문이라고 몰아낸 한탁주가 죽은 뒤 다시 주자학을 살려놓은 학자로 인정받고 있다. 위료옹(1178-1237)은 중간에 병부랑중(兵部郎中) 벼슬을 지냈다. 그도 남송 말엽 이종 때의 대표적인 주자학자이다. 모두 이민족에게 침략당한 조국 땅을 되찾을 큰일을 꾀할 만한 자리의 벼슬을 했는데도 아무 일도 하지 않고 학자행세만 하고 지낸 그들을 못마땅하게 생각하는 사람들이 있었음이 분명하다.

45) 魏了翁의 號가 白鶴山人이고 세상 사람들이 그를 鶴山先生이라 불렀으니 魏了翁을 가리키는 것이라 본 것이다.

46) 얼굴에 罪目을 文身으로 표시하는 형벌임.

2) 주자학의 발전

가. 원 대 주자학의 성행

주자학은 남송 대보다도 몽고족의 원나라에 와서 관학(官學)으로 본격적으로 행세하고 발전하게 된다. 주희의 시대만 하더라도 장강 북쪽은 금나라가 지배하고 있어서 중원 일대에서는 주희에 대하여 잘 알지도 못하는 지경이었다. 원나라가 남송을 칠 때 덕안(德安, 江西省 九江縣 서남) 사람인 주자학자 조복(趙復)은 원나라 군대를 맞아 고향에서 싸우다가 잡혔으나 요추(姚樞, 1203-1280)의 도움으로 죽지 않고 북쪽으로 끌려갔다. 그는 북쪽에 가서 성리학을 강의하기 시작하여 그를 따라 공부하는 사람들이 100여 명을 넘었다 한다. 그리고 양유중(楊惟中, 1205-1259)의 도움으로 주돈이(周敦頤)를 모시는 주자사(周子祠)와 태극서원(太極書院)을 세웠다. 사당에는 정호 · 정이 · 장재와 함께 정자(程子)의 제자인 양시(楊時) · 유조(游酢)를 모시고 다시 주희도 여기에 함께 제사지내도록 하고, 그분들이 남긴 8천 여 권의 책에서 골라 강학을 하였다. 요추(姚樞) · 두묵(竇默) · 허형(許衡) · 학경(郝經) · 유인(劉因) · 요수(姚燧) 등이 모두 그의 학문 영향을 받은 사람들이다. 쩌짱(浙江) 금화(金華)의 하기(何基) · 왕백(王柏) · 김리상(金履祥) · 허겸(許謙) 처럼 직접 주자학의 전통을 이어받아 발전시킨 학자들도 있다. 이에 원 대에와서는 강남뿐만이 아니라 강북에까지도 성리학이 널리 퍼졌다.

그것은 주자학이 지식인들에게 요구하는 몸가짐이 이민족 지배자들의 바람과 잘 들어맞았기 때문이다. 첫째로 주자학자들은 거경궁리(居敬窮理)하여 자기 몸과 마음을 바로잡는 수양과 '이' '기'의 추구에 여념이 없어 자기 밖의 일 곧 세상일이나 나라 일에 관여할 여유가 없다. 외국의 침략자들이 자기들을 지배하는 실정 아래에서도 자신이 먼저 올바로 수양을 하여야 한다. 수양의 목표가 성인이 되는 것이어서 죽을 때까지 수양을 계속해도 자신이 밖의 일에 나서도 될 만큼 수양이 완성되는 사람은 없다.

둘째로 '만물일체'의 개념 아래 예도 '천리'인 절대적인 것이 된다. 부모는 하늘에 의하여 합쳐진 관계이고 임금과 신하는 의리에 의하여 합쳐진 관계라고 강조하며 백성과 신하들의 임금에 대한 충성을 절대적이라 주장하는 이 학문을 통치자들이 싫어할 이유가 없다. 신하와 백성들의 임금에 대한 충성은 절대적이어야 하므로 이들은 황제가 이민족이라 하더라도 반항할 생각은 하지 않고 얌전하다. 따라서 문인만 보더라도 남송의 유민인 방회(方回, 1227-1307)·대표원(戴表元, 1244-1310)·조맹부(趙孟頫. 1254-1322) 등이 모두 원나라에 벼슬하며 몽고족의 통치를 도왔다.

원나라 역대 황제들은 모두 한자도 모르고 중국어도 모르는 사람들이었다. 그러나 원나라 초기부터 원 세조(世祖, 1260-1294 재위) 밑에 벼슬하며 몽고족의 통치를 도운 유병충(劉秉忠)·허형(許衡, 1209-1281)·오징(吳澄, 1249-1333)·요추(姚樞)·두묵(竇默)·유인(劉因, 1249-1293) 등이 모두 성리학자이니 황제에게 성리학의 장점을 모두 이야기해 주었을 것이다. 『원사』 유병충전(권157)에 실려 있는 그가 세조에게 올린 상소문을 훑어보기로 한다. 그는 앞머리에서

> "하늘이 징기스칸 황제를 낳으시어, 한번 군사를 일으키자 여러 나라들이 모두 항복하여 몇 년 되지 않아 천하를 차지하셨습니다. 애쓰시며 걱정하고 수고하시어 위대한 보물을 자손들에게 남겨주셨으니 만년토록 전해지면서 영원히 무한한 복을 보전하시게 될 것입니다."

하고 아부를 한 뒤, 여러 가지 정치와 사회 제도를 건의하면서 학교를 세우고 전국에 공자묘를 다시 일으킬 것을 제언하고 있다.

허형의 전(권158)에 실린 그가 세조에게 올린 상소문을 보아도, 그는 나라를 세우고 나라를 다스리는 방법과 제도를 논하면서 '요순(堯舜)의 도'와 '수신을 근본으로 하는 『대학』의 도' 등을 인용하고 있다. 그리고 '임금의 도'를 논하면서 '신하의 도'는 이미 다른 대신에게 상세히 이야기했다고 말하고 있다. 허형은 각별히 세조의 신임을 얻어 성리학을 원나라에 펴는데 크게 공헌하였다.

이들의 제의는 모두 황제에게 제대로 받아들여지고 있다. 이런 사람들이 황제에게 성리학에 대하

여 이야기하지 않았을 리가 없다. 원나라 황제들은 이들의 말을 듣고 또 공손한 이들의 거동을 보고 성리학은 모든 사람들을 얌전하게 만드는 괜찮은 학문이라 여기고 밀어주었을 것이다.

중원이 금나라에 점령되고 또 북송이 망하면서 많은 사람들이 남쪽으로 피란을 왔다. 그리고 물산이 풍부한 강남과 내왕이 끊긴 강북은 경제적으로도 어려워졌고 학술 문화도 발전하지 못하였다. 원나라가 들어서면서 중국의 지식인들은 강남에 집중되어 있었으나 남송 사람들은 북쪽 사람들보다도 더 학대를 받았다. 중국인들은 어쩌다가 꽤 높은 벼슬에 임명된다 하더라도 권력도 없고 또 그 자리는 오래 가지도 못하였다. 『자치통감(自治通鑑)』을 주석한 호삼성(胡三省), 『문헌통고(文獻通考)』를 편찬한 마단림(馬端臨) 같은 대학자가 서원산장(書院山長)이나 주현유학교수(州縣儒學教授) 등 학관(學官)을 지낸 것은 그래도 다행한 경우에 속한다.

대표적인 주자학자 중의 한 사람인 학경(郝經)은 주자학을 바탕으로 「내유(內游)」라는 글을 짓고 있다.[47] '내유'는 사람이란 먼저 자기를 다스려야 하고 자기 마음속을 잘 지녀야 한다는 생각을 바탕으로 한 것이다. 사람들은 명산대천을 유람하여 자기의 호연지기를 키워야 한다고 하는데 그처럼 '외부로 다니며 노닐 것'이 아니라, 유학 경전을 파고들어 "자신의 뜻을 바꾸고 정신을 바로잡아 역사 속에 노닒으로써" 자신의 '내부로 노닐어야 한다'

47) 『陵川文集』.

는 것이다. 그는 이렇게 말하고 있다.

> "그럼으로써 나의 뛰어난 '도'와 '호연지기'가 하늘과 땅의 한 곳에 우뚝 솟아 산천의 도움을 바랄 것이 없게 되는 것이다."

도학자들의 몸가짐은 이민족 통치자를 위하여 벼슬하지 않는 경우에는 이처럼 자기만을 생각하는 방향으로도 드러나는 것이다.

항조우(杭州)를 중심으로 하는 강남의 지식인들은 원나라 조정에서의 치사한 벼슬도 버리고 많은 사람들이 교외로 나가 한가히 지내면서 머리로만 이상세계를 추구하며 어울려 시사(詩社)를 결성하고 시나 지으면서 세월을 보냈다. 그 중에도 오위(吳渭)·연문봉(連文鳳)·사고(謝翱)·구원(仇遠) 등 수십 명이 조직한 월천음사(月泉吟社)가 가장 유명하며[48], 사고는 자신이 친구들 모임 비슷한 석사(汐社)를 만들었고[49], 황경(黃庚)은 산음시사(山陰詩社)·월중시사(越中詩社) 등에 참여하고 있고[50], 주밀(周密)은 항사(杭社)에 참가하고 있고[51], 왕자증(王鎡曾)·윤록파(尹綠坡)·우군집(虞君集)·섭자산(葉柘山) 등도 결사부시(結社賦詩)하였고[52], 왕영손(王英孫)도 "사방의 명사들을 불러 모아 시를 읊

48) 『宋詩紀事』 권81.

49) 上同 권7, 권8.

50) 上同 권79.

51) 上同 권80.

52) 上同 권80.

으며 서로 즐겼다.” 하였다[53].

이들 중 구원(仇遠, 1247-1326)의 시를 두 수 보기로 들어 그들의 정서를 알아보기로 한다.[54]

작은 정원의 매화나무가 이미 녹음을 이루었는데
문득 한 송이 꽃이 피어 매우 향기로웠음.
(小園梅已綠陰忽見一花甚香)

매화나무에는 녹음 욱어져서
가지에는 콩알만한 열매 맺었는데,
한 송이 꽃이 불쑥 보이고
향기는 이끼를 비집고 스며들고 있네.
당나라 시인 왕건(王建)이 꿈에 만발하여
구름 같은 배꽃 본 것처럼
역시 복숭아꽃 살구꽃보다는 빼어나네.
뽐내면서 스스로를 아끼는 듯하더니
끝내는 늙고 여윔을 느끼고 있네.
옛날에는 모든 꽃보다 앞섰었는데
지금은 모든 꽃 뒤에 쳐졌네.
봄바람은 젊은이들 판에 분다지만
각별히 늙은이도 공경해야만 한다네.

此枝綠陰繁, 枝上子如豆.
一花突然見, 香襲苔蘚透.
雖同梨花雲, 亦出桃李右.
矜驕若自惜, 終覺老而瘦.
春風少年場, 尤當敬耆舊.

53) 上同 권 798.

54) 그의 『金淵集』에서 인용.

어쩌다가 계절에 뒤쳐져 피어나 향기를 발하고 있는 매화꽃은 자신에 비유하고 있는 듯도 하다. 혼자 깨끗하고 향기로움을 뽐내보지만 자기의 늙고 쇠약함은 어찌하는 수가 없었던 것 같다.

밤에 술 취하여(夜醉)

산 속의 늙은이 취하여 쓰러져 있다가
한 밤 중이 되어서 겨우 깨어났네.
세상이 있는지도 알지 못하였거늘
하물며 세월에 대하여 알 수가 있겠는가?
공연한 시름 저쪽으로 밀어 놓으니
위대한 도가 눈앞에 있네.
매일 술 마시는 게 어찌 좋지 않겠는가?
거저 술값 없는 것이 두려울 뿐이지.

山翁醉如泥, 夜半方醒然.
旣莫省宇宙, 況復知歲年?
閒愁置度外, 大道在目前.
日飮豈不佳? 第恐無酒錢.

고주망태로 취하여 쓰러져 있으면서도 '위대한 도'를 생각하고 있다. 이렇게 술에 취하여 위대한 도나 생각하며 지내고 싶어도 돈이 여의치 않다. 술은커녕 밥 끼니를 이어가지도 못하고 죽어가는 동족들이나 외족에게 빼앗긴 나라는 전혀 관심의 대상이 아니다. 오랑캐들은 지을 줄도 모르는 고상한 시나 지으면서 친구들과 어울리어 깨끗이 지내기만 하면 된다고 생각하고 지냈음이 분명하다.

그림에 있어서도 원 대 사대가(四大家)라고 하는 조맹부(趙孟頫) · 예찬(倪瓚) · 오진(吳鎭) · 왕몽(王蒙)을 비롯하여 미술평론가들의 칭송을 받고 있는 원 대 작가들의 산수화도 앞에서 얘기한 시와 비슷한 정서를 느끼게 하는 작품들이다. 사람이나 사람들의 생활과는 동떨어진 것들이다.

「중편송원학안도언(重編宋元學案導言)」에서는 조복(趙復) · 유인(劉因) · 오징(吳澄)을 원나라의 삼대유(三大儒)라 하면서 권 83에서부터 권 88에 이르기까지 원 대 200여 명의 학자들 학문을 소개하고 있다. 그리고 『원사』 권 189, 권 190은 유학열전(儒學列傳)인데 여기에 실린 40여 명이 거의 모두 성리학자들이다. 유인 · 오징 등은 따로 개인의 전기가 실려 있다. 오히려 북송 대에는 원우당금(元祐黨禁)[55], 남송 대에는 경원당금(慶元黨禁)[56] 등이 일어나 도학이 박해를 받았고 북쪽에서는 주자학에 대하여 잘 알지도 못하였으나, 원 대에는 학술이 통일되고 전국에 주자학이 행해졌다.

원나라에서는 인종(仁宗, 1312-1319 재위)의 황

55) 元祐黨禁; 元祐는 北宋 哲宗의 연호(1086-1094). 神宗의 뒤를 이은 哲宗은 곧 王安石 神法을 반대하던 司馬光을 필두로 하는 舊黨 사람들을 등용하였다. 徽宗(1101-1125 재위)이 즉위하여 新黨이 득세하자 蘇軾 · 黃庭堅 등의 文人과 程頤 같은 道學者들을 奸黨이라하여 120명의 이름을 새긴 元祐姦黨碑를 세우고, 다시 3년 뒤에는 더 그들에 대한 심사를 하여 352명의 이름을 새긴 元祐黨籍碑라는 큰 비석을 세우고 이들을 탄압하였다.

56) 慶元黨禁; 南宋 寧宗(1195-1224 재위) 慶元年間에 韓侂冑 등이 朱熹의 學問을 僞學이라 하여 道學者들을 내치고 핍박한 사건. 慶元元年에 彭龜年 · 葉適 · 陳傅良 · 呂祖儉 등을 유배한 이래로 매년 계속 그들을 탄압하고 趙汝愚 · 朱熹 · 劉光祖 等 59명의 僞學의 黨籍을 만들어놓고 그들을 내치고 탄압한 사건.

▲ 안회묘 대문 입구

경(皇慶) 2년(1313)에 비로소 과거를 보게 되는데 시부(詩賦)는 보지도 않고 오직 경전을 바탕으로 한 덕행명경과(德行明經科)만을 시행하는데, 경전은 모두 정주학(程朱學) 계열의 것들만을 표준으로 하고 있다[57].

다시 문종(文宗)의 지순(至順) 원년(1330)에는 공자의 제자 안회(顔回)의 묘당인 연국복성공묘(兗國復聖公廟)를 새로 지었고, 순제(順帝)의 원통(元統) 2년(1334)에는 안회의 아버지 곡부후(曲阜侯)를 기국공(杞國公)에 봉하고 어머니 제강씨(齊姜氏)를 기국부인(杞國夫人)에 봉하고, 부인 대씨(戴氏)를 연국부인(兗國夫人)에 봉한 다음 가각 시호도 내려주고 넓은 사전(祀田)도 하사한다[58].

57) 『元史』 권 81 選擧志 科目.

58) 『元史』 권 27 祭祀志.

순제의 지정(至正) 22년(1362)에는 주돈이·양시(楊時)·호안국(胡安國)·채침(蔡沈)·진덕수(眞德秀) 다섯 도학자들에게 작위를 봉해주고 시호를 내린 위에 모두에게 태사(太師) 벼슬을 보태어 주었다. 양시에게는 오국공(吳國公), 이동(李侗)에게는 월국공(越國公), 호안국에게는 초국공(楚國公), 채침에게는 건국공(建國公)·진덕수에게는 복국공(福國公)을 뒤에 더 봉해주기도 하였다. 그리고 자손들에게 보조금을 주고 자손이 없는 학자들에게는 그의 고을 학당이나 서원의 사당에서 이분들을 잘 모시도록 하였다[59].

다시 같은 해 12월에는 주희의 아버지 주송(朱松)에게 헌정(獻靖)이라는 시호를 내리고 주희에게는 제국공(齊國公)이라는 작위를 다시 더 봉해주고 있다[60]. 여기의 기록으로 미루어 장재나 정호·정이 등 다른 수많은 도학자들에게도 작위가 봉하여지고 시호가 다시 내려졌을 것이 분명하다. 조선시대의 박지원(朴趾源)도 『열하일기(熱河日記)』 권10에서 "중국 성리학의 성행은 오랑캐 원나라 시대보다 더한 적은 없었다."고 말하고 있다.

원나라 조정에서 얼마나 주자학을 높이었는가 알 수 있는 일이다. 결국 주자학은 북경을 도읍으로 하여 중국을 지배하는 이민족의 통치를 뒷받침하는 학문이기도 하였다는 것이다. 그리고 북경시대를 대표하는 학문이라고도 할 수 있다.

59) 上同.

60) 上同.

나. 명 대의 주자학과 양명학(陽明學)

명나라 태조 주원장(朱元璋)은 원나라 말엽 반란군인 홍건군(紅巾軍)에 투신하여 한 군단의 지휘자 자리에 올랐을 적에, 주희의 사위이며 주자학의 계승자인 황간(黃榦)의 제자이며 그 시대의 문필가로 유명한 송렴(宋濂, 1310-1381)을 비롯하여 유기(劉基, 1311-1375)・장일(章溢)・왕위(王褘) 같은 학자들이 그의 휘하로 들어와 참모 노릇을 하였다. 주원장이 천하를 통일하고 경영하는 데에는 이들의 계책과 경륜이 큰 도움이 되었다. 본시 주원장은 가난한 농가 출신이고 거지 노릇까지도 한 일이 있는 거친 사람이어서, 『맹자』에서 나라에 있어서는 "백성이 귀하고, 임금은 가볍다"고 한 말을 읽고는 『맹자』라는 책을 없애버리려고 한 일도 있는 사람이다. 그러나 한 편 성리학에서 강조하는 윤리도덕이 자기가 나라를 통치하는 데 편리한 가르침이라는 것도 깨달았던 것 같다.

그리고 주자학은 원나라 때 관학으로 성행하였지만 주원장은 원나라에 대하여 별로 큰 원한을 갖고 있지 않았다. 태조의 홍무(洪武) 3년(1370) 원나라 순제(順帝)의 손자인 매적리팔랄(買的里八剌)이 잡혀왔을 적에도 신하들은 그를 포로로 다루려 하였으나 주원장은 "원나라 임금들은 중국을 100년 동안 다스리어 나와 그대들의 부모가 모두 그들 덕분에 살아왔다."고 말하면서 그들을 꾸짖고 오히려 그를 숭례후(崇禮侯)로 봉해주었다.

따라서 명나라가 선 뒤에도 주자학은 성행할 수

밖에 없었다. 주원장은 명나라를 세운 뒤(1368) 그의 책사들인 성리학자이며 지주계급을 대변하는 학자들의 견해를 따라 천하 경영에 착수하였다. 주원장은 백성들을 올바로 가르치기 위하여 "부모에게 효도하며 순종하고(孝順父母), 어른들을 공경하라(恭敬長上)"는 등 여섯 구절로 된 '여섯 가지 가르침(六喩)'을 지어 반포하고, 노인과 불구자들에게 목탁을 치면서 전국의 마을을 돌아다니게 하였다. 이 '여섯 가지 가르침'도 성리학의 바탕 위에 이루어지고 행해진 것이라 보아도 좋을 것이다.

또 명나라 초기에 과거제도가 정해졌는데 원나라 때 못지 않게 그 주자학적인 면이 강조되었다. 주원장은 유기(劉基)와 함께 이 제도를 마련하였다[61]. 원나라에서는 뒤에 사부(辭賦)도 시험과목에 들어갔으나 명나라 제도에서는 경의(經義)와 논(論)·책(策)만을 시험보았는데, 그 중에서도 '경의'를 특히 중시하였다. 답안지 형식은 차차 제의(制義)라 부르는 철저히 모든 글귀들이 짝을 이루는 팔고문(八股文)으로 변해갔다. '경의'에 있어서 사서(四書)는 필수과목이었고, 오경(五經)은 그 중 하나를 고르면 되었다. 채점 때에 쓰는 표준 주해서로 '사서'는 원 대에도 주희의 『사서집주』를 썼지만, '오경'에 있어서는 원 대에는 옛날의 주해서도 참작하였는데 명 대에 와서는 전적으로 성리학자들의 주해서만을 썼다. 곧 『역경』은 정이(程頤)의 『역전(易傳)』, 『시경』에 있어서는 주희의 『시집전(詩

61) 『明史』 卷70 選擧志 의거.

▲ 명나라 성조 영락황제 초상

集傳)』, 『서경』에 있어서는 채침(蔡沈)의 『서집전(書集傳)』과 옛 주소, 『춘추』에 있어서는 좌씨(左氏)·공양(公羊)·곡량(穀梁)의 삼전과 호안국(胡安國)·장흡(張洽)의 『전(傳)』, 『예기』만은 옛 주소를 표준으로 삼았다. 그리고 성조(成祖)의 영락(永樂)연간(1403- 1424)에는 성리학자들의 주석을 중심으로 『사서오경대전(四書五經大全)』을 편찬하여 더욱 그러한 목표에 충실토록 하였다.

과거 이외에 명초에는 인재를 뽑기 위하여 현량(賢良)·효제(孝弟)·유사(儒士) 등 각지의 뛰어난 인사들을 추천케 하여 등용을 하였는데 그 중 '유사'의 수가 관반수를 넘고 있고 그들은 대부분이 성리학을 공부한 사람들이었다. 다만 명 대에 와서 달라진 것은 주자학자이면서도 몽고족의 원나라의 지배로 말미암아 잃어버린 자기네 전통을 안타깝게 여기는 사람들이 생겼다는 것이다. 보기를 들면 주자학자인 구준(丘濬, 1418-1495)은 "백 년 동안 중국을 오랑캐들에게 빼앗기어 사람들이 새나 짐승처럼 되었으니, 한탄할 만한 일이다!"[62]고 울분을 내뱉고 있다.

『명사』 유림전(儒林傳)에 이렇게 쓰여 있다.

> "명나라 초기의 유학자들의 근원을 따져보면 모두가 주희의 제자들로부터 뻗어 나온 사람들로 사제관계가 분명하고 학문계통이 확실하다. 조단(曹端)·호거인(胡居仁) 등은 착실히 공부하며 규율을 삼가서 이전 학자들의 학설을 올바로 전하

62) 丘濬 『世史正綱』 권32.

> 여 어긋남이 없었다. 그런데 학술의 분파는 진헌장(陳獻章)과 왕수인(王守仁)으로부터 시작되고 있다."

그런데 진헌장과 왕수인도 주자학자가 아닐 따름이지 신유학을 추구한 학자이다. 이심장(李心莊)의 「중편명유학안도론(重編明儒學案導論)」[63]에서는

> "명나라는 경제 군사 정치에 있어서는 모두 이전 왕조만 못하지만 이학(理學)만은 성행하였다."

고 하면서 송렴(宋濂)·방효유(方孝孺) 등 명나라 유학자들의 학문을 소개하고 있다.

그러나 이들 명 대 유학자들의 학문 업적은 보잘 것이 없다. 『명사』 유림전에서는 명나라의 유학을 이렇게 평하고 있다.

> "경학(經學)은 한·당 대처럼 정교하고 전문적이지 못하고, 성리(性理)는 송·원 대의 찌꺼기만을 답습하여, 논자들은 과거는 성행하였지만 유학은 쇠퇴하였다고 하는데 아마도 옳은 말일 것이다."

다시 「중편명유학안도론」에서는 명 대의 유학을 세 시기로 구분하고 있다. 첫 번째 시기는 명 초(1368)로부터 헌종(憲宗)의 성화(成化)연간(1465-1487) 이전의 약 100년간(15세기)으로 주자학이 성행하였던

63) 臺北 正中書局 刊本.

시기이다. 『명유학안』에는 이 시기의 학파로 설선(薛瑄)과 그의 문인들 16명의 학문을 소개하는 하동학안(河東學案, 권 1-2)과 오여필(吳與弼)과 그의 문인 11명의 학문을 소개하는 숭인학안(崇仁學案, 권 3-4), 왕서(王恕)와 그의 문인 5명의 학문을 소개하는 삼원학안(三原學案, 권 5)이 소개되고 있다.

▲ 명나라 신종 만력황제 초상

두 번째 시기는 효종(孝宗)의 홍치(弘治) 연간(1488-1505)으로부터 신종(神宗)의 만력(萬曆)연간(1573-1619)에 이르는 대략 100년간(16세기)으로 왕수인(王守仁)의 양명학이 크게 성행하였던 시기이다. 『명유학안』에 보이는 진헌장(陳獻章)과 그의 문인 14명의 학문을 소개하는 백사학안(白沙學案, 권 6)과 왕수인 및 그의 문인 89명의 학문을 소개한 요강학안(姚江學案, 권7-24)), 왕간(王艮)과 그의 문인 23명의 학문을 소개한 태주학안(泰州學案, 권 25-29), 진헌장의 제자인 잠약수(湛若水)와 그의 문인 10명의 학문을 소개한 감천학안(甘泉學案, 권 30-31), 양명학을 약간 발전시킨 이재(李材)의 학문을 소개한 지수학안(止修學案, 권33)이 이시기에 속하는 것이다.

세 번째 시기는 만력연간 이후로부터 명나라가 망하기까지(1620-1661) 약 100년 동안(17세기)이다. 이 시기는 정치가 어지러워 학문은 쇠퇴한 시기이다. 이때의 지식인을 대표하는 이른바 동림당(東林黨) 사람들 중에는 양명학을 비판하는 사람들도 있었으나 정의와 절기를 무엇보다도 중시할 뿐 성리학을 진지하게 공부한 사람도 많지 않다. 『명

▲ 동림당의 근거지였던 동림서원 정문사진

유학안』에는 이 시기의 학자로 고헌성(顧憲成)과 그의 문인 및 동지들 15명의 학문을 소개한 동림학안(東林學案, 권42-44)과 유종주(劉宗周)의 학문을 소개한 즙산학안(蕺山學案, 권45)이 있다. 『명유학안』 권 34로부터 권 41에 이르기까지는 시기를 가리지 않은 제유학안(諸儒學案)이다. 어떻든 명 대 유학의 가장 두드러진 특징은 신유학을 대표하는 왕수인의 '양명학'이 발전한 것이다.

▲ 고헌성 초상

실상 명 대의 도학의 성격을 변하게 만든 학자는 진헌장(1430-1500)이다. 그는 광둥(廣東)성 신후이(新會) 백사리(白沙里) 사람이어서 사람들이 백사선생이라 불렀다. 그는 조용히 앉아서 마음을 다스려 진리를 터득할 것을 주장하였다. 그를 뒤이어 왕수인(王守仁, 1472~1528)이 나와 송 대 육상산

(陸象山)의 심학을 더욱 발전시켜 이른바 양명학을 이룩하였다.

▲ 왕양명 좌상

왕양명은 이름이 수인(守仁)이고 자를 백안(伯安)이라 하였으며 '양명'은 그의 호이다. 쩌짱성(浙江省) 샤오싱부(紹興府) 위야오현(餘姚縣) 사람이다. 어려서부터 자질이 호매하였고 철이 들면서 열심히 공부하여 홍치(弘治) 12년(1499) 나이 28살 때 과거에 급제하고 벼슬길에 나서게 되었다.

왕양명이 독자적인 사상을 이룩하게 된 것은 용장(龍場)에 귀양 간 것이 계기가 되었다. 홍치 18년(1505) 5월 효종(孝宗)이 죽고 무종(武宗)이 즉위하자, 남경감찰관(南京監察官) 대선(戴銑) 등이 간신인 환관 유근(劉瑾)을 탄핵하다가 오히려 투옥을 당하는 일이 발생하였다. 왕양명은 그러한 부당한 처사를 보고만 있을 수가 없어 마침내는 두 사람의 석방을 탄원하면서 유근을 경계하라는 글을 천자에게 올렸다.

그러나 그도 역시 벌을 받고 꾸이조우(貴州)의 용장(龍場) 역승(驛丞)으로 귀양 가게 되었다. 왕양명은 우물쭈물하면서 37세 되는 해 봄에 용장에 도착하였다. 그 사이 왕양명은 유근이 보낸 자객을 피하여 다니기도 하였고 마음의 갈등을 극복하지 못하여 여러 가지 어려운 고비를 넘기기도 하였다. 용장이란 곳은 꾸이조우의 서북쪽 산속에 있는 소수민족들이 사는 고장이며 간간이 본토에서 흘러들어간 한족이 섞여 살고 있는 정도였다. 역승이란 벼슬은 말뿐이고 자기가 살 집부터 자기 손으로 마련하지 않으면 안 되었다. 그 위에 날씨도 고약하고 해충들이 들끓는 고장이었다.

그러나 왕양명은 돌집을 짓고 밤낮으로 그 안에 정좌하여 이런 때 성인이면 어떻게 할 것인가 하고 열심히 사색하였다. 그러다가 어느 새벽녘에 갑자기 깨달았다.

▲ 왕양명 초상

> "성인의 도란 나의 본성이면 스스로 충분한 것이다. 전에 모든 사물에서 이치를 구하려던 것은 잘못이다."

그리하여 '마음이 곧 이〔心卽理〕'이며 '앎과 행동은 하나로 합치되어야 하는 것〔知行合一〕'임을 깨닫게 된 것이다. 그렇게 되자, 귀양살이도 활기를 띄게 되어 오랑캐들까지도 왕양명을 따르며 서원을 짓는 일을 도왔다. 꾸이조우의 제학부사(提學副使)인 석서(席書)는 찾아와 새로 수축한 귀양서원(貴陽書院)의 학장으로 그를 초빙하였다. 그리하여 3년의 오랑캐 땅 생활을 잘 견디었을 뿐만 아니라 오히려 뜻있는 나날을 보내게 되었다.

얼마 안 있다가 문제의 유근은 처형되고, 왕양명은 그 뒤로 약 10년 동안 관리로서 순조로운 생활을 하게 된다. 그는 남경(南京)·북경(北京)·회계(會稽)·저주(滁州) 등지를 전전하며 벼슬자리가 나

날이 승진되었다. 이 시기가 그의 일생 중에서도 가장 크게 활약한 득의의 시대였다.

그 중에서도 45세(1516)부터 3년 동안에는 짱시(江西) · 푸젠(福建) 각지에 뿌리박고 있는 비적(匪賊)들의 대부대를 토벌하였고 남창(南昌)을 근거로 큰 위세를 휘두르며 명나라에 반기를 든 영왕(寧王) 신호(宸濠)의 평정 등은 위대한 군사적인 공로로 알려지고 있다. 이 무렵에 그의 '격물치지(格物致知)'의 학문이 완성되었고 '양지(良知)'에 대한 학설도 무르익어 갔다.

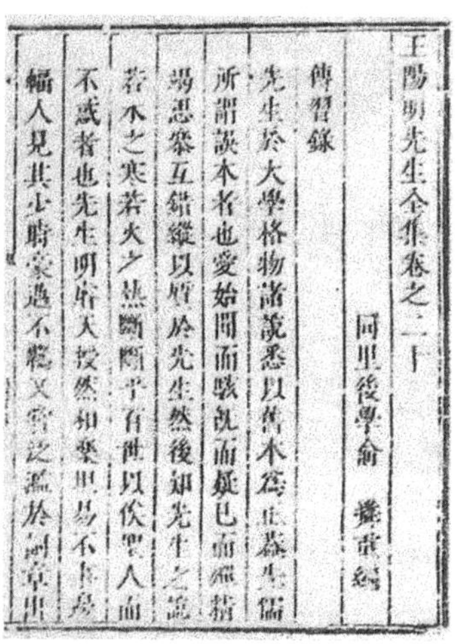
王陽明先生全集卷之二十
同里後學俞 [illegible] 編
傳習錄
先生於大學格物諸說悉以舊本爲正蓋先儒
所謂誤本者也愛始聞而駭既而疑已而殫精
竭思參互錯縱以質於先生然後知先生之說
若水之寒若火之熱斷斷乎百世以俟聖人而
不惑者也先生明睿天授然和樂坦易不事邊
幅人見其少時豪邁不羈又嘗泛濫於詞章出

▲『왕양명전집』 중의 『전습록』

그의 사상이 담긴 『전습록(傳習錄)』[64]을 근거로 하여 왕양명의 학문 사상을 요약하면 아래와 같다.

첫째 그는 "마음이 곧 이(心卽理)"임을 주장하였다. 육상산도 그런 주장을 하였으나 왕양명은 그것을 더욱 발전시켜 "마음 밖에는 이가 없고, 마음 밖에는 사물도 없다"고 하였다. 주희는 마음의 이와 물건의 이를 독립시켜 각기 다른 것으로 보았으나 왕양명은 그러한 구별을 인정치 않았다. 마음이 있는 곳이 바로 사물이 있는 곳이라는 것이다. 그리고 모든 사물의 이치도 다 갖추어져 있는 것이 마음의 본성이라 하였다.

둘째는 격물치지(格物致知)의 해석이다. '격물'과 '치지'는 본시 『대학』의 팔조목(八條目) 중 두 조목으로서 주희도 학문방법으로 매우 중시한 대목이다. 주희는 '격(格)'을 '이르는 것[至]'이라 보고 '물(物)'을 '사물의 이치〔理〕'라 풀이하였다. 그리

64) 김학주 역『傳習錄』명문당, 2005 발행 참조.

고 '치(致)'는 '미루어 이르게 된다' 또는 '추궁하여 얻는다'는 뜻으로 '지(知)'는 '지식'으로 보았다. 따라서 '격물치지'란 '만물에 대하여 그 이치를 추구하여 그에 관한 올바른 지식을 모두 얻는다'는 뜻이 된다.

그러나 왕양명은 '격'이란 '바로잡는다[正]'는 뜻이며 '물'이란 '일[事]'이라 풀이하고, '치'는 '이르는 것[至]'이며 '지'란 '참된 앎' 곧 '양지(良知)'라 하였다. 따라서 '격물치지'란 '모든 일을 올바르게 하고, 참된 앎을 이르게 하는 것'이라 하였다. 한편 '일'이란 '마음이 가 있는 곳'이기 때문에 실제로 '격물'과 '치지'는 같은 일이 되어 버린다. 그는 이런 주장을 하고 있다.

▲ 왕양명 초상

> "내 마음의 양지를 모든 사물에 이르게 하면 모든 사물은 올바른 '이'를 얻게 된다. 내 마음의 양지를 이르게 하는 것이 '치지'이고, 모든 사물이 올바른 이를 얻게 하는 것이 '격물'이다."

따라서 『대학』의 '뜻을 정성스럽게 하는 것[誠意]'과 '마음을 바르게 하는 것[正心]', '자신의 몸을 닦는 것[修身]'도 모두가 '격물'과 같은 것이 되며, 이것은 마음의 수양을 통하여 깨닫는 올바른 이치를 실천하여야 하는 적극적인 학문방법으로 발전케 된다.

셋째는 지행합일(知行合一)의 사상이다. 왕양명에 의하면 '치지'란 지식을 탐구하는 것이 아니라 "참된 앎을 실현하는 것"이 된다. 그는 "앎이란 행동의 시작이며, 행동이란 앎의 완성이라"고 생각하였다. 보통 관념적으로는 '앎'과 '행동'은 다른 것으로 이해되고 있다. 그러나 참된 공부로서의 '앎'이란 바로 '행동'이어야 하며 그 '올바른 행동'이 바로 앎이 된다는 것이다.

넷째는 양지(良知)의 개념이다. 양지는 만년에 이르러 왕양명학문의 중심을 이룬다. "양지란 두 글자는 실로 옛날부터 성인들이 서로 전하여 온 한 점의 골수이다"고 말하면서 양지를 깨우쳤던 기쁨을 "통쾌해서 나도 모르는 사이에 손발을 움직여 춤을 추었다"고 말하고 있다. 이전에도 '양지'란 말을 쓰기는 하였지만 그것이 왕양명 사상의 중심을 이룬 것은 그가 50세 되던 해 이후이다.

'양지'란 말은 본시 『맹자』의 진심(盡心) 상편 등에 보이는 말로서 사람들이 본시부터 지니고 있던 진실한 지혜를 뜻하는 말이었다. 그러나 왕양명에 이르러는 가장 진실한 옳고 그름을 판단하는 기준이 되며 바로 마음의 본체가 되는 것이라고 생각하였다. 따라서 양지란 바로 천리에도 통하는 것이 된다. 따라서 왕양명은 학문을 한다는 것은 이 '양지를 이루게 하는 것'이라고 규정한 것이다. 한편 그는 이런 말도 하고 있다.

> "사람이란 천지의 마음이며, 천지만물은 본시 나와 일체가 되는 것이다. 백성들의 괴로움이나 고통이 어느 한 가지건 나의 몸에도 절실한 고통이 되지 않는 게 있겠는가? 내 몸의 고통을

모르는 자는 옳고 그름을 가리는 마음이 없다고 할 것이다. 옳고 그름을 가리는 마음이란 생각하지 않아도 알고 배우지 않고도 할 줄 아는 것이며 바로 그것이 '양지'인 것이다. '양지'란 성인과 어리석은 자나 옛날과 지금을 막론하고 동일한 것이다."

그에 의하면 사람들은 '양지'를 통하여 천지만물과도 일체가 되었던 것이다. 그는 '천하에 어찌 마음 밖의 일이 있고 마음 밖에 이(理)가 있겠느냐?'하고 그는 내면적인 마음의 만능을 구가했던 것이다. 그래서 '거리의 사람들이 모두 성인'이란 각성까지도 유도되었던 것이다. 이것은 중국학술과 사회에 있어서 비판정신의 진작과 자유주의적인 경향을 가져왔다. 육상산처럼 그도 '육경은 자기 마음의 각주에 불과한 것'이라 보았기 때문에, 『논어』나 『맹자』에 대해서도 정면으로 도전할 수 있는 가능성을 시사해 준다. 그러나 실제의 학문방법은 불교의 선(禪)에 가까운 것이 될 수밖에 없다.

송 대 이후의 새로운 유학(Neo-Confucianism)을 사람의 내면주의적인 전개로서 파악한다면, 그 내면주의는 왕양명에게서 절정을 이루고 있는 것이다. 그런 의미에서 '주자학'은 '양명학'으로 발전할 수밖에 없는 운명이었는지도 모른다. "천하에 어찌 마음 밖의 일이 있고 마음 밖에 '이'가 있겠느냐?" 하고 그는 내면적인 마음의 만능을 구가했던 것이다. 그리하여 왕양명 스스로 '광(狂)'에의 의식을 선언하고 있지만, '거리의 사람들이 모두 성인'이란 각성에 이를 정도로 자유롭고 적극적인 정신상태를 지니고 있었던 것이다.

그러나 처음부터 끝까지 자기 이외의 남에 대한 생각을 지닐 겨를이 없었다. 곧 신유학은 개인적인 수신이나 학문 추구에 있어서는 큰 발전을 이룩하였으나, 그 사회에 대하여는 부정적인 결과를 가져왔다고도 할 수 있다. 특히 배타적이고 독선적인 성격 아래에서는 다른 학문이 발전할 수 없음은 물론 자기 자신도 다르게 변신할 수가 없다. 청나라 초기의 대학자 고염무(顧炎武, 1613-1682)가 명 대학자들을 싸잡아서 "명 대 사람들이 지은 책을 보면 표절 아닌 것이 없다."[65]고 하였다.

다. 청 대의 주자학과 고증학

미국 컬럼비아 대학 교수를 역임한 Wing-tsit Chan(陳榮捷)은 「성리정의와 17세기의 정주학파(性理精義與十七世紀之程朱學派)」[66] 라는 논문에서 중국의 대표적인 청 대사상사를 다룬 책[67]에서는 청나라 초기의 주자학의 역할을 가벼이 다루고 있지만 실은 청나라 사상과 학술을 이끈 것은 주자학임을 논하고 있다. 청나라에서도 통치자들로부터

65) 『日知錄』 권 18 竊書; "若有明一代之人, 其所著書, 無非竊盜而已."

66) 본 논문은 영문으로 쓴 The Hsing-li ching-i and the Ch'eng-Chu School of the Seventeenth Century, 萬先法 번역으로 陳榮捷 『朱學論集』(臺灣 學生書局, 1988) 소재 참고.

67) 錢穆 『中國近三百年學術史』· 馮友蘭 『中國哲學史』· 梁啓超 『淸代學術槪論』 등.

주자학이 매우 존중을 받아 그것을 바탕으로 한족 지식인들이 회유되어 청 대의 학문은 복고주의 성향을 지니고 발전한다. 새로운 창조와 발전은 이룩하지 못하였으나 지난날 중국전통문화의 모든 면을 연구하고 정리하여 중국문화와 학술을 크게 들어내고 있다.

청나라 초기인 순치(順治)·강희(康熙)·옹정(雍正) 연간(1644-1735)은 성리학이 주류를 이룬 시대이다. 육세의(陸世儀, 1611-1672)·장리상(張履祥, 1611-1674)·육농기(陸隴其, 1630-1693)·이광지(李光地, 1642-1718) 등이 이 시기에 활약한 주자학자들이다.

청나라는 처음부터 황실에서 공자 맹자의 도를 높이고 주자학을 존중하였다. 순치 2년(1645)에 공자를 '대성지성문선선사(大成至聖文宣先師)에 봉하고 북경의 문묘 한가운데에는 공자를 모시고 양편에 복성(復聖)회와 종성(宗聖) 증자 및 술성(述聖) 자사와 아성(亞聖) 맹자를 모셨는데, 이는 주자의 도통론을 근거로 한 것이다. 그리고 주자를 비롯하여 북송 도학자들과 많은 주자학자들도 공자의 제자들 및 옛날 유학자들과 함께 제사에 모시도록 하였다. 주자학은 총명한 강희황제가 원나라의 본을 따라 한족을 다스리는 방법으로 거기에 착안했기 때문에 더욱 성행한 것이다. 강희황제는 그의 밑에서 한림원장원학사(翰林院掌院學士) 등의 벼슬을 하며 경연(經筵)의 강관(講官) 노릇을 한 도학자 웅사리(熊賜履)에게서 주자학을 배웠다. 『성조인황제성

▲ 학문에 열중하는
젊은 날의 강희제 초상.

훈(聖祖仁皇帝聖訓)』 권 5 성학(聖學)에는 강희황제가 웅석리와의 대화를 통해서 주자학을 칭송한 말이 많은 양 실려 있다. 강희황제는 이런 말을 하고 있다.

> "올바른 학문을 진작시킨 공은 주자가 가장 크다. 사람들의 양생의 도는 성인들의 경서에 가장 잘 실려 있는데 …… 성리는 진실로 그 속에 있다."

뒤에 문연각대학사(文淵閣大學士)를 지낸 이광지(李光地)도 주자학자로서 황제의 주자학에 적지 않은 영향을 주었다. 그리고 특히 이 시기에는 주희를 높이 받드는 풍조가 뚜렷하였다. 육농기는 이런 말을 하고 있다.

> "공자를 계승하여 육경을 밝힌 사람이 주자이다. 공자의 도가 아닌 것은 마땅히 없애버려야 한다면, 곧 주자의 도가 아닌 것은 모두 마땅히 없애버려야 한다."[68)]
>
> "공자와 맹자를 공부하면서 주자를 따르지 않는 것은 마치 방 안으로 들어가려 하면서 문을 통하지 않는 것이나 같다."[69)]

강희 23년(1684)에는 황제가 친히 취푸(曲阜)의 공자묘에 가서 '세 번 무릎을 꿇고 엎드리며 아홉 번 머리를 땅에 조아리는' 가장 정중한 예를 행하면서

68)『三魚堂文集』 권 8「周雲虬先生四書集義序」.

69) 上同 권 5「答嘉善李子喬書」.

참배하였고 강희 51년(1712)에는 주희를 승격시키어 그의 위패를 공자묘의 대성전으로 옮기어 공자의 대 제자 십철(十哲) 바로 다음의 위치에 배향토록 하였다[70]. 그리고 칙명을 내려 『주자전서(朱子全書)』와 『성리대전(性理大全)』을 간행하고 『성리정의(性理精義)』를 편찬케 하였다. 그밖에 『주역절중(周易折中)』[71]·『서경전설휘찬(書經傳說彙纂)』[72]·『시경전설휘찬(詩經傳說彙纂)』[73]·『춘추전설휘찬(春秋傳說彙纂)』[74] 등도 칙명으로 저술케 하고 있다. 그리고 황제의 주자학 존중은 늙어서도 끝까지 변함이 없었다. 학문에 열정적이었던 강희황제는 자기의 학문에 대하여 스스로 이렇게 말하고 있다.

> "50년 동안 공부를 하여 오직 알게 된 것은 주자가 일생 동안 무슨 일을 하였느냐는 것이다."[75]

황제가 이처럼 주자학을 내세웠으므로 그 밑의 탕빈(湯斌)·장백행(張伯行)·양시(楊時) 등 공경 대신들이 모두 주자학을 전공으로 하는 점잖고 얌전

---

70) 이상 『淸朝文獻通考』 권73-75 學校 참조.

71) 주자학자인 李光地에게 명하여 程頤의 『傳』과 朱熹의 『本義』를 위주로 하고 제가의 해설을 참작하여 저술한 것임.

72) 勅撰으로 蔡沈의 『集傳』을 위주로 하고 다른 학자들 견해도 참고하여 저술한 책임.

73) 勅撰으로 朱熹의 『詩集傳』을 중심으로 하고 다른 이론도 보충한 책임.

74) 勅撰으로 宋 胡安國의 『春秋傳』을 三傳의 끝에 붙이고 뜻이 어긋난다고 생각되는 부분만을 다른 학자들의 이론으로 보충한 책이다.

75) 『朱子全書』 序文.

한 선비들이었다. 그러나 출세를 위하여 닦는 학문이 그다지 심오할 수는 없는 노릇이다. 조정 안 뿐만이 아니라 민간에도 주자학이 성행하였는데 역시 원 대 강남의 학자들처럼 머리꼬리에다가 옷까지도 만주 옷을 강요하는 이민족의 지배 아래 자기만이라도 고고하게 살아보겠다는 심사가 그런 풍조를 이루었을 것이다. 재야의 학자로 이름을 남긴 육세의·장리상 등이 모두 성격은 다르지만 그런 사람들이다.

▲ 고염무 초상

명말 청초의 대학자로 청나라 학문의 길을 연 고염무(顧炎武, 1613-1682)·황종희(黃宗羲, 1610-1695)·왕부지(王夫之, 1619-1692) 세 사람 모두 실은 성리학을 그들 학문의 바탕으로 하고 있다. 그러나 조국이 이민족의 발밑에 짓밟히는 것을 눈으로 보고 현실의식이 보다 강해져서 성리학자라고 단언할 수는 없게 변모된 학자들이다. 어떻든 이들의 학문은 이후 청나라 학문발전에 큰 영향을 끼친다.

고염무는 『일지록(日知錄)』·『천하군국이병서(天下郡國利病書)』·『음학오서(音學五書)』 등의 대저를 남긴 학자이다. 그의 경학에 대한 기본 견해는 명 대의 학풍을 반대하고 송 대로 돌아가려는 것이며, 정자와 주희의 경학을 계승하여 그들 격물치지(格物致知)의 학문 방법을 존중하면서도 "경학(經學)이 곧 이학(理學)이다" "경학 없이는 이학도 있을 수 없다"[76]고 주장하며 경전을 바탕으로 한 보다 실증적인 유학을 주장하고 있다. 그리고 학문의 목표를 언제나 '세상을 바로잡고 실제로 쓰일 곳이 있는 학문의 추구'인 경세치용(經世致用)으로 돌리고 있다.

황종희는 『명유학안(明儒學案)』·『송원학안(宋元學案)』·『명이대방록(明夷待訪錄)』 등의 명저를 남긴 학자이다. 그는 명 말의 양명학으로부터 약간 벗어났던 학자 유종주(劉宗周)의 문하에서 공부하였고, 스스로는 양명학의 정통을 이은 학자로 자부하면서 양명학의 말류의 폐단을 비평하였다. 그도 공부는 육경을 바탕으로 하여야 하고 역사 공부를 많이 하여야함을 주장하면서 학문의 목표로 '경세치용'을 내세웠다.

왕부지(王夫之, 1619-1692)는 『장자정몽주(張子正蒙注)』·『주역외전(周易外傳)』·『사문록(思問錄)』·『송론(宋論)』 등의 명저를 남기고 폭넓은 학문을 한 학자이다. 그는 사상적으로는 송 대 장재의 기론을 계승하여 정자와 주희의 이학과 육상산과 왕수인의 심학에 비판을 가하였다. 그리고 올바른 역사의식을 가지고 정치와 사회 현실에 대처해야함을 주장하였다. 그의 학문목표도 요약하면 '경세치용'이란 말로 표현할 수가 있다.

이들이 모두 성리학자들이 쓸데없이 '심성'이나 논하는 것을 반대하고 학문은 세상에 도움이 되는 것이어야 한다는 '경세치용'을 내세우며 실제적인 일을 근거로 진리를 추구해야 한다는 실사구시(實

76) 『亭林文集』 권 3 與施愚山書.

事求是)의 학문방법을 밀고 나가자 마침내 새로운 학문 기풍이 일어나기 시작하였다. 그리고 이들의 학문은 유학의 경전을 바탕으로 해야 하고 올바른 역사의식도 지녀야 한다는 주장도 영향을 주었다. 그러나 이들 지식인들이 나라나 민족 또는 세상 일로 눈을 돌리지 못한 것은 주자학의 한계를 뜻하는 것인지도 모른다.

청초의 새로운 학풍을 대표하는 학자로는 『고문상서소증(古文尙書疏證)』을 써서 이제껏 사람들이 읽어온 고문의 『상서』가 가짜임을 증명한 염약거(閻若璩, 1636-1704)와, 『역도명변(易圖明辨)』을 써서 송 대의 도사 진단(陳摶)이 만든 『하도낙서(河圖洛書)』와 소옹과 주돈이가 만든 태극·무극·선천(先天)·후천(後天) 등의 도표는 모두 제멋대로 만들어 낸 그림으로 『역경』을 신비하고 현묘하게 만들었을 따름이라고 고증을 한 호위(胡渭, 1633-1714)가 있다. 이 밖에도 모기령(毛奇齡, 1623-1716)은 『사서개착(四書改錯)』을 짓고, 고조우(顧祖禹)는 『독사방여기요(讀史方輿紀要)』를 저술하고, 요제항(姚際恒, 1647-?)은 『고금위서고(古今僞書考)』를 지어 새로운 학문의 길을 열었다.

한편 청초의 황제들은 한족 지식인들을 다스리기 위하여 많은 학자들을 동원하여 옛 책을 편찬 정리하는 큰 사업을 계속 벌여나갔다. 강희 연간에는 앞에 든 책 이외에도 『명사(明史)』를 편찬하는 한편 『연감류함(淵鑑類函)』·『패문운부(佩文韻府)』·『강희자전(康熙字典)』 등을 편찬 간행하였

▲「사고전서」와「고금도서집성」이 보관되어 있는 열하의 문진각

다. 다음의 옹정(雍正) 연간에는 모두 합치면 1만 권이 넘는 『고금도서집성(古今圖書集成)』을 편찬하고 『대청회전(大淸會典)』을 간행하였다. 다시 건륭(乾隆) 연간에는 『대청율례(大淸律例)』·『대청일통지(大淸一統志)』·『청조통전(淸朝通典)』·『청조통지(淸朝通志)』·『청조문헌통고(淸朝文獻通考)』 등의 책과 함께, 책을 경사자집(經史子集)의 네 종류로 크게 분류하고 도합 3,457종, 7,9070권, 장정한 책 3만 6천 여 책에 달하는 『사고전서(四庫全書)』를 편집케 하였다. 그리고 『사고전서』에 들어있는 모든

책 한 권 한 권의 내용과 판본 및 책의 내력 등을 설명한 『사고전서총목제요(四庫全書總目提要)』도 편찬케 하였다. 이에 한족 지식인들은 융숭한 대접을 받으며 자기네 전통문화를 정리 보존하는 일에만 온 힘을 기울였다.

청나라 황제들은 정치권력은 절대로 한족 지식인들에게 양보하지 않았다. 모든 나라 일이 초기에는 만주 귀족들로 이루어진 의정왕대신회의(議政王大臣會議), 뒤에는 군기처(軍機處)에서 결정되었다. 내각은 형식적인 기구에 불과하였다. 지방의 고관 직책도 거의 모두 만주 귀족들이 차지하였다. 그리고 한족 지식인들에게 약간의 청나라를 반대하는 기미만 있어도 냉혹한 처벌을 하였다. 그 때문에 강희 · 옹정 · 건륭 세 황제의 통치 기간에 일어난 문자옥(文字獄)만 하더라도 수십 회의 기록이 남아 전한다. 청나라 조정에서는 문자옥으로 한족의 지식인이며 지주인 자들의 반청사상을 통제하였다. 보기를 들면 장정롱(莊廷鑨)은 순치 연간에 명나라 주국정(朱國楨)이 편찬한 『명사』를 간행하였는데 강희 2년(1663)에 어떤 자가 그 책에 청나라에 불리한 기록이 많음을 고발하였다. 청나라에서는 즉시 이미 죽은 장정롱의 시체를 파내어 그 머리를 자르고 책을 내는 데 관계한 사람과 책을 파는 데 관련된 사람 72명을 잡아 죽이고, 수백 명을 잡아 군대에 보내었다[77]. 유명한 여류량(呂留良) 사건을 하나 더 소개한다. 여류량은 성실하고 곧은 주자학

77) 『痛史』 莊氏史案.

자로 청나라 조정에서 박사홍사과(博士鴻詞科)에 불렀으나 거절하고 나가지 않고 시골에 묻혀 살면서 반청사상을 고취하였다. 그는 강희 연간에 죽었는데, 옹정 연간이 되어 여류량의 책을 읽고 그를 존경하는 증정(曾靜)이란 사람이 반청사상을 선전하다가 고발당하였다. 옹정황제는 즉시 여류량의 관을 꺼내어 시체를 조각내게 하고 그의 가족과 제자들 수많은 사람들을 잡아 죽였고, 23 집안의 사람들이 변두리 지역으로 노예가 되어 쫓겨 갔다. 증정도 약간 뒤에 사형을 당하였다. 이 사건을 계기로 옹정황제는 친히 『대의각미록(大義覺迷錄)』을 지어 한족 지식인들에게 반청사상의 그릇됨을 설교하고 있다.

고증학 연구와 자기네 고적 정리는 자기네 문화유산을 정리 보전한다는 명분도 되고 또 편히 영화를 누리면서 살 수 있는 방편도 되는 한편 현실문제에는 약간만 잘못 관련이 된다 하더라도 자신뿐만이 아니라 멸문지화를 당할 판이라 곧 고증학은 청 대 학문의 주류로 발전하게 된다.

때문에 건륭(乾隆) · 가경(嘉慶) · 도광(道光) 연간(1736-1850)은 고증학이 성행한 시대이다. 청나라 조정의 한족 지식인들에 대한 회유정책과 강압정책을 아울러 쓴 데 큰 원인이 있다. 회유정책으로 강희 연간부터 자주 박학홍사과(博學鴻詞科)를 시행하여 지식인들을 벼슬자리로 끌어들이고 또 수많은 학자들을 동원하여 『사고전서』를 편찬케 하는 등 한족 지식인들을 우대하여 잘 지낼 수 있도록 해

주어 "문화를 발전시키는 성대함이 이전에는 보기 어려웠을 정도"라 자찬하고 있는 정도이다[78]. 그러나 다른 한편으로 청나라에 불리한 책에 대한 금서령도 자주 내렸고, 건륭 39년부터 47년에 이르는 사이에만도 24회에 걸쳐 불온하다고 판단한 책으로 모두 13,862부나 모아 태워버렸다. 보기를 들면 건륭 22년(1757) 단창서(段昌緖)라는 사람은 청나라를 돕다가 뒤에 반란을 일으켰던 군벌 오삼계(吳三桂)의 격문을 집에 갖고 있는 것이 발각되어 사형을 당하였고, 그와 같은 고향의 대지주인 팽가병(彭家屛)도 이때 의심스럽다 하여 조사를 하는 중에 그의 집에 청나라에 불리한 글이 실린 야사(野史)가 몇 권 있는 것이 드러나 그도 역시 죽임을 당하였다. 그러니 학자들로서는 얌전히 자기네 문화유산이나 정리하고 연구하고 있는 편이 뜻도 있고 몸도 안전하였다.

이 시대 고증학의 업적을 요약하면 대략 다음과 같다.

1) 옛날 경전의 글자나 구절에 대한 정확한 뜻을 밝히고, 경전을 올바로 정리하여 바로잡아 놓았다. 그 결과 거의 모든 경전에 대한 새로운 해설서가 나왔다.
2) 역사자료의 수집과 그 기록에 대한 감별.
3) 변위서(辨僞書), 곧 가짜 책과 그 위조자를 가려내는 일.

78) 『淸史稿』 選擧志 四.

4) 집일서(輯逸書), 곧 없어진 옛 책을 여러 전적에 인용된 글에서 찾아 다시 그 책을 복원시키는 작업.
5) 교감(校勘), 옛날 책의 읽기 어렵게 된 부분을 다른 옛 책들의 기록과 대조하여 그 올바른 글자와 구절을 밝혀 글의 뜻을 분명히 하는 일.
6) 글자에 대한 훈고(訓詁), 곧 글자의 뜻 및 쓰임의 변화와 문법 등을 따져 글 중에 쓰인 한 글자 한 글자의 뜻을 분명히 하는 것.
7) 음운(音韻). 곧 경전에 쓰인 글자의 옛날 독음, 방언의 독음 또는 글자의 성모(聲母)와 운모(韻母)를 분명히 하는 것.
8) 금석문(金石文)의 연구, 곧 옛날 청동기나 비석 같은 데 새겨진 글자들에 대하여 연구하는 것.
9) 이 밖에도 수학·지리 등에 관한 연구와 지방지(地方志)·유서(類書)·총서(叢書) 등의 편찬이 이 시대 새로운 학문 분야의 업적이라 하겠다.

중국 경학에 있어서는 경전의 한 글자 한 구절의 해석을 정확히 하면서 위에 설명한 고증학에 전념하는 학문방법을 한학(漢學), 경전의 글귀 해석보다도 거기에 실린 대의(大義)를 추구하는 데 주력하는 학문방법을 송학(宋學)이라 구분한다. 주자학은 물론 송학의 중심을 이루는 학문이다. 그러나 실상 청 대 고증학을 중심으로 하는 한학은 지식인들이 주자학적인 정서에 젖어있었기에 발전할 수 있었던 것이다. 그것은 앞의 '원 대 주자학의 성행'을 이야기하면서 설명한 그 시대 시인들이나 화가들의 정서와 같은 맥락 위에 있다는 것이다. 고증학도 그 시대나 그 때의 세상일과는 전혀 관계가 없는 것이다. 그 시대에 있어서는 지식인으로서 자기 한 몸을 보전하기에 가장 좋은 방도가 고증학을 연구하는 것이었다.

특별히 지적할 만한 이 시대의 변화는 건륭 연간에 상주학파(常州學派)[79]라 부르는 장존여(莊存輿, 1719-1788)·공광삼(孔廣森, 1752-1786)이 나와 이른바 춘추공양학(春秋公羊學)을 연구하기 시작하였다는 것이다. 이어서 가경·도광 연간에 유봉록(劉逢祿, 776-1829)·공자진(龔自珍, 1792-1841)·위원(魏源, 1794-1857)·송상봉(宋翔鳳, 1776-1860) 등이 이를 계승하여 뒤에 강유위(康有爲, 1858-1927)의 유신운동(維新運動)의 학술적인 바탕이 되게 하였다. 공자가 지었다는 『춘추』의 해설서인 '전'으로는 고문에 속하는 『좌씨전』과 금문에 속하는 곡량·공양의 두 가지 '전'이 있다. 『좌전』은 『춘추』의 내용을 착실히 더 자세히 부연한 내용인데 비하여, 『곡량전』과 『공양전』은 공자가 『춘추』라는 역사의 기록을 남기면서 그 속에 깃들여 놓은 들어나지 않고 있는 큰 뜻을 밝히는 데 더욱 주력하고 있다. 특히 『공양전』은 공자가 『춘추』의 저술을 통하여 옛 일을 빌어 현세의 문제까지도 풀 수 있는 큰 뜻을 싣고 있다는 입장에서 『춘추』를 풀이하고 있어 현실 문제를 해결하는 데에 옛날부터 많이 응용

▲ 강유위

79) 常州는 江蘇省 고을 이름.

되어 왔다. 이 가경·도광 연간에 발전하기 시작한 '공양학'은 점차 만주족에게 지배당하고 있는 조국을 구원할 개혁의 방책을 마련하는 근거로 발전하게 된다. 학자들이 현실문제에 대하여도 눈을 뜨기 시작한 것이다.

그러나 청말의 함풍·동치·광서·선통 연간(1851-1911)은 서양의 영향을 주로 한 변화와 개혁의 시대이다. 청 대 유학의 변화는 실은 이 시기에 앞서 도광 20년(1840)에 일어난 아편전쟁 때부터라고 보아야 할 것이다. 이때 영국군의 위세에 굴복하면서 서구 열강의 힘을 피부로 체험하게 된다. 다시 도광 말년(1850)에 일어난 태평천국의 난, 함풍 6년(1856)에 일어난 아로우(Arrow)호 사건으로 함풍 10년(1860) 제2차 영불 연합군의 북경 공격으로 황제의 별궁인 원명원(圓明園)이 불타고 함풍황제는 몇몇 측근들만 거느리고 목숨만 살려 열하의 별궁으로 도망치는 사건 등은 모두 청나라를 변화하지 않을 수가 없도록 만들었던 사건이다. 특히 서구열강의 침입과 함께 크게 압박을 가해온 서양문화는 중국 사람들로 하여금 자기네 전통문화에 대한 반성을 촉구하게 되었다.

▲ 함풍황제 초상

이 시기에 와서는 앞에서 이야기한 공양학이 더욱 성행하여 전통학문을 바탕으로 현실개혁을 생각하는 사람들이 늘어났고, 또다시 도학을 바탕으로 하는 송학이 대두되었다는 것이다. 증국번(曾國藩, 1811-1872)·나택남(羅澤南, 1807-1856)·유용(劉蓉, ?-1866)·곽숭도(郭崇燾, 1818-1891) 등이 있는데 모두 후난(湖南) 사람이다. 본시 송학은 형이상학적인 명제를 학문의 대상으로 하였으나 경전 연구에 있어서는 글자나 구절의 해석보다도 대의의 추구를 중시하였다. 이때의 송학은 경전의 대의 추구를 바탕으로 망해가는 청나라를 생각하는 현실의식을 고취하였다는 데에 가치를 두어야 할 것이다.

학문보다는 문학면에서 더 큰 평가를 받고 있는 요내(姚鼐, 1731-1787)·유대괴(劉大櫆, 1698-1780) 등의 동성파(桐城派)[80] 고문가들과 운경(惲敬, 1757-1817)·장혜언(張惠言, 1761-1802) 등의 양호파(陽湖派)[81] 고문가들은 자연히 송 대의 고문가들의 글을 규범으로 삼아 송학과도 관련이 있다. 장혜언은 상주사파(常州詞派)의 대표적인 작가이기도 한데, 역시 송 대 문학을 중시하여 사의 작가로도 활동하였던 사람이다. 양계초는 그의 『청대학술개론』(十九)에서 동성파와 양호파를 한학이 전성했던 시대에 한학과 맞섰던 학파인 것처럼 쓰고 있다.

▲ 양계초

그리고 송학파 중에는 곽숭도처럼 서양문화를 접하고는 서양의 장점을 배워서 나라를 다시 부강케 하여야 한다는 양무사상(洋務思想)을 발전시키는 학자들도 나왔다. 본시 서양에 대하여 공부하여야 한다는 양무운동은 아편전쟁 이후 공자진(龔自珍)·위원(魏源)·임칙서(林則徐) 등에 의하여 불이 붙여졌는데, 다시 '아로우호 사건' 이후 곽숭도 등

80) 桐城은 安徽省의 고을 이름으로, 그 지역 출신들이 중심을 이루었다.

81) 陽湖는 江蘇省의 고을 이름, 이들은 駢文으로부터 古文으로 돌아온 文勢가 거침없는 글을 썼다.

의 이론에 힘입어 청나라 조정과 증국번(曾國藩)·좌종당(左宗棠)·이홍장(李鴻章) 등 힘 있는 총독과 순무(巡撫)를 중심으로 추진되었다. 그리고 어지러워지는 시국을 통감하며 이 기회에 만주족 청나라의 통치로부터 벗어나야 한다는 혁명사상도 차차 두드러지게 된다.

▲ 담사동

그러나 동치 연간에도 많은 한학자들은 여전히 훈고·금석(金石)·역사·지리·제자학 등에 걸친 고증학에 몰두하고 있다.

광서 10년(1884)에 일어났던 중법전쟁(中法戰爭), 광서 20년(1894)에 일어났던 청일전쟁, 광서 26년(1900)에 일어났던 의화단의 난 등은 청나라를 더 이상 열강의 압력 아래 버티기 어렵게 만들었다. 이에 강유위(康有爲, 1858-1972)가 나와 변법유신(變法維新) 운동을 전개한다.

강유위가 세상에 큰 반향을 일으킨 첫 번째 저서는 1891년에 낸 『신학위경고(新學僞經考)』이다. 그는 한 대의 고문경(古文經)[82]은 모두 유흠(劉歆, B.C.53?-A.D.23)이 위조하여 쿠데타를 일으켰던 왕망(王莽)을 도우려던 것이다. 따라서 유학자들은 지난 2000여 년 동안 가짜 경전을 가지고 공부해 왔다는 것이다. 이에 의하면 모든 학자들이 모두 헛된 공부만 한 셈이니 폭탄선언이 아닐 수 없다. 조국은 망하기 직전인데도 경전에만 매달리고 있는 당시 지식인들에게 경종을 울리려는 뜻에서 쓴 것

82) 西漢 末 劉歆이 博士로 내세우려고 애썼던 『周禮』·『逸禮』·『左傳』·『毛傳』 등은 특히 모두 劉歆이 僞造한 것이라 하였다.

일 것이다. 이어서 『공자개제고(孔子改制考)』·『대동서(大同書)』를 써서 세상 사람들의 눈을 크게 뜨도록 만들었다. 양계초는 『청대학술개론』에서 뒤의 두 가지 책의 영향을 큰 태풍이나 화산의 대폭발 또는 큰 지진과 같았다고 말하고 있다. 강유위의 학문과 유신사상은 담사동(譚嗣同, 1865-1898)·양계초 등이 동조하여 혁명 전야의 개혁사상을 이루었다.

▲ 옌푸(嚴復)의 초상

▲ 린쉬가 번역 소개한 서양소설 책 표지

특히 옌푸(嚴復, 1853-1921)가 헉스레이의 『진화와 윤리』, 아담 스미스의 『국부론』, 몽테스큐의 『법의 정신』 등의 책을 번역 출간하고, 린쉬(林紓, 1852-1924)가 뒤마의 『춘희(椿姬)』를 비롯하여 디킨스·세익스피어·위고·발자크·톨스토이·입센 등의 대표작들을 번역 소개하자 중국의 지식인들이 서양 문화와 학술을 이해하고 거기에 빠져들기 시작하였다. 곧 중국이 이른바 근대로 기울어지기 시작하는 것이다.

장안시대의 유학이 중국의 전통문화를 이룩하고 발전시키는 원동력이었다면, 북경시대의 유학은 이민족 정복왕조의 힘에 의한 통치 아래에서 이질적인 방향으로 발전하는 문화와 함께 새로운 유학인 주자학을 태어나게 하였고 시대적인 변화를 따라 유학도 새롭게 변화하고 개혁되었던 시대이다.

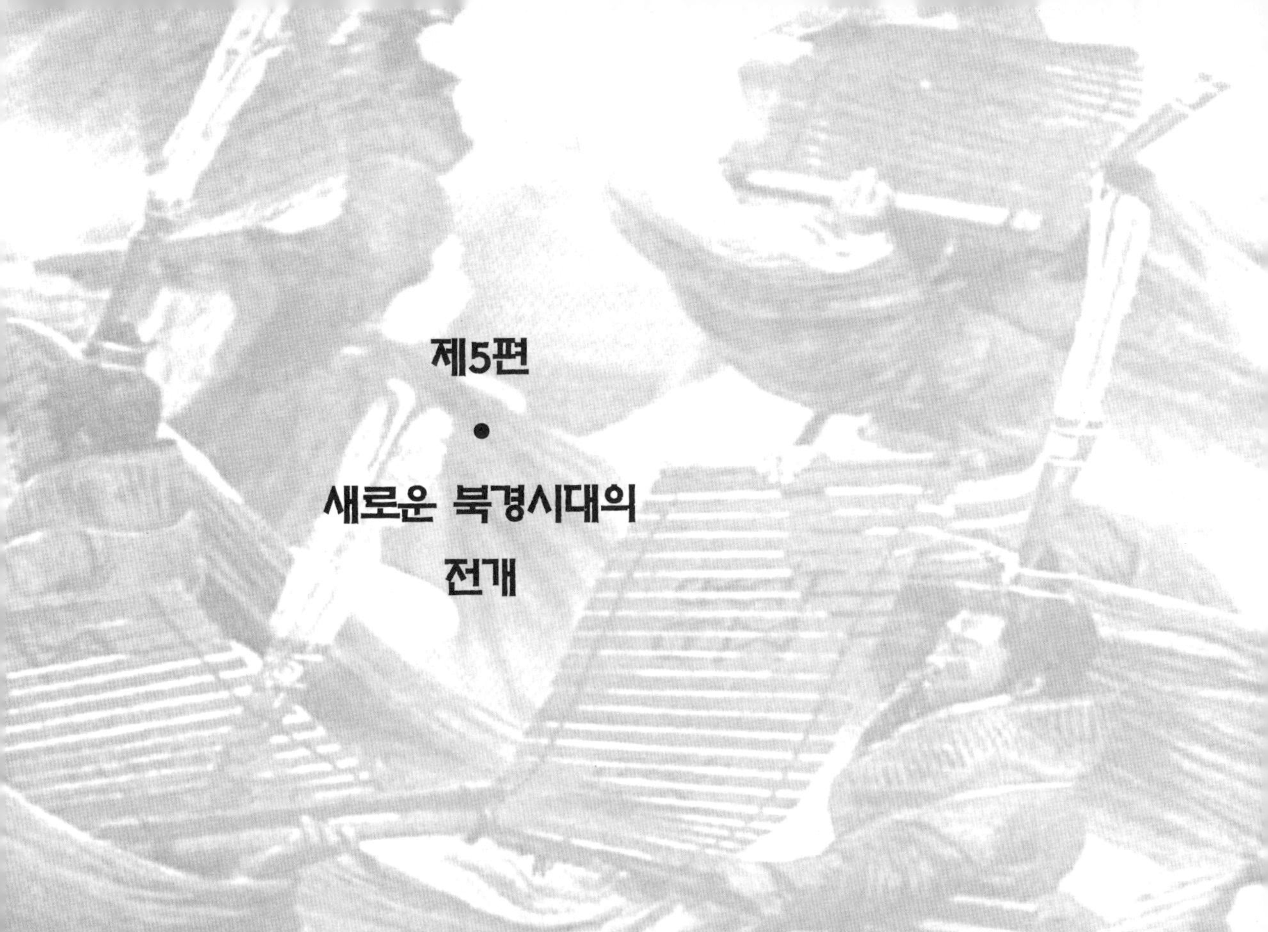

제5편

•

새로운 북경시대의 전개

1) 중국의 전통문화와 중화인민공화국

1911년 신해혁명(辛亥革命)으로 청나라가 쓰러지면서 옛날 제도와 옛날 정치 같은 것을 철저히 부정하게 되었다. 혁명을 이끈 순원(孫文)은 새로운 심리 건설과 정신 개혁을 주장하며 국민의 새로운 영혼을 만들어내려고 하였다. 다시 1919년 5·4운동 시기에는 중국의 전통문화와 사상을 철저히 배격하면서 서양의 민주주의와 과학을 배울 것을 주장하였다. 츤두시우(陳獨秀, 1879-1942)는 「신청년」 죄안에 대한 답변서(新靑年罪案之答辯書)」란 글에서 이렇게 말하고 있다.

▲ 츤두시우

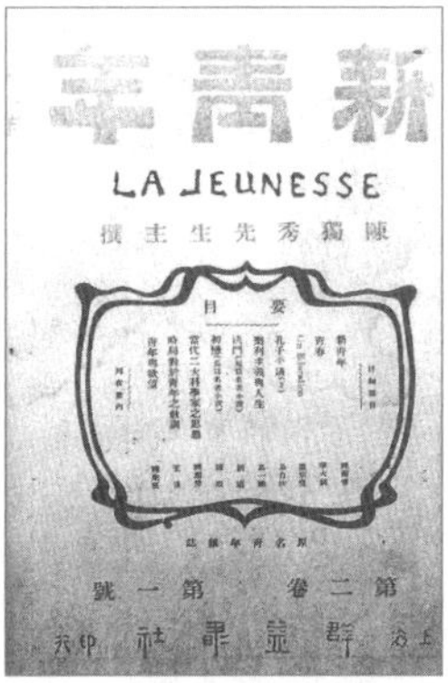

▲ 「신청년」 잡지의 표지

> "그들은 이 잡지가 공자의 유교를 파괴하고, 예법을 파괴하고, 우리 고유문화를 파괴하고, 부녀자들의 정조를 파괴하고, 전통윤리와 전통예술(경극 등)·전통종교(귀신)·옛 문학·옛 정치(특권과 인맥에 의한 통치)를 파괴하고자 한다는 이유에서 이 잡지를 비난한다. 물론 이러한 모든 책임은 인정하지만 다만 우리는 죄를 짓지는 않았다. 우리는 단지 덕(德)선생[1]과 새(賽)선생[2]이

1) democracy의 음역인 德謨克拉西의 첫 음을 따서 민주주의를 뜻함.

> 라는 두 선생님을 지지했기 때문에 앞에 언급한 죄를 범한 것이다.
>
> 민주주의를 변호하기 위하여 우리는 유교와 예법과 정조·옛 윤리·옛 정치를 반대할 수밖에 없다. 또 과학을 옹호하기 위하여 우리는 전통예술과 전통종교를 반대할 수밖에 없다. ……"[3]

유교를 물리치자는 '타도공가점(打倒孔家店)'은 이 시기의 구호가 되었고, 대부분의 중국 지식인들이 이 풍조를 따랐다. 1912년에 교육부에서는 공자묘의 석전을 중지하라는 명령을 내렸고, 이후로 여러 지방의 문묘가 파괴되어 학교로 바뀌었고, 교과목 중에서 경전을 읽는 과정이 취소되기도 하였다. 이후로 중국에 있어서 자기네 전통문화나 사상은 모두 현대화의 걸림돌로 치부되기 일쑤였다.

여기에서 우리가 주의해야 할 점은 5·4 운동을 계기로 서양의 과학과 함께 민주주의가 자기들의 진로임을 확인하게 되었지만, 민주·자유·평등의 사상을 그대로 받아들이지는 못하였다는 사실이다. 특히 '자유'의 개념은 그들로서는 가장 받아들이기 어려웠던 것 같다. 앞에 이야기한 옌푸도 존 스튜어트 밀의 『자유론』을 『군기권계론(羣己權界論)』이란 이름으로 번역해 내면서 "작은 자기의 자유는 아직도 다급한 것이 아니다."라고 말하고 있다. 그리고 유신파의 인사들은 말할 것도 없고 중국의 혁

2) science의 음역인 賽因斯의 첫 음을 따서 과학을 뜻함.

3) 『新青年』 1919. 1. 15. 호.

▲ 1949년 10월 1일, 마오쩌뚱 주석이 천안문 위에서 중화인민공화국의 성립을 선포하고 있다.

명을 이끈 쑨원(孫文, 1866-1925)도 『삼민주의』의 민권에서 중국에서는 "자유가 넘쳐났기 때문에 모두들 거기에 주의를 기울이지 않고 그 말을 상관하지 않는다."라고 하면서, "외국인들이 중국인은 한 줌의 흩어지는 모래알이라고 비평하는데" 그것은 중국인에게는 퍽 많은 자유가 있다는 것을 증명하는 것이라 말하고 있다. 그리고 '평등'의 개념은 물론 '민주'라는 개념도 서양의 것이 제대로 받아드려지지는 않았다. 특히 'Of the people'과 'For the people'은 어느 정도 이해하면서도 'By the people'의 뜻이나 제도 또는 방법에 대하여는 어정쩡한 태도이다. 그러한 특징은 사회주의를 추구하는 지금의 중국에 있어서도 그 성격은 크게 달라졌지만 계속 이어지고 있는 것이 아닌가 한다.

그러나 중화인민공화국을 이끈 마오쩌둥(毛澤東)

주석은 처음부터 자기네 전통문화를 가볍게 보지 않았다. 마오 주석은 젊어서부터 바쁜 몸이고 중국 문학이 5·4 이후 이미 현대문학으로 변신한 시기였음에도 적지 않은 중국 전통문학 형식의 시와 사를 짓고 있다. 그는 마르크스·레닌주의도 중국의 특성에 잘 합치시켜야만 한다 하였고, 공산주의에 있어서 국제주의의 내용은 자기네 민족형식과 따로 떼어놓고 생각할 수는 없는 것이라 하였다. 마오 주석은 「중국공산당의 민족 전쟁에 있어서의 지위(中國共産黨在民族戰爭中的地位)」(1938.10.)라는 연설에서 이렇게 말하고 있다[4].

▲ 현대화가 스루(石魯)가 그린 마오쩌뚱 주석의 옌안에서의 모습

"마르크스·레닌주의는 우리 당의 전투 역량을 대대적으로 높여 줄 것이며 아울러 우리가 일본제국주의와 싸워 이기는 공작을 가속화 시켜 줄 것이다. 우리의 역사적인 유산을 학습하고 마르크스주의의 방법으로 거기에 비판적인 평결을 내려주는 것이 우리 학습의 또 다른 한 가지 임무인 것이다. 우리 민족에게는 수천 년의 역사가 있고 거기에는 특성이 있으며 거기에는 여러 가지 진귀한 것들도

4) 『毛澤東選集』 제3권.

있다. 공자로부터 쑨원(孫文)에 이르기까지 우리는 마땅히 평결을 내리고 이 진귀한 유산들을 계승하여야만 할 것이다.

공산당원은 국제주의적인 마르크스주의자이다. 그러나 마르크스주의는 반드시 우리나라의 구체적인 특성과 서로 결합되어야 하며 또 일정한 민족주의 형식을 통과하여야만 비로소 실현할 수가 있는 것이다. 중국공산당에 대하여 말할 것 같으면 곧 마르크스·레닌주의의 이론을 잘 배워서 중국의 구체적인 환경에 응용하여야만 하는 것이다.

중국의 특성을 떠나서 마르크스주의를 이야기 한다는 것은 오직 추상적이고 속은 텅 빈 마르크스주의일 따름이다. 그러므로 마르크스주의를 중국에 있어서 구체화 시켜야 하고 모든 형식속에 반드시 띄고 있어야 할 중국적인 특성이 있도록 하여야만 한다. 다시 말하면 중국의 특성에 맞추어서 그것은 응용되어야만 한다."

마오 주석은 마르크스주의도 중국의 특성에 맞추어서 응용되어야 한다고 생각했던 것이다. 곧 마오 주석은 중국의 사회주의 혁명을 추진하면서도 중국적인 특성 또는 중국의 전통문화를 중시하였다. 마오 주석은 혁명주체인 인민을 "노동자·농민·병사 및 도시의 뿌띠부르주아"라고 규정하면서도[5] 1931년 짱시 루이찐(瑞金)에 소비에트 지역을 건설하고 국부군의 공격에 시달리면서도 60개의 공연단을 조직하여 농민들이 좋아하는 중국의 전통연예를 이용하여 그들을 사회주의 혁명으로 이끌려고 노력하였다.

5) 毛澤東『在延安文藝座談會上的講話』, 1942.

▲ 천안문 위에서 에드가 스노우와 이야기하고 있는 마오쩌둥

중국 공산당을 직접 취재하여 온 세계에 처음으로 소개한 미국 기자 에드가 스노우(Edgar Snow)의 『우리 편 사람들(People on our Side)』을 보면 마오쩌둥의 공산당에 대하여 이런 말을 하고 있다.

"중국에 대하여 적은 지식을 갖고 있는 미국 사람들에게 '공산주의자'라는 말은 오해를 불러일으키기 쉽다. 사실상 중국에는 진짜 '공산주의'라는 것이 이루어진 일이 없었으니, 이전의 소비에트 지역에 있어서도 그러하였고, 중국의 공산주의자들이 달리 주장한 일도 없었다. 이전에 짱시(江西)에서 짧은 기간이었지만 젊은 붉은 군대가 생산 방법에 있어서 집단경영을 시도하며 모든 개인 소유를 없애려고 했었으나 그 경험은 여러 가지 수정을 하게 하였다. 중공에서는 늘 그들의 계획은 중국의 '부르주아 민주혁명'을 이끄는데 있다고 밝히고 있다. …… 사회주의는 과거에 있어서나 현재에 있어서나 궁극적인 목표이지만 분명히 먼 거리에 있는 것이라 여기고 있다."[6]

▼ 옌안의 문예좌담회 뒤 마오 주석을 중심으로 모인 중공 문예작가들

6) Book Three: Return to the East Ⅱ. China's Destiny: 1944 Ⅲ. The People's War.

▲ 1943년 옌안에서 '앙가극'을 공연하는 모양

마오 주석이 1942년 옌안에서 「문예좌담회에서의 강화」를 발표하여 자기네 사회주의 문화노선을 분명히 밝히면서 "우리는 모든 뛰어난 문학과 예술의 유산을 계승하여, 그 중 모든 유익한 것은 비판적으로 흡수하고, 우리가 그때 그 곳의 인민생활에 있어서의 문학과 예술의 소재로 작품을 창조할 적의 모범으로 삼지 않으면 안 된다."고 하였다.

이 뒤로는 자기네 전통연극들이 더욱 본격적으로 사회주의 혁명을 위하여 널리 공연된다. 특히 농촌에 유행해온 농민들이 좋아하는 연예를 중시하였다. 그 중에서도 농민들의 모심기 노래로부터 발전한 민간의 모심기노래(秧歌)를 이용하여 백성들을 사회주의 혁명의 길로 이끌려 한 모심기노래운동(秧歌運動)[7]은 유명하다. 1943년 설부터 다음 해 상반기에 이르는 1년 반 정도의 기간에 창작 공연된 모심기노래 작품 수가 300여 편에 이르고 관객은 800만이 넘었다고 하니[8] 모심기노래극의 성행 정도를 짐작할 수가 있을 것이다. 따라서 민간연예가 본격적으로 중국에서 중요한 예술로 존중되어 마침내는 '모심기노래'의 음악을 바탕으로 만들어진 신편가극 『백발의 여자(白毛女)』[9]같은 작품도 나왔다. 이후로 중국에서의 연극은 백성들 사이에 유행되고 있는 전통연극이 주류를 이룬다.

▲ 신편 가극인 『백발의 여자』 공연 장면

7) 秧歌는 본시 모심기 민요로 採茶歌・山歌・漁歌 등과 같은 것이었다. 그러나 차츰 서너 사람이 함께 역사 이야기나 전설을 공연하기도 하고 춤・技藝・武術 등이 보태어져 秧歌戲로도 발전하여 민간의 社火 연출의 주제가 되기도 하였다. 山西・陝西・河北・山東 등지에 크게 유행하고 있다.

8) 『延安文藝叢書』 秧歌劇卷 前言 참조.

9) 『白毛女』는 秧歌를 바탕으로 延安 魯迅藝術學院이 集體創作한 신편 歌劇. 1945년 탈고한 뒤 여러 번 수정이 가해짐. 地主 黃世仁은 소작인 楊白勞를 핍박해 죽이고 그의 딸 喜兒를 겁탈한 뒤 남에게 팔아넘기려 한다. 喜兒는 도망쳐 산 속으로 들어가 사는 중 영양실조로 머리가 새하얗게 변하여 농민들은 그를 보고 白髮仙姑라 하였다. 뒤에 八路軍이 그 지역을 해방하고 지주를 타도하여 마침내 喜兒는 고통으로부터 해방된다는 내용의 작품이다.

▲ 라오셔 · 메이린팡 · 톈한(극작가, 왼편부터)과 만나고 있는 마오쩌둥

마오 주석은 자기네 문화유산을 무조건 모두 계승할 것이 아니라 "봉건성을 지닌 찌꺼기 같은 것은 떼어버리고, 그 중 민주성을 지닌 알맹이만을 흡수해야 한다."[10]고 하였다. 그러나 실제로 지금까지 그들은 자기네 문화유산 중에서 '찌꺼기'라고 가려낸 것은 하나도 없으니 결국 자기네 옛 문화유산을 모두 계승하고 있는 셈이다.

인민공화국이 수립된 1949년에는 전국의 극장 수가 891개였는데 '백화제방'의 지시에 따라 새로운 극장이 급격히 늘어나 1959년 10월에는 2,800여 개에 이르렀다[11]. 그리고 1960년 9월 9일자 『인민일보』에 의하면 그 당시 농민들로 이루어진 아마추어

10) 毛澤東『新民主主義論』.

11) 『戱劇報』(中國戱劇家協會 編, 人民文學出版社 刊) 의거.

▲ 경극을 구경한 뒤
배우들을 만나고 있는 장쩌민

극단 수가 24만 4천여 개이고, 노동자들의 것이 3만 9천 여 개여서 이를 합치면 전국의 아마추어 극단 수가 28만 3천 여 개에 달한다. 이를 근거로 아마추어 극단에 참여했던 인민의 수는 농민이 700만 명, 노동자 100만 명, 모두 합치면 800만 명에 이른다. 전문 직업극단 수는 3,513개라 하였다. 여기에는 군부대나 교육기관 등에 소속되어있는 극단 수는 제쳐놓은 것이니 이정도면 중국을 연극의 나라라 하여도 좋을 것이다. 그리고 이러한 연극의 주류가 전통연극이라는 것은 바로 중국에서의 전통문화의 존중을 뜻하는 것이라 할 수 있는데 이런 풍조는 현대로 오면서 더욱 발전하고 있다.

중국의 중앙텔레비전 방송국의 채널11은 경극이나 경극과 관련된 일들을 방영하는 전문채널이다. 경극 전문채널이 있는 정도이니 중국사람들이 지금도 얼마나 경극을 좋아하며 중요시하고 있는가 알 만하다. 이 경극이라는 전통연극은 지난 날 그들 전통문화의 이질화를 잘 보여주는 연예라 하였다. 이 문화의 이질화는 저질화라고 볼 수도 있지만 지금에 와서는 그것이 대중화를 뜻한다는 점에 착안하여, 경극을 통하여 그들의 10여 억 인민을 모두 전통문화 속으로 끌어들이고 50여 소수민족도 같은 문화로 감싸안음으로써 새로운 중화문화 건설을 목표로 하고 있는 것 같다. 이런 바탕이 대국굴기(大國崛起)를 가능케 하고 있을 것이다.

2) 대국굴기(大國崛起)

북경은 이제 더 이상 나라 변두리의 도시가 아니라 명실상부한 중국의 수도이다. 이제는 백성들을 힘으로 지배하는 것이 아니라 인민 대중 편에 서서 그들과 함께 위대한 사회주의 중국을 건설하겠다는 것이다. 중국의 수도가 이제 와서야 제대로 된 모습으로 탈바꿈하고 있다.

▲ 문화대혁명 소조 멤버들
왼편에서 두 번째가 장칭

▲ 문화대혁명 때 홍위병들이 지식인을 잡아다 놓고 고깔을 씌워 놓고 있는 모습

중국은 1966년으로부터 1976년에 이르는 기간을 중심으로 하여 문화대혁명이라는 큰 홍역을 치르지만, 1976년 조우은라이(周恩來) 수상과 마오쩌둥 주석이 죽은 뒤 화궈펑(華國鋒)이 나와 짱칭(江靑)을 비롯한 문화대혁명을 주동한 이른바 '사인방'을 몰아내자 다시 중국은 제 모습을 찾아갔다. 1978년 12월 중국공산당 제11기 중앙위원회 3차 전체회의에서 중국의 정책을 계급투쟁으로부터 경제건설 위주로 돌렸다. 이러한 정책을 이끈 등샤오핑(鄧小平)이 개방정책을 쓰면서 '자신을 드러내지 말고 조용히 실력을 기르자'는 도광양회(韜光養晦)를 주장하여 나라의 국력과 경제력이 크게 발전하기 시작한다. 이를 뒤이은 짱쩌민(江澤民)·주룽찌(朱鎔基) 등은 더욱 국력을 기르고 경제를 발전시키면서도 평화로운 방법으로 우뚝 일어서자는 화평굴기(和平崛起)와 적극적으

▲ 문화대혁명 때 홍위병이 그림과 책을 태워버리는 모습

▲ 등샤오핑

로 일하면서 나라를 발전시키자는 유소작위(有所作爲)를 내세우면서 국제사회와 평화로운 관계를 유지하겠다는 화해세계(和諧世界)를 추구하였다.

그 사이 경제가 크게 발전하자 지금의 후진타오(胡錦濤)・원쟈빠오(溫家寶)가 주석과 총리를 맡으면서 그들의 자세가 달라졌다. 이제는 경제력도 커졌고 나라의 힘도 달라진 큰 나라가 되었으니 국제적으로도 여러 가지 면에서 자신의 합당한 자리와 권리를 찾아야 한다는 것이다. 이러한 정서를 대변하는 구호가 '대국굴기'이다.

'대국굴기'는 2006년 11월 13일부터 그해 11월 24일까지 중국중앙방송의 경제채널(CCTV-2)을 통

▲ 지금의 북경시 동방광장

▲ 천안문광장 옆 인민대회당

해 방송된 12부작 역사다큐멘터리이다. 이 다큐멘터리는 스페인·포르투갈·네덜란드·영국·프랑스·독일·일본·러시아·미국의 전성기와 그 발전 과정을 다룬 것이다. 여러 나라들을 각각 1부로 다루면서, 스페인과 포르투갈은 함께 1부로, 영국·러시아·미국은 2부로 나눠져 방송되었고, 마지막에 결

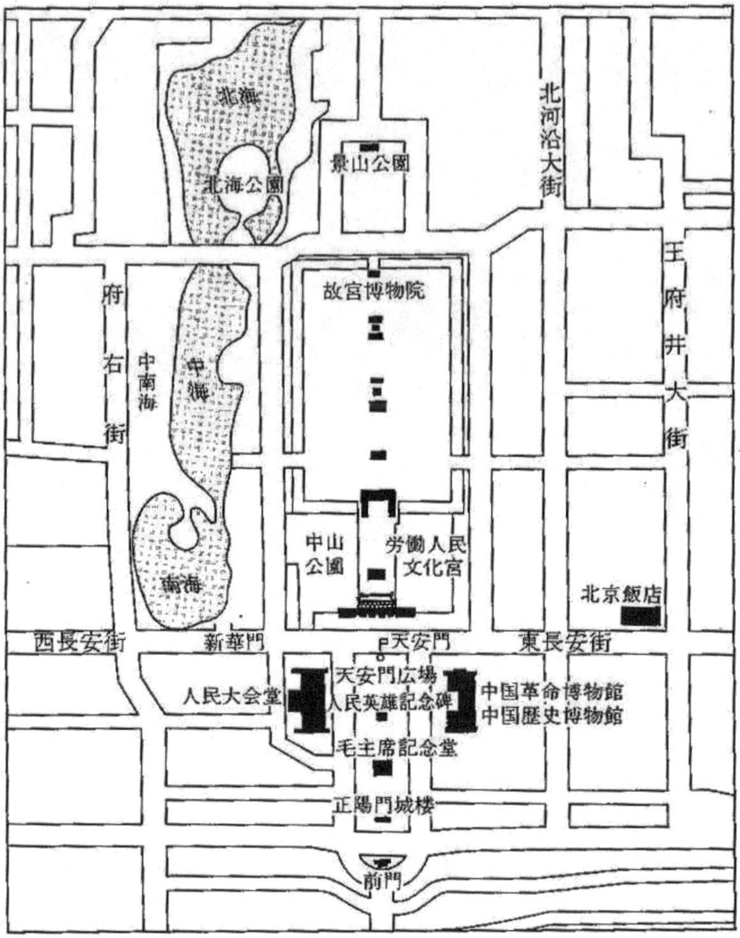

▲ 북경시 중심부 평면도

론을 넣어 12부작이 되었다. 결론은 올바르고 위대한 도를 따라 행동하고 생각한다는 대도행사(大道行思)로 21세기 대국의 길을 제시한 것이다. 여러 나라의 역사 속에서 가르침을 얻고 배울 것은 배워서, 올바른 도를 따라 대국으로 우뚝 섬으로써 그들과 똑같은 실수는 반복하지 않겠다는 것이다.

그런데 이 '대국굴기'의 자세 중에서도 가장 중

요한 것은 자기네 전통문화에 대한 자부심의 재생이다. 우리가 지금 서양 나라들을 본뜨고 있지만 그것 별것이 아니지 않느냐? 우리에게도 못지 않은 전통문화와 사상이 있지 않느냐? 그것을 현대에 살려내면서 대국으로 일어서야 한다는 것이다.

이에 그들은 대국에 들어맞는 역사·영토·민족·전통에 대한 의식을 새롭게 이룩하고 있다. 보기를 들면 진시황은 폭군이 아니라 대중국의 기틀을 마련한 위대한 황제이고, 청 대의 강희·건륭 황제는 이민족 통치자가 아니라 대중국을 건설한 위대한 황제가 되고 있다. 만주 땅은 말할 것도 없고 멍구·신짱·시장 같은 지역도 역사적으로 중국의 영토이며, 중국의 주인은 한족이 아니라 한·만·몽·장·회의 5대 민족을 중심으로 하고 50여 소수민족이 함께 어우러져 이루는 중화민족이라는 것이다.

이제는 중국의 전통문화와 사상도 한족만의 것이 아니라 50여 소수민족도 모두 함께 어우르는 '중화문화와 사상'으로 발전하고 있다. 몽고족과 만주족의 압력으로 말미암은 중국문화의 이질화는 지금 와서는 전통문화인 한문화로부터 한 차원 더 발전한 '중화문화화'를 뜻하는 말로 바뀌어가고 있다. 지금 와서는 중국의 전통문화 속에 만주족과 몽고족뿐만 아니라 다른 모든 소수민족의 문화까지도 모두 끌어들

▲ 2008 북경 올림픽 개막식 공연에서 선비들이 대쪽에 글을 써서 엮은 옛날 책을 들고 자기네 조상의 가르침을 함께 읽고 있는 모습

이고 있기 때문이다.

중국문화의 이질화는 일면 문화의 '오랑캐화' 및 저질화를 뜻하기도 한다고 했지만, 이제 와서 그 오랑캐화라는 성격은 소수민족도 모두 어우르는 중화화(中華化)로 발전하고 있고, 저질화라는 성격은 인민대중까지도 모두 끌어들이는 대중화로 발전하여 그들은 다시 그것을 민주화를 뜻하는 것으로 승화시키고 있다. 실상 장안시대에 이루어져 발전했던 전통문화와 사상은 순전히 일부 지배계급인 사대부들만의 것이었다. 그 시대의 문학이나 음악·미술 같은 것은 모두 인민대중이나 소수민족과는 관계가 없는 것이었다.

그러나 중국문화의 이질화는 중국문화를 오랑캐화하고 대중화하여 10여 억의 인민대중과 소수민족도 그들의 전통문화 속으로 모두 끌어들이기 시작하였다. 마오쩌둥이 자기네 농촌문화를 중시하고 모심기노래 같은 농민들의 연예를 빌어 전국에 사회주의 이념을 심어나가려고 노력하면서 그러한 경향은 계속 발전하였다. 한때 문화대혁명을 겪으면서 옛날의 전통적인 것들은 세상에 발붙일 여유도 없었지만 중국이 개방정책을 쓰면서 이제는 전통문화를 중화문화로 발전시키려는 경향이 더욱 뚜렷해졌다.

앞에서 이질화한 중국 전통문화의 보기로 든 전통연극의 경우를 살펴보기로 하자. 연극이 이질화하고 저질화하면서 그 유행은 저변이 날로 확대되어 지금 중국의 전국 각지에는 모두 360여 종류의 연극이 공연되고 있다[12]. 그 중에서도 전국에 가장 널리 공연되고 있는 것은 북경을 근거로 발전한 경극이다. 경극은 수도인 북경을 근거로 발전한 연극이어서 그 음악이며 연출 방법이 가장 앞서 있는 형태이며, 실상 경극은 중국의 모든 전통 연예의 음악과 연출기법 등을 이끌어주고 있다. 때문에 넓은 중국 각 지방의 연예들이 모두 경극의 영향을 받아 음악이나 연출기법이 비슷한 성격의 것으로 발전하고 있다. 따라서 중국에서는 중남해에 사는 최고의 정치 지도자들로부터 가난한 노동인민들과 소수민족에 이르기까지 모두가 같은 성격의 연예를 즐기고 있는 것이다. 교육을 통하여 푸퉁화가 소수민족은 말할 것도 없고 온 나라에 보급되면서 이러한 경향은 더욱 뚜렷해지고 있다. 모두가 같은 연극을 즐기고 같은 음악을 들으며 한 마음으로 합쳐지고 있는 것이다.

필자는 타이완에서 공부를 한 적이 있기 때문에 타이완은 왕래가 잦았고 그 곳에 친구도 많다. 오래 전에 타이완 친구들과 함께 하는 자리에서 그들을 '중국 사람'이라고 불렀다가 "우리가 왜 중국 사람이냐?"는 야단을 맞은 적이 있다. 때문에 한동안 타이완은 물론 18세기에 와서 중국영토로 확정된 곳의 티베트족이나 위구르족 및 몽고족 같은 사람들은 머지않아 중국으로부터 떨어져 독립할 것이라 믿고 있었다. 그 뒤로 여러 번 타이베이에 갔다가 중국에서 온 경극단 또는 쓰촨의 천극단(川劇

12) 『中國戲曲劇種手冊』(中國戲曲出版社, 1987) 의거

▲ **타이베이의 국립극장에 중국에서 온 경극단의 공연을 보려고 몰려든 관중**
입장권이 일 개월 전에 매진되어 입장권을 사기가 어려웠다고 한다.

團) 및 짱수의 곤극단(崑劇團)의 공연에 열광하는 타이완 사람들의 모습을 보았다. 2001년 5월 UNESCO에서 명나라 때의 연극이라는 중국의 곤극(崑劇)을 '인류의 구술 및 비물질 문화유산의 대표작'으로 선정한 뒤, 타이완에서 개최된 곤극에 관한 학술회의에 참여하여 그 곳의 지식인들이 문화적으로 중국민족이라는 긍지를 무척 소중히 여기고 있음을 실감하였다. 그들은 적어도 문화적으로는 중국으로부터 떨어져 나올 수가 없는 사람들이었다. 그러니 그 뒤로는 생각이 바뀌어 그들이 쉽사리 독립하지 못할 것이라고 믿게 되었다.

전통문화를 다시 중시하는 그들의 태도는 더욱 두드러진다. '공자의 유교를 타도하자.'고 외치며 자기네 현대화의 걸림돌이라 여기던 전통문화·전통사상을 다시 평가하기 시작한 것이다. 신문보도에 의하면 북경대학·청화대학·상하이 복단대학 등 중국의 유명 대학에서는 많은 수강료를 받고 기업의 CEO들을 상대로 국학연수반을 개설하여 『논어』·

『노자』 등 자기네 고전을 강의한다고 한다. 북경사범대학 교수 위단(于丹)이 TV강의를 한 뒤 『논어심득(論語心得)』·『장자심득(莊子心得)』을 내어 짧은 시일 안에 수백만 부수의 책이 팔리고, 하남대학의 이중톈(易中天) 교수도 역시 TV 강의 뒤 『품삼국(品三國)』을 내어 수백만 부수의 책을 팔았다는 것은 우리로서는 상상하기조차도 어려운 일이다. 사회주의 중국에서 타도하겠다던 봉건사상의 대명사처럼 알려졌던 고전들이 21세기 중국사람들에게는 반드시 읽어야 할 책으로 탈바꿈한 것이다.

한때 파괴하였던 각지의 공자묘가 다시 수리되고, 심지어 공자를 성인으로 추대하고 공자의 생일을 성탄절로 하자는 운동과 『논어』 100번 읽기운동 등도 전개되고 있다고 한다. 상하이·정조우(鄭州)·광조우(廣州) 등지에서는 사서와 오경 교육을 위주로 하는 사숙(私塾)도 생겨났다고 한다. 그리고 일부 지방에서는 자기네 한복(漢服)[13]입기운동도 전개되고 있다고 한다.

▲ 2008 북경 올림픽 개막식 공연에서 공자의 3,000명의 제자들이 『논어』를 함께 외우고 있는 모습

▲ 2008 북경 올림픽 개막식 공연에서 공자의 3,000명의 제자들이 공자의 가르침을 받드는 모습

▲ 2008년 북경 올림픽 도안

13) 지금 중국 사람들이 입는 옷은 진짜 전통 漢服이 아니라 북경시대로 들어와 주로 淸대에 만주족의 옷으로 변한 것이다.

▲ 북경 올림픽 하이라이트 장면

2008년 8월의 북경 올림픽 때 영화감독 장이모우(張藝謀)가 지휘한 개막행사는 자기네 5천 년 전통문화를 세계에 과시하려는 거대한 쇼였다. 거기에는 자기네 오랜 역사와 전통음악·미술·전설·미술·문학·사상 및 경극 등을 모두 되살려 보여주려는 노력이 엿보였다.

2008년 12월 중국공산당 제11기 중앙위원회 3차 전국대회 30주년을 기념하는 모임에서 중국 당국은 1911년의 순원이 이끈 신해혁명, 1949년 중국공산당이 이끈 사회주의혁명 및 1978년 이후 등샤오핑이 핵심이 되어 공산당이 주도한 개혁개방혁명을 〈3대혁명〉이라 규정하였다. 그리고 후진타오 국가주석은 개혁개방 30주년 기념사에서 "중국 특색의 사회주의 발전"을 강조하였다고 한다. 중국 특색의 사회주의를 바탕으로 하여 새로운 대국으로 다시 우뚝 서 보겠다는 것이다.

확실히 이는 큰 변화이다. 같은 북경을 수도로 삼고 있지만 중화인민공화국은 이전의 나라들과는 전혀 다르다. 새로운 사상을 바탕으로 잃어버린 전통을 다시 찾아 새로운 문화를 창조하려 하고 있다. "중국 특색의 사회주의"란 자기네 전통 문화를 살리면서 사회주의 신중국을 건설하려던 마오쩌둥 주석의 사상의 발전인 듯도 하다. 그러나 그 전통문화가 지난 시대의 봉건사회가 남긴 유물이라면 그것을 사회주의와 어떻게 결합시키느냐 하는 것은 중국 공산당 지도자들의 앞으로 풀어나갈 큰 과제라고 여겨진다.

아직도 장안시대의 전통문화의 바탕이 되었던 한자의 권위 앞에 모두 머리숙이고 있지 아니한가? 이처럼 강한 봉건적인 요소들을 그들은 어떻게 사회주의 속에 흡수할 것인가?